Arno Schmidt

Das große Lesebuch

*Herausgegeben
von Bernd Rauschenbach*

FISCHER Klassik

Erschienen bei FISCHER Taschenbuch
Frankfurt am Main, Dezember 2013

Lizenzausgabe
mit freundlicher Genehmigung der Arno Schmidt Stiftung
Für diese Zusammenstellung:
© Arno Schmidt Stiftung, Bargfeld 2013
© S. Fischer Verlag GmbH, Frankfurt am Main 2013

Satz: Dörlemann Satz, Lemförde
Druck und Bindung: CPI books GmbH, Leck
Printed in Germany
ISBN 978-3-596-90555-3

Inhalt

Ich habe mich dem Leben nie entzogen 7

Verschobene Kontinente 10
Kleiner Krieg 13
Seltsame Tage 17
Pharos oder von der Macht der Dichter 21
Tina oder über die Unsterblichkeit 51
Nachbarin, Tod und Solidus 80
Schulausflug 84

Das Gesetz der Tristaniten 95
Der Platz, an dem ich schreibe 110
Die Geschichte vom Riesen Jermak 116
›Sind wir noch ein Volk der Dichter & Denker?‹ 129
Dankadresse zum Goethepreis 1973 144

Goethe und Einer seiner Bewunderer 150
Trommler beim Zaren 192
Windmühlen 199
Die Wasserlilie 214
Was soll ich tun? 219
Seelandschaft mit Pocahontas 223
Kühe in Halbtrauer 280
Schwarze Spiegel 296
Enthymesis oder W.I.E.H. 376
Die Abenteuer der Sylvesternacht 407

Hundstagsspaziergang 430

Nachwort 435
Zu den Texten 442

ICH HABE MICH DEM LEBEN NIE ENTZOGEN.

1. Ich habe mich dem Leben nie entzogen;
   nicht den rotgelben Notwendigkeiten der Liebe,
   nicht senkrechten Büchern,
   nicht Kriegsgorillas noch der Magenratte Hunger,
   nicht dem verlegenen Lächeln des Untergebenen,
   oder wohlgespielter Würdigkeit.
   Bin mit Cooper hudsonaufwärts gefahren,
   habe Jupiterorte gerechnet, Katzen gestreichelt,
   geraucht und gesoffen; und gehe soeben
   im Warenhaus :

2. (III. Stock). Hände kläffen bunte Stoffe
   Kiefer böttchern Augen stöbern
   Ferne summen Bitte sagen
   Truhen dösen Sessel siedeln
   Kleiderdickicht Mäntelwälder
   Bänder sprudeln Arme drängeln
   Knöpfe äugen Socken bergen
   Zeige fingern D-Mark-Stücke
   Schenkel stehen vom Popo.

3. Sekundenliebe wird versucht zum schwarzen Tituskopf,
   und während sie dann, Tücher lungern um andere Hälse,
       listig,
   rauschend den Stoff zerreißt, daß die
   mittelgroßen Brüste einmal aufspringen,
   ihr Gesicht dreieckig oben im Keilspalt grinst, und
   die greise Abteilungsleiterin schon beobachtet,
   warte ich,
   im Nylonröhricht massiver Frauenbeine.

4. (II. Stock). Schmale preisen zeigen heben
   Teller scheiben Vasen Kerzen
   Dicke brummen hinter Wangen
   Ampeln kabeln bügeleisern
   Spiegel wundern Gürtel nattern
   Bälle kauern sklavenbunt
   Münder stolpern Wortprothesen
   Waden letzen Hüften schamen
   kasse Rufe Stummelaugen
   Zähne gaffen schnappen gattern
   Nasen fortzen hirnig aus.

5. Rocksäume umschleichen Freundinnen (Primanerinnen);
   Teppichrecken, stumm von hausen Frauen umbetet
   (wachstuchene Seelen, Leiber wie Einkaufstaschen);
   Platten schallen sanft für uns Tonabnehmer,
   weibliche Lehrlinge in Schwarzkitteln schleppen papp-
      kartonene Felsen herum,
   Rolltreppe feierlich mit Statuen bestellt, und gleich daneben
   Schilder blocken auf kratzen Kokosmatten :
   Nur Eins Fünfzig ! Du ! Kunde ! Und wieder
   Rindsledernes, Batterien, Rauchgaretten,
   sämisch geht die Welt zugrunde.

6. (I. Stock und Erdgeschoß) Büchsen schallen Kaffee dünen
   Lippen krümmen biegen glucken
   Worte traben wellen trollen
   Würstchen tropfen bronznen Senf
   Waagen tatzen Zeiger klügeln
   Gelbe Kleine zeig dich dicker
   Schmöker geilen Fotos schunden
   Mäntel ehrbarn Treppen schweifen
   rosa knorpeln Ohren Nacken
   rückenwürdig Matriarchen

Ernste tadeln Koffer boxen
Türen prügeln hinten nach.

7. (Wortmontage für
   Professor Max Bense, Stuttgart).

VERSCHOBENE KONTINENTE.

Mancher mag es ja schön finden; aber ich konnte die widerliche Majestät der Alpenlinie nur mit Achselzucken betrachten: zu viel Stifter! Auch die feinen Funken, die ab und zu in den blaugrünen Wänden aufleuchteten, versöhnten mich nicht: gebt mir Flachland, mit weiten Horizonten (hier steckt man ja wie in einer Tüte!); Kiefernwälder, süß und eintönig, Wacholder und Erica; und an der Seite muß der weiche staubige Sommerweg hinlaufen, damit man weiß, daß man in Norddeutschland ist. Ich hob vornehm die Brauen (graue Brauen, wußte ich), und schenkte mir lieber wieder vom Samos ein, ein Gemisch von Öl und Feuer, wie ich selten eines gekostet hatte.

Matinee bei Frau Ederer. Ihre fehlenden Zähne waren durch Elfenbeinstückchen, mangelnde Körperformen durch Schaumgummihügel ersetzt, das Plappermaul mit Karmin umstrichen: wir nickten uns zu; wir kannten uns seit dreißig Jahren.

Ich verstand mich also von selbst. Außerdem war da der Maler, der für sein Bild ›Weiblicher Akt mit Bruchband und Brille‹ den letzten Preis erhalten hatte. Dann Fräulein Basse: eine bezaubernde Furchtsamkeit, die sie oftmals und listig zu erzeugen wußte, wenn wir Männer so gelehrt sprachen, verschönerte ihr Gesicht. Zwei Textilkaufleute waren wegen des Gatten da; die Einzigen, aus deren Münden etwas Vernunftähnliches kam. Und dann eben noch der junge Geologe.

Nun sind Wissenschaftler durchaus eine Sache für sich. Ich persönlich habe mehr als genug vom Umgang mit Schriftstellern; schon da muß man wissen, daß Er in seiner Freizeit hannoversche Staatshandbücher sammelt, und für Sie ihre schwarzweißgelbbraunwasweißich getigerte Katze tabu ist (oder Er schwört auf Astrologie, Sie auf Thomas Mann; vita difficilis est). Der hier ließ uns nichts weniger als ruhig auf dem kurz geschorenen Rasen sitzen, sondern fing an mit der Kontinentaldrifttheorie: daß sich Grönland neuerdings schon wieder sechsunddreißig Meter entfernt habe (und Südamerika und Afrika paßten genau ineinander); auch die Alpenauffaltung ginge laufend weiter: nach den neuesten Messungen näherte sich die Zugspitze pro Jahrhundert um diverse Meter der guten Stadt München.

Fräulein Basse schielte entzückend entsetzt zur nächsten Bergwand hinüber: war die nicht schon wieder ein Stückchen näher gekommen?! Die Textilfachleute erörterten verächtlich Kett= und Schußgarne; und Molly Ederer sah mich bittend an: das fehlte gerade noch, daß auch unter ihr alles wackelte und schwamm!

Ich strich als Präambel die Asche von meiner Zigarre, und begann:

»Das war damals, 1946 – also vor fünfundzwanzig Jahren – ich war Dolmetscher beim Polizeipräsidenten in Lüneburg, und Tag und Nacht auf den Beinen. Bald wollte Major Billingham eine Schießübung mit seinen Tommies abhalten; bald hatten DP's – ›Displaced Persons‹: Polen und dergleichen – einen einsamen Bauernhof überfallen, und ihrem grausamen Hunger ein paar Kühe geschlachtet. Schöne Zeit damals; wir waren alle jung und hager, vorurteilslos und gewetzt.

Der Polizeiinspektor, dem ich zugeteilt war, nahm mich vorsichtshalber auf jede Fahrt mit; und es war eben wieder ein halbes Jahr um: die deutsche Polizei hat nämlich, unter anderen Aufgaben, auch die, termingemäß alle halben Jahre das ›Vorhandensein‹ sämtlicher, in ihrem Bezirke befindlichen TP's zu melden.«

»›Trigonometrische Punkte‹« erklärte angeregt der Geologe: »die Grundmarkierungen unsres geographischen Wissens.« Ich nickte ihm lobend zu, und fuhr träge fort (und kehrte die augenblickliche Landschaft einfach um; ist ja egal):

»An einem windigen und kalten Herbstnachmittag kamen wir in Schwarmstedt an. Der Ortsvorsteher begleitete uns zum

Zementstumpen, und hob an zu klagen, wie das Ding so grausam mitten im Fahrweg stünde; erst voriges Frühjahr seien zwei Radbrüche an der Stelle erfolgt: ob man den S-tein denn nicht etwas zur Seite rücken könnte? –

Der Polizeioffizier, alter Soldat und an rasche Entscheidungen gewöhnt, überlegte kurz, und nickte dann vorurteilsfrei mit der Schirmmütze: er hatte das ›Vorhandensein‹ zu melden, nichts weiter. Ergo erschienen aus der alrunischen Dämmerung vier schweigsame Niedersachsen mit Spaten; gruben den TP Nr. 1577 aus, und versetzten ihn drei Meter nach rechts, an den Wegrand: noch heute wird termingemäß das Vorhandensein des Steines gemeldet. – Seitdem mißtraue ich allen Theorien, wie der vorhin von Ihnen vorgetragenen Wegnerschen!«

Der Geologe schrie auf, händeringend; rief Helmert an, Wilhelm Jordan (oder so ähnlich; ich kenne die geodätischen Gottheiten nicht). Ich schilderte noch überzeugend den Nachtsturm, der sich gleich anschließend erhoben hatte, Wind, Blitz und Donner, als die gefällig=rächenden Werkzeuge des Himmels; trotzdem – die glitschenden Kontinente zogen nicht mehr.

Die Damen lächelten erleichtert; Mollys Knie dankte mir kurz, wie einst im Mai; die Textilfachleute hatten ohnehin nicht auf uns geachtet, sondern waren schon beim Sanforisieren. Nur der Geologe strich sich immer wieder das schüttere Haar rückwärts; dabei war er erst achtundzwanzig! – Ich hob versonnen das Samosglas: Öl und Feuer; wo ist die Zeit hin, da wir noch Kontinente verschoben?!

KLEINER KRIEG.

Wir waren nicht wenig erstaunt, als das Faktotum Hagemann mit allen Anzeichen der Verstörung hereintappte, die Tür verschloß, auf Vermessungsrat a.D. Stürenburg zutrabte und sich über dessen Ohr neigte; zwar verstanden wir sein grobes Geflüster im Landesdialekt nicht, verzeichneten aber alle, wie auch dessen Gesicht erbleichte. »Na, laß ihn rein« entschied Stürenburg schließlich.

Gleich darauf erschien ein junger hochgewachsener Polizist in fescher Uniform, legte die Hand zackig vor den Tschako, ließ den Blick einmal in unserem Halbkreise umlaufen, wandte sich dann an Apotheker Dettmer: »Herr Vermessungsrat, ja?«. »Nein – ähier bitte« sagte Stürenburg schwach; empfing das unangenehm amtlich=blaue Schreiben; und der Polizist, gefolgt von den wohlgefälligen Blicken Hauptmann von Dieskaus und Frau Dr. Warings, sowie dem bewundernden ihrer Nichte Emmeline, marschierte unbefangen wieder hinaus. Stürenburg schob den verdächtigen Umschlag bestürzt und angewidert weit von sich; auf eine Frage Hagemanns, der sich als alter Diener jede Freiheit nahm, ächzte er nur: »Jaja, von Polizeihauptmann Oberg«. »Schon wieder?« schrie Hagemann entgeistert: »Das nimmt diesen Monat ja wohl gar kein Ende, Herr Rat?! Na, da werden wir doch wohl wieder mal nach Hannover zu unseren Freunden fahren müssen.«; er schwang den Feuerhaken wie eine Waffe, und entfernte sich unter bösem Gemurmel.

Stille, nur von dem schweren Atmen Stürenburgs unterbrochen; endlich begann er:

»Damit Sie mich nicht etwa einer ungerechtfertigten Animosität für fähig halten, will ich Ihnen den Fall ganz unparteiisch schildern. Dieser ehemalige Polizeihauptmann Oberg –

jetzt ist er, wie ich, auch schon 75 durch, und längst pensioniert – hat mir in meinem Leben wohl die meisten Unannehmlichkeiten gemacht. Wir haben zusammen das Gymnasium besucht; in Göttingen studiert – was heißt bei ihm schon studiert: in Jura und Volkswirtschaft hat er n bißchen rumgepfuscht! –; und ein paar Jahre danach trafen wir uns in Rotenburg wieder, ich als Landmesser, er bei der Polizei. Wir waren uns stets widerlich gewesen: der Lehrer der ihn mochte, drosch unweigerlich auf mich ein – nun, unser Mathematikprofessor war 2 Meter groß, und hat mich oft gerächt. Unsere Post wurde vom Briefträger leidenschaftlich gern verwechselt. Nur in einem waren wir einig: wir fanden grundsätzlich dasselbe Mädchen hübsch.« Er meckerte so diabolisch, daß die Witwe indigniert hochsah; Stürenburg entschuldigte sich, und erklärte: »Damit habe ich ihm auch einen Streich gespielt: wir bewarben uns um dieselbe Schöne, brachten Geschenke im gleichen Tempo; und eines Tages ließ ich ihm durch meinen besten Freund im Vertrauen beibringen, ich hätte mich mit ihr verlobt. Spornstreichs rannte er, mich zu ärgern, hin, und brachte auch seinen Antrag an: der zu seiner unendlichen Verwirrung sogleich holdselig lächelnd angenommen wurde! Er hat sie dann heiraten müssen; denn der Vater war Regierungsrat, und hätte ihm, gerade zu Beginn seiner Laufbahn, nicht unerhebliche Schwierigkeiten machen können: hähähä!«

Der Hauptmann feixte zufrieden ob solcher strategischen Finessen; der Apotheker erklärte feierlich, nie & nimmer Anteil an solch frevlem Spiel mit zarter weiblicher Neigung haben zu wollen; wofür er von Frau Dr. Waring ein huldvolles Nikken erhielt, sowie Nichte Emmeline die süßsäuerliche Warnung: »Hüte Dich, mein Kind, vor diesen Ungetümen. Du siehst ja ....« Stürenburg verbeugte sich verbindlich, und fuhr fort:

»Wie gesagt waren wir fast immer in derselben Gegend tätig; es gibt solche Fälle, wo das Schicksal förmlich Spaß daran zu haben scheint, divergente Naturen zu paaren. Als wir dann, jeder in unserer Sphäre, zu einiger ›Macht‹ kamen, trieb der Zwist die wunderlichsten Blüten. Ließ ich Feinmessungen irgendwo in Straßennähe vornehmen, konnte ich sicher sein, daß schon wenige Viertelstunden später pausenlos schwerste LKWs vorüberrollten, so daß wir unsere empfindlichen Instrumente getrost wieder einpacken konnten: er hatte den ganzen Verkehr der Gegend über diese eine Chaussee umleiten lassen!«

»Keiner meiner Vermesser konnte sich ohne ein ganzes Arsenal von Ausweisen mehr ins Freie wagen. Er ließ jeden an seinen Wagen heranrufen, und hielt ihn mit schikanösen Kontrollen von der Arbeit ab; wenn er gar keinen Fehler in den Papieren finden konnte, sagte er am Schluß wenigstens: ›S läuft halt zu viel Gesindel im Lande herum!‹ Einmal hat er mir einen Mann, der auf mein Geheiß Pendelbeobachtungen zum Nachweis eines äußerst interessanten Gravitationsdefektes durchführte, als ›betrügerischen Rutengänger‹ vom Felde weg verhaften lassen! Eingaben machte er, daß wir, wie alle ›redlichen Beamten‹, Uniform tragen sollten; daß wir mit unseren ›ewigen herausfordernden Messungen‹ die Landbevölkerung beunruhigten, das Vieh verstörten, usw. usw. Unsere beiderseitigen Untergebenen nahmen natürlich leidenschaftlich an der Auseinandersetzung teil; und wir wußten uns zu revanchieren! Als der Kreis die neue Straße baute, wiesen wir in unserem Gutachten nach, daß sie durch seinen geliebten Garten gelegt werden müsse. In einer Fachzeitschrift für Montanwesen deuteten wir an, daß sich unter seiner Villa vermutlich ein ausgedehntes Salzlager befinde; er wurde ein volles halbes Jahr lang täglich von Grundstücksmaklern, ernsthaften Interessenten, Schwindlern aller Art, überlaufen, und fast zum Wahnsinn getrieben.«

Er atmete zufrieden. »Eine Tochter hatte er; sein Liebling; und wirklich für einen Gendarmenhäuptling hübsch genug. Eines Tages erschien programmgemäß der übliche junge Mann, ein Dr. ing.; warb um sie; erhielt ihre Hand: wie schäumte der

Herr Papa nach der Hochzeit auf, als er erfuhr, daß sein Schwiegersohn Vermessungsingenieur war. Und der Neffe vom alten Stürenburg dazu!« Er rieb sich intensiv die breiten weichen Hände: »Ich hatte dem Jungen eine nicht unerhebliche Bargeldsumme versprochen, wenn er das Ding drehen könnte – obwohl er, wie ich fürchte, schwach genug war, auch wirkliche Zuneigung für das bedauernswerte Geschöpf zu empfinden.«

Wir hatten amüsiert zugehört, und unsere Blicke richteten sich unwillkürlich auf das wasserblaue Kuvert inmitten des runden Tischchens. Sein großes Gesicht verdüsterte sich, und er griff unwirsch danach; aber schon während des Lesens verklärten sich seine Züge: »Die Einladung zur Taufe« verkündete er; und triumphierender: »Ein Junge. Er heißt Friedrich: nach mir! – Noch heute lasse ich ein Sparkassenbuch für ihn ausschreiben. – Und sowas läßt mir der Alte durch einen Polizisten zustellen; nur um mich zu erschrecken!«

Wir teilten gefällig seine Entrüstung; umsomehr als er uns später angegriffen mitteilte, der andere Vorname des neuen Kleinen sei, nach dem zweiten Großvater, Karl gewesen: er habe seinen Trinkspruch auf Friedrich ausgebracht; Oberg auf Karls Gesundheit; die Eltern hätten vermittelnd von Friedrichkarl gesprochen: »Ganz zwiespältig schaute das arme Wurm jetzt schon aus den Steckkissen« behauptete er.

SELTSAME TAGE.

: »Es gibt merkwürdige Tage: da geht die Sonne schon auf eine eigene Art auf; laue Wolken ziehen tief; der Wind haucht verdächtig aus allen Weltgegenden. Düsenjäger machen Hexenschlingen am Himmel; alle Gläubiger bekommen Lust ihre Außenstände einzufordern; man hört von Leuten, die plötzlich davongelaufen sind.«

An solchen Tagen tut man gut, nichts zu unternehmen – obwohl natürlich auch gerade das wieder falsch sein kann! Wer weiß denn, ob es richtig ist, wenn man die Klingel abstellt, die Fenster verhängt, und sich auf der Couch in der Zimmerecke tot stellt? Lesen ist gar nicht zu empfehlen: auf einmal fällt aus dem verschollenen Roman von 1800 ein Brief in uralt vergilbter Handschrift, dazu der Schattenriß eines jungen Mädchens in der Tracht der napoleonischen Kriege, und man kann nur von Glück sagen, wenn auf dem Umschlag nicht der eigene Name steht – es gibt eigentümliche Tage!

Nun, der heutige war wohl wieder einmal glücklich vorüber. Gewiß, ein Herr in schwarzem Anzug war da gewesen, und hatte mich zum Mormonismus bekehren wollen. Von einem Unbekannten war ein langer Brief aus Spanien eingetroffen – wie sich im letzten Absatz herausstellte, gar nicht an mich gerichtet. Der übliche eisgraue Stromer hatte auch geklingelt: er sei Student; und Rasierklingen angeboten, garantiert erst einmal gebraucht.

Am Telefon hatte mir eine fremde englische Frau zwischen Vorwürfen und Verabredungen diese Anekdote von ihrer Weltreise erzählt: auf der Insel Tristan da Cunha – 120 Einwohner, kein Pfarrer, kein Magistrat – hatten Zwei heiraten wollen. Da die einzige Person, die fließend lesen konnte, die Eheschließung mißbilligte, hatte sie sich diesmal geweigert, die

Trauformel abzulesen. Es war nichts übrig geblieben, als den nächst Gelehrten herbeizuholen: der hatte sie dann buchstabiert! (Was unter Analphabeten die feierliche Stimmung nur erhöht haben dürfte – aber ich muß mir das dann immer gleich so intensiv vorstellen: wie der Kerl da am Tisch steht, den Finger auf die Zeile gepreßt und visiert; bei schwierigen Stellen popelt er vor Verzweiflung.)

Nun, wie gesagt, das alles war überstanden. Selbst der kesse, rot und blau karierte Abend war hinunter gedreht worden: einen Nachtspaziergang konnte man doch sicher unternehmen? –

Im schwarzen Felsen des Nachbarhauses stand im Erdgeschoß die erleuchtete Balkontür offen; sie schallplatteten unentwegt; Mädchen stampften und grölten an Schlagernem, schüttelten die farbigen Locken, und klatschten wieder in die Fußsohlen: nur schnell vorbei! (Über den Gehsteig her fuhr auch gleich ein Radfahrer auf mich zu, als sei meine Stelle leer, und ich schon nicht mehr auf Erden vorhanden!).

Am Stadtrand, wo die Gaslaternen noch nicht durch Bogenlampen ersetzt sind, war es dann fast still und einsam. Mondboje, schräg verankert im Wolkenstrom. Katzen gingen tüchtig und selbstbewußt unbekannten Geschäften nach. Nur einmal bremste die grüne Isetta neben mir: 2 Polizisten stiegen sofort heraus, und verglichen mich mit einer maschinengeschriebenen Liste. Nun ist ja jeder Mensch irgendwie ›schuldig‹ (nach Schopenhauer sogar grundsätzlich hängenswert); hielt ich also geduldig still, und einige Sachen von früher fielen mir auch ein (nicht ›Lustmorde‹, oder so – bloß Kleinigkeiten; spielt keine Rolle). »Linke Hand?!« – erst als ich daran die vorschriftsmäßigen 5 Finger hatte, schien ich für diesmal gerettet. Sie entschuldigten sich militärisch; und ich ging an den Neubauten entlang, zurück – es war heute doch wohl besser, umzukehren.

Um die Rasenanlagen U-förmig die haushohen Fronten; auch über der Straße der gleiche zementene Westwall, nur noch gelbe Kleinquadrate darin. Die riesige Bronzeente neben mir, versuchte mir ins Gesicht zu spucken.

Und blieb entgeistert stehen –: ganz oben in der Wand saß die blaue Riesin! Unbeweglich am Tisch; sie mußte mindestens 4 Meter groß sein! Und jetzt sah ich auch den Fensterrahmen drum herum, richtig, denen in den unteren Stockwerken entsprechend: man sah also lediglich in ein Zimmer: erleichtert.

(Aber das war doch unmöglich! Ein weibliches Wesen, groß wie ..... ich schloß die Augen; schüttelte blind den Kopf; wer weiß, was ich gesehen hatte; vielleicht war sie ja weg, wenn ich .....)

: Ja! Sie war weg! – Ruhig und grau, ohne Plakate und also fast schön, stand die Hauswand in der Nacht. Ich hätte demnach aufatmen können – aber was war dann mit meinem Gehirn los?! Gewiß, zugegeben, ich gehöre zu den Menschen, die zur Selbstbeobachtung neigen, und war mir schon lange verdächtig gewesen. Ich beschloß eiligst, den Hut tiefer ins Gesicht zu ziehen (beziehungsweise in Ermanglung eines solchen die Stirn zu senken), und alles einfach auf den merkwürdigen Tag zu schieben: was ich gesehen hatte, hatte ich nicht gesehen; und nun nichts wie heim! Im Sturmschritt! Nur einmal noch zuckte mein undiszipliniertes linkes Auge über die mächtige Tafel .....?

: Und blieb wiederum stehen, ein geschlagener Mann!: Dort oben, wo vorhin die Gigantin gelümmelt hatte, blühte jetzt ein Steingarten. Die mattgrünen Fettpflanzen, scharfe gelbe Blumensterne, ein Plattenweg wies streng vor sich hin: auf diesen Liegestuhl! Einsamkeit: der Vogel auf dem Wasserbecken war völlig erstarrt.

Dunkelheit wischte wie eine Hand darüber – und sofort ein neues Bild: Fräulein Riesin in einer Wasserfläche. Die starke Flüssigkeit lag eng an wie ein blaues Lendentuch; das Gesicht war ihr aufgegangen, das grobe Blondhaar saß völlig schief, ganz auf einer Seite. (Und schon wieder weg: schade!)

Also wurden oben Farbaufnahmen vorgeführt?! Hatten die Leinwand vors Fenster gehängt, und nicht dran gedacht?: Da wählte ich mir behaglich den günstigeren Blickpunkt, und kreuzte zur Ausdauer die Arme über der Brust.

Städte ruckten vorbei (fast wie Hamburg, eh?); ein Gemüsemarkt (und die roten Tomaten glänzten *so* dekorativ!). Autos an langen Straßen. Das Zelt auf der Düne: ihr bekapptes Gesicht durchs Strandhafergitter aufgenommen. So stand ich lange in der heiteren Nacht. Manchmal ging ein Pärchen vorbei, sah kichernd mit hoch, hatte aber dann doch Wichtigeres zu tun, und wandelte intensiv weiter. Einmal wurde neben der Haustür die Lampe hell: ein Angetrunkener balancierte, 2 lange Gladiolen geschultert, heraus, und schnurstracks von mir weg, auf sehr selbstständigen Beinen.

Man hätte hingehen können, auf den Knopf der Haussprechanlage drücken, und ganz einfach sagen: »Sind Sie das Fräulein in Blau auf den Bildern oben?: Dann liebe ich Sie!«. Sie würde ihrerseits das Fenster öffnen, und amüsiert heruntersehen ... (Wahrscheinlicher kämen aber schon Sekunden später zwei untersetzte Männer hergesprungen, mit vielenvielen Ohrfeigen in den muskulösen Händen!). Vielleicht war es ja auch eine Frau aus fernem Land, die man doch nie sehen würde; höchstens ihre Adresse.

Vielleicht hatten die oben die Kassette mit den Diapositiven gar nur gefunden. Oder die Fotofirma hatte die Anschriften verwechselt, und sie besahen jetzt neugierig das fremde Schicksal – an solchen Tagen war ja alles möglich!

Oder eine tote Freundin, deren Andenken man sich wehmütig auffrischte – und da trat ich doch vorsichtshalber ein paar Schritte weiter zurück; für solche Komplikationen bin ich nicht mehr jung und unempfindlich genug!

Ich winkte lieber mit beiden Händen ab; ging feige=entschlossen zu mir hinauf; Mitternacht war gottlob vorüber – und morgen hoffentlich wieder alles normal.

PHAROS
oder
von der Macht der Dichter.

Dem Rabengott –

13. März. Heut hat er mir das Heft hingeworfen; es sind 16 Tage her, daß ich ihn zu fragen gewagt hatte. Ich war schon so gleichgültig geworden. Es ist auch so klein: wenn ich nun jahrelang hier vegetieren muß? – Ich bin doch noch jung; so 40, 50 Jahre kann ich es schon noch aushalten! Haha! – Nicht denken! (Aber ich will denken, ich muß mich dazu zwingen! Muß!)

Die Luft ist glühend heiß; ganz oben eine ferne wie aus Silberflocken getriebene Wolkenschicht.

15. März. Er hat mich wieder geschlagen! – Ich – ah, ich zittere am ganzen Leibe.

Wir waren am Strand und er knurrte mir zu, ich solle ein Netz holen. Ich war empört über den rohen Ton und tat, als höre ich nicht; da wandte er nur den Kopf und als ich ihm zu sagen wagte, daß er sich getrost anderer Worte bedienen dürfe, war er mit einem Sprunge bei mir und schlug mich ins Gesicht, daß ich hinfiel.

Ich war vor Scham und Erregung unfähig, mich zu rühren; Scham: daß ein Mensch so tierisch sein kann. – Erregung: oh, ich hätte ihn anspringen und züchtigen müssen. – Er hätte mich wahrscheinlich totgeschlagen (wäre besser gewesen!)

Ich Feigling – ich muß ihn töten. Mit Gewalt geht es nicht; also *List*. (Ich werde aber auch jeden Tag heimlich mit schweren Steinen üben!) –

Dieses Tier – er zwingt mich, auch tierisch zu handeln (erniedrigend)

16. März. Ich mußte den ganzen Tag fischen. Ich will gehorsam tun (»gehorsamen« sagte der junge Goethe) – habe drei Fische gefangen. –

Der Strand ist so grell weiß, wie eine gekalkte Mauer. Wenn die Sonne im Mittag steht, ist es unmöglich, draußen zu sein. – Als ich am Nachmittag die Netze zum Trocknen ausbreitete, kamen wieder ein paar Planken und das große Stück eines Ruderbootes von unserem Schiff vorbeigetrieben. Sie lagen bis zur Dämmerung am äußersten Ende der Insel fest, bis die Flut stieg und sie kreiselnd mitnahm, nach Süden. (Es scheint eine leichte Strömung hier vorbeizugehen. – Flaschenposten?? – Vielleicht ein Gedanke!!) Ich scheine der einzige Überlebende zu sein – (»überlebend« ist gut für diesen Sklavenzustand). – – –

Nachts: Oben geht er auf und ab, immer auf und ab. Er redet auch, aber mit veränderter Stimme; einmal habe ich gewagt, ganz leise die dicke Eisentür zu öffnen und hinaufgehorcht: er klagte in schwerem unmutsvollem Seufzen: »Oh, Organtin, mein Neffe Organtin –« Dann kamen noch einige abgebrochene flüsternde Worte, die ich aber nicht mehr verstehen konnte. –

Wieder erwacht; es ist unheimlich hier unten und oben redet es noch immer. Die Taurollen und Stricke hängen undeutlich im runden Raum, wie Tanggirlanden oder pendelnde Fangarme von Urweltlarven; die Fässer stämmig und finster.

Ich habe aus dem einen winzigen vergitterten Fensterchen gesehen, aber noch immer kommt der Mond nicht. – Sterne sieht man hier! Sie hängen wie schwere duftende Goldlampen im warmen Blau (Lampen – Ampeln, – ein Palindrom (Anagramm)).

17. März. Mein Rettungsring liegt noch immer am Strand; gebleicht, zerrissen, ein Fetzen. Heute vor 30 Tagen (31? es kann ein Tag fehlen!) kam ich hier an, d.h. ich habe nichts mehr gesehen und gefühlt, als den scharfen Sand, der mir die Gesichtshaut fast abscheuerte; so weit warf mich die Woge. Dann war er auch schon da und riß mich hoch wie ein Bündel. Ich war so erschöpft und von den schreck-

lichen Bildern der letzten zwei Tage verstört (ich bin neugierig, ob sie nun, wo ich sie erwähnt habe, im Traum erscheinen werden. Bis jetzt habe ich mich gezwungen sie wegzudenken!!) dabei aber so nachtwandlerisch scharfsichtig, daß ich sofort sah, wie er mit dem Gedanken spielte, mich zu erschlagen.
Ich hasse diesen Tyrannen so sehr (nicht dran denken) – Seine Kräfte grenzen ans Unglaubliche! Neulich kam er herunter und hob eines der großen Fässer beiseite (eine kleine schwere Eisentür dahinter) und verschwand auf einige Minuten. Als er wieder fort war, versuchte ich vergebens, das bauchige Ungeheuer auch nur um eine Fingerbreite zu verschieben. Und das hob er ohne sichtbare Mühe. (Heute Abend will ich mit dem kleinen Anker üben – nicht vergessen!)
Habe ein paar Stunden am anderen Ende der Insel gesessen (sie mag 100 m lang und 20–30 m breit sein; eine klippige Düne, ein Strich eigentlich nur. Aber der Untergrund scheint solider Fels zu sein, sonst hätte man doch den Leuchtturm hier nicht gebaut!) Der Turm selbst – etwa 25 m hoch, unten 15 m im Durchmesser mit riesigen vorgelagerten Strebepfeilern (als Wellenbrecher?) am Unterbau, dann verjüngt er sich in schön geschwungener Kurve auf etwa 8 m Diameter (in $^3/_5$ der Höhe), dann kommt ein leicht ausladender ca 3 m hoher Kranz, und dann erst steht darüber der eigentliche Leuchtapparat mit den Scheinwerfern (die ich nebenbei noch nie in Tätigkeit gesehen habe! – ein »erloschener« Leuchtturm? – Wie ein erloschener Vulkan!! Witzig, aber etwas unheimlich.) von dem spitzen schweren Weißblechdach geschützt. Ich kenne vom Inneren bis jetzt nur ein Stückchen Treppe und den einen Vorratsraum, wo ich schlafe. –
Trostloser blauer Himmel. (Ohne Wolken! – Lieber ein Himmel ohne Götter als ohne Wolken!) Ich habe wieder vergebens nach einem Schiff Ausschau gehalten; von oben

müßte man viel besser sehen können (ich habe nur den Erdradius nicht genau im Kopfe, sonst müßte es sich leicht nach dem Pythagoras ausrechnen lassen.) Ganz weit im Nordwesten scheint etwas zu sein; ein Kap oder eine Insel oder eine Klippe; bei sehr klarem Wetter sieht es aus, wie ein heller verschwimmender Punkt. – Ich weiß ja nicht einmal, wo ich bin – irgendwo südöstlich von Tutuila jedenfalls; denn wir hatten es zwei Tage vor dem Schiffbruch passiert. Wenn man schätzt, wie weit wir dann getrieben sind – es können 1000 km sein, wenn der Wind sich nicht gedreht hat! (Also unmöglich, festzustellen. Und fragen – ich werde *kein Wort* mehr mit dem Rohling reden!)

18. März. Abend. Bin müde (gute, starke Müdigkeit). Wir haben den ganzen Tag in den Korallenbänken gefischt und getaucht. (Er öffnete heut morgen die Tür und sagte: »Müssen Fische fangen!«). Ich ging stumm mit und wir bewaffneten uns mit Pfeil und Bogen und einem dreizackigen Fischspeer (!) Ich habe vielmal gegen die Versuchung kämpfen müssen, auf den Hund zu schießen; aber wenn ich ihn nicht gleich tödlich getroffen hätte –. Er schien so riesig und muskulös, wie aus gelbem Sandstein gemeißelt, daß ich manchmal dachte, der Pfeil würde ohnehin abprallen. (Als er einmal wieder auftauchte und das Wasser aus seinem langen blonden Bart troff, sah der Schuft aus wie Poseidon –)

Unvergeßlich die schwirrenden Fische in den roten Korallenhecken; alle Farben, blau und gold und rot getupft und gebändert. Und die unsägliche Pracht der Seenelken und -anemonen; wie sie sich atmend und strudelnd langsam öffneten und die weißen zierlichen Ranken die reinliche tiefrote Mundöffnung umspielten. Wie Blumen unter Wasser. Ich habe gelernt, beim Tauchen die Augen offen zu halten! – Das war das Schönste (sicher das Einzige!) was ich hier gesehen habe.

Das Wetter war enorm heiß, so daß die kleine kristallklare

Lagune förmlich dampfte, und das Wasser war wie eine zweite Luft. Ich bin schon verbrannt wie Robinson Crusoe. – Gegen Abend im Nordwesten wieder der helle Punkt, deutlicher als je. Es scheint doch ein Kap zu sein, aber *mindestens* 50 km weit! (Schwimmen!? – Aber Haifische?? –) Nachts: Eine ganz helle große Mondsichel weckte mich auf einen Augenblick. Was man zur Hand nimmt ist aus Silber. –

19. März. Gegen Morgen verknäulte, halbböse Träume – Bin am ganzen Körper zerschlagen von der gestrigen Anstrengung. – Wir sind in die Vorratsräume hinuntergegangen (der Turm scheint ziemlich tief unterkellert zu sein, und die Fundamente müssen ja auch viele Meter in den gewachsenen Fels hineingehen.) Es sind große, fast ganz dunkle kahle Räume, voll von Fässern und Konservenbüchsen, Gerät und Brettern; selbst der tiefste ist noch ganz trocken und kühl. An einer Stelle sah ich in dem Zementfußboden eine Art viereckiges Loch (roh hineingehauen) und ein paar Bohlen sorgfältig darüber gelegt, aber man entdeckte es sofort. Es scheint noch tiefer hinunterzuführen (Seltsamste Gedanken – der tolle Wirt dazu –)
Während ich hinter ihm stand (er durchschritt prüfend und klopfend die Reihen der Gefässe) rang ich mit dem Entschluß, hinauszuspringen und die eisernen Türen hinter mir zuzuschlagen. Ich Dummkopf hatte nur nicht darauf geachtet, ob er den Schlüssel stecken ließ! – Gestorben wäre er nicht, bei *den* Vorräten. Eher ich. Oder ich wäre wahnsinnig geworden, wenn ich mir vorgestellt hätte, wie er gröhlend und klopfend die unterirdischen Räume durchstreicht – furchtbares Bild! (Es gehört Stärke dazu, nur eine solche *Vorstellung* auszuhalten; gibt es einen großen Dichter, der solches konsequent durchgeführt hat? Wofür bin ich denn Professor für Literatur? – Poe? – ich kenne ihn zu wenig!) will heute Abend darüber nachdenken – nicht vergessen.

Vorräte reichen für etwa 10 Jahre. (d. h. es können auch 5 oder 20 sein; ich habe da gar keine Übersicht.)
20. März. Habe den ganzen Tag in einem Winkel gelegen. (Eine Art Sonnenuhr am Schatten des Turmes ausgedacht, und ein paar Anhaltspunkte gemerkt) Das Wetter war ein wenig trübe und verschleiert und über Kap unbekannt schien es zu regnen. Sonst schwüle Luft mit vereinzelten Windstößen.
Der Leuchtturm scheint wirklich nicht mehr intakt zu sein. Warum zündet er ihn Abends nicht an? (Oder will er nicht – wie lange mag er hier sein? – ich schätze ihn auf 40 oder 45 aber es ist schwer zu sagen)
Am Abend ganz dünnes rauchiges Wetterleuchten im Süden. – Dort liegen weit, weit unten die riesigen Eisfelder, die James Roß fand. – strange life! –
21. März. Ich wusch mich am Strande (ich bekomme schon einen richtigen Bart. lockig und bräunlich.) in der Morgenkühle, da kam er herunter und sah sich um. Stirn gerunzelt, mit scharfem Blick (durch mich natürlich hindurch) auf den Horizont. Dann hob er die Hand und prüfte die Windrichtung.
Nebenbei: Dies Mißverhältnis zwischen Außen und Innen!! Er hat ein mächtiges Gesicht mit blauen und tiefen Augen und einer hohen Zeusstirn unter dem vollen hellblonden Haar. Er trug nur eine fadenscheinig lange Blauleinenhose; erstaunlich schmale Hüften für die breiten allmächtigen Schultern. Dabei behandelt er mich wie ein kaum geduldetes Haustier.
Er murmelte, halb für sich, halb für den Wind: foul weather – when shall we three meet again? – und mit so englischer Aussprache! Ist er denn ein Engländer?? Und das Tier zitiert Shakespeare (wahrscheinlich, ohne es zu wissen – es ist toll) –
Es gibt absolut keine Insekten oder Schlangen auf der Insel; überhaupt kein Lebewesen – ich habe wenigstens noch keins gesehen.

Gegen Abend klärt es auf. Blauer kühler Abendhimmel mit zwei langen weißen Wolken darin (schön!) – Er hat also keine Ahnung vom Wetter! *Nacht:* Ich konnte nicht einschlafen und stellte mich an das Fensterchen. Eine Mondnacht von solcher Schönheit! – Heiß ist es hier unten; ich habe mich auf eine Taurolle gekniet und sehe, wie die Wolken langsam da oben durch den Mondschein ziehen. – Von oben kommt Stimmengewirr und Mädchengelächter, glockig und silbern; Alte Räte reden gewichtig, Jünglinge scherzen perlend – – *Bin ich denn wahnsinnig!!* – Es ist doch kein Mensch auf der Insel! – Oder hat er sie aus der Tiefe geholt? – Das verruchte Loch im Inselboden!!! – Ich habe mich in meine Ecke gedrückt und das Stückchen Decke um mich gewickelt. Es geht jetzt schon stundenlang. – Wenn ich doch einschlafen könnte (oder erwachen!!) – Ich glaube ich habe Fieber; ich muß krank sein.

22. März. Wenig geschlafen; aber ich bin doch wohl nicht krank. – Toller Traum. – Der Morgen war grau und frostig und der Große undurchdringlich und herrisch wie immer. Wir haben zwei Kofferfische gefangen. Er einen mit dem Speer; ich sah nur, wie er den Arm hob, die Muskeln sich spannten und der Schaft ins Wasser zischte. Dann zog er ihn mit der Leine heraus. – Ich habe es heute wohl zwanzigmal versucht: es ist ungeheuer schwer, die Strahlenbrechung im Wasser beim Wurf zu berücksichtigen; ich habe jedesmal dicht über oder neben dem Fisch vorbeigetroffen. (blödsinnige Zusammenstellung: vorbei und getroffen; echt Literaturprofessor!) – das Wetter ist also doch schlecht geworden. Am Nachmittag habe ich mich zusammengerollt. Wehmütige Erinnerungen: an die Universität und die Bücher und den Lehrsaal – wenn ich nur Schiller oder Dante oder Hans Sachs da hätte (hier hätte!) Ich habe mir die ganzen »Räuber« vordeklamiert, und für ein paar Stunden Vergessen dabei gefunden. Gegen Abend wird es förmlich kalt. –

– Halb Nacht, halb Morgen: er hat an meine Tür gedonnert und ist dann hinabgepoltert. Was wird sein? – Ein Schiff? –

23. März. Es war noch fast ganz dunkel; das Meer grau und undurchsichtig mit Schmutzig weißen Schaumkämmen. Er faßte mich am Arm und schrie: »Stricke und zwei Beilpikken!«. Ich lief keuchend über den nassen körnigen Sand und schlug beim Zurücklaufen einmal hin.

Er band sich das Tau um den Leib, hieb die eine Picke tief in den Boden, so daß ich mich daran festhalten konnte (das Wasser rollte über die Kniee); dann gab er mir das Seilende in die Hand und watete mühsam, die andere Spitzhacke im Gürtel, in das wüste Gewoge hinein. Draußen (etwa 20 m von mir entfernt) schlug er ein paarmal auf irgend etwas ein und kam dann rückwärts wieder heraus. Eine hohe Welle warf ihn mir fast vor die Füße, aber er ließ den Stiel nicht fahren und zog eine große Kiste ans Land, die wir sofort gemeinsam weiter zum Leuchtturm wälzten. – Es mußten also Schiffstrümmer hier vorbei kommen. (einmal sah ich auch einen Balken weit draußen treiben.) Der Morgen kam grau und unfreundlich herauf, und der Seegang wurde dann etwas niedriger.

Die Bretter waren ganz verquollen und federnd, aber viel Wasser schien nicht eingedrungen zu sein. Er hebelte mit der Hacke knallend den Deckel auf, daß die Nägel und Scharniere kreischten und pfiffen. Oben auf ein paar Werkzeuge. Ich war so neugierig, daß ich mich mit darüber beugte (er schien mir zugänglicher) und noch halb keuchend vor Anstrengung sagte: »Ganz wie Robinson –« Er sah mich feindlich an (wenn er will, hat er Augen wie Steine!) und fragte dann verächtlich: »Was wissen *sie* denn von Robin – son?« (Er machte eine kleine eigentümliche Pause hinter Robin-, als sei er gewöhnt, den Namen nur so zu denken!) Ich antwortete so gleichgültig, als mir möglich war: »Crusoe ist der Typ des Mannes, der, völlig auf sich selbst gestellt, mit einfachsten Mitteln sich einen Lebensraum schafft.« – (Es war albern und doktrinär ausgedrückt – hätte ich wenigstens das Wort »Typ« vermieden – aber mir fiel auf die unerwartete Frage nicht gleich etwas Geformteres ein.) Er starrte mir ins Gesicht und lachte so verächtlich und zornig auf, daß ich jedes Wort bereute. Glücklicherweise machte er sich gleich wieder an der Kiste zu schaffen, aber mit so bösen Blicken, daß ich das Schlimmste erwartete. Er murmelte noch Einiges, während er die Hämmer und Zangen neben sich auf den Sand warf, aber ich verstand nichts davon. Unten in der Kiste war eine Art Einsatz, der sich herausholen ließ, mit ein paar Büchern darin. Er kniff die Augen zusammen und setzte sich trotz des treibenden Regens auf den Rand der Kiste, und sah mit geübter Hand die Bände durch. (Ich denke »geübt«, weil er ganz kurz die Titel überschlug und bei den meisten den Kopf schüttelte) Die Mehrzahl warf er auch in den Sand, vier hielt er wie zögernd blätternd eine Weile, dann warf er auch noch davon das Kleinste zu dem übrigen Haufen.

Ich hatte ihm mit zuckenden Fingern zugesehen, und konnte nun nicht länger an mich halten; ich blieb stehen und fragte leise (beschämend, oh, oh!) und gering: »Darf ich eins davon behalten, – Herr – ?« Sein Blick kam von weit zurück; er fuhr mit der Hand in den Bart und blies höhnisch die Luft durch die Nase. Dann sagte er, schon wieder irgendwo: »Anfassen und nach oben tragen!« Er zeigte auf die drei Bücher und ein langes Handfernrohr, während er selbst prüfend zwei grobe Seemannshosen aufhob und sich über den Arm hängte. Dann schritt er voran.

Die Sonne war hervorgebrochen (zwischen dunklen langgezogenen Wolken) und schien so kalt und gelb auf das Mauerwerk des Turmes, daß mich vom bloßen Sehen fror. (Seltsame Beleuchtung: der helle Turm vor dem kobaltblauen Regenhimmel!)

Abends: Ich habe meine Bücher (es sind elf Stück; eine richtige Bibliothek) von draußen geholt und ganz sorgsam zum Trocknen aufgestellt. (hingestellt, und alle Seiten leicht fächerförmig geöffnet.) Bei den Meisten ist nur der Einband vom Regen etwas fleckig ohne Textverlust. – Heute war ich das Erstemal in seinem Zimmer! Es ist der große kreisrunde Raum oben in dem ausladenden Kranz. (Etwa 3 m hoch). Ich weiß nicht recht, wo ich anfangen soll. Es laufen rundum, nur von wenigen, einigen Zentimeter dikken Eisenstangen getrennt und getragen, die fast zwei Meter hohen Glasfenster. (Sind Glasgemälde darauf?). Dann ein breiter Schreibtisch und ein langes flaches Bücherregal, voll bis auf den letzten Platz. Ein Bett habe ich nicht gesehen; zwei kleine Schränkchen nebeneinander waren noch, aber der Fensterkranz ist völlig frei. An der einen Seite ein Haufen Decken. Ich kam nur bis an die Schwelle, wo er mir die Sachen aus der Hand riß und die Tür zuwarf. – Wenn der Mond scheint, will ich etwas lesen. Es ist viel französisch, Hugo, Molière, Crébillon und ein paar ältere englische Sachen (etwa von 1835–40) – und das warf er auf den Sand! –

Nachts: Von einem verworrenen Traum aufgewacht. (Ich ging wieder einmal durch eine endlose Großstadt, regnerischer Abend, hastende Menschen[,] bis ich endlich – wie immer – in ein Kaufhaus eintrat, und stundenlang durch die grell erleuchteten Räume gedrängt wurde, an den endlosen funkelnden Auslagen entlang, bis ich zuletzt in einem stillen Bücherwinkel landete.) – Es ruft aus der Höhe – Oh!! – –

Ich hocke in der kalten Mondhelle (ein großer, ganz kalter und fremder Mond), mich fröstelt am ganzen Leibe.

Ich halte es nicht mehr aus. Der ganze Turm flüstert in der Meernacht! Oben orgelt ein Stimmenlabyrinth!!

Und ich sitze hier, die Hände flach auf den eisigen Boden gestützt, in einem runden Nachen in der schwarzen Unendlichkeit. –

Ich habe mich hochgestemmt und bin zur Tür geschlichen. Leise auf. Es jauchzt und grollt in dem endlosen finsteren Schacht; das Geländer ist eine eiserne glatte Schlange.
Es hat mich zurückgeworfen auf meine Floßscheibe – o dieser Eismond! Ich hocke im glasigen Lichte wie der letzte Mensch (oder der Erste?!)

24. März. Am Vormittag allein (Ich kann also noch leben – haha!) Wetter ist klar aber mit Windwolken in großer Höhe.
Eben habe ich mit einem Eimer Wasser sein Zimmer aufwischen müssen. (Erst ausfegen!). Ich schlich immer um die Bücher herum und versuchte ein paar Titel zu erhaschen. Zuerst merkte er es nicht. Aber als ich einmal fast eine Minute lang vor den Reihen kniete, und schon den Finger heben wollte, sprang er heran, schlug seine Hand wie eine Zange in meine Schulter, und warf mich zurück, daß ich polternd an die Tür fiel.
Ich wischte halb betäubt sofort weiter. Mit fliegenden Händen, so daß selbst er (staunend ob meiner Demütigung!) einen Augenblick zusah und dann so wegwerfend lachte. – Abends: Was hat er? Fouqué, Hoffmann, Wieland, Holberg, Stifter (alles Leute, die ich fast nicht kenne – sind ja alle hölzern und verschollen!) und viele schnörklig beschriftete Schweinslederbände.
Mein linker Arm ist ziemlich geschwollen und schmerzt, wenn ich ihn zu biegen versuche, (ziemlich gleichgültig!)
Nachts: Antiquariats-Traum (wunderschön!) – Der Wind scheint zu pfeifen I hear it sing in the wind –

25. März. Bleiern erwacht; ein wüstes Unwetter ist losgebrochen. Fast die ganze Insel ist verschwunden im grauen und schaumigen Gerolle. Wasser fällt klatschend zurück und fliegt flatternd und blasig vorbei. Es scheint immer noch zu steigen. Am Fenster: Der Wind schlägt mir knatternd wie ein nasses Tuch ins Gesicht; ich werde versuchen ein paar Bretter davor zu setzen.

Allein im surrenden Halbdunkel; die Bretter werden alle paar Minuten nach innen geblasen, und das Wasser leckt schon bei jeder heftigen Böe über den Fensterrand.
Er kann mich doch nicht hier unten lassen; der ganze Fußboden ist bereits naß. – Aber ich kriege die Bretter nicht fester.
Der Wind pfeift unheimlich und es kommen schon derbe Güsse durch das Gitter. – Das ist entsetzlich: ich habe versucht aus dem Fenster zu sehen; die graue zerklüftete Flut ist ja fast in Augenhöhe. Das geht doch nicht! –
Er hat mich nach oben geholt. (Ich hatte geschrieen, die Treppe hinauf) Er kam herunter, sprang zum Fenster und rammte einen runden Faßdeckel in die Öffnung, legte ein paar eiserne Querstangen darüber, stopfte alte Säcke rundherum, und prellte noch eine zweite Holzscheibe davor. Dann ging er verächtlich ohne ein Wort gesagt zu haben, und duldete, daß ich ihm nachschlich. –
Gegen Abend: Ich habe mich in die Ecke neben den beiden Schränkchen gedrückt. Er hat mich gar nicht mehr beachtet. Geht auf, geht ab. Der Abend verschwindet grau in Wind und Wasser (Wenn es noch mehr steigt!) Er spricht vor sich hin und macht halbe Handbewegungen.
Das Holz der Schränke ist schön; ich habe als Kind stundenlang vor der geheimnisvollen Maserung aller Hölzer sitzen können (wie sich alles umeinanderschwingt) und auf den dunkelbraunen Wegen bin ich oft in Märchenländer gewandert.
Er hat mich entdeckt. (Ich weiß nicht: sieht er mich oder nicht?) Aber – Ein blaues Buch hat er aus dem Regal gezogen und nimmt es streichelnd in die Hand.
Wenn man in diese Augen sieht, blaut es heraus wie ein rauher Vorfrühlingshimmel; rauscht nicht dürres Laub draußen vorbei – nein, ich bin doch hier! – aber es liegt ein spärlicher Schneestreifen auf schon grünendem Tal. – Ich will nicht, ich will nicht in die blauende Landschaft!

Die Stimme bricht auf wie eine Blüte: »Der Vorfrühling war über die Ardennen hereingebrochen –« – braune Knospen rascheln im niedrigen Unterholz – eine Haselflöte – *Tiefe Nacht:* Er geht taumelnd zum Deckenhaufen und wirft sich hinein. Auf dem Tisch liegt das Buch. Wenn ich mich hochrecke: Blaues Leinen, billige Goldschrift.
Fouqué.
Zauberring.
26. März. Gegen Morgen: Er schläft. Oh!
Mich schütteln viele Fieber. Wie er lachte und zürnte, und warb und höhnte in der heroischen Landschaft.
Waren nicht Ritter hier und horstende Adler im Tann; Mohren und edle Frauen?
Ich will nicht mehr lehren: was weiß denn ich von Dichtung!
Der Tod steht dahinter. – und das Leben!
Ach, was für ein Leben!
Ich habe nun doch noch gar nicht gelebt; – ich – Albino!
»Die Ritter winkten ihn schweigend mit den beerzten Händen fort« – beerzte Hände.
Und draußen ist der gurgelnde Sturm. Wenn ich mich am Fenster hochkralle, recken sich Wasserberge heran. –
Ich habe eine Stunde aus Erschöpfung geschlafen; er rührt sich noch nicht.
Auf dem Tisch schläft das Zauberbuch (der große Meergeist – ja doch!!) Ich muß etwas sehen. Ich will in dem Atlas blättern, der hier liegt.
Eine Stunde später: Sieh da! Das ist – interessant (Ich will es mit kalten Worten töten! Ich sage: – anziehend; nein – ganz reizend! Das ist das Wort!!)
Also (ruhig bleiben!) ich habe einen Atlas hier. »Atlas novus« steht darauf, gewiß. (Ich werde am einfachsten mir die Seiten notieren!) – Bin ich nicht gleichmütig! –
Seite 1: Eine Sternkarte; gelb-weiße Pünktchen im Samtschwarz des Kupferstiches (Schabmanier?). Die

Sonne, von Cordoba Zonen 5 h 243 ausgesehen. – Verrückt! – (Ja, ich!!). Auch dünne Nebelschleier weben silbern um einen Sternhaufen. (Man soll gewiß die »Unendlichkeit« »ahnen« – der Bube!)

Seite 2: Das Sonnensystem; ein Zentralfeuer und ein paar Kügelchen darum (vor einem spärlichen Sternenhintergrund.) Nichts besonderes.

Seite 3: Ah, voilà la terre! (Mit Französisch kann man alles umbringen; in der Hölle spricht man es sicher – »Mais, Mr. 1e. Diable: il fait très chaud!«) – Die schwebende Kugel umwogt von Wolkenzügen. (gut gezeichnet) Das helle weißblaue Meer, die weiten gelben Landstriche, ab und zu blitzen die hellen Kämme von Bergketten auf. Flußläufe aus fahlem Grün (So sieht die Erde aus großer Höhe vom Flugzeug tatsächlich aus!) über Asien liegt schon Nacht, die höchsten Spitzen des Kaukasus erröten noch und ein weites Wolkenmeer liegt über Südeuropa. Es ist doch seltsam; (kein Name auf der Karte, keine Grenze!) man bekommt das Gefühl des Schwebens (Dabei ist alles äußerst genau wiedergegeben) – Ah: über Boothia Felix huscht eine wallende Nordlichtkrone. – Was steht darunter? »Ein Stern« – verflucht! –

Ich habe das Blatt noch einmal angesehen; es ist ein Lebewesen höherer Art, was hier im Raume schwebt.

Seite 4 und folgende: Aha. Spezialkarten. Aber die ganze Reihe immer in dieser – hm, das Sterngefühl erzeugenden Manier!! (Mondaufnahmen habe ich in dieser Art gesehen, immer die Kugelwölbung.) Immer das Wolkenspiel (wundersam, nebenbei!!) und in diesem ziemlich großen genauen Maßstabe. (Aus einem Vulkan loht Feuer – kindlich – aber gut, sehr gut!) Jetzt sieht man auch die Wälder und weiten lila Heiden, wilde Bergschatten. – Auf einem leuchtet eine sausende Sternschnuppe in den höchsten Luftschichten auf. Manchmal liegt Schnee!! – – Das ist, – Das ist wider den Sinn und Zweck eines Atlanten! (Oder gerade nicht?! – Weh – unsere Plättbrettkarten mit Namen!! –)

Seite 41 und folgende: Der Mond. – Wie das leuchtet! Und diese Schlagschatten im Erathostenes. – Das ist eine gefährliche Art, so die Sterne nebeneinander zu stellen. – Erdentfremdend; (aber Allannähernd!) Das ist die letzte kopernikanische Konsequenz: die Erde als nur Eins unter Vielen. Ein solcher Atlas würde die Kirche rasend machen.

Seite 48: Der Mars! Er leuchtet rot und nahe. – Das kann er doch nicht wissen; so eine genaue Karte. (Bin ich nicht gleichmütig? – aber meine Hände zittern etwas – es ist kalt, haha!)

Der Atlas hat noch mindestens 50 Seiten; ich will noch einmal Anlauf nehmen. –

Das hatte ich vorhin überschlagen. Zwei Erdquerschnitte – »nach Ansicht der bedeutendsten Autoren« – auf der einen Seite eine riesige Höhlung, um die halbe Erde herum: leuchtende Luft, ein Meer. Auf der anderen die Erde als Hohlkugel, kreisende Sterne darin. – Holberg und Jules Verne sind als Gewährsmänner angegeben. – Wer das aufnimmt – (ein furchtbarer Verdacht: ist er wahnsinnig??) – Ich will das Buch beiseite legen. –

Noch eins (wollte eben zu schlafen anfangen): gibt es nicht doch große Hohlräume unter der Erde; ich bin kein Fachwissenschaftler, aber es soll doch Stellen mit Gravitationsdefekten geben (durch Pendelschwingungen ermittelt) – ich bin ganz verwirrt. –

Es geht gegen Abend. Unverminderte Herrschaft von Wind und Wasser. Er ist erwacht. Abwarten.

Etwas gegessen. (Daß man essen muß – widerlich!)

Draußen räkelt sich das Wasser; dicht vor den Fenstern. Der Regen hatte einen Augenblick nachgelassen, aber nun strömt er wieder an der Scheibe herunter. – Oder Gischt, wer weiß?. (Der Turm schwebt wie im Weltall) Ein Ort wie im Traum (Was heißt »Skramasax«? – Ich habe es einmal gelesen – so ist mir zumute, so, wie das Wort klingt – – Zauberformeln, heidnisch und kreischend) Ich muß mich etwas zusammennehmen, sonst komme ich noch auf die tollsten Einfälle. – Durch Infektion. –

In der Dämmerung (Meergespräche – Hihi!): Er strich mit der Hand durch die Luft und sagte: »Das Anorganische ist sauberer als das Organische – Vorteil des physikalischen Weltbildes –«

Ich wagte zu antworten: »Aber das Leben – ist nicht durch das Leben überhaupt auch diese Betrachtungsweise erst ermöglicht? – Unerläßliche Grundlage?« (Ich versuchte seinen Sprechstil nachzuahmen – ich Lakai!)

Er legte den Kopf auf die Seite, und horchte wie auf eine der Stimmen seines Inneren; dann sagte er: »Leben ist verschieden vom Geist; nicht identisch; zu speziell; –«. Er schwieg eine Weile; dann nahm er die Übertragung vor: »Bei Fouqué hat das Leben seinen Schmutz verloren, bei Dostojewski die Sauberkeit. – Geist, d. h. Phantasie ist das oberste Göttliche schlechthin –«

Ich zweifelte: »Muß ich nicht erst im Leben einen Wald, eine Burg gesehen haben, ehe ich sie phantastisch verwerten kann? – Also im Schmutz gesehen? – Auch Blumen wachsen aus Schmutz – !«

Er sah in das gasig jagende Wasser: »Die Reinheit ist kein Erzeugnis des Schmutzes; sie läuft nebenher, ist nicht bedingt, nicht ursächlich an das Chaos gekettet. – Geist war, ehe –«. Er brach ab, dann nannte er Namen: »Platon, Schopenhauer, – obwohl die Dichter die Vollendung sind.« Er atmete tief ein und hob mit funkelnden Augen den Kopf; er rief ehern und hallend: »Cervantes!« –

Ich Stimme schwieg, besiegt von Kühnheit und Tiefsinn dieser Widerlegung; ich verstand – Cervantes: damit bewies er, wie man mit anderen Augen anderes sieht, wie aus einer Mühle ein Riese wird – nein, wie eine Mühle ein Riese ist! – Habe ich ihn verstanden? Ich weiß nicht, ich kann nicht folgen (Das ist – ich, *ich* kann nicht folgen?!) Seltsamstes Wesen: aber er muß Unrecht haben – ich will es; er ist doch unsozial, brutal, krank – –

Er nahm die Stirn vom Fenster (5 Millimeter trennten ihn von Sturm und Tod; daß wir uns an Glasscheiben so leicht gewöhnt haben! – wir sitzen jeder wie in winzigen Seifenblasen (bunte Haut – paßt!) im Weltall – Wenn die Zerbrechlichen springen, fällt uns Ur-Kälte an –); er sagte ernsthaft: »Defoe war ein großer Mann, und Hoffmann war ein Gott – oh, manche haben es gewußt und in ihren Büchern gesagt – Stifter (seine Augen wurden weit und kühl) Hauff (er nickte glücklich) Wieland – –« Stille. –

Ich habe das Kinn auf das niedrige Fensterbrett gedrückt. Wassergraus in der Dämmerung. Wie Hände wischt es über das Sprühen und drückt immer mehr dunkle Flächen hinein.

27. März. Nacht. Wir sind in der einbrechenden Nacht auf dem Turmkranz gewesen; der Sturm riß einem die Luft vom Munde weg. Es ist nur noch ein Gemisch von Heulen und Gischt.

Man kann keinen Meter weit sehen vor geblähtem Wasser und beißendem Wind. Alles Dampf und Grau.

So muß es im Orionnebel sein. –

Wieder unten. Er wird unruhig mit wilden Augen. –

Ich habe eine Zeitlang im Halbschlaf in meiner Ecke gekauert – alles verwirrt sich. Bin ich in einem Raumschiff verloren im Weltall, mitten in einem der jahrhunderteweiten chaotisch sich windenden Riesennebl. – Erde – war einmal; reise ich nicht mit uralten Augen durch fremdeste Einsamkeiten; mit mir eine reinlichste phantastische Welt.

(Können sich Ideen bewegen? – – Eine Frage für Aristoteles und Platon. Es scheint, er wird wieder lesen. (Das sind also die Stimmen, die ich früher gehört habe – verrückt!)
Ein altes Buch, sehr alt, mit wunderlichem Einband.
Niels Klim. –
Ich muß wiederum mit; hinunter auf Nazar. In das unheimliche Licht. – Lang ist die Nacht und die Augen brennen; ich habe doch so viele Völkerschaften gesehen – haha! Über Berge und wilde Ströme. Baummenschen und die Reise nach dem Firmament. – Da wird man müde.
Die bezwingenden Gebärden des Starken.
Vorbei. –

28. März. Morgens: ich bin wieder unten in meinem Zwischenreich –
Als er aufhörte zu zaubern, merkte ich, daß der Wind längst verstummt war, und auch die Flut schien gesunken zu sein. Ich sah zufällig aus dem Fenster und schrie auf; denn draußen, weit im Nordosten konnte man im Morgengrauen ein Schiff erkennen, das schwer mit den Wellen kämpfte.
Ich sprang auf und winkte sinnlos mit den Armen und rief, während er mit erwachenden Augen zum erstenmale von meiner Anwesenheit Kenntnis zu nehmen schien. Ich lief auf ihn zu und keuchte, ihn am Arm packend: »Hinauf, hinauf: die Scheinwerfer – –!« Er schüttelte mich ab wie eine Fliege, daß ich hinfiel; aber ich sprang ihn an und krallte mich in seine Schulter, bereit ihn zu zwingen. Da erhielt ich einen krachenden Faustschlag ins Gesicht, er öffnete die Tür und trat mich die Treppe hinunter. – Ich habe in die Taue gebissen und gewütet: Hund Hund! Gibt es denn nicht Gift für dieses Tier! –
Ich lache und zwitschere vor Wut – Tod, Tod – –
Abends: Das Wasser verebbt langsam.

29. März. Heute früh kam der Inselboden allmählich wieder

zum Vorschein; ziemlich wie vordem mit Sand und Geröll. Tang darüber geweht. Die Form der Insel scheint sich beständig leicht zu verändern.

Eine schüchterne Sonne schien am Nachmittag ein wenig und es wurde fast warm. Der Himmel ordnete sich wieder (Trennung von Wasser und Luft); leichte Wolken im erwachenden Blau. Die See geht noch immer etwas hohl.

Lange Dämmerung.

30. März. Das Wetter ist prachtvolle Glut mit schwärmenden Wolken (Viel zu gut für den Hund)

Aha! Mir ist befohlen worden, mit zu fischen. – Ich muß mir doch die Schläge verdienen. – Das Wasser dampft, aber es ist doch kühler als der Höllenstrand (come di neve in Alpe senza vento – wahrscheinlich war Dante auch hier.) –

Unten in der Tiefe war es bläulich und kühl (Ich komme mir vor wie eine Gestalt auf einer kretischen Meervase, angeglotzt von buntem Getier und gläsernem Tang.) – Um ihn durch seine Unwissenheit zu demütigen, will ich davon anfangen, spielerisch und gehässig.

Abends: Erfolg, Erfolg! (Oh, ich verächtliches Gewürm – ich habe kein Glück) Er kann griechisch und gut, sprach so schnell (allerdings mit merkwürdiger Aussprache; wo mag er die gehört haben – in Alt-Kreta selbst? – Ich habe ihn stark im Verdacht, haha!) daß ich nur die Hälfte verstand. Er sagte: kommen Sie! –

Oben im Turm hat er ein Heft mit großblättrigen Zeichnungen (der Teufel soll mich holen, wie er schon getan hat – es waren geschickte Rekonstruktionen, weiter nichts!) und so vielen Einzelheiten (z.B. Schreiber in einem kleinen offenen Laden, die an einer geschnörkelten Linearschrift malten) daß er das gar nicht verantworten kann.

Ich tat glücklich (und war's halb!) und fragte: woher er das wüßte? Aus der Literatur (Evans, a.s.o.)? – Da lachte er gellend auf; er sagte etwa Folgendes: »Nimm eine alte

Vasengottheit in deine verfluchte dürre Hand und sieh sie dir an, Narr!« (Es ist wie ein wüster Traum – aber »dürre Hand« ist gut! Sehr gut!)
Wir plauderten (!) noch mehr von alten Dingen; ich sprach von E. T. A. Hoffmann und bedauerte, daß er schon so lange tot sei (Um ihm einen Gefallen zu tun; wenn er will, rede ich ihn mit »Eure Tritonität« an!) Er strich sich wie ein Erwachender mit der Hand über die Stirn und sah mich groß an; dann wich er – die Dämmerung graute, und alle Bücher blickten höhnisch auf mich – lautlos zurück, und wies mit der Hand nach der Tür. Sie stand wie ein weißer schrecklicher Pfeil im Geschiebe der flüsternden Schatten. – Ich kann seine Augen nicht vergessen: nie sah mich Mensch oder Tier so an. War es Furcht vor meinem kalten tötenden Wort oder Hohn und geisterhaftes Fremdsein. (Ich hätte es nicht sagen sollen; aber er *ist* doch tot!) –
Nachts: Auf–ab, auf–ab (ich muß doch »es« schreiben lernen! – Ja, sie singen noch: da ist die rechte Zeit – haha!)
Wenn ich das hier morgen lese, muß ich geträumt haben!
Die Nacht war ein wenig unruhig, und der Wind kam wie ein böser Geist ans Fenster und höhnte. Immer wieder bis ich wach lag. (Morgen früh: träumte! – Ich warne mich!!); da war es mir, als hörte ich Schritte draußen auf dem Strande, die sich dem Turme näherten, leichte kleine gute Schritte, goldgetupfte – aber ich wußte es gleich. Ich öffnete die Tür einen Spalt weit (ein neues Traum-Maß! – so ist's recht!) und reckte nur den Kopf in die wartende Finsternis. Auch oben ging die Tür, glücklich und singend: dann hörte ich, wie die Schritte behende und schön um die Treppenbiegung kamen und sah die alte gegitterte Laterne, die er in der Hand trug.
Ein zwergiger schlanker Mann im kurzen schwarzen Mäntelchen; über dem weißen Kragen sah mich das spöttische Gesicht mit dem schmalen gepreßten Mund und den großen Eulenaugen an – immer sah es im Steigen nach mir! –

Stumm und mit zaubrischem Hohn, bis mich mein Schrei zurück warf an die kalt umarmende Wand. –
Becherklang und Zwiegesang. Von oben. Sie pokulieren, die Ewigen, die Allmächtigen im Licht! Himmel oben, Dumpfheit unten. Seligkeit! Ich weiß, was ich bin – hahaha! Den Kopf in die Decke: möchte ich taub sein! –
Und endlich erwachen!!! –
31. März. Erwacht. – Wenn es nur immer Tag bliebe. –
2. April. Triumph!!! Oh; Jetzt.
Und das feinste weiße Papier her; und Tinte. Haha! (So muß Loki gelacht haben, als Baldur – verfluchter Einfall! Still!)
Bewegt er sich? – Nein! (Aber ich! Nun bin ich Herr und will mich räkeln.) Wir waren am Strand – (genießerische Pause, während er stöhnt – hm!) Natürlich angeln; und sechs große Zebrafische hatten wir schon in der weißflüssigen Luft auf dem Strand liegen: da sah ich ihn! Er saß blinzelnd und wartend im Korallengebälk, gute drei Meter lang und schwarz wie die Rache. Ich rief ihn mit einem Stein und er kam, mit wehenden stachelgesäumten Flossen: ein Mantelrochen.
Er sah ihn auch und fuhr zurück, aber der Dämon schoß mit halbem Leib auf den Strand und gähnte. Hei, wie die beiden Teufel umeinander sprangen, der schwarze und der weiße: Freßt euch doch! Freßt euch doch! Aber noch hatte ich kein Glück (ich will nur recht leise schreiben, daß er es nicht doch merkt) Er warf ihm eine dicke Planke über den Pfeilschwanz und ein Tau um den wogenden Flossenumhang, daß er sich nicht mehr hochschnellen konnte. Ich hielt die Schlinge und stemmte mit aller Kraft den Sand unter meinen Füßen weg, während er mir den Rücken kehrte und nach seiner Axt suchte.
Er schielte mich zitternd und ermunternd an mit riesigem grinsendem Maul und gelbverdrehten Augen, und biß lüstern und sich anbietend in den Sand.

Da ließ ich ihn los!! –

Mit flatternden häutigen Flügeln schnellte er hoch und stand schnarchend in der Luft (jetzt war es ganz wie im Inferno: das schwarze mäulige Gespenst auf dem siedenden rieselnden Höllensand.) Dann schlug er, sich krümmend, mit dem dornigen Stachel zu! Der Andere fuhr herum und hieb unbegreiflich schnell mit weiß kreisenden Armen das Beil in die mantlige Umarmung; ich lag weggeschleudert im scheuernden Sand und hörte nur das volle platzende Knacken, als dem Seesatan das Rückgrat brach.

Der weiße Teufel ließ merkwürdig langsam das Beil sinken, als sei die Luft aus Glas, und jetzt sah ich erst, über den schwarzen immer noch nickenden Wisch hinweg, daß aus seinem linken Oberschenkel handlang der Schwanzstachel des Rochen starrte! In seltsamer Vergeßlichkeit dessen, was ich getan hatte, kroch ich hinzu, und bot ihm an, den Dorn herauszuziehen, Er blickte mich gespannt mit gerunzelter Stirn wie abwesend an, und ich fühlte, daß er nichts wußte!! – Haha! (Ob ich ihm Wasser gebe, wenn er stöhnt? – Ich weiß noch nicht –)

Aber breites Entsetzen ergriff mich doch, als er aus dem Gürtel sein altes Messer nahm und mit zusammengebissenen Zähnen sich gegenüber ein Loch in den Schenkel zu bohren anfing. – Mir fiel erst spät ein, daß er ja sonst nie den widerhakigen Stumpf herausbekommen hätte: er mußte ihn hindurch schieben; der Stachel hatte fast ganz das Fleisch durchschlagen. Ich sah mit höllischem Interesse zu, wie er ihn mit weißem Gesicht hindurchzog und auf den Strand warf; es blutete sehr. Er hinkte in's Wasser, ganz langsam, und wusch die fürchterliche Wunde aus. Dann kam er schwankend zurück, zerrte sich nach dem Turm und fiel fast noch auf seiner Türschwelle um.

Abends: Habe ein wenig geschlafen. – Er bekommt rote Flecken im Gesicht – ein Fieberchen? – Oh (ich möchte

doch meine dürren Hände schonen. – Bin ich denn das noch selbst?!) –
Ich glaube, ich darf nicht hier oben sein; sobald ich etwas in die Hand nehme, unterliege ich dem Zauber. (Ich will ihm doch Wasser geben – abergläubisch?)
Ich habe eine große Mappe geöffnet und mir die Bilder angesehen. Zeichnungen. Ob es Götterbilder waren? – Eins sah aus wie Goethe, ein sitzender Zeus. (Phidias –) Ein anderer lehnte an einer Säule in weitem wallendem Gewande, mit hoher Stirn: einen Raben auf der Schulter. Viele andere noch, ein ganzes Volk.
Ich muß immer noch an den Rabengott denken – das Gesicht muß ich doch gesehen haben (vielleicht als Abbildung?)
3. April. Ich habe immer gedacht, um die Rotunde ziehe sich oben ein breites Stück Mauerwerk oder Eisenblech, aber als ich heute früh an einer Schnur zog, schoben sich Vorhänge zurück und gaben den ganzen oberen Teil des Kranzes frei. Ich sprang auf und schrie empor; denn mich umgaben die wundersamsten Glasmalereien. Dort wo eben die Sonne aufging, lag ein weites lachendes Tal, von einem leise brausenden Fluß durchströmt mit waldigen Ufern und einzelnen Felsen, die in der zärtlichen Sonne erröteten, rosig und nackt. Dann ein mittäglich stilles Kornfeld, ein Weg daran vorbei; ein abendlicher See über den leichte Nebel wehen, ein Junge am Ufer mit einem Schiffchen in der Hand, der stumm in die schwebende Nähe sieht. Auch eine bläulich und silbern erglimmende Nacht, weite Hochflächen im Mond und eine helle leere Stadt hoch im Bergland. Und alles geht ineinander über ohne Rahmen, ohne Begrenzung.
Ich habe ein Fernglas genommen und sehe sie mir genau an. Ritterburgen auf steilen Felsen, spielende Kinder, schreibende Gelehrte. Ein Mädchen. Ich habe lange über diese Bilder nachgedacht. Sie widersprechen unserer Rahmung, unserer Weltbegrenzung (Rahmen als moderne Midgard-

schlange) – Gewiß, man könnte andere »Außenränder« für Bilder erfinden, verlaufend in schattigen Waldgründen, so daß das Bild nur den hellen Brennpunkt darstellte. (Wie eine Landkarte, wo ja auch die interessantesten Stellen den Rand durchbrechen!)
Der Turm müßte »die ganze Welt« heißen.
(Ich will ihm etwas Wein geben. Und einen neuen Verband machen)
Abends: Der Mond ist aus dem Meer geklommen und steht hinter den Nachtbildern.
Ich sehe weite bläuliche Säulenhallen; um einen rotbestrahlten Tisch sitzen Ritter; Schiffe, vom hellsten Mondlicht umgossen, rauschen im kalten Nachtwind über's Meer. Adler fliegen über die gepanzerten Schlafgestalten auf dem weißen Deck.
Gegen Mitternacht: Ich habe die Vorhänge geschlossen und lange gelesen. In den »martischen Realien« – ein tolles Buch! (Ein Manuskript natürlich.) Er behandelt also Laßwitz so, wie unsere Philologen den Homer »bearbeitet« haben. Gibt Register, bestimmt Pflanzen, beschreibt Einrichtungen, stellt an Hand des Laßwitz'schen Berichtes – (ich habe wohl 5 Minuten auf das Wort »Bericht« gestarrt, das ich eben geschrieben hatte! – Ist es Zufall, oder bin ich selbst schon so weit, daß ich nicht mehr weiß –) Ich habe es noch einmal durchdacht – (Ich will ihm erst Wasser geben – nein, – Wein!)
Es ist wohl nicht nur Verspottung der mikroskopischen Arbeit unserer Gelehrten, wie ich zuerst annahm: hier sind ja wirklich alle Dichter zeitlos und heilig. Es ist ein seltsamer (aber tiefster!) Einfall – wenn ich bedenke, daß man ebenso den Faust oder die Pickwickier oder – still! So kommt man seinem Dichter näher: habe ich es verstanden? – ich weiß nicht; oder doch? –
Um diese Zeit hörte ich sonst oft die Stimmen über mir; dann ließ er mich nie herein: trank er?

Oder ließ er nur das Fenster offen: da scheint der Mond herein und der Wind läuft ums Haus und flüstert alte Geschichten.

Zweimal habe ich hier gesessen: war das Wahnsinn oder ist es die stolzeste Herrschaft der Seele, die Welten umfaßt, liebliche und wilde? Schlafen.

4. April. Er fing mit ganz dünner kindlicher Stimme an zu singen, – ich verstand ihn nicht.

Gegen Morgen hob er unruhig den Kopf und begann zu flüstern, mit weit offenen Augen, die vieles sehen mochten. Stundenlang. –

Ich habe im Jules Verne gelesen; Voyage au Centre de la Terre; großes viersprachiges Manuskript, jedes scheint eine andere Fassung mit schönen und fremdartigen Textvarianten (keine bloße Übersetzung); die Bilder waren wieder ganz neu; Kupferstiche mit tiefbraunen Schatten und silbrigen Lichtern. Der Weg durch die Schächte, springendes gutes Wasser und die alten Trachten der Wanderer. – Lange sah ich in diese Gesichter, die unbeirrt hinabzogen in das ferne Land. –

Wie schnell man doch vergessen kann! Aber ich will nicht: er hat mich geprügelt wie einen Hund.

Mehrmals.

Das soll er mir büßen; Schlag um Schlag! (Am besten eine Peitsche oder ein Riemen für den rohen Schuft – – behaglich triumphierend: die Gerechtigkeit siegt doch immer – ah, oui! Die Gerechtigkeit! haha!)

Erst soll er mich belustigen (die Rache als Kunstwerk –) – Ach, was: das erste beste Buch her, und ihm in die Hand gedrückt: Lies mir doch etwas vor, mein Söhnchen! –

Ich will es mir recht bequem machen am Tisch – es scheint ein Unwetter aufzuziehen. (Habe ich ihm etwa wieder den Höllenzwang hingelegt? –) Ja! Ich muß wahnsinnig sein! – Oh, ich »Rachekünstler« – Nein!! – Zu spät: sie kommen schon, die Vielen. – Pfeifend springt schwarzgemäntelter

Wind in die Tür. – Trägt er nicht schon ein altes buntes Wams; rauscht das Meer oder versinke ich wie ein Stein in vergangene Jahrhunderte – Mir das Buch – Mir das – Sieh doch: ein dunkles – Wasser – –

Irgend ein Tag;
ich weiß nicht. (und unten im Netz der Seile) Er hat gelesen. Tag und Nacht, wie ein Durstiger, der Genesung trinkt, wie ein Dämon – ach, wie viele Dämonen; und wie ein Gott – ach, wie viele Götter! –

Mit jubelnder Stimme am Schluß. Dann sprang er auf – –

Nun – ich sitze wieder unten. (Ah, oui: die Gerechtigkeit!)

am nächsten Tag: Es rührt sich oben nichts; ob er tot ist? – Hm.

Schönes Wetter; gut Zeichen für mich, wie?

am nächsten Tag: Alles still; Himmel und Erde und ER!

Allein die Namen hatte ich noch nie gehört; Engelshofen glaube ich, ja (?); aber Sehfeld – (das sind mehr als Traumzustände – albernes Wort – ich weiß nicht, wie kann ich es nennen? – »Leben« ist es auch nicht; denn so hatte ich noch nie gelebt! Ich! Schwächling!) – Nun war ich doch schon vor Jahrhunderten in Rodaun und im versunkenen Halle: Dank, mein großer weißer Vitzliputzli; schönen Dank, Du – Teufel!! –

Ich wage nicht mehr die Beschreibungen meiner früheren Tage hier zu lesen, aus Furcht, ich könnte nun endlich erkennen, daß ich seit langem wahnsinnig bin!! –

Ein Tag: Er lebt. Er kam die Treppe herab. (Blaß, lieber Freund, etwas blaß!)

Und wir gingen fischen.

Wie einst im März (– 's war wohl März, kalkuliere! Haha!)

Abends: Er spricht merkwürdig viel mit mir, schnell und unheimlich klug, so daß ich ihm mit meinem armen Kopf oft nicht folgen konnte. (Aber das Bein ist immer noch dick verbunden; scheint zu bluten? –)

Ältere deutsche Dichtung: Parzival, Erec, Iwein, Tristan. Vor allem Nibelungen!

(Ich leide seit einigen Tagen an merkwürdiger Gedankenflucht; fast kindische Geistesschwäche); so sah ich ihn mit blöden Augen an und nickte ihm albern und erfreut zu: Ritter hätte ich schon lange gern einmal gesehen! (wie fein – doch, ja! eine satanisch feine – Bemerkung, deren hilflosen Hohn er gar nicht merken mochte – er hört mich nie; ich bin ja auch nur ein Sternsplitter, der um ihn Sonne schleicht, ausgespieen von ihm; muß fort, wohin er mich zieht – und es ist viel, viel lastender, Zeiten zu durchwandern, als Räume –

Ich lasse alle Klammern offen, wie leere Schubladen meines hohlen Hauptes; sollen sie doch nichtswürdig gaffend meine Erbärmlichkeit aufgähnen lassen, sollen sie doch, ...

Nächster Tag: Ich schlafe oft im Sitzen ein; nicht direkt schlafen, nein. Aber wenn ich mir morgens einen interessanten Ziegel in der Mauer angesehen habe, (wildeste winzige Hochländer sind darauf; spitze Bergkörner, die Schatten schleudern, wüstenrote rauhe Ebenen –) und ich wende endlich den Kopf, so ist es Abend und die Dämmerung tanzt wie ein graues plumpes Tier um mich (Caliban – heisa – Ca-Caliban ..)

Manchmal versuche ich klirrend auf die Wand zuzutreten, aber die Nibelungen kommen nicht zu mir lauem Schleim – phlegma kai chole – (Sieh da, ich kann noch Griechisch!)

Dann: Viel genibelungt; er wird immer erregter. (Der Verband war schmutzig und gelb durchsogen an der Wunde; das geht doch nicht – ich will doch wenigstens noch die Ritter sehen! – Äh, meine Herren; der Egoismus ..) Ich habe nach langem trägem Suchen meinem Wahnsinn das Beiwort »bösartig« gegeben. Suchet, so werdet ihr schon finden; und bienheureux les pauvres qui le sont en esprit .... auch Französisch noch: der große Mann!

Am Nachmittag kam er herunter, nahm sich einen der runden Faßdeckel und fing an, nervös mit mir plaudernd (ja, so verkehren wir jetzt; sein Dank, daß ich ihn leben ließ? – Hm!) ein paar Riemen darauf zu nageln, während ich gierig und verständnislos in sein leuchtendes Gesicht sah, aus dem die Worte wie silberne Kugeln sprangen.
Ich verstand ihn gleich. –
Nicht was er sagte; das war wie raunender Donner oder brausendes Wasser. ein fremdes Schallen.
Aber der *Schild!* In dessen rohen Rand er mit dem starken Messer funkelnde Ziernarben schlug, bis sie wieder ineinander mündeten (wieder ist ein »Kreiswort« – wieder – andere Worteinteilung erfinden.)
Ich Schlaukopf!
Ein Schild!
Ich lachte einfältig und tückisch; und tat ausweichende unterwürfige Fragen, mit der unheimlichen Gewandheit des hellsinnigen Nachtwandlers: er sollte selbst damit kommen! (ich weiß wohl: ich muß mit, wenn er will, aber ich will mich und ihn quälen, nutzlos, ohne Grund, nur daß ich merke, daß mein Dasein die Zeit noch erfüllt. Ich will mich noch fühlen, und sei es nur als Widerstand, als Gravitation – gibt es nicht ein Märchen von einem Spiegelbild, das seinen Körper verloren hatte? Oder umgekehrt? –)
Am Abend fiel mir ein: Es müßte Bücher geben mit Leseanweisungen am breiten Rande. (Bei Noten schreibt man ja auch vor: allegro und furioso – –)
Etwa so: Hier ist in einem Haufen nasser goldiger Herbstblätter zu wühlen ...
  Hier ist ein Stückchen Rinde mit den Lippen zu zerbröckeln ...
  Darf nur an einem regnerischen Waldbach gelesen werden, an einen Baum gelehnt ...
  In nassen Kleidern nach einem Sturmgang ...
  An der Stätte alter Erinnerungen ...

Watend, auf gutem Kiesgrund ...
Hier ist eine Kerze anzuzünden ...
Muß laut gesprochen werden ...
Haha: Darauf ist er noch nicht gekommen! (Aber ich bin ja sicher nur eins seiner Echos.)
Morgens: Der Schild ist fertig; manchmal scheint er mir schon aus düsterem Eisen mit silbernem Rande.
Wir wollen die Nibelungen aufführen (ich möchte Alberich machen oder den Drachen – weh: der fault noch schwarz am Strande! – oh! – Grauen! –)
Als er in sein Zimmer hinaufstieg, schütterten schon die Stufen unter seinen beerzten Füßen.
Nächster Tag: Ich habe mir einen Helm gemacht – Haha! –
Aus Hölzerchen und Pappe – *mein* Helm. Ich habe doch auch einen Helm. Wills ihm zeigen. Hinkriechen zu ihm: eia, mein Helm –
Ich kann nicht mehr; ein Weinkrampf würgt mich ...
Am Abend: Sein Bein – ob es heil ist?
Ein furchtbares Unwetter zieht auf, drachig auf seidengelbem schwülem Grund. Feuer bläst in der Luft.
Noch unten .. Aber ich warte schon. Behelmt, bis er ruft.
Erster Akt – haha! –
Er steht unheimlich groß im weiten Sturmmantel am Fenster; mit Schild und Speer und wirft schmetternde Verse wie Bogenvögel über mich. Ich tanze Nebeltänze im waldigen Tal und singe unbeholfen – wie muß ich tölpisch und täppisch meine Elfe rufen? –
»Urflüstrerin, Du Feine:
was läßt du mich alleine? –
Wann kommt dein Echo her – ? –«
tapp und tapp – lauschen in die Waldgründe, grämlich – –
ho: sie kommt nicht –
Ab. –
Es blitzt ununterbrochen. Und er wirft den Speer nach mir, wo eben noch bleiche Zwerge die Goldstücke durch die

Gänge von Kriemhilds Nachtburg rollten? Und er, Hagen Tronje, am Windfenster lehnend, dem nebligen Zuge zusah?

Du wirfst nach mir?! – Warte: –

Hinein; gebläht und windend; und giftiges Feuer aus den quellenden Augen – da: schon wieder getötet. –

Nun, nun auch dich treffe ich (wenn ich nur noch den Schwarzen hier hätte; vielleicht kann ich es selbst sein? –) –

Ja, ja: trink nur aus dem flüsternden Bächlein! Oben pfeift schon dein Totenwind.

Jetzt; und den Speer hinein –

Was da? –: Du taumelst? – Wie blaß –

Siegfried!!! –

In der gellenden Nacht: Als er aufsprang und den Schild nach mir schleuderte – der Atem sprang mir schmetternd aus der zerworfenen Brust – Er ist schon starr und sieht – – wohin? –

Das schmutzige Tüchlein am Bein riß und es wallte edel und purpurn aus der Stachelwunde; dann brach er zusammen.

Seine marmorne Hand ist wie Welteneis; ich irre an den Wänden umher: wenn gleich die Nacht kommt! – das kann ich nicht; allein mit ihm Gott, den ich Larve stach.

Wer würgt mich im Takt? Und die Füße rasen zur Tür –

Ich will mich auf eine Planke binden – am grinsenden Schwarzen vorbei ins Meer, zu den dürren Menschen. –

Ich will wie eine Fackel durch die Städte rennen: lebt doch!

Lebt – doch – –

TINA
oder
über die Unsterblichkeit

Nacht. Steinufer des Bürgersteigs. Zwischen Blöcken aus Kunstlicht (einer war mir übern Schuh gefallen, und ich zog ihn lieber drunter weg).

Dann strömten Schulmädchen: schwarze enge Hosen; Spitzbrüste voller Ungedeih. / Stimmengewirbel: sie hielt ihr debattierend eine verruchte Zahl von Fingern hin. / Mein Arm begegnete einer Ärmin: im unteren Drittel aller Gesichter ein fuchsrotes Lächelloch.

Dabei kamen sie vom Schichtunterricht (was'n Wort wieder!: Rainer M. Gerhardt bitt für uns!): die blanken Wurmpaare all ihrer Lippen hielten sich an den Enden gefaßt; P'fesser Eschborn hatte's auch gesagt! (2 Sekundanerinnen deklamierten sich listig Chamisso zu: »Seit ich IHN gesehen, / glaub ich blind zu sein.« : »Wo ich hin nur blicke, / seh ich IHN allein!«; krumm kichern). / (Ein abgeblitzter Halbstarker äffte sehnsüchtig hinterher: »Laß mich; ich hab heut meine Tage!«. Und schmetterte dann einen halbgefressenen Mohrenkopf an die Auslage=Scheiben der Lokalzeitung: !).

Ein Springborn aus Funken erschien im leeren Neubau. Daneben ein später Hammer schlug dienernd Sterne ein (neue Nagelform; beim Eisenhändler zeigen lassen). A great while ago the world began / with hey ho the wind and the rain.

Beim Apotheker: neben mir der bekannte Mann im grünen Lodenmantel; auch er verlangte Cyclopal und musterte mich scharf. Der Provisor kämpfte wieder und lange mit sich, ehe er auf das alte Rezept etwas rausrückte; »Iss doch Barbitursäure drin!«; ganz entrüstet; das karierte Fragezeichen über ihm, ›Hustenbonbons‹, schnalzte lässig mit dem Schwanz; dann gab er aber doch seine neue Tugra in den alten Stempel. (Er weiß, daß ich Junggeselle bin: soll ich ihn heut zusätzlich schockieren und ne Packung Camelia verlangen? Als Schriftsteller ist man der Bordellfantasie des Bürgers ja ohnehin immer verdächtig. – Na, lassen wir's; lohnt sich nich).

»*Schriftsteller?*«: der Lodengrüne hatte mir zuvorkommend die Tür offen gehalten. Ich antwortete nicht; sah ihn nur mißtrauisch an; entweder Schwätzer oder Kollege, also halb Deubel halb Satan. Murmelte ich demnach ein gekürztes Abweisendes. Aber er blieb rüstig neben mir.

»*Richtig: ich kenne den Namen. – Ach*, alles, was keinen Namen hat, ist glücklich.« Meinte er schwermütig (aber um eine entscheidende Spur zu eingebildet; hielt sich wohl auch für'n großen Mann).

Gefaselgefasel: Bücher ohne Titelblatt rausgeben, ein ›Fortschritt‹; der Verfasser des Nibelungenliedes wäre ›ein schlauer Hund‹ gewesen; und so ging das impotente Gelulle straßenlang neben mir weiter.

»*Ein Rat: schreiben Sie* wenig; oder, noch besser, gar nicht mehr! Dann leben Sie unangefochten auf Erden, und brauchen sich auch nach dem Tode nicht mehr zu schinden.« (Also ein Christ: auch das noch! – Um ihn loszuwerden erzählte ich ihm von seinen Katholiken: jeden 27. November verehren sie den Buddha Gautama als Kirchenheiligen; denn die Barlaamsgeschichte ist ja weiter nichts, als eine Übersetzung der Lalitavistara. Aber er meckerte nur angeregt: nee, das hatte er noch nich gewußt .... »Tja, diese Heiligen sind auch übel dran!« Der Kerl war total orplid).

»*Höchstes Glück der Erdenkinder?*« fragte er haßvoll: »Nennen Sie mir *einen* anständigen Schriftsteller, der gern geschrieben hätte: lieber zeitlebens Scheiße schippen! –: Sind *Sie* Ihrer Individualität noch nie müde geworden?« Ich senkte den Kopf; ich nickte; es ging ihn zwar nischt an, aber: ja. Täglich etwa zweimal. »Na sehen Sie,« sagte er versöhnt.

(*Die Autotiere: sie schlüpften* stechenden Blicks umeinander; mit ungeduldigen Stimmen. Wenn der Vordermann einen überlistet hatte, zwinkerte er noch gelbrot zurück. Der tiefe Schlag der Turmuhr bläkte zweimal seine Rindszunge: ich hatte jetzt den dritten Tag Linsen gegessen; Rieseneintopf, selbstgekocht: schreckliche Folgen!).

»*Sie glauben nicht an ein Fortleben nach dem Tode? Sie sind Atheist?:* Ich auch.« erklärte er ruhig: »Aber das eine werden Sie mir ja zumindest zugeben: *Alle* leben zunächst noch ein bißchen weiter! Die verstorbenen Eltern und Großeltern in der Erinnerung von Kindern, Ehegatten, Enkeln, Bekannten – den Begriff des ›Lebens‹ mal etwas weit gefaßt. Wesentlich unheimlicher ist die Sache ja bei, sagen wir, Dichtern: die haben in ihren Büchern derart große Portionen ihrer Persönlichkeit deponiert, daß man, solange die gelesen werden .....: Wie?« Ich, achselzuckend: »Ja, wenn Sie es *so* meinen – –.« (Aber ansonsten: The dead they cannot rise, / and you'd better dry your eyes, / and you'd best go look for a new love!).

»*N=naja*« machte er vorsichtig. Kleine Stille. Das Diafragma des Mondes, sieh die platte Schweinsblase, neben dem Hochzeitsturm. / Bergunter: ein Handwagen stieß sein altes Weib vor sich her. / Der Grüne bog einer Isetta aus; und ich wollte eben nach der anderen Seite entweichen, als er mich auch schon wieder eingeholt hatte.

»*Ich könnte es Ihnen ja mal zeigen – ?*« (beiläufig; dann murmelnd=nachdenklich): »Ne Eintrittskarte hätt ich noch. –« (Vertraulich=laut): »Wir machen das manchmal: Wäre es Ihnen nicht interessant, dieses ›Fortleben nach dem Tode‹ mal in natura zu sehen?«

»*Ich glaube, jetzt* lassen wir's genug sein!« schnauzte ich ihn wütend an. (»Ihr Mißtrauen ehrt Sie« sagte er mechanisch dazwischen). Ich wollte ihm schon eine rein hauen; aber ich bin 6 Fuß groß, und da ist ne unbeabsichtigte Körperverletzung allzuleicht fällig. Also stellte ich nur fest: »Sie sind aus'm Irrenhaus entsprungen.« und sah mich nach Polizisten um.

»*Nee, aus'm Elysium.*« sagte er schwermütig; »und auch nicht entsprungen, sondern ganz offiziell auf Einkaufstour. – Würde es Sie denn gar nicht interessieren, Näheres über Jansen zu erfahren? Oder Wildenhayn: Sie haben doch mal ne Fouquébiografie geschrieben ......«

Ich fuhr herum: Wildenhayn??: Das wußte Niemand außer mir!! Wollte mich wieder ein Hund um die Priorität bringen?! Aber er hob schon beschwichtigend Hand und Brauen: take it easy: »Ihnen wird es ne Lehre sein; und Uns kann es auch nur nützen.« sagte er: »Wir dürfen das alle 10 Jahre einmal machen, daß wir Einen mit runternehmen: ist Ihnen eigentlich noch nie aufgefallen, daß diverse Dichter in späteren Jahren aufs Seltsamste ›verstummten‹?: die hatten nämlich das Elend mit eigenen Augen gesehen!« schloß er grimmiger.

»*Welches Elend?*« fragte ich verständnislos: »das mit der ›Unsterblichkeit‹?«. Ich schüttelte den Kopf: ich mitgehen? (Wollte der Kerl mich etwa berauben? Ich hatte immerhin – für einen Schriftsteller ein seltener Fall! – meine 60 Mark bar in der Tasche: neulich erst hatte ein amerikanischer Soldat einen Taxichauffeur wegen 16 erstochen. Klar, Mensch: der hatte beim Apotheker mein Portemonnaie gesehen!!).

(Oder ein Fememord?!: Ich war kein angenehmer Autor – ›nicht ganz unwichtig‹ schmeichelte sofort ein Eitelkeitsteufelchen – und bei dem heutigen Kurs ......).

Unter der Laterne, auf der Beckstraße: er wies mir im Chlorgas des Lichtkegels flüchtig die Brieftasche: hatte *der* Bube Zechinen! Eintausend; Zweitausend, meingott; und in einem Extrafach noch die blauweißen Zehner! – –: »Sie vertrauen *mir*, einem völlig Fremden?«. Er grinste flüchtig rechts: »Ich kenne zufällig einige Ihrer Bücher: Castum esse decet pium poetam / ipsum, versiculos nihil necesse est.« »Que las costumbres de un autor sean puras y castas« murmelte ich ertappt; und er nickte sachlich dazu: »Ich war nämlich ähnlich ....«

»*Aber gar nicht!:* Sie können jederzeit wieder weg; jede Stunde. Ist nebenbei sogar befristet.« (Der Aufenthalt. Kurz überlegen: wurde oben bei mir was schlecht?: Sanella hält sich; Grieß auch; höchstens die Milch –: »Kann ich noch mal 1 Minute rauf?« (Schon wegen den diabolischen Linsen!). »Aber kein Schreibmaterial mitnehmen; das ist streng verpönt.« rief er mir noch rüstig nach.)

* *
*

»*Da haben Sie das Memento* ja ständig vor Augen« meinte er, als ich wieder aus der Haustür zu ihm trat. Wieso?: er zeigte mit dem Kinn auf die Litfaßsäule an der Straßenkreuzung, in der eine Zeitungsverkäuferin ihren Stand hatte. (Wir hatten uns schon mehrfach angeblinkt; ich aus meinem Fenster oben, sie aus dem Schalter unten, mit Gesichtsscheiben: kurz; lang: kurz; lang: lang! Sie hatte noch offen).

Er beugte sich und sagte ein paar Worte (keine ›fremdartige Sprache‹; simples Deutsch); aber es schien dennoch ein vereinbartes Kenngespräch, denn sie schob ihr Fensterlein höher, sah scharf heraus: ?, und erkannte dann wohl meinen Führer. Jedenfalls ging es sofort los mit ›Nabend, Jan‹: ›Tach, Tina‹ (an sich n hübscher Name; aber daß der alte Laffe sie gleich kennt und duzt?!).

Sogar ein Präsent, was? (Und *wie* sie aufleuchtete!). »Drei Stück« sagte er lakonisch. Sie griff blitzschnell nach dem Päckchen, wickelte die ältlichen Pappbände aus: !; seufzte glücklich; und sah bedauernd auf ihr winziges erloschenes Kanonenöfchen: »Na, übermorgen kachel' ich anständig ein« entschied sie (mainzer Dialekt; unverkennbar): »Da wandern sie dann sofort rein. Und noch mal recht schön' Dank!« Er winkte unangenehm weltmännisch ab, bückte sich wieder zu ihr, und sie wischelten recht widerlich miteinander. (Von mir? – ? – Nein; konnt's nich verstehen).

»*Oja: vom Sehen* kenn' wir uns schon!« Sie lachte, und reichte mir eine große, raffiniert schlanke Hand (ließ sie auch, solange ich wollte, in meiner: !). »Ja, kommt nur rein. –: Moment, ich verdunkel' erst!« Sie ließ das Schiebefenster herunter. Festhaken. Zog eine zylindrische Eisenblende vor (auch unnötiger Aufwand für die paar Illustrierten und Senoussipackungen!). Als wir es auf der gegenüberliegenden Seite der Hohlsäule mehrfach schließen hörten, gingen wir hinum, und mein Begleiter (nee; umgekehrt: ich bin ja wohl seiner!) lugte erst vorsichtig nach allen Richtungen, ehe er mich in den schmalen Zementspalt dirigierte. (Noch einmal die Uhr ins Laternenlicht: es war 18 Uhr 40 Minuten mitteleuropäischer Zeit). –

Weit vor ins Dunkel greifen: –, –, –: Ah, schön! (und sie schnurrte eine ganze Weile amüsiert, ehe sie züchtig: »Ohvorsicht – etwas« sagte). War auch viel größer, als ich geschätzt hatte, und unsere Gesichter mußten sehr dicht aneinander sein. »Ich knips Licht an« bereitete mein Unbekannter uns vor, und suchte fatal großmütig immer noch nach dem Schalter: »Wo iss denn? – –«:

Knips!: schönes, ganz dunkelrotes Licht. Wir standen in dem engen Raum Brust an Brust; ihre Augen gaben beim Aufschlagen ein ganz zartes Geräusch von sich (oder wars Täuschung?). Ihr langer schwarzer Mund schwamm unbeweglich vor mir.

»*Von den Wänden zurück* –« (seine Stimme): er mußte wohl wieder einen Knopf bedienen, denn wir sanken ein paar Meter, wie in einem Fahrstuhl; hielten erneut. »Erst noch die Decke oben eindrehen –« beschrieb er sich murmelnd seinen nächsten Handgriff; und ich sah, wie sich eine mächtige Stahlplatte langsam über uns schob. (Ganz schöne Falle! – Sie mochte wohl merken, wie ich unruhig wurde; denn sie schmatzte ein paarmal ermutigend mit den Augen; hob sich dann zusätzlich auf die Fußspitzen; »Abwärts« kündigte es ausdruckslos=diskret hinter uns an: der geschwinde Ruck drückte zwangsläufig mein Gesicht auf ihres, und sie hielt kunstvoll dagegen).

Ganz langsam einmal (»Schwierige Stelle« brummte er hinten): durch das leise Surren des Fahrstuhls hörte man Fernbrausen, wie von Wasserstürzen. Sie zog den Mund langsam von meinem ab; holte einen Notizblock aus dem weichen Ledersäckchen an ihrer Hüfte, und kritzelte. (Schob mir auch den Zettel zwischen die Finger: ! – ›Du kannst bei mir übernachten‹ entzifferte ich meine Hohlhand; umdrehen?: ah, die Adresse: ›Tina Halein / Inselstraße 42‹. Zur Besiegelung sofort ein neuer, noch längerer, noch schwärzerer Kuß. Während wir wieder schneller fielen; s gleich g halbe t Quadrat).

*   *
*

Anhalten. Tür auf. Raus: eine Art Polizeiwache. (Sah der Eine, Große, nicht frappant wie Löns aus? Auch die anderen Wachtmeister schienen sämtlich Charaktermasken zu tragen, nicht wie Tilly und Gneisenau. – »›Maske‹ ist gut« bemerkte mein Führer).

»Kann ich Ihren Namen nicht erfahren? – Es ist so unbequem, immer nur ›Herr‹ zu sagen, und dann hilflos abzubrechen – –«. »Na ja –« gab er verlegen zu: »also=ä: Althing.« »Althing« wiederholte ich folgsam. (Dann durchfuhr mich's doch: »Althing?!« mißtrauisch; aber rasch wieder gefaßt. Also Althing, bon. Er wehrte mit schmerzlicher Gebärde; mußte auch gerade einige Formulare unterzeichnen, die wohl vor allem mich betrafen. Ich quittierte ebenfalls in einem Buch, und erhielt die scheinbar überall unerläßliche gestempelte Karte. Tina wartete schon, den ungeduldig schlenkernden Lederbeutel in beiden Händen, unterm Bauch).

Eine abendliche Straße, menschendurchwimmelt. (Aber wohl überwölbt; jedenfalls blieb die Nachtfarbe über den Häuserdächern stumpf. An der Ecke verabschiedete sich Tina, mit dem modernen ›Tschüs‹. Ich erhielt einen bedeutsamen Händedruck: maid in waiting!). –

Das Standbild: ein Mann, mit dem üblichen zeitlosen Bettlaken um, wies gebieterisch vor seine Füße: ein kauernder Sklave hielt sogleich die streichholzbewehrte Gebärde an einen Haufen marmorner Bücher. Ohne Inschrift.: ?.: »Jener nie genug zu verehrende Omar, der seinerzeit die Bibliothek von Alexandria verbrannte.« »Aha« sagte ich verständnislos. (Rechts die großen Schaufenster ›Furniture / E. A. Poe‹. Daneben ›Kurzwaren / Ersch & Gruber‹. Wir schauten uns eine Zeitlang schweigend an, mit seltsamen Blicken).

Ein Riesengebäude: das ›Haus der Kommission‹: »Sie entschuldigen einen Augenblick.« bat er, und lief zu den großen erleuchteten Schaukästen hinüber (ich natürlich hinterher); und wir studierten gemeinschaftlich die endlosen, mit winziger Maschinenschrift getippten Listen (so ne ›Liliput=Type‹ möchte ich *ein*mal haben! Dazu werd ichs wohl nie bringen.). Er suchte unter ›A‹. Dann aber seltsamerweise noch unter ›F‹. Mein Blick blieb an dem Namen ›Goethe‹ hängen, und ich las:

24. Nov. 1955:

  141 Zitationen in Zeitschriften

   46 Zitationen in Büchern

   81 Zitationen in Rundfunksendungen

   93 mal auf Anschlagsäulen gestanden

     (Vorträge in Volkshochschulen)

1411 mal in Schulaufsätzen vorgekommen

 804 mal in Privatbriefen

 529 mal der Name in Gesprächen gefallen

 460 mal Verszeilen ohne Namensnennung zitiert

     (davon 458 mal fehlerhaft).

»Ja, der hat gar keine Chancen!« bemerkte mein Begleiter wegwerfend, als er sah, auf welche Spalte mein Blick gerichtet war: »Aber mich hats doch tatsächlich auch wieder erwischt:

ein alter Bock in Hamburg hat sich die Erstausgabe des ›Glöckchens‹, von 1800, gekauft! – Na, das Titelblatt soll schon defekt sein; das ist *ein* Trost.« Haßvoll; atmete schwer, und hatte 2 Fäuste gemacht. (Ist mir alles zu hoch. – Aber ne Tasse Kaffee trink ich mit; gern).

»*2 Espresso, bitte* – ja: große. – 6 Promessen?: Bitte!« er schnippte zu dem Wort mit den Fingern, und sie schnippte es weiter zu dem Kassierer vorm großen Buch, der fliegend eintrug. (Also Milch rein – die Hunde bohrten vorsichtshalber immer nur 1 Loch in die Büchse, daß man ja nischt rauskriegte! Dafür einen Haufen Zucker; Althing notierte auf einem gelbkarierten Kärtchen die Zahl 6).

»*Sie kennen kein Geld?!* – Gewiß; unsere Scheine sind ja auch nur Geldzeichen; aber Sie – –«. Hier gab es eben ›Promessen‹; und er erklärte mir diesen letzten währungstechnischen Fortschritt:

Jeder erhält am Monatsersten die Mitteilung, daß ihm soundsoviel Einheiten als Gehalt zustehen – und mit denen muß er dann eben auskommen!: »Wenn ein Volk ohnehin erst einmal vom Goldstandard abgekommen ist, und gehörig lange bearbeitet wurde, bis es allen Ernstes glaubt, seine Regierung könne aus jedem Stück Papier einen veritablen Tausendmarkschein machen – dann sollte man auch, wie bei uns, das System durch einen coup de main vollenden: wörtliche Versprechen, eben ›Promessen‹, an Geldes Statt treten zu lassen. Ich brauche keine Brieftasche und kann doch 1 Million in bar bei mir haben. Das Geld kann nicht nachgemacht werden, nicht gestohlen, nicht verbrannt, nicht entwertet – zumindest nicht leichter als bei Ihnen oben auch!«

»*Alles nur mündlich?*« fragte ich benommen: »Ja – betrügt denn da Keiner?« Er lächelte nur ironisch und wehmütig: »Nein; es betrügt Keiner. Mehr als satt essen und in *einem* Bett schlafen kann man schließlich nicht. Die Warenproduktion ist bei uns absolut gesichert, weil das Dasein ohne Beschäftigung einfach unerträglich wäre. Außerdem macht die

Rechnerei zusätzlich Spaß, und vertreibt die Zeit. – Sie haben ja auch eine Karte bekommen.« Richtig! Ich holte das weinrot gekästelte Kärtchen heraus: 1000 – in Worten Eintausend – Promessen waren mein (und er bog die Mundwinkel anerkennend nach unten: ganz anständig! – Schnell überschlagen: die einzelne Tasse also 3 Promessen; entsprach demnach – eine etwa –: 20 unserer Pfennige. Und der Kaffee war sogar gut! – 19 Uhr 30).

Wieder auf der Straße. Plötzlich zog sich sein Kopf ein: er packte krampfig meine Hand; er riß uns hinter die massive Lehne der halbrunden Steinbank: »Sssttt!« – (Vorsichtig um die Ecke schielen: 2 Männer kamen vorbei, groß und unbekümmert lautstimmig; der Eine, Derbere, im hochgeknöpften Überrock, das volle kühne Haar, die amerikanisch=breiten Diftonge –: ? –: ! : Ich wollte vor; ich zerrte an seinen Händen, bis sie weit aus den Manschetten hervorstanden – –):

»*Mensch vorsicht!*« keuchte er: »es ist ein hitziger Mann! – Gerade Sie sollten doch am wenigsten – –«; wir kämpften vorsichtig noch ein bißchen, bis ich mich gab.

»*Na freilich, Cooper,* wer sonst?! – – Jaja: genau William Branford Shubrick und Ihr James Fenimore Cooper: sei'n Sie froh, daß er vorbei ist!« Stammeln; antworten. Stammeln; antworten: er bog sich vor, er klatschte mir auf die Schulter: »Ja, Mann, haben Sie denn immer noch nicht gemerkt, daß Sie im Elysium sind?!«

*   *

*

Auf dieselbe Steinbank gesunken; er erklärte es, mehrmals, mit Nachsicht (und war angeblich *der* Christian August Fischer, der 1821 die erste umfassende Cooperausgabe bei Sauerländer in Frankfurt redigiert hatte – die gleiche, aus der Stifter den ›Hochwald‹ plagiierte; ich besaß selbst ein paar der entzückend=unzulänglichen Bändchen. Und jetzt fiel mirs auch ein: Klar!: Althing?: das war doch sein Pseudonym gewesen, unter dem er die ›Erotischen Novellen‹ veröffentlicht hatte, die ›Geschichte der 7 Säcke‹ oder ›Der Geliebte von 11.000 Mädchen‹? Er nickte verdrießlich. Dann, wild: »Den meisten Schaden hat mir Jean Paul getan, der mich in seiner ›Vorschule‹ zitiert hat! Wenn *die* Stelle nicht wäre –: ich könnte 500 Jahre eher abschrammen!« Er knüllte wieder die Fäuste zusammen, knirschte was weniges, und lästerte). / (»Jaja natürlich: und Grabbe; und die ›Isis‹; und Zach's ›Monatliche Korrespondenz‹; und Johannes v. Müller, 23, 107; und A. G. Eberhard 18, 3 ff.: die Buben!«).

»Aber Sie sind doch 1829 ...?«: »Gewiß,« bestätigte er bitter, »der klinische Tod trat bei mir am 14. April des genannten Jahres in Mainz ein – aber was nützt mir das? Sie sehen ja selbst –!« und wies mit sektorenbreiter lodengrüner Gebärde nach vorn:

»Jeder ist so lange zum Leben hier unten verdammt, wie sein Name noch akustisch oder optisch auf Erden oben erscheint. Oder, planer gesprochen: bis er weder genannt wird, noch irgendwo mehr gedruckt oder geschrieben vorkommt – dann ist jede Möglichkeit einer Rekonstruktion verschwunden.« (Benommen sitzen und verarbeiten).

Schriftsteller?: »Solange noch 1 Exemplar eines ihrer Bücher vorhanden ist, besteht schon gar keine Aussicht: was meinen Sie, was Der einen ausgibt, wenn Einer durch die Kommission die amtliche Mitteilung erhält, daß keine seiner Schriften mehr existiert?!« (Darf dann eine rotgoldene Anstecknadel tragen). »Oder wenn die letzte Literaturgeschichte verfault ist, die ihn erwähnte! Dann steht der Name vielleicht noch in Kirchenbüchern – der 30jährige damals hat da ja wunderbar aufgeräumt; auch der letzte hitlerische Krieg wieder.«

»Na, leben Sie erst mal n paar hundert Jahre! – Nietzsche ist von seiner ›Ewigen Wiederkunft‹ ganz schön abgekommen:

der hat die Neese längst pleng!« / »Ach, Sie machen sich ja keinen Begriff von den Möglichkeiten! Mal ganz abgesehen von Palimpsesten oder Textkonjekturen: wir haben Fälle, wo ein Unvorsichtiger zur unseligen Stunde bloß stolz seinen Besitzernamen in ein wertvolles Buch vorn einschrieb, à la Manesse – schon ist er reif, solange das rare Stück nur gehegt und gepflegt wird. Wenn er Pech hat ists sogar noch fotokopiert: seien Sie bloß mit sowas vorsichtig!« / »Einmal hat in Pompeji Einer stolz an die Klowand gekritzelt: ›Hic ego nunc futui formosam forma puellam‹ und n Namen drunter: der läuft heute noch hier rum!« / »Schlimm sind die Vorfahren ›Großer Männer‹ dran – die ihrerseits gar nischt ausgefressen haben, und jetzt erbarmungslos vom Biografen aufgestöbert werden. – Ja, Gothaer auch.« / »Oder ein noch grausameres Beispiel: ein Bauer heißt Meier; sein Feld im Dorfdialekt also der ›Meierkamp‹. Eines Tages erscheint n Landmesser; der überträgt den Namen auf sein Meßtischblatt: das wird gedruckt: aus! – Dann kommt meinetwegen noch n Autor – einer von den komplett Verrückten, die alles ganz genau machen müssen: jaja: *wie Sie*! – der legt seinen Roman dahin, der Held verschwindet mit der Heldin hinter einer Hecke, eben auf besagten ›Meierkamp‹ –: der Arme ist praktisch geliefert! Tapert dann hilflos hier unten rum; rennt zu allen Behörden, und kann nie und nimmermehr begreifen, warum er nicht in Ruhe tot sein darf: da gibts vielleicht manchmal Tachteln, wenn der Dichter dann runter kommt!«
Er stieß mich an, und wies unauffällig mit den Brauen: »Robin Hood. – – Nee; der daneben; der kleine Stämmige.« und ich folgte dem untersetzten Herrn im Kleppermantel eine zeitlang stumpf mit den Augen: konnte es nicht genausogut Odysseus sein? Aber er schüttelte nur unwirsch den Kopf: »Sie denken wohl, der läuft immer noch in Lincolngrün rum, mit m Flitzbogen überm Ast? – Neenee: Alle so normal bürgerlich gekleidet wie nur möglich.«
Auch Tiere?: ein mächtiger schwarzer Kater schob sich miß-

mutig aus dem offenen Fenster im Erdgeschoß gegenüber; setzte sich, und schlang den Schwanz um die Füße. »Komm, Hidigeigei, komm!«; aber er kam nicht. »Naja; die empfinden s nicht so ganz – aber ihnen fehlen die unsterblichen Mäuse.«

Die Heiligen?: die sind vielleicht tück'sch! Zumal wenn sie für irgendwas speziell zuständig sind, Bauchschmerzen oder so: jeder Bulle oben, der zuviel gestemmt hat« (ich erschrak des Todes, so breit=laut sprach er das Wort): »brüllt ihren Namen, oder schreibt n gar auf n Zettel – neenee die sind ganz böse dran!«. »Könnten Sie nicht etwas weniger zynisch sein?« bat ich schockiert; aber er bewegte nur würdig verneinend den Kopf: »Einmal war es ohnehin stets meine Art, die Dinge präzise zu benennen – auch die bisher so verlogen=vernachlässigte Fäkal= und Urogenitalsfäre –; und zweitens wird das hier unten binnen kurzem Jeder: sachlicher; nüchterner. Sie sollten jetzt mal Gerok hören, oder Johanna Spyri –« er feixte so, daß der ganze Lodenmantel hüpfte. »Na, komm'Se; gehn wir noch was essen.«

Eine Art Schnellimbißhalle; lebhaftes Licht von oben: hinter Glas und Nickel die langen Plattenreihen mit – ja mit was? (Auf jeder nur ein Häufchen zierlicher glashäutiger Täfelchen, Würfel, gerippte Stangen; in verschiedenen lustigen Farben: die ganze Gelbskala; schwarz gekörntes Grau; auch, aber seltener, ein ziemlich widerliches Bonbongrün). Er ließ sich von der lacklächelnden Bedienung 2 Teller herausreichen; sie fügte zu jedem noch eine Art neusilberner Zuckerzange hinzu: »34 Promessen, bitte.« »Vierunddreißig?!« fragte Althing=Fischer besorgt; und wollte schon seufzend auf seiner Karte abschreiben, als ich ihn – endlich scheinbar bei klarem Gastverstande – zu überreden vermochte: »Was soll ich denn sonst mit meinen?« und: »Es wäre doch schade, wenn sie verfielen!«. »Das ja.« er gab sehr rasch nach.

»Gehärtete Luft – mit n bissel Geschmack«: richtig; meine Gummibonbons leicht nach Ingwer. (Nur gasförmige Aus-

leerungen nebenbei; er zeigte mir auch die Zellenreihe, bei der also der Unterschied ›Für Damen‹ entfiel. – Und meine Linsen?! Ich beschloß, mich solange wie irgend ›tragbar‹ zu quälen).

»*Die Straßen haben nie Personennamen* – nur ganz neutral ›Walkgasse‹ oder ›Schützenstraße‹«. (Einmal eine ›Fischhälter‹). / »Am Stadtrand wird enorm gebaut; auf der letzten Buchmesse in Frankfurt waren ja allein 12.000 Neuerscheinungen.« / »Die Unberühmten – die große Mehrzahl – die nur in standesamtlichen Eintragungen vorkommen, werden in umfangreichen Barackenlagern untergebracht, wo sie die 100, 200 Jahre bis zu ihrem endgültigen Tode zubringen. Sie sind meist fröhlich, in ›Dorfgemeinschaftshäusern‹, und ›genießen‹ die Zeit zum Teil sogar. Haben auch täglich enorme Zu= und Abgänge. – Von uns ›Ewigen‹ sitzen viele in den Lagerverwaltungen.«

Der Nebel: er begann unvermittelt von oben herabzusickern, in feinen Fäden, in gewundenen Schlieren. Auch aus dem Boden gaste es fußhoch grau, und Fischer begann zu schimpfen: »Auch das wieder noch! –« (giftig; dann, ergebener): »Naja, iss eben Herbst …« Und erklärte meiner Gesichtsfrage:

Das Wetter wird von einem besonderen Ausschuß entworfen, der also Temperatur, Luftfeuchtigkeit, Niederschläge, regelt. An Eckhäusern, Laternenpfählen, lange senkrechte ›Windritzen‹ (von besonders ödem Pfiff an einsamen Bauplätzen). »Bei Tag kommt von der Decke helles diffuses Licht; zur Zeit ist Nacht.« (und gähnte konsequent. Also bat ich: »Wo kann ich übernachten?«. »Oh, in jedem Hotel –« sagte er gefällig: rechts, links, gradeaus. »Und morgen früh rufen Sie mich getrost gleich wieder an. – Felicissima notte!«) –

*   *

*

Allein durch die nächtliche Stadt irren: 21 Uhr 56!: »Können Sie mir sagen, wie ich am besten zur Inselstraße komme? –. –.: Ah, danke!«

Beinahe umgerannt!!: Trotz seines zweispitzigen Vollbartes flitzte der Kerl wie ein Wiesel; schlug Haken; durch Vorgärten; die Zehn mit Knütteln immer hinter ihm her! Preschte durch Häuserschatten, übersprang mit Hürdentechnik ein letztes gestelltes Bein, wetzte hinten um den Kiosk, und entschwand auf langen Frackschwingen in einen hübschen kleinen Park. – Die beiden Polizisten ließen sich weit mehr Zeit. Der Eine blieb sogar in der Nähe stehen, und ›riegelte‹ angeblich die Straßenkreuzung ab (während sein Untergebener noch ein Stück weiter zockeln mußte). Zog sogar einen Stumpen heraus und nahm ein paar Züge. »Die Könige der Goten« erläuterte er mir auf Anfrage gleichmütig: »Sind wieder mal hinter Felix Dahn her – na, er ist ja behördlicherseits bei Bewilligung der Einreisegenehmigung ausreichend darauf hingewiesen worden –« pff=pff: »Inselstraße?: die zweite rechts.« (Pff: Mensch, rauchte der ein Kraut! Selbst die Luft weigerte sich, die Schwaden anzunehmen; erstickt: »Dabke–«).

Zweite rechts: ein ›Junggesellinnenheim‹: ich besah hilflos die Riesenfront schachbretthaft erleuchteter und dunkler Fenster – –

Bei der Pförtnerin: ein dickes Geschöpf, die nur einen Blick auf die Rückseite meines Zettels warf; dann, zum Schlüsselbrett (ein Niagara aus Kleinstahl!): »Ja, ist anwesend: Zimmer zwozwosechs –« der üppige bunte Arm wies in Richtung der Fahrstühle. (Eben kam auch einer unten an; man stieg aus. Dann verkündete das helle Erzengelgesicht des langen Liftmädchens sein ›Aufwärts‹. – »226?: Fünfter Stock«. –. –. –. –.: »Bitte«: »Danke sehr!«. –, –, –,: ›Tina Halein‹!:

»Ja bitte?: !«: Tina! – Ich nahm sie gleich in die Arme, sie, mit auseinandergeschlafenen Haaren (hatte sich ein Stündchen hingelegt gehabt, ›um für mich dann ganz frisch zu sein!‹; sie, schwarze kurze Flammen um ein Blaßgesicht). 22 Uhr 12. –

23 Uhr 12: »*Donnerwetter!*« flüsterkeuchte sie. Noch einen Schoppen Luft. Erhob sich, meinen Schaum vorm Bauch; und machte als allererstes Kaffee: »7 Minuten ziehen –«. (Hohe spitze Porzellanbecher setzte sie hin).

Inzwischen hinterm Plastikvorhang ihres Brausebades: Gymnastik in der Seifenblase. »Nö; passieren tut hier unten grundsätzlich nichts.« Prusten und Stirneschütteln. – Das Wasser schmeckte ausgesprochen nach Eisen, oder, genauer noch: »Tinte?«.: »Mm kann sein – kommt direkt aus unterirdischen heißen Quellen,« sprudelte das strähnige Gesicht; kauerte in die Bodenwanne, und neckte sich mit 2 spitzen Fingern; setzte sich ganz, und schlang die Schenkel lokker=fest um meine Füße.

Von unten durch Wasserschallen und Händegeschmatz: »Aber, gelt: Du zitierst mich nicht?! – ›Tina‹ ja; das gilt nicht, das besagt gar nichts, das darfst Du.« Sie spielte flink mit ihren Zehen, und flocht die Finger hindurch; kniete, und bewunderte mich mit ›Och!‹: »Du bist ja unzerstörbar: hast Du denn keine feste Freundin, armer Kerl? – Aber laß uns erst noch rasch Kaffee trinken –.«

In Sesseln, Jeder vor seinem Mar aus Kongokaffee. Sie im gelben Kimono mit großen schwarzen Bakterienkolonien, wie Teufelinnen lieben. Pantoffeln feuerrot; das Haar kunstvoll verkämmt: wie Teufelinnen lieben.

»*Fischer hat erzählt? – – Ach, nicht doch;* das Ganze geht ungefähr so vor sich. – Du wirst oben geboren, und lebst –: nein; 1801 bis 77; iss doch egal! –. Dann ›stirbst‹ Du; das ist ziemlich unangenehm; Beängstigungen, weißt Du, so Luftmangel: ahhhh! Herz bleibt stehen. Aber das Bewußtsein setzt meist sehr rasch aus –« sie gab der Luft einen gleichgültig kleinen Klaps: »Jedenfalls Du erwachst wieder. Dämmerungen und Stimmengemurmel. In einer Riesenhalle – ungefähr wie ne Reitbahn – in einer Menschenschlange. Wenn Du vorn am Schalter bist, füllen sie Karteikarten aus; Du erhältst Deinen Personalausweis; gehst weiter durch; wirst erneut abgestempelt; mit früheren Bekannten konfrontiert – darunter mindestens 2 Feinde! –. Ein Omnibus fährt Dich zum Bahnhof; Du steigst in Deinen betreffenden Zug ein, kriegst Reiseverpflegung und so – und landest an dem Dir zugewiesenen Ort.«

Wählen?: »*Mm – kaum!* – Du darfst wohl sagen, Du möchtest gern mit Dem und Dem zusammen sein; und wenn sichs irgend verantworten läßt, steht dem nichts im Wege. Aber es gibt eben doch Rücksichten: man könnte ja nie und nimmer Goethe und Bielschowsky zusammensperren. Nein, hier unten ist man wohl gerecht, aber nicht unnötig grausam. – Oder Dich dereinst mit Fouqué –« fügte sie hinterhältig hinzu, und zappelte sich vor Vergnügen die Beine lang, als sie mein Gesicht sah (das hätte sie aber besser nicht tun sollen!) –

: »*Also die Länge* ist ja geradezu polizeiwidrig!« entschied sie entzückt=entrüstet. (In der Tausendstundenuhr ringelreihten frohlockend die glitzernden Flaschenteufelchen. Sie sprach etwas zu einem Loch in der Wand; schloß die ins Unsichtbare tapezierte Klappe. Und entnahm gleich darauf einer Art Briefkastenschlitz 2 vorgewärmte Frotteehandtücher).

»*Und jetzt gehn wir* schlafen: morgen iss auch noch ein Tag. – Sonntag; da brauch ich nich rauf.« / Später: »Nö, n Pyjama für Dich hab ich nich.«

Nebeneinander im Dunkeln. Nur die üblichen Abstrakta der Straßenlaternen kamen durch den dünnen Vorhang. Der Kunstwind jaulte vorbildlich. Draußen war auch der Nebel wieder verschwunden. Sie gähnte behaglich und leer.

»*Nö – man kann sich den Körper* aussuchen: fast Alle nehmen ihre Leiblichkeit, wie sie um die Anfang Zwanzig war, wo man gut in Form war. Manche Männer auch ihre 17: wegen m Rasieren. – Oach.« Sie legte ein glattes faules Armtau über meinen Brustkasten; am Ende wars aufgedrieselt zu schlappen Fingern. Aus Schlaftrunkenheit die letzte Antwort: »Die ersten 10 Jahre wird meist nur ge ...« (und kicherte, als ich sie auf den Mund klopfte): »Anschließend geht man gewöhnlich als Einsiedler – da gibts extra Buntsandsteinwüsten mit Salzseen; Versteinertes und so –« (Sie versuchte vergeblich, die Faust tiefer in meine Achselhöhle zu bohren; fand aber doch keinen rechten Platz für ihren Arm und gabs murrend auf): »Dann fangen sie meist an zu saufen; toben und lästern: auf die Unsterblichkeit; die ganzen Einrichtungen hier unten. Danach verfallen sie in ein bockiges Dösen; auch ein ganz paar Jahre – und dann werden sie allmählich wieder normal. Nehmen Stellen an. Kümmern sich um Arbeit. Und trösten sich mit dem Gedanken, daß ›ewig‹ eben schließlich doch nichts währt: schon Zweitausendjährige sind ja nicht allzu häufig bei uns.« Sie bewegte sich ungnädig, schnob schlafsüchtig ›Hn‹. Tat auch ihr linkes Knie noch zu den meinen; bürstete einmal mit dem Kopf meinen Hals (und entschlummerte. Auch ich beschloß, das Wundern auf morgen zu verschieben). –

∗ ∗
∗

Morgen. Schüchternste Dämmerung: nein!: sie fühlte sich gar nicht an wie eine 154jährige! Hier nicht. Und da nicht. Und dort erst recht nicht!: Ob mich die Gesellschaft etwa bloß belog?! Ob ich zufällig in eine der (ja sicher längst vorhandenen!) unterirdischen Städte geraten war, die sich Politiker und upper ten für den Fall des Atomkrieges einrichten? Die Assassinen gaben ihren Anhängern ja auch ab und zu ne Spritze, und schafften sie dann ins paradis artificiel! – Ich stand auf; ich sah mich leise aber wild um – – (erst mal die Heizung wärmer stellen; waren bloß 16 Grad).
Nackt vor der Wand: erst kriegte ich die Klappe gar nicht los (und hätte sie vor Ungeduld beinahe abgerissen! – Halt: so gings): »Hallofräulein? –: Bin ich hier nun wirklich im

Elysium, oder bloß in ner atomsicheren Höhlensiedlung?!«.
»Augenblickbitte« kam die dienstlich=leidenschaftslose Stimme: »ich verbinde mit der Auskunftszentrale ....« (rübersehen: ?: nein. Tinkatinakatharina pustete gleichmäßig die Zeit weg: bei jedem Atemzug stirbt 1 Chinese. Und werden 2 geboren!).

»Bitte sprechen!« – –: *»Ja, hier Auskunft –: ?:* Nein; Sie befinden sich im Elysium. – – Nein! – – Neinein: auch über *Ihre* Bücher führen wir eine genaue Kartei: wie oft Sie darin Hauff erwähnen, oder Bismarck ....«

»Bismarck??!!« (frohlockend und wild: jetzt hab ich die Betrüger!): »Bismarck?: ich werde den Teufel tun, und in meinen Büchern den Buben auch nur nennen!« (Die Gauner, die!). Pause. Ich wollte schon sieghaft die Klappe mit der Faust anklopfen, als die Androgynenstimme eben wieder näher kam: »Sie haben bisher – in Ihren Werken den Namen ›Bismarck‹ dreimal genannt: Faun Seite 79; Brands Haide 110; Umsiedler 14 ....«. Ich duckte den Kopf; rechts mein lädiertes Knie fing an zu wackeln; ich stammelte: »Das ist – – eine infame ....«. Kühl, statistisch, Encyclopaedia Britannica, fuhr das Wandloch fort: »Die letzte der angeführten Stellen lautet wörtlich –: ›Sie schwärmte immer noch von – in französischen Anführungszeichen – unserem herrlichen Bismarck‹ –: ?«

Ich erblaßte; ich stemmte die Stirn gegen die Wand: richtig! Jetzt erinnerte ich mich: in Niedersachsen! Sah unter mir die männlich=schüttere Haarflur meines Bauches; die optisch kühn verkürzten Beine. Auch Füße. – – »Danke.« sagte ich nach einer Weile heiser zu der Mauer. Es antwortete nicht mehr.

Wieder im Bett, im Kopf die Gedankendrehscheibe: das war aber doch! ..... (Tieck angeblich Tischlermeister; Hoffmann hatte ne Weinhandlung en gros. Und schon überlegte ich tatsächlich, was ich dereinst hier mal betreiben könnte .....: ich hab ja auch n Knall, daß ich auf so was immer gleich eingehe!

Und bloß gut, daß meine Bücher sich so schlecht verkauften: vom Prunkstück, dem Leviathan, warens erst 902! .....)

Aber dann drehte ich mich doch wieder entschlossen zu ihr: was n Irrsinn alles!: Das hübsche feste Gesäß; kräftige Schenkelseide; eine Taille –, –: sie wurde langsam wach – die heißen, vom Schlaf etwas erweichten Brüste: da ringelten sich ihre Armschlangen schon an meinem Hals; sie umfloß mich, und ich verschwand eine Weile in ihr.

Gehärtete Luft zum Frühstück?: Nee. Aber ne solide Tasse Kaffee, das ja. (Und kalt wars draußen geworden, ›Wetterumschlag‹, ein ganz feiner harter Schnee, sparsam und trokken – wie sie *den* wohl fabrikmäßig herstellen mochten: schon ging meine Fantasie wieder in *der* Richtung los! Raffiniert unregelmäßige Windstöße schleiften ihn in Protoplasmaschlieren über die ausgefrorenen Straßen.)

»*Mon Dieu, der Briefträger!*«: sie grub ihre fünfziffrige Zange fast schmerzhaft in meine Hand, und schnaufte ahnend Verdruß, als der Schwarzuniformierte unten zur Pförtnerin einbog. (Erläuterte auch: die Dunklen bringen schlechte Briefe; gute werden von Grünen ausgetragen. Weitere Erläuterung: schlechte Briefe = Benachrichtigung über Zitierung oder gar Neudruck; Freudenbotschaften = verschwundene Exemplare, getilgte Namenseintragungen undsoweiter).

Ein Mittelding zwischen Klingeln und Surren: begann erst leise, schmeichelte sich ins Bewußtsein, wurde sogleich lauter – und brach ganz plötzlich fordernd ab: ! (so daß man einfach aufstehen *mußte* und sehen, was er hatte): einen schwarzgeränderten Brief! Sie popelte hastig den Finger in die Ecke, und platzte den Umschlag damit auf; riß aus dem gesägten Papiermaul das Blättchen und überflog: ›Kathinka Zitz; Name zitiert in einem Lokalartikel der Mainzer Freiheit‹ – »Gottseidank; bloß ne Zeitung.« machte sie erleichtert.

»*Achnaja: ich hatte mal* n gewissen Zitz geheiratet, bin aber gleich wieder geschieden worden. – Neinein, ich heiß' schon

Tina Halein: mein Mädchenname.« Sie pflanzte sich trotzig auf eine Sessellehne und schlenkerte mit den Unterschenkeln; stieß auch Verdrießluft aus der Nase. Seufzte einmal: »Na, 90 Prozent meiner Romane sind schon als Makulatur weg – untersteh Dich, und lies einen davon, Du! – Am meisten Schaden hat mir der Artikel in der Allgemeinen Deutschen Biografie getan: wenn ich *den* Schuft hier hätte!« Erhob sich auch resolut: »Ich hab heut ja noch gar nich geflucht – Moment!«. Sie ging zum Schrank, reckte sich, legte oben die kleine lebhaft lackierte Sanduhr um – und begann zu schimpfen; mit einer Intensität; einen Wortschatz hatte die Frau; zumal schöne französische Flüche: Namen, haßvoll breit, erhielten nichtswürdige Beiworte; Faustbälle; bei mehreren mäanderte ihr Mund zum Fürchten und lief über; einmal trampelte sie sogar vor Wut: !: !!! –

Dann war der Sand abgelaufen. Ich faßte sie mitleidig am Arm, half ihr, die Brüste zurück in den Halter schieben, und geleitete sie zur Couch, sie, mit beträntem Gesicht. »Die Lumpen!« sagte sie noch einmal erschöpft; ermunterte sich aber bald wieder, und verlangte, noch intensiver getröstet und gestreichelt zu werden.

(*Die Fluchviertelstunde:* Jeder muß täglich 15 Minuten lang seinem Biografen fluchen; Rezensenten; auf Goedeke; sämtliche Auflagen des Brockhaus, den ersten ganz großen Meyer, Leser und Heimatforscher, I love a good hater).

Gutenberg?: verbirgt sich in öden Wäldern, erlesen einsamen Klüften; ständig auf der Flucht, schläft jede Nacht woanders (wie Cromwell). Verbringt den überwiegenden Teil seiner hiesigen Existenz in Gips. – »Ja, aber Du hast doch auch Bücher hier?« sah ich das Hängebrettchen am Kopfende des Bettes an. (Books of fiction also erlaubt; solche, wo keine reelle Persönlichkeit genannt wird. Und das Titelblatt muß raus, aha.) Schach viel gespielt; Kinos gibts; die Mode wechselt angemessen. »Autos nicht: man hat ja Zeit. Ansonsten wird eben redlich gearbeitet; aus Leibeskräften geliebt –

›In tausend Jahren ist alles vorbei‹: damit muntern wir uns immer wieder auf.«

Die Wandklappe öffnete sich schief: »Nanu! Iss die kaputt?!« rief Tina befremdet; hüpfte von meinem Schoß, und bog vorsichtig an dem Scharnier herum (während schon die Vermittlung ankündigte: »Anruf eines Herrn Fischer – wollen Sie da sein?«). Sie sah zu mir herüber; wir nickten kurz; ich übernahm mit ›Hallo!‹. Und dann verabredeten wir uns für –: ? –: »Nein, jetzt sofort nicht. Zum Mittagessen: wir haben vorher noch Einiges zu erledigen.« Sie griente anerkennend, die Unterlippe zwischen den Zähnen; und ich vereinbarte sachlich Zeit und Treffpunkt. –

* *
*

Zeit: Mittag; Treffpunkt: Mexikanisches Restaurant: heute schmeckte das Geleestück also nach Chile con carne. (Ich zahlte großzügig die lumpigen 80 Promessen; blieben noch –: 586. Ich hatte Tina 300 für ne elastischere Sprungfedermatratze geschenkt). Wie gut aber, daß ich Fischer traf; wir flüsterten und schmunzelten (das heißt: ich gequält; er lachte vor Wonne wie ein Frosch, sub aqua sub aqua. –: »Moment, Tina: wir sind sofort wieder da!«).

Draußen: man sah, wie es in seinem Gehirn arbeitete.: »Mensch! – Wunderbar!!« keuchte er, über eine begeistert gespreizte Pfote hinweg: »Gehts noch hundert Meter? –« und unterstützte mich zärtlich=ungestüm, wie ein Vater: »Sachte; ganz sachte – –: Hier: Hinein!«

Zwanzig Meter entfernt, hinter einer Buschreihe: die Linsen! (Während er Schmiere stand: meingott, was n Krach ich machte. Und er wieherte entzückt von fern, wie da meine Bauchpresse arbeitete. – Bloß weg!). (Am Tor der Villa auch noch *so'n* Messingschild: ›Maximilian Emanuel Franz Freiherr von Lerchenfeld‹.: ?.: »Hat mir damals 3 Jahre Festung verschafft: der wird a Freud haben!« und lehnte sich an eine Hauswand, um bequemer röcheln zu können. – »Aber bitte nichts Tina sagen!«: »'türlich nich, 'türlich nich.«)

Dennoch war es sein Erstes: sie steckten, unterirdische Kumpel, sofort die Köpfe zusammen – schon zog es ihr den Mund auseinander; die Nasenlöcher nüsterten immer weiter; sie biß ins Taschentuch, Wasser purzelte ihr aus den Knopflöchern (während ich eisig an meinem Strohhalm saugte: so schieden sie wohl die aufgenommenen Flüssigkeiten aus; durch die Augen. Seine Hände bildeten immer wieder den Riesenhaufen: »Und Farben, Tina: so was ham se bei Ministers überhaupt noch nich gesehen!« Warf sich zurück, die Sau, und gurgelte skythisch).

Also weitere Fragen ausdenken (beleidigt tun hat ja keinen Zweck!):

1.) Schlüsselromane?: Er schüttelte verneinend die Maultasche: »Gelten an sich nicht als Zitat; aber die betreffenden Persönlichkeiten sind ja meist auch anderweitig zichfach festgenagelt.«

2.) ›Wie schön leuchtet der Morgenstern‹? (die Anfangsbuchstaben der 7 Verse ergeben bekanntlich einen Namen).: »Gilt als Zitat!« bestätigte er.

3.) Plagiieren?.: »Können Sie, soviel Sie wollen.: Im Gegenteil! Das gilt bei uns als gewisses Zeichen, daß man anfängt, rar und vergessen zu werden – wird durchaus begrüßt!«

4.) Strafen?.: »Es passiert relativ wenig. Prügeleien sind natürlich an der Tagesordnung – und meist sehr berechtigt: Neuankömmlinge, ahnungslos=stolze Verfasser von Anthologien, werden oft furchtbar zugedeckt; oder Biografen von ihren Dichtern. Die allerschwerste Strafe, und ganz selten verhängt – etwa Ihrer Todesstrafe oben zu vergleichen – ist, wenn ›Einfälle‹ nach der Erdoberfläche versandt werden. So daß einem Skribler beim Klauen in der Bibliothek (oder auch im Traum) der ›Einfall‹

kommt: Der oder Der wären doch eigentlich recht interessante Leute gewesen, über die man ein Nachtprogramm machen könnte.« (Ich lächelte erst mit; brach aber plötzlich ab, und erinnerte mich).

Der Wirt, in Mexikanertracht, der Sombrero saß ihm betrüblich einfallslos, geleitete uns bis zur Tür; und wir wollten schon auf die Straße treten, als im Radio eine Sondermeldung kam, mit Achtungachtung und Feuerstrahlen von Fanfarenstößen vorn und hinten. Erst begriff ich die Begeisterung meiner Begleiter nicht: sie hielten wie elektrisiert, mit erleuchteten und gespannten Gesichtern: ? – – –

(Ich verstand die Fachausdrücke aber nicht ganz. Jedenfalls sie nickten einander angeregt zu, und debattierten immer um mich in der Mitte Wandelnden herum).

»*Morgen nachmittag* kann sich Einer auflösen: der hat Schwein! Ist erst rund 400 Jahre hier; und eben kam die offizielle Bestätigung der Kommission, daß das letzte Exemplar seines Namens verschwunden ist: ein Kind hat auf dem Dachboden zwischen altem Gerümpel und Akten mit Feuer gespielt – der betreffende Kaufkontrakt, Alles, inklusive Haus, ist verbrannt!« Sie atmeten tief und glücklich. (Ich wollte erst nach dem Kinde fragen; unterließ es aber, da die Leute hier offensichtlich andere Sorgen hatten).

»*Neinein – da dürfen Sie nicht* dabei sein! Das sind unsere größten Feierlichkeiten! – Außerdem fahren Sie ja morgen früh schon mit Tina und mir wieder nach oben; dann sind Ihre 36 Stunden rum.«

»*Beschreiben ja; das schon: Also* wenn oben ein Name endgültig erlischt, darf sich hier unten der Besitzer ›auflösen‹: was meinen Sie, wie der jauchzt? Mit welcher Spannung er am Fernseher verfolgt, wenn der Augenblick naht, wo sein letzter Leser das Buch zuschlägt, mit ›Na, so ein alter Bockmist!‹; und es für nächsten Morgen zum Feueranmachen klein reißt! Dann prüft die Kommission – ganz recht: das große Gebäude von gestern – noch einmal alle Unterlagen;

und unterrichtet ihn, daß er an dem und dem Tage, zu der und der Stunde und Minute, ins Nichts eingehen darf. Er zieht seinen besten Anzug an. Vor dem Nichts wartet schon der Verwaltungsbeamte. Zuschauer stehen diszipliniert im Viereck, alle in frohlockendem Bunt; Freunde und Bekannte drängen sich glückwünschend (und neidisch) herzu. Auf dem Bronzedreifuß glüht ein Koksbecken; er bekommt all seine Karteikarten ausgehändigt und darf sie eigenhändig über die Flämmchen säen. Dann wird er durch eine hohe Tür nach innen in einen Saal geleitet, an dessen Stirnwand ein paar Marmorstufen hinunter, ins Nichts, führen – habs selbst schon gesehen; war zweimal als offizieller Zeuge mit dabei!« –

: »*Je nun: er springt* hinein und ist weg! Futsch! Auf ewig verschwunden!«

»*Was wird aus ihm? Energie?*« (fiel mir ein). »Scheiß Energie!« sagte er entrüstet: »Nichts. Gar nichts! Die habens eben geschafft, mein Lieber!«

»*Weiß ›die Kommission‹* diesen Zeitpunkt denn nicht von Jedem im Voraus?« (tiefsinnig, wie?). »Die Kommission weiß n Dreck!« schnauzte er, noch immer ungehalten: »Niemand ist allwissend!«. Gott?: »Ach Gottfff« sagte er nach einer Weile wegwerfend; und ich fragte nicht weiter.

Ratschläge von beiden Seiten (und mein Kopf ging angestrengt zwischen ihnen hin und her, wie damals, als ich Dolmetscher bei der Polizeischule war):

1.) »Vernichten Sie Ihre Freiexemplare!« (auch die andern möglichst aufkaufen: »Das Geld rentiert sich dereinst.«). »Schreiben Sie keinen Brief mehr.«

2.) »Keine ›Memoiren‹ hinterlassen. Nichts Archiven anvertrauen!« (»Ogott: ich habe 1 Exemplar nach Marbach gegeben!« stöhnte ich entsetzt. »Na dann!!« gratulierte er grimmig).

3.) »Lassen Sie sich nach dem Tode verbrennen: da gibts dann keine Schweinereien wie mit ›Dem Neandertaler‹:

beinahe hätten sie das arme Luder auch noch ran gekriegt!«

4.) »Was haben wir die Erfindung des Radios zuerst begrüßt: nichts als ungültiger Schall und Rauch! – Aber dann kamen schon wieder die Tonbandgeräte: sprechen Sie nie auf Band!: Hüten Sie sich vor deren Sammlern!« – – – »Na, gehn wir noch mit zu Tina; n Köppchen Tee trinken.« –

* *
*

Tee bei Tina: sie schnitt ihm hinterm Rücken eine ungeduldige Grimasse; aber er zog (zu unserer Erleichterung) nicht erst den Mantel aus (mußte noch zu Fontane & Spitzweg, in die Apotheke: Aufträge für seine irdischen Besorgungen, morgen, abholen). Stille; nachmittagsschläfrige.

»Könnten Sie nicht –« (er; einschmeichelnd): »Ihre paar Bändchen der Sauerländerschen Cooperübersetzung vernichten? Wo ich vorn als Herausgeber erscheine?«. – »Vernichten – nicht« bat ich zögernd; aber: »Würde es nicht genügen, wenn ich die Titelblätter rausschneide, sie durch maschinengeschriebene ersetze: und Ihren Namen einfach weglasse?« Er leuchtete auf: »– Sehr gut! Das geht auch; ja.« (erleichtert, und rieb sich schon die Hände): »Und schönen Dank auch. – Wir sehen uns also morgen früh um halb 8 vor der Wache III: und bitte pünktlich! – Na, Tina kommt ja auch mit: bye-bye.«

Die spanischen Reiter ihrer Armbeine; Nägel und Zähne gaben Stacheldraht genug.

Also im weißen Dschungel ihrer Glieder: manchmal blitzten ringsunten Augen; in warmen Spalten schlürfte es Worte; Ketten Keuche flogen auf, Zimmer voll ›u‹. Das Dorngesträuch zweier Hände jetzt über mir: sie schlug den schweißigen Mund auf mich ein; sie erdrosselte mich mittlings mit

Beinen; die weißen Kabel ihrer Arme am Horizont wurden rauh und steif: ›u!‹.
Gefällt übereinander. Ihr Haar hing von meinem Kopf. Unsere Atemkolben stießen breiter vorbei. Geklebt: »Achdu«.
»*Zu einer reichts noch – für uns Beide!*«: tranken wir also gemeinsam, Mann & Frau, diese Tasse Tee. (Der Siebdruck an der Wand: signiert, ein echter Eberhard Schlotter, e. s., und wir nickten bewundernd: mühsame Technik!).
»*Ja aber nun andererseits!*« fiel mir ein: »Wenn ich die Namen meiner Feinde auf einen Zettel schriebe – oder, noch besser: in ein Silberplättchen ritzte? –: Das rollen; in ein Glasrohr schieben; zuschmelzen!: Das wiederum in ein Bleikästchen, eben eine richtige time=box, die sich ewig und drei Tage hält – und die dann an ausgesucht öder Stelle vergraben, tief im Hümmling oder in der Sahara: *das* wäre doch ein Racheakt! Denn man könnte es ja theoretisch jederzeit durch Zufall wieder auffinden?!«. Meine Fantasie entzündete sich: welche Möglichkeiten!
»*Oder gar mehrere Exemplare, Du:* und eins ins Meer werfen! In 5.000 Meter Tiefe schlummert das bis zur nächsten Triasjurakreide!«. Sie lauschte leuchtenden Blicks; sie nickte; immer überzeugter: »Du, wenn Du *das* machen könntest – !« (ein tief verheißungsvoller Blick): »Tu mir'n Gefallen, ja Du?!: schreib ›Ludwig Fränkel‹ mit drauf: Eff, Err, Äh …. Das ist nämlich der Schuft, der mich in die ADB gebracht hat!«. Sie lachte erlöst: »Du, wenn Du mir *das* versprichst: ich komm jeden Mittag zu Dir rauf; und – –«. Schon nahm ich sie strafend in die Arme: »Das wirstu gefälligst ohnehin tun! – und jede Nacht außerdem –« fügte ich, jedoch nicht ganz ohne Beklommenheit, hinzu: ich war immerhin schon im konsularischen Alter. (»Nachts darf ich nich.« schaltete sie auch schon züchtig ein: »Abends muß ich Punkt 19 Uhr zumachen, und wieder runter.«) Ich noch, galant: »Eigentlich müßte ich Herrn Fränkel ja dankbar sein: sonst hätte ich Dich vielleicht gar nicht kennen gelernt!« Sie zog aber

nur ein schiefes Maul ob des (hier) unangebrachten Kompliments; und wir besprachen lieber noch weiter diese time=box (ein teuflischer Einfall wars schon!).

»Riskier' ich aber auch nicht zuviel damit?«: sie schob erst die Unterlippe vor – ? – schüttelte dann aber entschieden ihre Ponies: »Du hast ohnehin schon so viel auf m Gewissen: was hat, zum Beispiel, der Pape schon in Hoffnung gelebt, ehe Du kamst. Oder Brandt, Guthe, Bode, wie die Brüder alle heißen. – Und dann die paar Namen!: Deine persönlichen Feinde *kann* Dir die Kommission aus Gründen der Gerechtigkeit nicht anrechnen – und mein einer Fränkel –« sie bewegte verächtlich das Kinn, und wir vereinbarten es fest: »Aber bestimmt jeden Mittag Du!«. »Oh, an mir solls nicht scheitern.« versprach sie listig; bettelte aber doch noch: »Und *Du* siehst auch zu, daß Du gedrucktes Material über mich auftreibst, und verbrennst es dann vor meinen Augen, ja? – Ach, prima!«

Der Nachmittag verrann. Der Wind fing wieder stärker an zu heulen. Die Junggesellinnen gingen rascher über die weißsprühenden Höfe. (Schön, daß es fast keine Kinder hier unten gab: es war so viel stiller). / Jede Stadt also eine Riesenhöhle für sich; ein paar hundert Kilometer weiter die nächste, durch lange Untergrundbahnen sparsam miteinander verbunden. Aus sprachlichen Gründen die antiken Leute für sich; Asiaten; die Russen natürlich auch. – Na, das konnte sie mir ja dann alles noch, an den kommenden Mittagen, hinterher, verklaren).

Halt; dies noch: »Also haben Holberg (Niels Klim) oder Jules Verne (Voyage au Centre de la terre) angedeutet, daß ....?«. Sie nickte bestätigend: »Die waren Alle mal hier. – Achnee: auch schon früher. Diese ganzen Sagen von ›Gnomen‹, ›Hohlen Bergen‹, geht alles auf Uns zurück.« Hephaistos, Orpheus & Eurydike, Nekyia, sogar Empedokles. Auch Tieck (Reise ins Blaue hinein): »Der hat fast *zu*viel verraten! Oder ein gewisser Steinhäuser, 1817 –« (winkte aber ab, als sie meine fragend sich öffnende Hand sah: führt jetzt zu weit. Also mal unter ›Steinhäuser‹ nachsehen).

Was ist demnach das beste Rezept für ein Erdenleben überhaupt, oben wie unten?: »Aufs Dorf ziehen. Doof sein. Rammeln. Maul halten. Kirche gehen. Wenn n großer Mann in der Nähe auftaucht, in n Stall verschwinden: dahin kommt er kaum nach! *Gegen* Schreib= und Leseunterricht stimmen; *für* die Wiederaufrüstung: Atombomben!«.

»›*Vom Nutzen und Nachteil* der Historie für das Leben‹« murmelte ich. »*Sehr* richtig!« versetzte sie nachdrücklich: »also Nachteil!«. –

NACHBARIN, TOD UND SOLIDUS.

Blaßgrünes Gesicht, mit schwarzer Mundschleife locker zugebunden – so sah es wenigstens bei Mondlicht aus, morgens um fünf. Ich hatte wieder nicht schlafen können, und war ans Fenster getreten: rechtwinklig dazu, in ihrem Erker, stand die Nachbarin, Kriegerwitwe; wir hatten noch nicht miteinander gesprochen.

(Ingebartels, Ingebartels, Ingebartels, sagte die Uhr hinter mir mehrfach den Namen, und lachte dann flämisch auf: ho ho ho!: also 4 Uhr 45. Ein schwarzes Auto auf schwarzer Straße; seine Vorderpfoten schaufelten unermüdlich. Auch ein unsichtbares Motorrad sprudelte auf, und zog dann die kleiner werdenden Schallperlen hinter sich her).

Ich öffnete mein Fenster; auch ihre Hand begann gemessen vor sich zu nesteln, und wir schoben uns jeder in seine Öffnung: war sie auch herzkrank? (Ich war zwar erst neu eingezogen; aber ich bin dann bei solchen Gelegenheiten sehr direkt – warum auch nicht? Das Leben ist ja so kurz!).

»Wir können beide nicht schlafen.« stellte ich also pyjamaleis fest (und grammatisch=raffiniert: Wir! Beide!: wenn *das* nicht suggestiv wirkt?!). Sie war aber auch stark; sie neigte kurz den Kopf, und beschäftigte sich dann weiter mit dem Mond, der, abgewetzt, über dem alten Friedhof steckte. Leider waren dort im Osten auch einige Morgenwolken, strichdünn (obwohl mir zu undulatorisch; gerade sind reinlicher). »Die Wolke gefällt mir!« entschied sie mit kühnem Unterkiefer.

Darf man bei einer so jungen Bekanntschaft schon widersprechen? Ich beschloß ›Nein‹; und wurde glücklicherweise jeder Antwort überhoben durch den Pfiff der Eisenbahn vom Ostbahnhof her: so heult ein Tiergeist auf seiner Wanderung vom Allein zum Allein! Er stöhnte fleißig und kalt, wie diese

Fremdstimmen im Schornstein (man hört das manchmal in unserem Haus: ist dergleichen eigentlich vom Architekten berechnet, oder purer Zufall? Ein kluger Hauswirt könnte inserieren: ›Besonders romantisches Ofengeheul: 5 Mark Miete mehr!‹ – aber so klug *ist* gottlob noch kein Hauswirt!). Noch einmal schwebte der Ebenholzdiskus des Pfiffes heran, bald Kante, bald Scheibe (während es unter ihm mit schwarzer gesenkter Stirn durch die Wälder in Richtung Aschaffenburg stürmen mochte. Blind).

»Ich finde den Gedanken an den Tod viel tröstlicher, als den an ein ewiges Leben« sagte ich; und sie nickte, zutiefst überzeugt: wenn man zweimal Krieg mitgemacht hat, plus Flüchtling, plus Inflation – – der lange Mund glitt ihr verächtlich im Gesicht herum: Nee! Ewiges Leben ist nichts für Jahrgang Firrzn.

Der Mond?: Der Himmelsstaub um ihn war inzwischen schon leicht rosig geworden; er also farbenlehrengetreu ein fades Weißgrün – ich wandte mich ab, im umgekehrten Uhrzeigersinne linksum, und holte als Beleg die Münze:

»Nein! Ein Goldstück!«: ein Solidus Kaiser Justinians (527–65; der Onkel konnte den eigenen Namen nicht schreiben: er unterzeichnete mit Hilfe einer Schablone, und man mußte ihm *noch* die Hand dabei führen: ›Obrigkeit‹!). Woher ich ihn hatte?: Vom Großvater, zur Konfirmation. Sie lehnte sich mit interessiert geöffneten Augen weiter vor, und unsere Gesichter schwebten hoch über der entleerten Straße (: ›Einander‹).

»Mein Großvater war Sammler. Begeistert, leidenschaftlich, ruchlos, wie solche Menschensorte ist. Arzt in Fiume, 1860. Eines windigen und kühlen Abends klopft es an seine Tür: ein breitgewachsener Fremder geht ächzend herein, die Hand auf dem Magen. ›Was steht zu Diensten?‹. Und der Ratlose bekennt: er sei nach langer Orientreise glücklich bis Griechenland gekommen; sein Schatz an gesammelten antiken Goldmünzen durch den scharfen Zoll gefährdet: er verschluckte im

Hafen von Hagion Oros zwanzig seiner rarsten Stücke. Seitdem sei er drei Tage, auch nachts, ohne Aufenthalt gereist; aber die Schmerzen überwältigten ihn: Hilfe!! – Mein Großvater, selbst Numismatiker hohen Grades, betastete fachmännisch=tückisch murmelnd und gierigen Auges den Magen des Geängsteten – noch ein abscheulicher Griff! – dann unerbittlich: ohne Operation sei der Tod binnen dreier Stunden unvermeidlich! Der Franzose verdrehte die Augen. Mein Großvater gab das gigantische Abführmittel für eine mitleidige Morphiumspritze aus, und wetzte dekorativ Messer um Messer – zur ›Operation‹! Fragte auch beiläufig, ob unter den antiken Münzen solche des byzantinischen Kaiserreiches befindlich? Der Reisende, entsetzt zwischen todweißen Laken und drohenden Metallzungen ging auf jede Bedingung ein: nach gelungener ›Operation‹ sollte mein Großvater zehn der raren Stücke wählen können.«

Langsames Nachbarinnengelächter, aus abgerundeten Schultern heraus, während sie sich die Situation nach und nach illustrierte. Noch ein Blick zum Mondgroschen: »Ja und?«.

»Mein Großvater gab dem Fremden noch eine Tasse Opium ein; entleerte ihm während des anschließenden Betäubungsschlafes den Magen=Darmtrakt, und wühlte beglückt in dem Gemünz herum – noch war *die* Möglichkeit, dem Reisenden eine Ader zu öffnen, und ihn ›während der Operation‹ verscheiden zu lassen: zwanzig seltene Stücke?! Mein Großvater kämpfte lange und schwer; endlich siegte ein unvermuteter Rest Menschlichkeit; er ließ den Fremden erwachen, und teilte den Raub mit ihm. – *Ein* Stück allerdings behielt er sich vorab: eine Münze der Thrakerstadt Bizye, ein Unikum: Artemis in archaisch=steifer Manier, eine Fackel in der Hand, vor ihr der Hirsch. – Der Fremde, des ewigen Verlustes wohl gewahr, lud ihn bei der Abreise unter Verwünschungen vor das Gericht Gottes – aber daran glauben Sammler nicht. Nutzlos.«

»Und von diesem Großvater haben Sie das Goldstück geerbt?«. Nicht geerbt; zur Konfirmation. »Und die Artemis=

Münze?«. Hat niemand wieder gesehen; wahrscheinlich nahm er sie mit ins Grab. Ja. Sammler.

Ja. Wir verglichen den sinkenden Mond noch kurz mit einer Eierschale; einem Baseball aus Ziegenleder; einer Aspirintablette. Wir lehnten von da ab ziemlich regelmäßig in unsern Fenstern; erzählten uns schlaff voneinander; und warteten weiter auf den Tod.

SCHULAUSFLUG.

Ans Fenster treten. (Nicht die Stirn an die Scheibe drücken; das kommt höchstens in starkgebärdigen Schundromanen vor; in Wahrheit erlaubt das die Zentralheizung gar nicht, oder das lang=schmale Kacheltischchen; und der besagte Körperteil wird auch bloß rot gedrückt und schmutzig).

Spatzengeschrei machte feine Schlitze in den Rundumkrach des Verkehrs. Wind raffte aus allerhand Abfall einen Staubkerl zusammen, der mußte walzen (bis das nächste Auto ihn lang zog und zu Tode schleifte; samt seinem einen Papier). In meiner Höhe dann rote Kastanienblüten; auf hundert Balkons ringsum Liegestühle voller Geschöpfe, die ›braun werden‹ wollten; ältere, klügere, richteten Riesenschirme gegen die sengende Maiensonne, marktweibergroße, und von einer Farbigkeit, daß einem die Augen gellten: waren also auch nicht klüger; bloß älter.

Älter: und mein Bein tat mir wieder weh! Kann es denn sein, daß Mitte Vierzig das Fußgewölbe eben einfach nachgibt? Daß man sich eines schönen Abends unversehens als glücklichen Besitzer eines Paars derber Plattfüße wiederfindet? ›Life begins at forty‹; und bitter nicken.

Freilich, wenn man Geld hätte …… Ich wüßte es jetzt schon richtig anzuwenden: ein winziges Häuschen in der Heide (achttausend höchstens; nicht wie diese Bausparkassen, die mit Zwanzigtausend um sich werfen, als wär's ein bloßer Silbenfall); im Ställchen eine Isetta; Eintausend erlesene Bücher: einmal in aller Ruhe die ›Insel Felsenburg‹ durchgehen können, den ›Nachsommer‹, oder Lessing von A bis Z; zur Nacht ein richtiges Bett zum Drinniederlegen (nicht mehr dieses dürre indianerrote Gestelle von Schlafcouch!); nichts mehr ums liebe Brot schreiben zu brauchen, keine ›experimentelle Prosa‹

mehr, keine feinsinnigen ›Essays‹, keine ›Nachtprogramme‹; an Uhren werden nur die lautlosen geduldet, die mit Sand und Sonne, oder höchstens im Korridor eine alte Standuhr, die alle Ewigkeiten, nachdem man vieles und vielfältiges gedacht hat, vor sich hin ›Mnja‹ sagen. Den Mond untergehen sehen, über Wieseneinsamkeiten, ganz rot würde das silberne Wesen geworden sein, wenn es einsank in Dunstband und Kiefernborte ...

Ein Motorradfahrer explodierte vorüber – das sind die allerschlimmsten! –: das Papier war ihm aufgegangen, und er zeigte wütend=ergeben mit der blanken Salami die neue Richtung. Auch fuhren amerikanische LKWs viel Atommunition vorbei, und es stank unnachahmlich nach Benzin, nach Straßenschweiß, nach Niveacreme, was weiß ich.

16 Uhr 30? Da hätte Fräulein Mülhäuser dasein sollen, meine einzige ›Schülerin‹. (Ich hatte mal inseriert: ›Wollen Sie berühmt sein? Schriftsteller werden? Unterricht auf allen Gebieten schriftstellerischer Tätigkeit erteilt / Otto Lautenschläger‹.)

Und was hatte ich für Pech gehabt mit meinen Aspiranten! Die meisten waren total behämmert, und schrieben einen Stil wie Frenssens ›Sandgräfin‹ – also Edelkitsch; ein Reporter war darunter gewesen, der nur gekommen war, um einen (allerdings gut gemeinten) Artikel über meine Häuslichkeit zu veröffentlichen; ein Anderer hatte mich vor Gericht verklagt, weil er in meinem nächsten Buch ›seine Ideen‹ zu erkennen vermeinte – dabei hätte ein wirkliches neues Talent doch wahrlich niemand ekstatischer begrüßt als ich. Das hatte ich während meiner literarischen Laufbahn ja nun doch auch immerhin gelernt: das Gute als solches zu erkennen (wenn man es vielleicht auch nicht öffentlich anerkennen durfte: der Markt war ja so überfüllt, die Konkurrenz so groß; der Selbsterhaltungstrieb verbot einem, Leute, die nach 1870 geboren waren, zu rühmen!).

Ah, da kam sie über die Straße! Lang und knochig, Schritte

wie ein Mann, die Arme ragten aus den Taschen des dunkelgrünen Ledermantels (das war auch so etwas Unergründliches: Einmal, in sehr vertrauter Stunde, ach es konnte Zwanzig Jahre her sein, hatte eine Frau mir anvertraut, daß solch ein Ledermantel – wir Männer wären freilich begeistert: Festigkeit, Glätte, Winddicht, Teuer & Solide – für eine Frau eine Strafe bedeute! ›Zum Ledermantel verurteilt‹ hatte das Abenteuer von einem Weibe es formuliert; eben weil das Stück nahezu unvergänglich wäre, ›schier dreißig Jahre bistu alt‹, wäre es ein Scheuel und Greuel in den Augen jeder mit der jährlich diversemal wechselnden Mode fortschreitenden Frau!). Und Ilse hier trug einen. Hm.

Klingeln – »Ja, bitte!«. – Und da stand sie in meinem Korridor, rothaarig und leicht sommersprossig; so groß wie ich; gelbgeränderte Brillengläser ritten über dem Irokesenprofil; da der Vater Direktor dreier hiesiger Textilfabriken war, half ich ihr aus dem schweren Ding.

Nach einem Jahr Unterricht (Stunde à drei Mark) wußte sie den Weg ins Paradezimmer. (Meine Wohnung bestand aus eben diesem – mit eindrucksvollen Bücherregalen an den Wänden; einem Rollschränkchen voller Leitzordner; einer Sitzecke – und außerdem einer verbotenen Zwergenküche, in der auch die dickbesagte Schlafcouch stand, alles armselig genug, was will man machen?). Ich rief ihr nach – absichtlich beiläufig; während des Mantelaufdenbügelhängens – »Sehen Sie sich mal die neuste Nummer der ›Kalebasse‹ an!« (Der mir befreundete Redakteur hatte nämlich endlich zwei von ihren Gedichten abgedruckt; die ich durch den anderen befreundeten Redakteur einer zweiten Zeitschrift sehr wohlwollend hatte besprechen lassen – was will man machen?: täglich drei Stunden à drei Mark, das sind rund Zweihundertfünfzig im Monat: wer's über's Herz bringt, werfe den ersten Stein!). Blieb ich also diskret lange draußen; während sie drinnen gierig mit den Zeitschriften raschelte. »Nehmen Sie sich die Exemplare mit, selbstverständlich.« gewährte ich großzügig.

»Obwohl!« und sah ihr streng in die selig=sommersprossige Gesichtsscheibe: »Zumindest die eine Wendung, ›Lautlos, wie die Araber, / ihr Zelt falten zur Nacht‹, von Longfellow expropriiert sein dürfte: ›.... shall fold their tents like the Arabs, / and as silently shall steal away ...‹!« Sie errötete bis fast zu Tränen, und gab's zu. »Aber die Übersetzung ist *so* gut,« fuhr ich, ihr zum Trost fort, »daß es für diesmal durchgehen mag. – Da gibt es ganz andere Fälle: was meinen Sie, was Adalbert Stifter alles gestohlen hat? Sein ›Hochwald‹ ist bis in die Einzelheiten der Handlung aus Coopers ›Deerslayer‹ entlehnt. Das ›Alte Siegel‹ haben Sie, wie ich Ihnen aufgab, gelesen?«. Sie hatte es, gehorsam und fleißig wie stets. »Da nehmen Sie sich jetzt mal den dicken blauen da heraus – jawohl, den! – und vergleichen Sie den Anfang von Fouqué's ›Zauberring‹ damit: sogar die Namen ›Hugh‹ und ›Hugo‹ sind dieselben: es ist eine rechte Schande!«

Und wir gingen gemeinsam durch, wie man so etwas macht – plagiieren nämlich; oh, sie lernte schon etwas bei mir! Wir arbeiteten zusammen nützliche Bücher durch, etwa Wielands ›Aristipp‹, aus denen sie die Technik des Briefromans studieren konnte. Sie las die Korrekturen meiner Bücher mit. Wir gingen gemeinsam in Bibliotheken, wo ich sie die Standardnachschlagewerke kennen lehrte, die ›Allgemeine Deutsche Biographie‹, die ›Encyclopädia Britannica‹, ›Schlichtegrolls Nekrolog‹; und wie man den ›Auswärtigen Leihverkehr‹ benutzt. Ins Funkhaus nahm ich sie mit, wenn ich, wie selten einmal, Geschichten vorlas, daß sie auch das aus dem Grunde erfuhr. Übersetzungen schrieb sie mir ins Reine (obwohl man mir da natürlich schon den Vorwurf machen konnte, ich benützte sie – auch bei Erledigung der Korrespondenz – als zahlende Sekretärin; hm).

Wieder Klingeln. – »Nanu? Ist das schon der andere Schüler? ....« Und ging zur Tür (ich hielt es für gut, diese Fiktion der ›anderen Schüler‹ ihr gegenüber aufrecht zu erhalten. Und *was* ich schon für Tricks angewandt hatte, um vor ihr zu verbergen, daß ich keinen Radioapparat besaß! Feinsinnigste

Argumente hatte ich ins Feld geführt: daß ein Schaffender seine alten Arbeiten nicht mehr hören dürfe; sonst entstünde nichts Neues. Und all solchen Blödsinn. Aber sie hörte getreulich jede Rundfunksendung ab; und berichtete am nächsten Morgen darüber). Diesmal war es aber nur der Postbote; ein Eilbrief: die Übersetzung müßte spätestens in 14 Tagen abgeliefert werden, weil der Schmarren verfilmt würde! Ich legte ihr resigniert den Wisch hin, und sie studierte ihn besorgt: »Ja, ob wir das fertig kriegen? ......«

Rasch noch ihre Schulaufgaben durchsehen: »Also, Fräulein Mülhäuser, was heißt das ›Der Wortschatz des vom Hai um die Mitte Gepackten‹?: der macht doch höchstens noch ›Gacks!‹ – wohltönender Unsinn ist das!« (Natürlich alles psychologisch interessant; ihre Geschichte vom ›Weiterträumen‹, von der Frau, die nicht mehr zu träumen aufhören kann, so die Brackwässer von Ilses Nacht & Tag; und andere Einfälle von ausgezeichneter Unbrauchbarkeit, das heißt solche, die sie mit ihren 24 Jahren noch gar nicht bewältigen konnte). Heute war Sonnabend – also noch rasch die Aufgabe für Montag: »Schreiben Sie einen Essay – zumindest das Gerüst eines solchen – über ›Die Großhauswelten‹; das wird für die nächsten Wochen und Monate unser Thema sein.« Und ist ja auch eine, formal überhaupt noch nicht bewältigte Erscheinung unserer modernen Zivilisation: typisch für die Menschheit sind diese beiden geworden, das Einfamilienhaus und das Großhaus, das dem technischen Produkt und seiner Verwaltung gewidmete, also Fabrik, Kaufhaus, Bank, Postamt; andererseits die, aus der Stammesunterkunft der Primitiven weiterentwickelte Drillanstalt, à la Schule, Kaserne, Funkhaus, Parlament wo die Ältesten Palaver machen; Rummelplätze .....

(›Rede zum Richtfest eines Atommeilers‹ fiel mir ein: »Mit Vergunst ......« – *denen* würde ich was erzählen!!).

Was war das Letzte gewesen?: Rummel. Ich tappte mit der Handfläche auf den Tisch; ich sagte: »Fräulein Mülhäuser, es dämmert bereits: kommen Sie mit auf den Messplatz; Sie wissen ja, ›Greift nur hinein ins volle Menschenleben‹; übersetzen kann ich auch noch nach Mitternacht – nehmen Sie den Notizblock mit, wir machen Studien, wir gehen auf Bilderjagd: Schulausflug!«. Sie errötete; sie stotterte: »Wir haben eigentlich Besuch; mein Bruder, der Theologe ....«. »Ah, natürlich. – Also lassen wir's,« sagte ich ernüchtert (ich hab ja auch gar kein Geld; war ohnehin unvorsichtig, sie einzuladen; da muß ich dann als Kavalier bezahlen; ich: der Direktorstochter!). Aber sie errötete schon wieder so lieb, und arbeitete mit den großen Händen: »Ach nein, ich komm' ja gern mit; ich ruf' nur schnell zu Hause an ......«

Dämmerung durch die Straßen. Der volle Mond schräg verankert im Wolkenstrom: »Heute Nacht findet überdem eine totale Mondfinsternis statt, sehen Sie sich die an; die nächste ist erst wieder in vier Jahren.« Und geleitete sie zur nächsten Telefonzelle.

(Seltsam so draußen zu stehen: das gelbe Eisengerippe, mit Glastafeln ausgefüllt; drinnen hantiert die Lange, am Ohr das schwarze Gerät; dreht sich her, als spräche sie von mir; schweigt zehnsekundenlang; am andern Ende mag eine Villa liegen, zwanzig Zimmer, eine distinguierte Mutter hebt die Brauen, im Hintergrund grunzt ein dicker kurzer Vater): »Na?!« Und sie strahlte mich grausam an: »In Ordnung!«.

Schon wurde der Krach lauter, die Häusermauern flackerbunter. Oben flog ein kleiner dicker Zeppelin, unten der Mann am Scheinwerfer hatte genug zu tun, ihn anzustrahlen. Und Schlangenmenschen, Sektmarken, Tänzerinnen machten Reifen aus ihren Armen und drehten sich selig darunter; Bratwürste sprühten Fettfunken; ›Mach mal Pause‹ im Lichterwald; dreitausend Menschenmädchen machten dünnlange Beine; rotlöchrige Gesichter; Burschen überschlugen sich in Schiffsschaukeln; Arme drängelten, Bänder sprudelten, Gürteln natternbillig; dicke Schützen brummten hinter Wangen, Teddies kauerten sklavenbunt.

»Ach, da; mein Bruder!« Sie verschluckte den letzten Wurstzipfel beinahe, und zeigte mit den Augen auf den langen Studenten, der, wie aus schwarzen Röhren erbaut, eben auf uns zu kam; mit hohem steifen Kragen und kirchenpräsidentenem Gesichtsausdruck. »Mein Bruder Gerhardt ....« stellte sie leicht beklommen vor; und ich erkannte an dem ›steinern‹ sein sollenden, aber wie gekocht wirkenden Austernauge nicht nur den habituellen Brillenträger, sondern auch den korrekten Akademiker, der sich durch Autopsie überzeugen will, wer dieser ›Lehrer‹ seiner Schwester eigentlich ist. »Ich kenne einige Ihrer Bücher,« ergänzte er undurchdringlich (hoffentlich nicht die ganz frühen, den ›Sataspes‹ oder das ›Haus in der Holetschkagasse‹!). »Und Sie sind bei Ihrer Doktorarbeit? Darf ich fragen?« Er nickte gemessen von seinen sieben Fuß Größe herunter: ich durfte fragen. »Das Buch Henoch« erklärte er kurz und abweisend, à la: kennt ja doch Niemand außer mir.

»Henoch« sagte ich nachdenklich: »Das hab' ich früher immer gern gelesen.« (Und starkes Nicken in Erinnerungen hinein). Er drehte mir das gerunzelte Gesicht zu, mit dem man Konkurrenten wittert; auf der andern Seite begann Ilses Antlitz zu strahlen – sie kannte mich und meine bemerkenswerte Lektur; sie war auf alles gefaßt. »Ich kenne natürlich nur die Übersetzung beim Kautzsch,« sagte ich kalt; »während Sie ja sicher koptisch können –« (er bestätigte, ruckartig aus den Hüften heraus) »– aber mich hat die danteske Art zu schildern – genauer sollte man natürlich sagen: Dantes henochoide Art – immer sehr interessiert; zumal, wenn man im Besitz des Schlüssels, der kosmologischen Anschauungsweise ist, dann gibt es ja nichts Aparteres.« »Die babylonische Ziggurat« bestätigte er hochmütig, »obwohl auch da natürlich vieles noch unklar bleibt; wer wird denn auch eine Apokalypse bis ins Letzte verstehen wollen!«. »Was meinen Sie jetzt speziell mit ›unklaren Stellen‹?« fragte ich; »Babylon natürlich; davon wissen wir viel zu wenig; aber es ist ja ein ganz anderes, alles erläuterndes Weltbild da.« »Nun« sagte er geduldig, »zum Beispiel die Wesen, die Henoch auf seiner Reise durch den Himmel antrifft;

und die er bald als Mensch, bald als Feuerflamme sieht.« »Na, das ist ja nun noch das einfachste,« (ich formulierte es boshafterweise so!): »das sind die Sterne bzw. ihre Führer um den Berg des Nordens.« »Berg des Nordens?« wiederholte er befremdet; und ich mußte ihm erst das Weltbild Kosmas' des Indikopleustes erklären – »Sie wissen ja, daß das Buch Henoch langelange in der griechischen Kirche ›gegolten‹ hat; und Kosmas *ist* in Äthiopien gewesen, man vergleiche sein Monumentum Adulitanum.« Also skizzierte ich es ihm rasch auf die Budenwand: »Das ganze Mittelalter zehrte davon; Dante; Joinville; auch noch Kolumbus, der am Orinokodelta das Paradies und einen Berg entdeckt haben wollte, der bis in die Mondsphäre ragte, gestaltet wie die Knospe einer Frauenbrust –« (er zuckte sichtlich, und sah verwirrt zu Ilse hin; die errötete raschlieb; aber es war ja *zu* interessant) »Nebenbei: auf dem Umschlag der ältesten Ausgabe von Karl Mays Roman ›Und Friede auf Erden‹ hat Sascha Schneider unbewußt einen Engel als Sternenführer dargestellt – Sie können ihn morgen bei mir sehen.«

Er reckte sich ekstatisch; er fragte: »Steht der Kosmas beim Migne? Mein Vater hat mir die Serie zu Weihnachten geschenkt.« »Ja, auch da.« »Oh, damußichdochgleich … nachsehengehen« murmelte er aufgeregt=abwesend; auch: »Kommstu mal mit zum Wagen, Ilse?« (Sie bat mit Hand und Mund um einen Augenblick: bitte.)

Warten. Männer in engen schwarzen Schutzanzügen bückten sich allenthalben umher, und legten schon die Zündschnuren fürs abschließende Feuerwerk. (Das muß man sich mal vorstellen: der ›Migne‹, das heißt die 400-bändige Serie der Kirchenväter, wird zur Zeit garantiert mit 10.000 Mark gehandelt: und so was schenkt man sich bei Mülhäusers zu Weihnachten! Ob ich nicht doch das Stundengeld um 50 Pfennig erhöhe??). Aber da kam sie schon wieder hastig durchs Plebejergedränge gestakt: »Mein Bruder ist *auch* ganz begeistert von Ihnen« gestand sie atemlos. (›auch‹?).

Dröhnend verkündete der Ansager neben uns: »Letzte Fahrt

des Riesenrades für diese Saison! Wer will noch mal! Wer ...«
Schon hatte ich 2 Billets erstanden; schon Ilse bei der sommersprossigen Hand genommen; schon saßen wir nebeneinander in der Gondel, die unter angemessener Sambabegleitung nach oben zu steigen begann.

Hoch; ja höher. Oben allein. Und untertauchen in Krach und Helligkeit (wie sagt Sir Thomas Browne im ›Religio Medici‹?: And even that tavern-music, which makes one man merry, another mad, in me strikes a deep fit of devotion.« And so on). Neuerdings aufstiegen wir. Sanken wieder auf den Grund des Lichterteiches: in die korallenbunten Gerüste; Knaben ritten auf Seepferdchen; langbeinige Wasserjungfern quälten Würste mit spitzen Fingern, mit Zähnen .....

Aber Ilses Gesicht: ?: ??: Ihr wurde schlecht!! Ich schnipste dem Mann am Dynamo eine D-Mark hin, und er ließ uns schnell aussteigen (d.h. ich zerrte meine riesige Begleiterin möglichst rasch aus der Gondel). »Kommen Sie: schnell 'n Magenbitter!«.

Und schon wieder vor dieser Bude: die schwarze erfahrene Kellnerin schenkte uns ein (auf einen schlauen Augenklaps von mir hin Ilse immer das doppelte). Und allmählich wurde ihr (sommersprossiger?) Magen besser. Sie bekam wieder Farbe, und stöhnte ein paarmal erleichtert. – Und fuhr erschrocken herum, als auf einmal die Lichter erloschen. Ich legte ihr beschwichtigend den Arm um die große Schulter; wir traten etwas an den Rand (wo das Finanzamt ist; ich drohte dem Sandsteingebäude erst noch heimlich mit der Faust: !!).

Und schon zerkeilten die Lichthiebe unsere Fronten bis zur Unkenntlichkeit; bunte Klingen häckselten uns; ein Feuerriese ließ sein Blumengehirn übertrüffeln; und wir hatten zweifarbige Gesichter: die rechte Hälfte grün, die linke wolkiges Braun. Ein Lichtseil loopte wahnsinnige Kurven am Himmel; und rechts wieder Bonbonrot, links tiefes Taumelviolett. Ein Kanonenschlag machte uns Kleider aus feuerfarbenem Taft, (und viele hitzige Rosengesichter), bis der schwarze Donner die Erde unter uns wegzog wie ein Sprungtuch. Wir traten vorsichtshalber dichter aneinander, und sahen zu, wie sich dort, im Phlegeton, die Schatten zischend kielholten (aber das war alles nichts, gegen die röhrigen Bässe, die aus den Lichtfudern befahlen, und zaunhohe Flammenzähne zeigten).

»Komm' Sie lieber mit« nahm ich das Magenbittergesicht untern Arm; und zurück durch die Stadt, über angestrahlte Straßen hinweg, und Plätze, an deren Rändern helle Geschäftshöhlen lungerten: Katarakte von Hüten; schwarze Frauen knixten unter grobem Silberhaar, eine Neonröhre im Kreuz; als Herz eine Büchse Nescafé: manche hatten Federköpfe wie Vogelmenschen: eine Hexenzunft. So eine Lederjacke müßte man sich kaufen können.

Sie hing schwerer in meinem Arm, murmelte ein Lachen, und stöhnte wohlig (waren 4 Magenbitter etwa zuviel gewesen?!). Sie blieb tiefsinnig vor einem Schaufenster stehen – eine schwarze Siebenachtelhose schritt weitgebärdig über Blusenbusen; gelbe magere Handschuhe tasteten lüstern an Mädchenwäsche – sie war offensichtlich angeheitert. »Trinken Sie eigentlich sonst?«: »Achneinnie!« summte sie selig, und lachte und zeigte. Und wurde wieder ernst; und umklammerte meinen Arm fester: »Ich hab mir – obwohl's verboten ist – Ihr ›Anderes Zimmer‹ angesehen: Ochch!« Und stellte sich vor mir auf (die dunkle Passage am Weißen Turm war günstig). »Und ich hab' aufgepaßt: es kommen gar keine ›Anderen Schüler‹! – Und die ›Holetschkagasse‹ ist doch *so wunderbar!!* – Die dünne Schlafcouch hab' ich gestreichelt, immerzu!«. Sie legte mir beide mächtigen Hände um die Oberarme; nahm sie aber, wohlerzogen, gleich wieder weg, und wir gingen weiter durch die dunkler werdenden Vorstadtstraßen.

Bäume, in schwarzgelben Perücken, begannen zu rauschen; die Abstände zwischen den Villen wurden schon größer, vornehmer. Auf einer Bank, in Schattenwirbeln, verrankte sich ein Pärchen. »Und meinem Bruder würde es ja so sehr helfen, Ihr ›Kosmas‹ – er will doch später Superintendent werden!«

Bogen wir also noch um die Kirchhofsmauer; und sofort weiter den Trampelpfad über die Nachtweide; ist billiger als ein Cafébesuch.

»Aaaach!« und da hing er, ein Kupfergong, sehr niedrig im Äther: der verfinsterte Mond. Über dürren Kiefernwitwen. Ein paar Fußballtore standen, völliger Autismus, im Gelände herum. Sie sah mich an, und sagte gelehrig das zuständige Wort: »Oppolzer!«. »Theodor Ritter von Oppolzer«, wiederholte ich, und drückte ihren Armknochen fester: was ich schon so an Mondmetaphern ersonnen habe; es wäre nicht mehr als recht und billig, einen Mondkrater nach mir zu benennen!

Also stehen. Auf dem umliegenden Wiesenland bildete sich sacht der Tau. Spitzgliedrige Sternbilder hockten zitternd an allen Horizonten. Zeit wäre es, sich nach einem sicheren Hafen umzusehen. Der Vater Direktor dreier Textilfabriken. Und ich träumte von Karteien; von anständiger, regelmäßig=rechtwinkliger Arbeit; Kinder könnte man haben, 3 Stück, groß und rothaarig, nicht bloß immer ›Schüler‹! –

Vor ihrer Villa; 14 Zimmer; oben im Dachgeschoß war noch Licht. »Und jetzt hör ich Ihr Nachtprogramm; bei meinem Bruder im Zimmer – ach« gestand sie. Rührend und abgründig tiefsinnig war dieses »Ach!«; lieber nicht drüber nachdenken. Oder doch? – ?

Ich nahm ihre schweren Armknochen; und legte sie mir um den Hals. Meine um ihren Brustkorb. Lange. Und wir hakten die brilligen Gesichter übereinander. Lange.

Mondfinsternisrummelfeuerwerkhenoch! –

»Und jetzt hör' ich Ihr .....: *Dein* Nachtprogramm!«. Sie montierte sich mühsam von mir los. Und kam immer wieder heran.

»Und morgen kommen wir beide zu Dir: Gerhardt und ich.« – Sie legte die große Hand auf mein Herz. Fing mein Gesicht mit dem ihrigen. Und also kann man ja noch weiter leben.

DAS GESETZ DER TRISTANITEN.

Tristaniten?? –: Belemniten; Schiiten; Karaiten, Hedschas und Yemen; Seleniten; Cistercienser=Troglodyten: Pirouetten Kastagnetten? –: »Sie komm' doch nicht drauf!«

– – – – –

›Tristan da Cunha, zur Zeit in britischem Besitz‹ – (»Wie lange noch?!« werden Sie am Schluß mit Recht fragen: Quousque tandem, Albion?!) – ›eine Inselgruppe im Südatlantik. Breite: 37°5′50″; Länge: 12°16′40″ westl.‹ Alle weiteren Partikularitäten folgen im Laufe dieser – – (hier könnte ich schon wieder auf der Treppe stehen bleiben, wie Herr Shandy, und darüber ruminieren – während Sie die Neugierde verzehrt! – ob's ein Bericht ist, eine Abhandlung, oder gar ein vornehmer Essay; ob eine Kurzdissertation, eine Beschwerde; ein Antrag an die Bundesregierung mit gewichtig=völkerrechtlichen Folgen – mir schwindelt! (Wie hat Jörgensen in seiner Parabel, ›Der Schatten‹, damals ungefähr gesagt?: Ihr Dichter, beim Lampenschein, bei Eurer Burgunderflasche, wißt gar nicht, was Ihr für Saat sät, Todesurteile unterschreibt, Gefallene tiefer stoßt .... (ich weiß das Zitat nur nicht genau; sonst würde ich's schon in Gänsefüßchen setzen). Aber ›Ihr Dichter‹: das ist gut!: wohlgefällig grinsen; die zerrissene Hose zurechtrücken: sehr gut! Burgunder ist's allerdings nicht, sondern billigster Fusel, ›Münsterländer‹, $^1/_1$ Flasche 3 Mark 95 (ein Bekannter spendet zuweilen Asbach; ich nenne seinen Namen aus Rücksicht nicht, denn er ist in Staatsstellung, der vierte Mensch, der mir bisher anständig begegnete). Wo war ich stehen geblieben?).

(Sie haben keine Ahnung, wie ›das Schreiben‹ angreift!!). – Ich stelle also endgültig=einleitend fest: da liegt eine Gruppe einsam – vergeben Sie mir das Wort, es ist ein falscher Fuffzjer, oh hätte ich es nie getippt, aber jetzt mag die Bestie stehen bleiben, ›sie träumt von einer Palme‹, im Kellergeschoß der Erde, oh wär' ich dort und nicht in Bononien! –

»Im Südatlantik: das sagten Sie bereits.«

»Sie beschämen mich, Herr Doktor! Ich beeile mich also ….«:

Neben mehreren unbenannten Klippen sind es die Inseln Tristan, Inaccessible, Nightingale, (›Rossignol‹ sagt Jules Verne: klingt völlig unpassend, nich?), Middle und Stoltenkoff (die letztere nach 2 deutschen Brüdern benannt, die sich – Moment, ich sehe in der Encyclopaedia Britannica nach! – die sich 1871 auf Inaccessible anzusiedeln versuchten; dort 2 Jahre hausten; und schließlich mit der Challenger=Expedition weiterfuhren: their name is on our hills).

»›Challenger‹? –: Nie gehört.«

»Aber die Gruppe haben Sie im ›Stieler‹ gefunden, Herr Doktor?: Scharmant! Ich gehe weiter.«

─────

Wenn die Bevölkerung eines Landes (eventuell ›Ei=‹ davor, meinetwegen) nach einem ›Buch‹ lebt: so ist das nur üblich. Wir; die Mohammedaner; der Sachsenspiegel; schweigen wir vom Buch Mormon; richten uns auch nach Bibeln oder sonst einem fuero juzgo.

Wenn dieses Buch 200 Jahre alt, und ein Roman ist: so ist das schon ›putzig‹.

Wenn dieser Roman in einer fremden Sprache geschrieben, und den Einwohnern *unbekannt* ist, so ist das ›unheimlich‹: einverstanden? (Denn wie wäre Ihnen zumute, wenn man Ihnen aus einem alten Buche vorläse, was Sie heutzutage treiben?!).

»Tja; *wenn* das so ist? –: Das wäre natürlich märkwürdig.«
Ebeneben, Herr Doktor!

─────

(Und schon bin ich formal festgelegt; ich, der Franktireur des Geistes, gegen irgendeinen Bibliotheksrat. Aber es sei; es soll nicht heißen, daß ein Schmidt Punktpunktpunkt!).
(D.h.: ›Furcht gekannt hätte‹).

Wir haben im Deutschen – Messieurs: wir erheben uns von den Plätzen: es ist viel geschehen in dieser Sprache! – einen alten – von mir ganz abgesehen! – nie genug gewürdigten Roman: ›Die Insel Felsenburg‹; Verfasser Johann Gottfried Schnabel; erschienen in 4 Bänden; 1731 bis 43.
Entsetzliches ist darüber geschrieben worden; in Literaturgeschichten; (unkluge Kollegen haben ihn gelobt, kluge ihn schweigend bestohlen); abscheulich=verständnislose Dissertationen liegen vor; seit 200 Jahren ist keine brauchbare Textausgabe mehr erschienen: wo sind unsere ›Großen Verleger‹? Die mit den Einnahmen nicht wissen wohin?: Wo *ist* die Neuausgabe der ›Insel Felsenburg‹, Vor= und Nachwort von Arno Schmidt, wo ist sie, heh?!

Die ›Insel Felsenburg‹ also.
Der Inhalt?: Ein junger leipziger Student (gebürtiger Danziger) erhält den Brief eines ihm unbekannten Kapitän Wolffgang, der ihn zu einer Fahrt in die Weltmeere einlädt; nach einer Insel, wo seit hundert Jahren die Kolonien eines Blutsverwandten von ihm blühen. Eine reinlich=gefährliche Utopie; verwegen lutherisch; ein leichter Geruch nach DDR erhebt sich. Der Student fährt hin; erfährt die Inselgeschichte; die Autobiographien der Ansiedler; wird selbst der Chronikenschreiber des neuen Staatsgebildes. Fügt sich ein; wird Mann=Ehemann; hat ein Kind; baut Häuser; zeichnet Pläne; verteidigt gegen arrogant=europäische Angriffe. Gibt den allerletzten Bericht dem Kapitän Horn mit –: die heilige Insel entschwindet wieder unseren Blicken!

Zweitausendfünfhundert Druckseiten. Ein Buch, das uns nicht nur die ausführliche, solid=bedeutende Utopie der Inselwelt vorführt; sondern auch eine unnachahmliche Biographiensymphonie aus den Jahren 1720–30 entfesselt. Ein Buch, gegen welches der unverächtlich=berühmte ›Simplicissimus‹ kaum antreten kann!

»Nana, Herr Schmidt?«

Ich weiß, was ich sage, Herr Doktor!

Dies also die ›Insel Felsenburg‹ (im Folgenden IF abbreviert – ich werde den Teufel tun, und immer dasselbe Bandwurmwort hinhämmern! Oder höflicher: ich verschaffe mir und dem Leser manchen Vorteil durch solchen Kunstgriff; z.B. kann ich die Ausdrücke ›Insel‹ oder ›Felsen‹, die notwendigerweise alle nasenlang vorkommen, nun verwenden, ohne daß wir an schweren ›Wiederholungen‹ zu leiden haben: IF!).

— — — — —

Seit mehr denn einhundert Jahren fehlt uns dieses große Buch gänzlich.

»Ich denke: seit 200 Jahren?!«

Moment, Herr Doktor; es stimmt beides.

Diese letzte ›Bearbeitung‹ (Breslau, 1828) von dem sehr großen Ludwig Tieck herrührend – (Einverstanden mit dem Beiwort?: Danke!) – ist auch schon fragwürdig. Er hat die Inselgeschichte verständnislos zusammengestrichen; und also das ursprünglich sorgfältig austarierte Gleichgewicht zwischen Rahmen und Inhalt verhängnisvoll gestört. Außerdem die gallisch=gallige Sprache unerträglich ausgeplättet: ›modernisiert‹.

In unserem dürftigen Jahrhundert erschienen ›diplomatisch getreue‹ Abdrücke des halben ersten Bandes – also von etwa 15–18 % des Textes (und davon noch die Hälfte ausgesprochen belanglose Stellen: diese Germanisten begreifen nichts!).

Ich wiederhole: wo ist der Verleger, der in *einem* Band, Lexikonformat doppelspaltig, von 800 Seiten, uns endlich wieder den getreuen Text dieser IF vorlegt?! Es handelt sich um eine

nationale Aufgabe!: Heute muß man sich an 4 verschiedene Großbibliotheken wenden, um nur, nach je 5 mühsamen Wochen dazwischen, begierigen Auges und im Lesesaal zeilenrennender Hand, zu wissen, worum es sich eigentlich handelt: Schande über uns Volk der Mitte! Wir; besessen von ›Illustrierten‹, von Staatsrundfunk und Gefilm, sind nicht wert, daß je ein bedeutender Mensch Deutsch schrieb!
»Aber, Herr Schmidt: mäßigen Sie sich etwas!«
Nicht ich, Herr Doktor!

Aber nun langsam; denn ich spreche von Unbekanntem. –
Meine Aufgabe ist die folgende: nachzuweisen, daß IF identisch mit Tristan da Cunha ist. / Nachzuweisen, daß man noch heute – obwohl unbewußt – sich dortigen Orts nach der alten Vorlage richtet. / Verlangen: daß man die Insel also Deutschland überantwortet – – doch halt! (Ich stelle mir die Bundeswehr vor, adenauergetrieben, in siegendenwiegenden Schnellbooten, ›Blaue Jungens‹; nun, John Bull, nimm Dich in acht! –: Nee! Also *das* lieber doch nicht!)
Aber ganz am Ende werde ich mir erlauben, eine submisseste Bitte vorzubringen; eine persönliche Bitte; ganz bescheiden: ›kings should disdain to die / and only disappear‹ ….

»Sie sind betrunken, Herr Schmidt.«
Nicht ich, Herr Doktor: Allah hat mir die Knochen eines Ochsen verliehen. *Und* die Gabe zehn Münsterländer zu vertragen, ohne zweistimmig zu singen!

»Woher wissen Sie denn, daß IF gleich Tristan da Cunha ist?«
Gewiß, Herr Doktor, es *ist* eine funkelnagelneue Entdeckkung. Keiner all der vor mir Dissertierenden hat sich die Mühe gemacht, sphärische trigonometrische Formeln anzusetzen;

Gane nachzuschlagen, oder Barrow, Halley, Kaspar van Riesbeek – Jaja, ganz recht: eben den bekannten Kometenmenschen Edmund Halley. Bleiben Sie diesmal ruhig sitzen; ich erhebe mich allein vom Stuhl, each man a glass in hand; I'm in love with moistness: er lebe! –

Und nun zum Beweis, Herr Doktor:

– – – – –

Am 16. Oktober fährt Eberhard Julius, der schon erwähnte Held und Historiograph der IF, ab von St. Helena – Ah: da leuchten uns're Augen, Herr Doktor! –: das war schon damals, 1725, ein Zentrum der Sailor=Welten, eine Wasserstation, neben Kapstadt der letzte Punkt, bevor man ging, nach Ostindien, The White Man's Burden zu holen.

Nachdem man – unter gebührendem Murren des Schiffsvolks – Richtung nirgendhin mitten in den großen Südatlantik gesteuert ist, schallt endlich, vorschriftsmäßig=romantisch der Ruf ›Land ho!‹: genau nach den 27 Tagen der erforderlichen alten Segelschiffahrt! Und das absolut nächste bewohnte Land ist also St. Helena: dies allein entscheidet schon. Denn wenn man Diego Alvarez = Gough Island mit zur Gruppe zählt: dann erfüllt kein anderer Archipel diese Bedingung, außer eben Tristan da Cunha! –

Bei Annäherung an die IF sieht man sie als ›einen ungeheuren aufgethürmten Steinklumpen‹, einen ›Trotzer der Winde und stürmenden Meereswellen‹, ›ringsum von gantz schroffen Felsen umgeben‹. / Tristan da Cunha besteht rundum aus steilen, ein= bis zweitausend Fuß hohen Wänden! Alle, Menschen wie Güter, müssen über Boote verladen werden; denn es gibt keinen Hafen, keine Reede: auf IF nicht, wie auf Tristan da Cunha!

Die Boote nahen sich: an der Nordwestecke der IF, wo man grundsätzlich zu landen pflegt, ergießt sich ein Wasserfall über die Felswand herunter. / Genau wie auf TdC – Sie gestatten die neue Abbreviatur; der klangvolle Name sitzt ja nun unvergeßlich: ›it marks the landing=place‹ heißt es bei Barrow!

Im Roman von der IF kann man ihn abstellen, und durch den also nunmehr trocken gelegten Tunnel ins Inselinnere, ins Gelobte Land, gelangen. / In der Küste TdC's finden sich zahlreiche Höhlen; darunter eine, ›Freshwater=Cave‹, die 100 Meter und mehr ins Innere hineinführt!

Südwestlich von IF liegt, etwa zwei Meilen entfernt, eine weitere Insel, ›Klein=Felsenburg‹, die aber im Umfange höchstens wenige Meilen haben mag. / Das ist – und die Größenordnung der Maße stimmt leidlich – Inaccessible Island. (Wohin Schnabel auch den übermäßig hohen Zentralberg verlegt hat; der ihn auf IF selbst, der Schalenwelt, ja nur gestört hätte; an seiner Stelle ist nur ein Hügelstumpf für die ›Albertsburg‹ geblieben).

Bei einer Fahrt nach diesem – nach Richtungswinkel und Entfernung also genau entsprechenden – ›Klein=Felsenburg‹, und der Besteigung des Peaks, entdeckt man ›ein Stücke Land ... ohngefähr 40 bis 50 Meilen entfernt .... gegen dem Süderpol zu‹. / Das ist das rund 400 km entfernte Diego Alvarez (wobei anzumerken ist, daß 50 schnabelsche Meilen 375 km entsprechen!).

Auf IF liegen im Nordosten mehrere Teiche, wo ringsum Bäche mit vielen Verästelungen ein sumpfiges Delta bilden, das man auch wegen ›der vielen dicken Bäume‹ nicht gut umgehen kann. / Auf TdC liegen in der moorigen Nordostecke die ›three ponds‹, untereinander durch Wasseradern verbunden, ›the sides of which in many places are thick with trees‹ –:

Genügt's, Herr Doktor?

»Naja; es scheint fast ....«

Also noch nicht? – Dann weiter:

Inmitten der IF ein See. / Auf TdC, inmitten der Insel, befindet sich ›the craterlake‹!

Vom Rande der IF=Schale bis zu der in der Mitte liegenden ›Albertsburg‹ ist es ›fast eine Meile‹; d.h. der Durchmesser der IF beträgt rund 10–12 km. / TdC hat 11 km Durchmesser. (Beide Inseln sind nebenbei ›annähernd kreisförmig‹)!

Von einem Tanggürtel ist IF umgeben. / TdC von einem ›belt of seaweed‹, so fest und wellenbrechend, daß ›Boote an ihm für die Nacht festmachen‹ können.

Auf den vorgelagerten Klippen und Sandbänken der IF sieht man Tiere, ›welche halb einem Hunde und halb einem Fische ähnlich sahen‹ (›Seekälber‹ heißen sie später auch wohl). / An den tristanischen Küsten trägt noch heute eine flache Bucht den Namen ›Seal=Bay‹; und man findet dort Seehunde, See= elefanten, und sogar Seeleoparden.

Auf den Inseln wächst wild Wein und Obst: d. h. auf *beiden:* TdC & IF!

– – –: ??

―――――

»Tja. – Es ist doch wohl beinahe so ....« (Und ein ›Hmmmm‹ dran).

Doch. Wohl. Beinahe.

―――――

Aber das wäre bis hierhin noch weiter nichts, als ein Nach= weis – *nur* germanistischen Kenntnissen freilich unerreich= bar! – daß Schnabel seine grandiose Utopie tatsächlich auf TdC lokalisiert hat. (Woher er es wußte?: aus holländischen Ge= sandtschaftsberichten; aus Halley; aus Dampier und Fizeau).

Aber das eigentlich Unheimliche kommt jetzt erst!

»Moment! –: ›Unheimlich‹?: Ich denke, für Sie *gibt* es nichts Unheimliches, Herr Schmidt?!«

Unheimlich, Herr Doktor, ist mir: wenn bei Karl May auf einmal eine hundert Seiten lange Auseinandersetzung mit Friedrich Nietzsche erfolgt. Unheimlich, wenn Barthold Heinrich Brockes seine scheinbar französisch=geregelten Gär= ten systematisch von Menschen entleert, bis nur noch Frösche, Blumen, und Wolkenüberritzebüttel vorkommen. Unheimlich ist, wenn ich im Hannoverschen Staatshandbuch für 1798 auf Seite 58/59 den uralten Schattenriß eines einst=blühenden

Jungmädchens finden muß, und daneben den Geist eines Ahornblattes, das Chlorophyll entwich längst, weh meinem Hämoglobin!

Unheimlich ist, wenn man das folgende Blödsinnige feststellen muß:

Auf TdC lebt man, wie Schnabel es vorgezeichnet hat!

– – – – –

Sein Roman schließt mit dem Jahre 1743; er selbst starb um 1750: man weiß von ihm ungefähr so viel, wie von Shakespeare.

»Das ist aber doch kein Vergleich!« (Und *das* strafend gefaltete Gesicht!)

Es *ist* dieselbe Größenordnung, Herr Doktor! –

Und TdC wurde 1506 ›entdeckt‹; d. h. von dem gleichnamigen Portugiesen gesichtet. 190 Jahre später versuchte der Gouverneur von Kapstadt eine Annexion für Holland; gab jedoch freiwillig auf, da die Küste seinen Kapitänen ein wenig allzu ›iron=bound‹ erschien. Halley maß dort am Erdmagnetismus herum. Dann wieder Stille; nichts als Wellen; viel viel Wind; und das Treiben der schweigsamen ›Mollyhawks‹. Nur ab und zu strich in der Ferne ein Walfischfänger auf seinem Kurs ins Eismeer vorbei; ein Franzose, der Kerguelenland entdecken wollte; an Balken geklammert ein Schiffbrüchiger, à la ›Salas y Gomez‹ (was nebenbei auch einwandfrei von IF gestohlen ist, bis zum ›hundertjähr'gen Greis‹ und den ›Tafeln, die rein in span'scher Zunge sind beschrieben‹: 1828 war die dickbesagte Tieck'sche Redaktion erschienen, 1829, frisch ›angeregt‹, das Gedicht Chamissos).

1812, als England und die blutjungen USA zum zweitenmale Krieg führten, faßte man britischerseits den Felsen fester ins Auge: allzuviele amerikanische ›Privateers‹ benützten ihn als Stützpunkt zur Beunruhigung des Ostindienhandels. Dann kam noch 1815 hinzu: auf dem ›zunächst gelegenen bewohnten Stücke Land‹ wurde ein Mann interniert, den zu bewachen keine Mühe zu groß, kein Aufwand zu teuer schien – also stationierte man auch auf dem ›benachbarten‹ TdC, 3.000 km sind's, ein Bataillon Artillerie; Schotten und Hottentotten, und wie sie alle heißen.

Als der berühmte Fall dann durch Magenkrebs geklärt war, Oh Captain, my Captain, und die Garnison zurückgezogen werden sollte, beschloß ein Corporal aus Kelso (Berwick), William Glass, auf TdC zurückzubleiben. Mit ihm ein paar Kameraden und Farbige (vgl. IF, Geschichte des Don Cyrillo de Valaro: der hatte auch ein paar Indianer bei sich!). Glass wurde langsam ›Der Gouverneur‹ (›Altvater‹ heißt die Charge bei Schnabel); und noch 1910 wußten die Uralten zu berichten, wie er überm Strande, in seinem aus dem Felsen gehauenen Armstuhl zu sitzen, und die allmonatlich fern vorbeistreichenden Schiffe zu verfolgen pflegte, ›with a spy=glass 8 feet long‹.

Und es ist durchaus ein gesundes Klima! Ganz abgesehen vom Verne'schen ›printemps éternel‹, wird schon bei Schnabel der ›Altvater‹ Albertus Julius 102 Jahre alt.

»Das ist viel: five score and two?«

Gewiß, Herr Doktor. Aber eben hier setzt schon das Merkwürdige ein: Thomas Hill Swain, ein Tristanite, stirbt 108jährig – und auch *dann* nur, weil er sich ›beim Holzhacken‹ (sic) verletzt hatte!! Oder der ›Headman and Marriage=Officer‹ Peter William Green wird 94 Jahre alt (wie auf IF der zweite ›Altvater‹): die Natur selbst scheint sich gehorsam nach Schnabels Erfindungen gerichtet zu haben!

Selbstverständlich fehlt es an Frauen: und woher holt man sie organisch?: Von dem nächsten bewohnten Lande, also St. Helena! Das ist auf IF ebenso wie auf TdC. Natürlich sind es zum Teil farbige Gattinnen: auf IF ebenso wie auf TdC!

Sehen Sie sich die ausführlichen zehnseitigen genealogischen Tabellen bei Schnabel an – von den späteren Entwicklungen im 2.500=Seiten=Text ganz zu schweigen –: die 9 Stämme heiraten ständig durcheinander, so daß selbst Gothaer=Spezialisten in Kalamitäten geraten möchten. / Wie heißt es folglich bei Barrow von den Leuten auf TdC?: ›The people have so intermarried, and there are so many of the same name, that it is difficult to distinguish one person from another‹.

Schiffbrüchige kommen an, und bleiben da. Einmal auf IF 5 Männer und Weiber. / 1821 scheitert vor der Küste von Inaccessible die ›Blendon Hall‹: 5 der Besatzung und Passagiere, Männer und Weiber, bleiben für immer auf TdC, wie das Gesetz es befahl!

Viel Strandgut wird an der Küste IF angetrieben; nicht nur Treibholz, sondern auch ›allerley Hausgeräthe‹. / Auf TdC heißt es: ›Many of the people's possessions are from shipwrecks‹, als da sind: Porzellan, Glasgefäße, hübsche weißglasierte Milchkrüge – eben ›Hausgeräthe‹!

Oder: beim alten Schnabel ist eine Art Uniformierung eingeführt: ›Junggesellen vom 10. Jahre an trugen bis zu ihrer Heirat rot; die Männer braun; die Ältesten und Vorsteher, sowie die Priester schwarz.‹ / Aus der Realität Tristans erfahren wir auch den zureichenden Grund hierfür: wenn ein günstiger Schiffbruch, ›Denn Äin sin Dod iss denn Annern sin Brod‹, einen Ballen Stoff angeschwemmt hat, wird der gleichmäßig verteilt – und nächsten Sonntag erscheinen dann alle Inselbewohner in gleicher Ehrentracht: genau nach Vorschrift!

Auf IF kursiert kein Geld; da herrscht der Tauschhandel: die Pfarrer, Lehrer, usw. werden von den Gemeindemitgliedern durch Naturallieferungen unterhalten. / Auf TdC?: der Reverend Graham Barrow predigt und schulmeistert, *und* wird dafür reihherum mit Viktualien beliefert – genau wie 200 Jahre früher der ›Magister Schmeltzer‹, sein Pendant.

(Und wie ausführlich werden die Gottesdienste beschrieben! Ist es nicht etwas ganz Ungewohnt=Aufregendes?! Genau so wie bei uns der neue Film, der Fußball). Wie freut man sich auf beiden Inseln, als endlich ein Geistlicher eintrifft! Wie werden gleich umständlich die Choräle verzeichnet, der Bibeltext angegeben, die Predigtdispositionen: es ist ja *zu* interessant!).

Bis in die absurdesten Kleinigkeiten ist die Parallelität=Identität da: Beim alten Schnabel erzählt der greise David Rawkins mühsam=rüstig vom Lord=Protektor Cromwell, den er in seiner Jugend sah. / Alexander Cotton aus Hull pflegte den Tristaniten zu berichten, wie er einst 3 Jahre lang Napoleon bewachte!

Bei Schnabel werden die Spärlich=Anlegenden am Strande mit Fackeln begrüßt. / ›Most of the people were carrying brands‹ schildert Barrow, wenn die Boote von draußen kommen!

Franz van der Leuwen stürzt sich in den Klippen IF zu Tode. / Mr. Macan will 1904 sich an den Küsten TdC versuchen – und wird zerschmettert aufgefunden!

(Sogar der Namen=Gleichklang ist vom Teufel beibehalten worden: ›Rogers‹ heißen sie heute auf TdC / ›Roberts‹ bei Schnabel: ›Schaudert's Dich?!‹)

»Das nun allerdings nicht. – Aber bitte weiter: Sie scheinen tatsächlich Recht zu haben.«

Tatsächlich, Herr Doktor?: Wie wenn ich den Stoff hätte 25 Jahre lang in meinem Herzen bewegen müssen, um dergleichen Einzelheiten heraus zu popeln?

»Äh: natürlich mit Unterbrechungen!«

Natürlich; ›mit Unterbrechungen‹, Herr Doktor!

Ich demonstriere an diesem einmaligen Fall – ein Goebbels=Wort, ich weiß, Herr Doktor! – wie durch die Identität lediglich der äußeren Situation (›Bewegung der Handelnden im Raum‹; vgl. meine ›Berechnungen I‹) – d.h. Formation der Insel; völlige Abgeschiedenheit, also körperliche und geistige Isolation; Meeresströmungen als oft einzige Verkehrsmittel – *und* Schnabels genial=intuitive Versenkung in solchen Zustand (vgl. meine ›Berechnungen II‹: Längeres Gedankenspiel vom Hochtyp III!) – die Wahrheit, die Realität überrumpelt, getroffen=übertroffen wird!

Denn nicht nur, daß auf IF gute Zwanzig der Neusiedler ungeschminkt ihre Biographien dem lauschenden Ältestenrat, dem für die Entscheidung über Aufnahme verantwortlichen, vortragen – eine öffentliche Beichte, nur der ›Selbsterforschung‹ und ›=bezichtigung‹ der Genossen in den Ostblockstaaten vergleichbar! – und uns so ein unnachahmliches Mosaik der Jahre 1720–30 vorlegen. Der ›guten alten Zeit‹: nicht wie Inquisition und Menschenraub; Ehebruch; Nepotismus; und Mord: also berichten, ein einziger düsterer Chor, die Neuangekommenen, wie sich schon damals Europa in einen Haufen vagabundierender Einzelwesen aufgelöst hatte: Da werden sie in die heilig=nüchterne Utopie aufgenommen: oft muß man gescheitert sein; einen Vorhang aus Stürmen nach dem anderen durchbrochen haben!

Nicht nur, daß wir schon damals die Methoden der weißen ›Kolonialherrschaft‹ hochbedenklich geschildert finden. Nicht nur, daß auf Friedrich ›den Großen‹ et hoc genus omne ein schweflig=lemurisches Licht fällt. Daß uns Priester, ob evangelischer oder katholischer Provenienz, arg verdächtig werden: nein; nicht nur!

Die Entwicklung der ›Republiken‹ IF ist noch viel nachdenklicher!: Da wird man in Europa aufmerksam auf die Glücklichen. Da müssen sie sich bewaffnen. Da werden Frauenregimenter gebildet, rüstige Handgranatenwerferinnen, die auch ›zum Einsatz‹ kommen. Da speien selbst die kleinen Mägdlein jungfräulich=unverzüglich auf den Boden, wenn nur der Name der portugiesischen Angreifer genannt wird: aux armes, Citoyen!: zur Verteidigung unserer sozialen Errungenschaften! – Ich finde keine andere Parallele dafür (und habe, unter uns gesagt, keinen Zweifel an der konsequent=erhabenen Bosheit Schnabels: *der* Mann hat gewußt, was er sagen wollte!!).

»Gehen Sie da nicht doch etwas zu weit?«

Es ist meine Aufgabe als Schriftsteller weit zu gehen, Herr Doktor! Viel weiter als andere Zeitgenossen gehen; oder auch verträumte Kollegen, Burbanks der Worte, mit ihren Züchtungen von stachellosen Kakteen und steinlosen Pflaumen. Vielleicht besitze ich etwas zu viel Phlogiston; aber das ist ja, da es sich bei uns um ausgesprochene Mangelware handelt, immer besser, als das Gegenteil.

»Na, aber seien Sie vorsichtig.«

Keine Angst, Herr Doktor: ich nenne Ihren Namen ja nicht! Aber darf ich noch etwas ……?:

— — — — —

1824 gab Adam Öhlenschläger, der Dänendichter, unter dem Titel ›Oyene i Sydhavet‹ – vergeben Sie mir das Norwegisch; ich hab's auch nur im Kriege gelernt! – seinerseits eine Neubearbeitung der IF heraus; weit kürzer und freier noch als die Tieck'sche. Hatte diese nun Sensation auf der Osthalbkugel unseres Globen gemacht, so tat es die Öhlenschlägersche in der Neuen Welt:

Zweimal hat James Fenimore Cooper den herrlichen Stoff benützt. Einmal in seinen grandios=witzigen, *auch* noch gar nicht gewürdigten ›Monikins‹: alles Themen für Dissertationen. Das zweite Mal, diesmal ganz derb und unverhüllt, in der immer interessanten Variante des ›Marks Reef‹.

(Und – dies nur hinter der Hohlhand: weiter ist die Klammer ja nichts, als der stilisierte Handbogen, hinter dem man Geheimstes flüstert! – auch Edgar Allan Poe …..! Vergleichen Sie die Einzelheiten des ›Gordon Pym‹: den nachgeahmten ältlich=weitschweifigen Titel! Die autobiographische Form. Die geheimnisvollen ›Inseln im Südmeer‹, mit ihren marderflachen weißen Tieren – ›Minions‹ heißen sie beim Schnabel. Die arabesken, hieroglyphisch=verwickelten Schriftzeichen: die dann in einem ›Anhang‹ kurz gedeutet werden! Die Scharen schreiender Vögel; Kannibalismus und Wortzauber.)

»Na, *das* müßte ich aber doch erst mal näher untersuchen!«
Tun Sie das, Herr Doktor!

– – – – –

»Tja und nun? Das Ergebnis? Was sind Ihre Ziele?«
Ja, das Ergebnis. –

Eigentlich wollte ich den Artikel überschreiben: ›Kein Verzicht auf Tristan da Cunha!‹. Das Nationalgefühl wachrütteln: ist doch uralter deutscher Boden, von Deutschen besiedelt (wenn auch nur ›im Geiste‹): die Einwohner richten sich nach einem deutschen Corpus Juris – – –. Aber dann wurde mir doch schwumm'rig: die Verwicklungen! Ein Krieg wegen Schnabel? (Oder gar wegen mir?!: gleich mal geschmeichelt lächeln!).

Aber wie wäre *das:* Müßte man nicht *mir*, der ich diese fremdeste aller Inseln als eine nunmehr hochinteressant=besungene nachwies, eine Siedlerstelle dortselbst vergönnen=zuweisen? Dicht neben der kleinen Funkstation; so twenty acres, und ein Wellblechhüttchen von 50 Quadratmetern? Überfahrt bezahle= pumpe ich selbst: ?!

»Das glaub' ich Ihnen: da unten atomsicher sitzen, was?!«
Das nebenbei, Herr Doktor. – Aber was meinen Sie dazu?
»Fragen Sie den englischen Konsul.«

DER PLATZ, AN DEM ICH SCHREIBE

M e f i s t a , (in männlicher Tracht; Faust präsentierend): ...:
der Herr ist Autor.
S o r b i n , (jung, 15=jährig, in anmutig gebrochenem Deutsch):
Was iest ain ›Au=torr‹?
M e f i s t a , (rasch gefaßt): Ein Autor?: ist Derjenige, dem ›ein
Stock im Petticoat‹ beim Anblick dessen einfällt, wozu ein
Leser zeitlebens ›Schirm‹ sagt.
(Arno Schmidt, FAUST, IV. Teil, Szene 16)

Als ich hier einzog, besaß ich, u. a., auch 2 alte Schreibtisch=Seitenschränkchen – die Platte, die darüber gelegen hatte, war alt, und hatte sowieso nie genau gepaßt; (obwohl sie beste Dienste geleistet hat, wohlgemerkt; und sogar noch leistet; ich habe viel historischen Sinn – »zu viel« wird Mancher murmeln; Der kennt dann nur FOUQUÉ) – und infrage kam nur die 1 Dachstubenecke, die schräge Wand nach Nord, das Giebelfenster nach Ost. Da kam mir – ich will es nur gestehen; es war, als die Maurer auch ›improvisierten‹, und die eingefrorene Pumpe mit Tapetenresten auftauten – der Einfall, ebenso billig wie genial: beim Tischler eine dicke Sperrholzplatte zu bestellen, 2 × 2 Meter; aus der einen Ecke wurde ein Viertelkreis, Radius 1 Meter 20, herausgesägt; und fertig war die allerschönste Schreibfläche; ›Limba‹=bezogen, ein Hölzernes Meer von 3 Quadratmetern!

Denn ich brauche Platz. Nicht für meinen Bauch, (einen Artikel, in dem ich wenig vermag); sondern für Zettelkästen, Mappen, und vor allem die Tisch=Bibliothek, im Viertelkreis um mich aufgestellt, haarscharf=dergestalt, daß ich sie, ungestüm=vorgebeugt, noch erreichen kann – ich hab' lange Arme! Es sind mit nichten immer dieselben 70 Bände. Ich unterscheide da streng 2 Abteilungen: den ›festen‹ Bestand, und den – je nun, ich sage in der Schnelle, ›fließenden‹.

Der ›feste Bestand‹, das sind natürlich die kleineren Nachschlagewerke. Einmal Wörterbücher – ich übersetze (und fleißig, obwohl ich das selbst sage) aus dem Englischen und Amerikanischen, und es sind immerhin schon 20 Bände – ein untersetzter WEBSTER von 1854 (und das ist wieder einmal mehr *keine* Posse: ich besitze speziell diesen Jahrgang, weil ich COOPER=Fachmann bin; und immer noch die Hoffnung hege, daß meine Übersetzung des ›Conanchet‹ doch einmal erscheinen werde; worauf man mich ja, unvermeidlich= begeistert, sogleich mit der ›Littlepage=Trilogie‹ beauftragen würde, wenn nicht gar mit den ›Monikins‹. Und da COOPER 1851 starb, enthält der genannte WEBSTER genau seinen Wortschatz!); der MURET=SANDERS, PARTRIDGE, JUNCKER, undsoweiter undsoweiter. Das, in diesem Zusammenhang zu erwähnende, Buchderbücher freilich – ich meine die ENCYCLOPAEDIA BRITANNICA – steht, mit ihren 16 Dünndruck=Doppelbänden, hinter mir; dazu muß ich leider aufstehen; wer wohnt schon vollkommen? Geschichts= und Hand=Atlanten. Der THESAURUS LOGARITHMORUM mit seinen 10 Dezimalen (›semel in anno licet insanire‹). Der komplette BRÜMMER (einen GOEDEKE oder den neuen KOSCH kann ich mir nicht leisten; und wie ich den FRELS vermisse, mag ich gar nicht sagen!). Neben den beiden Jahrgängen des KÜRSCHNER, 1908 und 24, ein ›Handbuch der Pilzkunde‹ – man lebt nicht ungestraft ›auf dem Lande‹. Literaturgeschichten: für die ältere Zeit bediene ich mich, nach langer Prüfung, kurioserweise des Wolfgang MENZEL; für die neuere des unvermeidlichen SOERGEL; für die neueste – ach, wissen Sie, wenn man selbst das Frou=Frou miterzeugen muß ….. An Konversationslexika sehe ich auf dem Tisch nur den kleinen KNAUR; tcha und dann – ich weiß, es gilt vielerorts als ›unpatriotisch‹ – das 2=bändige DDR= Lexikon. Nicht, daß ich die oft bestialische Vernageltheit seiner Urteile über Kunst teilte; aber die Daten sind vorbildlich genau, und das Material über den ›Ostblock‹ durchaus unverächtlich – ich kann mir nicht helfen; ich laß' es jedenfalls erstmal stehen.

Und nun 1 ausgesprochener Akt der Selbstverleugnung – es ist ein bisher noch viel zu wenig gewürdigtes Kapitel – meine ›Namensquellen‹. Es ist nämlich ›bei Schriftstellers‹, zumal bei deutschen, wo es nach heiliger Tradition pausenlos heißt ›dicht=Er & denk=Er‹!, so, daß man laufend viele Namen benötigt; bald wohlklingende, bald banale. Meist weiß man (bei häufig auftretenden Hauptpersonen, um sie mit *einem* akustisch=fonetischen Zug sich selbst und dem Leser unverwechselbar zu malen; bei Nebenfiguren, um sie rasch und ohne Arbeit, aber dennoch solide, zumindest verantwortbar=ausreichend, zu ›erledigen‹) wieviel Silben der betreffende Name haben muß, um in den Takt des Satzes zu passen; also auch, welche dieser Silben betont sein muß, wer es nicht lassen kann, mag an ›Penultima‹ denken; selbst die Vokalharmonie liegt innerhalb ziemlich enger Grenzen fest. Es wäre schon je 1 Monografie wert, bei jedem Dichter seine Hilfsmittel in dieser Beziehung zu untersuchen; bei FOUQUÉ war es Johannes von MÜLLER. (Bei mir – ich will kommenden Kommenden die Mühe erleichtern – ist es so, daß ich – soll ich die Bosheit besitzen, und hinzufügen ›unter anderem‹? – für *deutsche* Namen das Register des ›Hannoverschen Staatshandbuches für 1839‹ verwende, (es enthält immerhin 80.000 zur Auswahl); für ausländische den ›Regenhardt; Geschäftskalender für den Weltverkehr, 1927‹. Da es nun immer Leute gibt, die es lieben, unnötige Fragen zu stellen, erwidere ich auf deren ›Warum?‹: der REGENHARDT lief mir zu; er kostete nur 50 Pfennig, und erwies sich dann als sehr praktisch; für HANNOVER verweise ich, mit abwehrend gewölbten Brauen, auf mein ›STEINERNES HERZ‹.) –

Der ›fließende‹ Bestand ändert sich, je nach dem Groß=Thema, das zur Zeit gerade ›dran‹ ist. Also wechselt Leopold SCHEFER ab mit HIPPEL; der mit LUCIAN oder KARL MAY; dann steht wieder einmal der ODYSSEUS da (des James JOYCE natürlich; über ›Finnegans Wake‹ weiß ich zu gut Bescheid, seit ich ›Bruder Stanislaus‹ übersetzt habe!). Neulich erschrak Einer, als er Jules VERNE so neben Gustav FRENSSEN sah .....

Allerdings ist es, trotz all der aparten Titel, so, daß ich *ganz* sorgenfrei, ›aus Wolluscht‹, überhaupt nichts mehr lesen kann: immer muß ich ›einen Aufsatz drüber schreiben‹. – (Darauf freue ich mich schon sehr: wenn einmal, irgendwann=einmal, ein Mäzen=oder=so auftauchen wird, der mir ›um=meiner=selbst=willen‹ – es ist schwer; ich weiß wohl; ich selbst würd's auch nicht tun – eine monatliche Rente von, nu, sagen wir, 500 Mark ›auswirft‹; und ich dann – ach, es fallen Einem gleich Ausdrücke wie ›Lebensabend‹ ein, und ›buntgeblümter Schlafrock‹, ›The echoing Green‹, ›Der Schnee tröpfelte emsig vom Dach‹, ›Die Nacht wird kalt, sagte der alte Rudolph, vom Wetterfähnlein kreischt es herunter, die Eichen fangen zu rauschen an, lege mehr Holz an den Heerd, Alwin.‹ – tcha, und jetzt hab'ich natürlich den Faden verloren.)

Aber eines ist endlich – etwas spät freilich; und überhaupt ›wie lange noch?‹ – erreicht: *ich sehe von meinem Schreibtisch aus den Mond aufgehen!*

Was das für mich bedeutet, davon machen sich wenige Menschen einen Begriff. (*Aller*letzten Endes hat es wohl lediglich mit der Sehschärfe zu tun; ich habe, von Kindesbeinen an, so starke ›Minus=Zylinder‹, daß noch jeder Optiker vor rarer Freude aufgejauchzt hat, wenn er meine Brille unter's Meßgerät legte. Ich bin wegen meiner Selenomanie weder ›hyänenhaft feige‹, noch eine ›potentielle Verbrechernatur‹, wie viele meiner Gegner arg gerne möchten – als wenn die Erde nicht groß genug wäre, daß wir Alle darauf Unrecht haben können! Neinein; ich gehöre wirklich nicht ins Irrenhaus; obwohl ich seit meiner Geburt natürlich darin lebe.)

Zugegeben, ich sehe auch die Sonne aufgehen; aber zu dem blutigen Küchenmädchen habe ich nie ›ein Verhältnis‹ gehabt. ›Sonn'naufgang‹? Was heißt'nn das schon?! Einer steht auf–

recht, wie ein Wacholder; drei Wolkendamen liegen, in grauen schicken Mänteln, flach, (der Einen läuft's hinten rot raus, brrr!). Gewiß, sie gibt Licht, und vermindert die Zahlungen an den Stromversorgungsverband Osthannover und die Kohlenhändler; aber damit ist es auch gut. – Wogegen der Mond .....

Wenn ich also, im strapaziödesten Keinerlei des Vokabeljätens, dem Broterwerb, dem cash=as=cash=can, befangen, nach 14 Arbeitsstunden, aufblicke –: dann ist aus dem Wälderkranz eine dunkelgraue Rundum=Borte geworden. Unten läuft eine Katze vorbei, mit einer Zitronenscheibe im Mund; (sie hat Junge, daher diese, völlig verworrenen, Mutterinstinkte; wenn sie einen Hahnenkopf vom Nachbar anbringt, ist dessen abgesägter Suppen=Seitenblick schon erheblich fataler.) Durch die Spreizhand – manchmal ist mir vom vielen Tippen, als wäre sie im Gelenk abgeschnürt – die mir die Brillenlemniskate zurechtrückt (r gleich a mal Wurzel aus cosinus 2 phi; tatsächlich, ich kann's noch auswendig!) blinzt Jupiter als ›Zugabe‹. Wirklich ver=schmidt=ste Stücke sind nicht mehr möglich: aus ehrlicher Erschöpfung. Wer derart lange, unter Nes=Kaffee=Druck, an JOYCE übersetzt hat, oder FAULKNER, oder, noch schwieriger, ›ANGRIA und der Weg dorthin‹ – ja, diesen ›schäbigen Rest‹ von 1 Menschen besieht man sich besser nicht mehr.

Und trotzdem tastet die Hand schon wieder nach dem Zettelkasten – 2 Sorten stecken, notizbereit, darin: DIN A 9 (37,16 mal 52,56) und DIN A 8 (74,33 mal 52,56 Millimeter); und auch das ist wiederum nichts weniger als eine Pedanterie; sondern schlicht eine Frage der Erfahrung: es liegt am Temperament, wie lang die Stichwortreihe ist, deren man zur Notierung eines Eindrucks bedarf; und ein Zettelchen DIN A 8, hinten & vorn mit winziger Spitzschrift in Sigeln bekritzelt (hi! die vielen ›i‹=Zinken!) entspricht immerhin einer Buch=Viertelseite. – Also die Hand tastet. Auch nach einem der 20 sehr lang=scharf geschliffenen Bleistifte (›alte Rasierklingen‹: das ist's!); (und ›Nummer 2‹ wohl; jedenfalls ›weiche‹). Und schreibt:

»... 1 bleiches molkichtes Gesicht durch'n Kronsberg=Wald ...
... flatterndes Volk zog auf marmornem Kreuzweg, stundenlang ...
... Gegen Mitternacht erschien 1 Stück Mond im Himmel. ...«

Aus der Beschaffenheit solcher Neuigkeiten auf den hohen Grad der Unschuld & Einfalt meines pastoralen Wortmetz=Daseins=hier zu schließen, wäre jedoch voreilig. Unser Schicksal heißt Turbulenz; heißt ›kompliziert leben‹; (und das, im Bewußtsein jedes gebildeten Lesers prompt erscheinende, ›Einfach=leben‹ ist nur eine wehmütig=unrealistische Formel, über die man schon im späten Rom resigniert gelächelt haben dürfte.) Nach meinem Arbeitsplatz fragen Sie mich? Was ich will? Was ich bin?

: Warten Sie, bis ich *nicht* mehr bin.

DIE GESCHICHTE VOM RIESEN JERMAK.

I

Gern tut Mütterchen KLIO den schon arg stift=zahnigen Mund auf, räuspert sich vielsprachig, und singt uns ›vom Helden‹: vom antiken ›KING ALISAUNDER‹ und seinen 12 Jahren, (in Wahrheit einer der boshaftest=größenwahnsinnigen Erdflöhe von ausgesprochenem Hitler=Typ); vom großen Fernando CORTEZ, (der am größten im Plündern und fanatischen Metzgen war); oder wie die zahllosen europäischen Thronsitzer, wenn sie gar nichts anderes mehr zu tun wußten, sich gegenseitig=untereinander ›eroberten‹.

Trotzdem besaß, so ums Jahr 1700, die ›Weiße Rasse‹ unleugbar sämtliche Voraussetzungen zur Führung auf diesem Planeten: optimale Bevölkerungsdichte (nicht zu verwechseln mit ›maximal‹; das ist das, was wir in Deutschland seit 50 Jahren ständig überschreiten); die entwickeltsten Industrien; alle nötigen Flotten & Waffen – und vor allem eben: die Erde war noch relativ leer. Das bekannte ›Minimum an Weisheit‹ hätte nun etwa erfordert, daß man sich, im Norden wie im Süden, je in 35 Grad Breite, eine rote Linie um den Globus gezogen, und vereint dekretiert hätte:

Dies sind die Klima=Zonen, wo Europäer wohnen & arbeiten, d. h. geistig und körperlich schaffen können; diese beiden Kalotten sind, unter Hintansetzung aller nationalen und religiösen Stänkereien, nach Kräften zu besiedeln!

Statt dessen erfolgte das, späteren Generationen vermutlich immer=unglaubwürdige Schauspiel, wie Europa den Erdball vertändelte. England raubte Indien aus; mit dem Ergebnis, daß es heute sehr selbstständig ist, und die Weißen behutsam verabscheut. Australien, groß wie Europa, klein wie Berlin, wurde systematisch vernachlässigt, und ein Kind kann sich an den kurzen Fingern ausrechnen, wann es ›Asien‹ in die Hände fallen muß – sehr richtig übrigens; die weißen ›Peers‹ haben ihre Unfähigkeit sattsam=sekulär dargetan. Afrika?: man kann sich schwerlich unkluger benehmen, als die Kolonisatoren es taten. Die Folge ist, daß es binnen kürzester Zeit nun wirklich ein ›Schwarzer Erdteil‹ sein wird; (und selbst dazu reicht unsere Beschränktheit nicht aus, nach Kräften zu befördern, daß es nun wenigstens zur Hälfte ein ›Brauner‹ werde; also die, uns kulturell doch überraschend ›verwandten‹, Araber zu unterstützen.) Dabei schadeten die genannten ›Verlorenen Kontinente‹ so viel noch nicht; denn was sollten wir, wir aus ›Worpswede‹ oder vom ›Lake District‹, in den Tropen?

Aber im Jahre 1805 bereits schrieb der große Historiker Johannes von MÜLLER:

»*Die Rolle Europens ist aus. Das Edelste wird über den Ozean und nach Asien gerettet werden, und dort, modificirt, keimen.*«

Denn daß Europa machtmäßig, sittlich und kulturell abgewirtschaftet hat, ist schlicht eine Binsenwahrheit, über die sich & uns nur noch Unwissende oder Betrüger zu täuschen suchen; allerdings mit solchem Erfolg, daß es der Mehrzahl der Ohren, und nicht nur meiner Landsleute, immer noch ketzerisch, lästerlich, ja, womöglich ›verbrecherisch‹ klingt, wenn man die VEREINIGTEN STAATEN & RUSSLAND als die beiden letzten Hoffnungen unserer Rasse bezeichnet.

Denn dort ist tatsächlich noch einmal alles Erforderliche beisammen: das ›weiße‹ Klima; ein gesundes Unter=Optimum an Menschenmaterial; weiteste Räume voll entzückendster Bodenschätzchen; in beiden Bereichen beginnen eindrucksvollste Kulturen zu entstehen – nur ein Narr oder ein Böswilliger kann ja behaupten, daß, was etwa die Kunst der Literatur anbelangt, Namen wie TURGENJEW, DOSTOJEWSKI, TOLSTOJ, GORKI, BRECHT nicht auch eine ausgesprochene Modell=Serie europäischer Literatur bildeten. Das ›IGOR-LIED‹ ist von dem der ›NIBELUNGEN‹ so verschieden nicht; auch die ›KORSSUNSCHEN‹ PFORTEN halten den

Vergleich mit Ghiberti oder Peter Vischer aus; was bedarfs noch der Erwähnung von MUSIK, SCHACHSPIEL oder WELTRAUMFAHRT? (Die entsprechenden US=Namen zähle ich nicht erst auf; sie sind uns, zum Teil unnötig, geläufig.) Und wenn bei uns noch einmal eine letzte Groß=Gestalt erscheint, wie etwa JAMES JOYCE; dann verfehlen wir gewiß nicht, unsere faulfleckige Welkheit dadurch zu belegen, daß wir ihm im Leben möglichst das Brot, im Tode den Stein, versagen.

Die ›Weiße Tragödie‹ ist einzig die, daß eben diese letzten beiden ›Säulen‹, diese ›Hoffnungen‹ unserer Zivilisation und Denkweise, einander als Todfeinde betrachten – und Deutschland anscheinend wieder einmal nichts pikanteres kennt, als die Rolle des Steines zu spielen, über den die Weiße Rasse mehrfach gestolpert ist. Dieses Europa=Deutschland gleicht einem 60=jährigen, unklugen alten Weib; das sich die Haare burgunderrot färbt, die verschrumpelten Schenkel weit nach Westen hin auftut, und mit sich überschlagender Stimme beteuert, daß die Zukunft ihm gehöre! (Und die Amerikaner lachen heimlich; und die Russen werden wütend. Und die Farbigen halten sich die Nasen zu.)

2

Wie das eine dieser mächtigen Kraftreservoire gewonnen wurde, das ist ja, ausgiebig & mehrfach, besungen. – Wie da die MAYFLOWER bei Plymouth landete, und die Pilgrim Father's ausstiegen, und das große ›Westward Ho!‹ begann; wie der ›Leatherstocking‹, und am liebsten mutterseelenallein, durch beneluxgroße Kalt=Urwälder spazierte; oder der Mormonen=Trek bis nach Utah büffelte; und in IRVING's ›Astoria‹ geht's ins eisigste Canada hinein. Sie stehen Alle auf unseren Bücherborden, die Sinclair Lewis und Hemingway, die Faulkners und Steinbecks, (ganz Fortgeschrittene nicken sogar schon beim Namen Gertrude Stein), und Edgar POE ist so bekannt, daß man ihn kaum noch liest, (obwohl er der Beste all der Genannten ist.) Also darüber wissen wir einigen Bescheid, über diesen ›Mittelwesten‹, den ›Sumpf‹ der Schlachthöfe, und die ›Levee‹ von New Orleans.

Die ›andere Seite‹ allerdings ist unermeßlich unpopulär; ja, es scheint ausgesprochen un=deutsch zu sein, wenn Einer weiß, daß ›Lessing aus Kamenz‹ eigentlich von einem ›Leschnigk‹ – slawisch ›Förster‹, ›Hegemeister‹ – aus ›Kammenetz‹ stammen muß, einem Ort, der schon im Namen seinen steinigen Boden anzeigt. Oder daß Sterne der 1. Größenklasse an unserem Literaturhimmel ihrerzeit so wenig ›russenfeindlich‹ eingestellt waren, um ganz simpel solche Töne anzustimmen:

»Tochter, ich flieh nicht die Arbeit,
fliehe nicht die Beerensträucher,
fliehe nicht der Esthen Lande –
: *Vor dem bösen Deutschen flieh' ich,*
vor dem schrecklich bösen Herrn!«

Wissen darf man bei uns, daß ›SIBIRIEN‹ ein dem Teufel wohlgefälliges Gemisch aus Verbrecherkolonie & Eishölle ist – wer hier, ohne sich auf eine Widerlegung einzulassen, schlicht ›Paramatta & Gluthölle‹ murmelte, wäre, er hätte nicht einmal die Wahl, Neutralist & ›potentieller Landesverräter‹ – nach Herzenslust singen & sagen darf man vom ›Großen Weißen Vater‹ im Kapitol zu Washington, und von der Erschließung des Westens: ›PIONEERS, OH PIONEERS!‹.
: aber vom ›RIESEN JERMAK‹? .....

3

2 Kaufleute und 1 landflüchtiger Räuberhauptmann von der Wolga wagten es, Sibirien zu erobern – ›ohne Befehl‹; dennoch im Namen Iwan Grosny's, des ›Gestrengen‹. (Ich muß der deutschen Übersetzung KARAMSIN's folgen – ich kann, in-

folge einer als einseitig=westlich zu beanstandenden Erziehung leider nicht Russisch; immerhin: ›selig der Mann, der seine Lücken als solche erkennt‹!).

Längst, seit dem Jahre Tausend plus x, hatten unternehmende Pelzhändler aus Nowgorod das endlose Land (›Ein Sechstel der Erde‹) jenseits des alten Riphäischen oder Gürtel=Gebirges, des Ural, kennen gelernt; dorthin trugen sie, erst durch Mienen=Zeichen=Gebärden, dann durch mühsam herangebildete Dolmetscher unterstützt, Sprache & Sitten des Zarenvolkes. Faktoreien folgten nach. An der Spitze dieses Osthandels standen nach 1500 die Mitglieder der ›königlichen‹ Kaufmannsfamilie STROGANOW, der ›Gehobelten‹ – der Ahnherr der Familie, einst von erbitterten Mongolen gefangen genommen, war von ihnen zu Tode gehobelt worden; daher der Name, den sie furchtlos annahmen; (es gehört einiges zu solcher Mentalität; die Meisten von uns würden dergleichen vermutlich ›verdrängen‹, verkapseln, vergessen.)

Zar Iwan ließ 2 Brüder dieser Familie, Jakob und Gregor, zu sich kommen; beriet; und erteilte ihnen dann Schenkbriefe über weiteste Gebiete. Erlaubte ihnen, Block=Forts anzulegen, auf eigene Kosten Krieger & Geschütz zu halten, zu verhören und zu richten. Ergo machten die Stroganows ihr Baargeld ›flüssig‹; mieteten sich fleißige Bauern und Zimmerleute; aber auch die entsprechenden Don'schen Landsknechte: so skrupellos (bzw. ›klug‹) waren sie, daß sie, unter anderen, auch 2 in absentia zum Tode verurteilte Hetmane an sich zu ziehen wußten, Iwan Kolzo, und vor allem ihn, den mächtigsten & verwegensten: den ›Riesen‹ Jermak.

Sie schickten ihm Geschenke, und schrieben einen freundlichen Brief; sie redeten ihm zu, das eines kristlichen Kriegers unwürdige Räuberhandwerk aufzugeben, und brave Soldaten des Weißen Zaren zu werden; sie schrieben:

»*Wir haben Festungen und Ländereien; wir haben keine Mannschaft. Kommt! Und helft uns, Groß=Perm zu schützen, und die östliche Grenze der Kristenheit.*«

Sie kamen; 840 Krieger unter Anführung Jermak's (»unbekannten Geschlechts; aber von vornehmem Gemüth«), er strebte nach Ehre, die Meisten nach Beute – bereits auf dem Hinmarsch schlugen sie am 22. Juli 1581 den heidnischen Mursa Beguli, der ihnen den Weg verlegen wollte, aufs Haupt, und nahmen ihn gefangen. Dann zogen sie aus, in die Richtungen, die ihnen die Stroganow's, eine nach der andern, anwiesen.

Vier Tage lang schifften sie die reißende Tschussowaja hinauf, bis zur ural'schen Kette, unter den Schatten überhängender Felsen hin; und zwei Tage längs der Sserebränaja, was sie an den sogenannten ›Sibirischen Weg‹ brachte. Sie hielten an, und erbauten eine Erdbefestigung. Sie sahen nur Wüsten und wenige Einwohner, wie zu Zeiten Herodots. Allmählich sammelten sich Tataren, bis ihrer Zehn=Tausend waren: Jermak griff sie an, und schlug sie. Sie sammelten sich erneut: Jermak schlug sie erneut. In der dritten Schlacht am Irtysch, am 23. Oktober 1581, hatte er nur noch 500 Mann, Kosacken, Lithauer und einige=wenige Deutsche (!) – er siegte wiederum; obwohl 107 seiner Leute fielen: noch heute wird für sie in der Domkirche von Tobolsk am Jahrestage jener Schlacht gebetet. (Jermak hielt seine Leute aber auch, wie die Chronisten einhellig zu rühmen wissen, in musterhafter Ordnung; weder Unsittlichkeit noch Ungehorsam wurden geduldet.)

Im nächsten Jahre fuhr er den Irtysch abwärts; die seltenen Anwohner schwuren, ihm den – notfalls bluttriefenden – Säbel küssend, Rußland den Untertaneneid. In einem Hain stand das berühmte Bild des Götzen RATSCHA, den man um Rettung vor den furchtbaren Eroberern flehend umtanzte: Jermak nahte sich *unter Donner*, und die Priester flohen in das zobelige Dunkel ihrer Wälder. Schon war er bis an den Ob gekommen, dessen Mittellauf zwar schon den alten Nowgorodern geläufig war, dessen Ursprung und Ende jedoch sich im Unbekannten verloren – hier wollte auch Jermak nicht weiter; denn er sah vor sich nichts mehr als kalte Ödeneien, wo selbst im Sommer die Moosrinde der Sümpfe von den glühenden Strahlen der Sonne kaum erwärmt wurde (›Dawýdow=Projekt‹!), und wo sich, in den mückenwimmelnden, mit Mammutknochen übersäten Morästen, den Augen das Bild eines rechten Welt=Endes darbot. Mit kriegerischer Musik schiffte man auf dem mächtigen Strome wieder zurück; stets stieg man in Feierkleidern ans Land, um durch Pracht die einwohnenden Nomaden in Staunen zu versetzen.

Nunmehr, nach einigen großen Zügen zurückgekehrt, setzten Jermak und die Stroganows zusammen einen Bericht an den Zaren auf: wie seine armen und geächteten Kosacken dem Tode hundertfach entgegengegangen wären, und im Namen Krist & des Zaren ein mächtiges Reich mit Mütterchen Rußland vereinigt hätten, solange es GOtt gefallen werde, die Welt stehen zu lassen. Auch daß sie Befehle und Statthalter von ihm erwarteten, denen sie die sibirische Zarschaft übergeben könnten. Mit solchem Schreiben wagte sich der zweite im Kriegsrange, Iwan Kolzo, nach Moskau: der einst verrufene Verbrecher, nunmehr sein schuldig=stolzes Haupt vor der Majestät beugend, ward mit Gnaden empfangen, und, unter dem Geläut aller Glocken, mit dem Namen eines ›Tapferen Kriegers‹ geehrt. Den Kosacken ewige Vergessenheit ihrer alten Vergehungen angekündigt; auch Jermak ein ›Fürst von Sibirien‹ genannt. (Leider wurde Kolzo, gleich nach seiner Rückkehr, das Opfer eines tatarischen Verrates; alle Einwohner im Süden empörten sich, und nur unter Aufgebot aller Kräfte gelang es Jermak, jene Halb=Mohammedaner wieder leidlich zu befrieden – ›Janym, janym, bisch Kosack, bisch Kosack‹ summt wohl heut noch der Russe an der Mündung des Ischim.)

Rastlos sorgte Jermak für sein Land: geleitete Handelskarawanen durch Steppen & Wüsten; unterwarf Ortschaften; wies gefährliche Geschenke an Gold & Jungfrauen zurück. Alt & müde geworden lag er im Zelt, dort wo der Wagai in den Irtysch mündet, mitten in Feindes Land; Regen goß in Strömen, Wind & Fluß rauschten, die Wachen schliefen ein. Kundschafter des Turkvolkes gegenüber machten eine Furt ausfindig, schlichen sich an, und nahmen erst einmal den schnarchenden Posten die Gewehre samt den Patronentaschen – »Kutschiums, des Sultans, Herz fing an zu spielen!«, wie es in der alten Chronik heißt; er überfiel die wie betäubten Russen in der Nacht zum 5. August, und ermordete sie samt & sonders, bis auf 2, die fliehen konnten.

Jermak selbst erwachte vom Klirren der Schwerter und dem Geächze der rundum Sterbenden. Er sprang auf; sah das Verderben, und schlug mit 1 Säbelhiebe alle Angreifer zurück – dann warf er sich, mit zwei Harnischen beschwert, (Ehrengeschenken des Zaren, einer aus Eisen, der andre aus Silber), in den Irtysch. Das Boot, auf das er zuschwamm, erreichte er nicht; mitten im reißenden Strom ertrank er.

Am 13. August 1584 entstand Geschrei & Gelächter auf der Flußscheibe, unweit des Dörfchens Jepantschinskje: Janisch der Tatar, Enkel eines der dortigen lokalen Westentaschen=›Fürsten‹, erblickte beim Fischfang die Füße eines Menschen im Flusse! An einer Schlinge zog er den Toten aus dem Wasser –: erkannte ihn sogleich an dem herrlichen Panzer, mit dem goldenen Zarenadler auf der Brust; ruderte singend ans Ufer, und rief sämtliche Einwohner des Dorfes zusammen, den entseelten Riesen zu sehen.

Die Tataren versammelten das Volk aller umliegenden Landschaften, um an dem Toten Rache für das durch ihn vergossene Tatarenblut zu nehmen. Sie legten den Leichnam 8 Tage lang auf ein Gerüst, und jeder Vorübergehende schoß 1 Pfeil auf ihn ab; selbst Ostjäken und Wogulen fanden sich von weither ein, um ihr Mütchen zu kühlen. Das währte 6 Wochen hindurch; Raubvögel flogen längst um den Leichnam herum, aber keiner wagte ihn zu berühren. Durch Traumerscheinungen beunruhigt, übergaben die Tataren endlich ihren Todfeind der Erde, unter einer schattenden Fichte; 30 Ochsen und 10 Hämmel wurden beim ›WAKE‹ verzehrt; in Waffen und Kleider des Helden teilten sich die Vornehmen der Mursen.

An den Ufern des Irtysch aber lebte der Name des Helden in Liedern, in mündlichen Überlieferungen, in Benennungen von Lokalitäten; auch die ärmste Hütte noch sah Karamsin mit dem Bilde des großen Hetman=Fürsten geschmückt.

So endete der Mann, mit dem die Geschichte Sibiriens beginnt – die 1 der 2 uns noch verbliebenen Hoffnungen der Weißen Rasse.

*   *
*

Kombinat Schwarze Pumpe   Moni Raditsch (cand.phil.)
den 26.6.66

Sehr geehrter Herr!
Ich habe Ihre, nicht uninteressante Compilation, betreffend den ›Riesen Jermak‹ (in der ›ANDEREN ZEITUNG‹), mit einem bestimmten Nutzen gelesen; und möchte Ihnen einen (Ihnen anscheinend unbekannt gebliebenen) Hinweis nicht vorenthalten – ist es doch eines der Verhängnisse allen Forschens, daß 1 Menschenleben eben nicht ausreicht, um alle Verbindungen, selbst des eignen Spezialfaches, zu anderen Wissensgebieten fruchtbar zu erkennen. –

Es wird Ihnen zweifellos bekannt sein, daß die ›DEUTSCHEN VOLKSBÜCHER‹, späterhin & oftmals Neu=Bearbeitungen, und zwar von Größten Meistern erfahren haben – ich nenne hier nur ›FAUST‹; CHAMISSO's und TIECK's ›FORTUNAT‹ usw. – und eben auch JUSTINUS KERNER's (über den ich zur Zeit eine Examensarbeit vorbereite) ›KÖNIG EGINHARD‹; (am leichtesten zugängig über HEIZ=RITTER oder W. HEISE).

Dies Volksbuch nun besteht aus 2, von einem selbst mir noch nicht ganz eindeutig bekannten letzten Sub=Verfasser, recht oberflächlich miteinander verlöteten Schichten, die auch einwandfrei zu 2 verschiedenen Zeiten entstanden sein müssen. Die erste Hälfte hat, wie ich bereits erwähnte, KERNER zu einem seiner bizarren (scurrilen?) ›Schattenspiele‹ gestaltet; wo Kaiser Karl (der Große) & die Seinen, in schon völlig humoristischer Auffassung, (was einmal mehr Rückschlüsse auf die politische & soziale Einstellung des Autors erlaubt), unter verballhornender Verwendung der bekannten EGINHARD : EMMA=Fabel auftreten. Und eben einen zweiten Teil, der ›Riesen=Kämpfe‹ im Gebiet der CSR schildert – etwa wie unsre Jungen Pioniere heute die Namen eines Juri Wlassow, Leon Schaputinskij, Boris Schakhlin, Ljebussowa, Protopopoff, Seyffert (Karl Marx Stadt), und anderer Ostblock=Riesen & =Riesinnen verehrend nennen. Ich zitiere kurz, um einen Begriff zu geben –:

›Zuvor habt Ihr verstanden, daß der Riesenkönig Butsko auf immer & ewig verzichtet habe, mit den Böhmen Streit anzufangen – aber dieser Handel gefiel einem anderen Riesen nicht wohl. Dieser war Fürst in der Inneren Tatarei, und so stark, daß er auf einmal 2 Mühlsteine tragen, und jeden 16 Schritte vor sich hinwerfen konnte. Dieser Riese war auch so groß & stark, daß ihm in seinem Nacken alle Wochen 3 Pfund Haare wuchsen, und alle Monate konnte man ihm 30 Pfund von seinem Haupte abschneiden.‹ (= volkstümliche Metapher für virile Kräfte.) ›Zu 1=einzigen Schuh brauchte er fast eine halbe Thierhaut, und schlug alle Streiche Roß & Mann übern Haufen. Als er einsmals mit dem Mohrenländischen König gestritten‹ – (MURAD III.? / Ich möchte betonen, daß ich mich dadurch nicht filologisch=verbindlich festzulegen gedenke.) – ›hat er allein so viel Leute erschlagen, daß, wenn man von einem jeden Toten nur 1 Knopf von dem Rocke abgeschnitten, eine solche Menge gewesen, daß man davon 400 Metzen‹ (nicht ›Öffentliche Dirnen‹, wohl aber die alte, überaus schwankende Maßeinheit) ›anfüllen können. Er hat Jedem nur 1 Handvoll Haar ausgerauft, und so viel zusammengebracht, daß man den Haufen nicht in einer Stunde umreiten können; als er solchen Haufen angezündet, hat der ganzer 8 Stunden im Feuer gebrannt, wie eine große Stadt brennen mag.‹

Die Sage führt ihn dann vor Praha; und die dortigen Bewohner verkriechen sich vor Schrecken; ›denn die vorigen Riesen waren gegen Diesen nur Kinder. Er konnte von wegen seiner großen Länge nicht durch das Thor eingehen; sondern stieg über die Stadtmauer, und alldorten stieß er mit seiner Stange‹ – (deren Länge mit großer Genauigkeit bestimmt zu haben, ich mir nebenbeibemerkt schmeichle) – ›an einen Thurn, auf welchem ein Trompeter‹ (künftig abgekürzt ›Tr‹) ›wohnte, der den Tag anblasen mußte: mit demselben Tr redete er zum Fenster hinein, und sagte ihm, wo er nicht von seinen Händen sterben wollte, solle er dem König auf dem Ratschin seine Gegenwart vermelden, und daß der kommen möge, sich in einen ritterlichen Kampf mit ihm einzulassen. Wie heißest Du, sprach der Tr, und woher bist Du?; ich habe vorher wohl auch Riesen gesehen, aber so groß lang & stark ist Keiner gewesen, als Du. Já=a, sagte der Riese; es ist auch kein größerer noch stärkerer in der Welt: darum will ich Euern König tödten, und Euch, sampt dem ganzen Lande mir unterthan machen.‹ (Dialektisch anfechtbar, ist eine gewisse innere Logik zweifellos doch vorhanden.) ›Über diese Rede erschrak der Tr, und bat, daß er ihm nichts thäte … nur fragte er um seinen Namen, Landschaft & Geschlecht.‹ Ab nun bitte ich um Ihre besondere Aufmerksamkeit; denn:

›Ich bin, antwortete der Riese, der Fürst aus der Inneren Tatarei; mein Name ist *Scharmack*; und mich wundert, daß man hier nichts von mir weiß, da mich doch sonst die ganze Welt kennt & fürchtet.‹ / Ich möchte Ihre, sicherlich kostbare, Zeit nicht über Gebühr in Anspruch nehmen – liegen doch Ihre Interessen, wie ich aus dem ›Schriftstellerlexikon der Deutschen Demokratischen Republik‹ entnommen habe, größtenteils auf anderen Gebieten – dennoch kann ich mich nicht entbrechen, wenigstens einige der bildhaftesten Züge her zu setzen: ›Seine Handschuhe waren so groß, daß in einen ein ganzes Spiel Kegel & Kugeln eingingen‹; ›der Ring, den er am kleinen Finger trug, war 40 Pfund schwer‹; sein Taschenmesser ›dreimal so groß als ein Henkersschwert‹; und ›der Riese führte damit solche Luftstreiche, daß es gleich Orgelpfeifen in den Lüften schallte‹; ›sein Bette bestand aus 200 Fuder Laub & Heu‹; und ›er schnarchte gewaltig ... so oft er den Odem von sich ließ, fuhr das Eichenlaub in der ganzen Gegend herum‹. (Einen, im weiteren Verlauf der Relation auftretenden ›Riesen Millimoth‹ – ›dessen Augenbrauen hatten so viel Haar, daß man damit 12 Sessel auf dem Hradschin hat ausstopfen können‹ – sowie dessen etwaigen lit. Anschluß an ›Melmoth the Wanderer‹, behalte ich mir hiermit ausdrücklich vor.) Jedenfalls heißt es weiterhin im Volksbuche, daß sich ›Scharmack taufen ließ, auch im Lande Oberhauptmann wurde, und gar christlich lebte ...: so lange Scharmack da war, durfte kein äußerer Feind das Land anfallen.‹: völlige Übereinstimmung also.

Vielleicht schon zu viel. Ich habe selbstverständlich NIKOLAJ MICHAILOWITSCH KARAMSIN im Original nachgeschlagen, und dadurch die Datierung jener zweiten Hälfte des Volksbuches gesichert – daß ich auf Ihren Namen in meiner Arbeit stichworthaft hinweisen werde, versteht sich von selbst.

Ich erlaube mir, Ihnen die letzte Große Rede unseres Staatspräsidenten & ersten Sekretärs des ZK der SED, auch Vorsitzender des Staatsrates der DDR zur weiteren Information beizulegen; und verbleibe inzwischen,

hochachtungsvoll
(Moni Raditsch)

* *
*

Nachschrift des Verfassers: Ich habe inzwischen – (es int'ressiert mich *schon*) – den ›KÖNIG EGINHARD‹ nachgelesen; (allerdings nur in SIMROCK's Reihe, Bd. VII; 's genügt mir). Die Junge Dame (cunt feel) hat zweifellos Recht: es liegt damit der gar nich unspannende Fall vor, daß man der Genesis (viel zu edles Wort) eines unsrer, (im allgemeinen weit überschätzten) ›Volksbücher‹ ein bißchen nachgehen kann. Es muß also um, bzw kurz nach 1600, noch Autoren=Typen gegeben haben, die das, ziemlich unverdaulich gewordene Zeugs, bauchrednerisch, ›im Volkston‹, vorzuschuhen verstanden. Oder, noch korrekter: solange's Volk gibt, wird (& muß) es selbstredend ooch ›Volksschriftsteller‹ geben; und zwar gar nicht etwa schnellfingrije Bösewichte, die die armen Hämmel zu scheeren gesonnen sind; sondern die, ohne sich deswegen etwelche Mühe geben zu brauchen, einfach genau so – tja, darf man noch ›denken‹ sagen? – wie das Volk. / Die Geschichte vom ›JERMAK‹ ist übrijens mehrfach, auf verschiedenen lit. Niveaus, bearbeitet worden: PLAWILSCHTSCHIKOFF schrieb, (ebenso wie CHONJÄKOFF) darob ein Trauerspiel; ja, auch der Deutsche MÜLLER ließ (Berlin 1843, 2 Bde.) den Roman ›JERMAK & seine Genossen, oder die Eroberung Sibiriens‹ erscheinen. / Was die, in Gebelaune, beigefügte Rede angeht, so bin ich seitdem anscheind an irgendeinen ›Verteiler‹ angeschlossen – ich habe aufs grotewohl hineingeschaut; mit dem Ergebnis: daß, wenn man sich die betreffenden Sächelchen links aufstapelte, und rechts die unsrer ›Großen Parteien‹ (wie sie etwa anläßlich der diversen, immer überflüssiger werdenden Wahlkampagnen erscheinen), der Große Preis der Vernageltheit überaus schwer zu verleihen wäre. Ich beantrage deshalb, den Druck all dieses, hüben wie drüben wohl meist staatlich subventionierten (dh von unsern Steuergeldern gedruckten) Tinnefs, doch endlich einzustellen: ›wählen‹ geh ich so wie so nich mehr.

›SIND WIR NOCH
EIN VOLK DER DICHTER & DENKER?‹

I

»Es hat Einigen beliebt, mich als *deutschen* Künstler hinzustellen: ich protestiere feierlichst gegen diese Lüge! Was ich geworden, habe ich zunächst den modernen Franzosen von 48, dem alten & dem jungen Italien, und dann mir selbst zu verdanken – den Deutschen bleibt das Verdienst, mich zeitlebens angefeindet, und immer schlecht bezahlt zu haben« – das hat Anselm Feuerbach gesagt; auch ein großer Mann. Denn es dürfte ja schwer fallen, in so gedrängter Kürze jemals wieder so viel Ungenügendes & Verkehrtes anzutreffen, wie in dem Wort vom ›Volk der Dichter & Denker‹; Größenwahn, brusthoch, kommt angekrochen, Pfote in Pfote mit der Unwissenheit: wäre es z. B. doch sehr möglich, daß die *englische* Literatur, als Ganzes wie im Einzelnen, *mehr* Gewicht haben könnte, als die deutsche; ein Punkt, der so ausgemacht noch nicht ist, als daß er nicht noch einige Untersuchungen vertrüge. Imgrunde handelt es sich lediglich um 1 von den Floskeln, mit denen gewiegte Wahlredner die Ohren der Leute kitzeln, auf daß sie ihm ihre Stimmen geben, (worauf er ihnen dann anschließend wieder, im selben Stil, ›politische Reife‹ bescheinigt) – ich will mich heut & hier der schärfsten Kriegspfad=Ausdrückungen enthalten; aber wenigstens *einmal* soll es ausgesprochen werden, daß ein Satz durchaus auch deswegen richtig sein könnte, *weil* ›Das Volk‹ Ärgernis daran nimmt. Rücke ich also ganz simpel die Tatbestände etwas zurecht, und bitte den Hörer nur, to turn it over in what he is pleased to call his mind. –

Da sei zunächst, es ist am leichtesten, die schmeichelhafte Gleichung zwischen ›Volk & *Denker*‹ aufgelöst: daß die ›Kritik der Reinen Vernunft‹ bei uns so populär wäre wie Karl May, das soll man dem Juden Apella erzählen; und auch die jeweiligen deutschen Regierungen haben weder Schopenhauer noch

Freud sogleich nach dem Erscheinen ihrer Hauptwerke einen lebenslänglichen Freitisch im Prytaneion ausgeworfen. Wohl aber sind mir zahlreiche Fälle bekannt, daß mit GOttes & einiger Richter Hülfe Widerrufe erzwungen, Schierlingsbecher serviert, bzw. Scheiterhaufen errichtet wurden; (aber ich will gerecht sein: zuweilen wurde dem Betreffenden, aus sonderbarer Gnade, ein Pulversäckchen um den Hals gehenkt). Zugegeben, es mag für Gläubige ebenso unheimlich wie unverständlich sein, daß notorisch große Denker die jeweils im Schwange gehende Staatsreligion immer ziemlich cavalièrement traktiert haben; und eine Wendung wie »je mehr Zeit ein Volk auf seine Religionsübungen verwendet, desto verkommener ist es« wirkt ja auch – obwohl sehrsehr nachdenklicher Aspekte fähig! – einigermaßen blasenziehend. Immerhin besteht in solchen pikanten Ausdrücken ›die Philosophie‹ noch längst nicht; dergleichen ist nur das energische Ausräumen von Denkverboten, ›Sprachregelungen‹ & Tabuisierungen, (mit denen interessierte Kreise bewirken wollen, daß das Volk ja nicht auch mal auf die Wahrheit reinfalle).

In Wirklichkeit handelt es sich bei der Philosophie ebenso wie bei der Hochliteratur um sehr komplizierte Spezialgebiete, die nicht nur große Begabung erfordern, sondern vor allem lebenslängliche Schulung, Fleiß & Selbstdisziplinierung; und deren Schwierigkeit nur dadurch dem Volke nicht sichtbar wird, weil es sich im alltäglichsten Umgang mit sich selbst genau der gleichen Zeichen bedient, nämlich der Buchstaben. Die unerwartet hohen Taschenbuchauflagen von Freud's ›Traumdeutung‹ oder ›Der Witz‹ haben nämlich ihren Grund nicht darin, daß neuerdings die literarischen Feinschmecker und subtilen Denker plötzlich zu Hunderttausenden mitten unter uns wären; sondern beruhen schlicht darauf: daß das eine buchstäblich als Witz=Sammlung verbraucht wird; während man aus dem andern erfahren möchte, ob der brünette Herr, der Einem zwischen Uhlenflucht & Hahnenkrat durchs Kleinhirn säuselte, binnen 3 Tagen den Geldbriefträger ›bedeutet‹. Neinein:

›Das Volk‹ und nicht etwa nur das deutsche, ist ungebildet und versteht nichts vom Denken.

: wohlgemerkt: ich habe *kein Wort* von ›doof‹, also bildungs=*unfähig* gesagt!

2

Bei den Schriftstellern liegt der Fall nicht anders. Auch hier wird die Einsicht in die wahren Sachverhalte, (sowie das anschließende Insichgehen), durch den Umstand erschwert, daß Jeder sich einbilden kann, er habe in der Schule ja wohl schließlich auch Lesen & Schreiben gelernt; und vor allem dadurch, daß fast nie der Unterschied zwischen ›reiner‹ und ›angewandter‹ Literatur gemacht wird, was sich vor allem hinsichtlich der Modernen Literatur geradezu verheerend auswirkt.

Freilich ist es auch bei den Dichtern der Älteren Schule immer so gewesen, daß die Guten unpopulär, und die Populären nicht gut waren: ›Das Volk‹ hat nie Lessings theoretische Schriften zu würdigen gewußt, und nicht Klopstocks grandiose ›Gelehrtenrepublik‹; sondern währenddessen fleißig Gleich und Lafontaine verschlungen, und sich auf dem Theater Iffland angesehen – nu einverstanden!; beim Licht von Blitzen zu lesen ist nicht Jedermanns Sache; Hauptsache der Betreffende bildet sich bei solcher Gemütsbelustigung nicht gleichzeitig ein, nunmehr auf den Höhen der Kultur zu wandeln. Mein Eideshelfer sei Wilhelm Hauff, bei dem der Leihbibliothekar dem Besucher lange Reihen von Bänden zeigt: »die weißen Pergamentrücken waren so rein, als hätte man sie nie oder nur mit Handschuhen angefaßt. ›Wer ist wohl der Autor?‹. Ich riet auf eine Reisebeschreibung, oder ein naturhistorisches Werk. ›Letzteren Artikel führen wir gar nicht‹, antwortete er wegwerfend, ›es ist Jean Paul!‹. – ›Wie?!‹ rief ich mit Schrecken; ›ein Mann, der für die Unsterblichkeit geschrieben, sollte jetzt schon vergessen sein? Hat er denn nicht Alles in sich vereinigt, was anzieht & unterhält: tiefen Ernst & Humor, Wehmut & Satire, Empfindsamkeit & leichten Scherz?‹ – ›Wer leugnets?‹ erwiderte der kleine Mann, ›aber er hat *für die Ewigkeit* geschrieben: *nicht für unser Volk!*‹.«

Denn es hat zu allen Zeiten eben stets 2 verschiedene Literaturen gegeben; nämlich

1.) die allbeliebten guten 99 % gedruckten Geschwätzes, die Wonne der Strickerinnen & Laternenanzünder, und weiter ›hinauf‹, über den ›kaufmännischen Angestellten‹, bis hin zum süßen Lesepöbel, der sich auf Ministersesseln spreizt, (und der ja sogar der mit Abstand widerlichere Typ ist). Und

2.) die wirklich ›Große Literatur‹.

Und ich zögere, das auch von meiner Ordnungsliebe geforderte=fehlende ›1 %‹ hinzutippen. Denn nehmen wir nur die sogenannte Bundesrepublik mit ihren rund 30 Millionen Lesefähigen, zwischen 17 und 70: dann müßten das ja immer noch 300.000 sein; und so viel Gute Leser hat es in 1 einzelnen Volk zu gleicher Zeit nachweislich – u. a. durch die Auflagenziffer – noch nie gegeben. Bei uns mögen es, hoffnungsvoll geschätzt, 5.000 sein; d. h. auf je 10.000 Menschen kommt zur Zeit 1 ernstzunehmender Leser; und selbst, ehe ein neuerscheinendes Buch ihn erreicht, vergehen erfahrungsgemäß mehrere Jahrzehnte. Auch besteht kaum Aussicht, daß der betrübliche Prozentsatz sich in unserem Jahrhundert nennenswert erhöhen werde; denn, mag auch der allgemeine Bildungsstandard meinthalben zunehmen: die gerade in vollem Aufkeimen begriffene Moderne Literatur entfernt sich zunächst in solch rapidem Tempo vom bisher auf Druckpapier Gewohnten, daß auf ein baldiges Einholen durch die Leserschaft schwerlich zu rechnen ist: die stille Hoffnung, daß ›Dichter & Denker‹ mal ›ein Volk‹ haben könnten, wird von Messe zu Messe unrealistischer – ich fürchte immer, die einsichtigeren unserer Kinder werden noch einmal bibbern ob des Abstandes: *die Wahrheit könnte ihnen durchaus davonlaufen!*

3

Als Erstes finde ich mich in der zeitraubenden Lage, beweisen zu müssen, daß es tatsächlich etwas wie eine Moderne Literatur gebe, die sich von der älteren, und auch von 99 % der zur Zeit praktizierten, fundamental unterscheidet. Und da sehe ich sie schon vor mir, all die ach so con=temporisierenden Gesichtel, ob feinsinnige Lesermiene ob Kunstschwätzervisage, wie sie sich, über ihren Dünndruckband Stifter hinweg, nachsichtig=amüsiert erkundigen: »Was verstehen Sie denn unter Ihrer ›Modernen Literatur‹?«. Einem Solchen, der 100 Jahre hinter seiner Zeit zurück ist – was Er so ausdrückt: »Ich komme über den ›Nachsommer‹ nicht hinweg –« – empfehle ich, und zwar allen sachlichen Ernstes, dabei zu bleiben; er kann ja noch den ›Theuerdanck‹ hinzuziehen, es ist nicht schad'. Hauptsache, er erlaubt auch mir die Beteuerung, daß die Moderne Literatur sich von der Älteren Stils erheblich unterscheidet, und zwar so sehr, daß es eigentlich gar keines besonders bewaffneten Auges bedürfen müßte, um den Unterschied wahrzunehmen.

Der liegt weit weniger in dem, was dem normal=schlechten Leser das Interessanteste und eigentlich Entscheidende dünkt, nämlich ›dem Inhalt‹, jenem beliebten Cocktail aus Sternstaub & Sündertränchen; obschon auch hier eine erfreuliche Tendenz zu größerer Nabelfreiheit unleugbar ist: handelt es sich doch bei Miller wie bei Jahnn mit nichten um die möglichst pikante Abschilderung von Ereignissen zwischen Kehlkopf & Kniescheibe, auf daß der Filister sich kurzatmig=lippenleckend aufgeile; sondern weit eher um das gewaltig ehrliche Prosa=Steak ›Eines, der sich auszog, das Gruseln zu lernen‹. Vielmehr wird der Unterschied sich etwa so angeben lassen:

1.) Man schreibt *langsam Prosa. Nur sie* wird rhythmisch der Vielfaltigkeit der zu verschränkenden Handlungsabläufe, und sei es nur 1 einzigen Tages, annähernd gerecht; zumal wenn eben mit einer Genauigkeit & Offenheit gekoppelt, die den biologischen Gegebenheiten einigermaßen Rechnung trägt –

der beliebte, angeblich so taujg=keusche Herr Stifter zum Beispiel, verrät sich schon bei einer ziemlich oberflächlichen mikroskopischen Anatomie seiner Texte: mit zwanghafter Häufigkeit, bei den unmöglichsten Anlässen, erscheinen bei ihm die Worte ›Geschlecht‹ und ›Ding‹ und ›rothaarig‹: die Rache des Unbewußten.

2.) Die Moderne Literatur benützt fundamental neue Erkenntnisse, was Worte & deren Folgen im Leser anbelangt; aufbauend auf Freud und dessen Vorgängern. Und endlich

3.) was das Gerüst eines Buches betrifft – also einmal die Groß=Struktur, das Fachwerk; sowie die Anordnung der einzelnen Prosaelemente an diesem Gerüst – so sind die Möglichkeiten konformer Abbildungen unserer Welt durch die bis 1890 praktizierten Formen der Älteren Schule nichts weniger als erschöpft. –

Zu Nummer 1): das Primat der Prosa zu bezetern sei professionellen Reimern überlassen die sich auch weiterhin einbilden dürfen, ›das Höchste sey & bleybe 1 lyrisch Gedicht‹ – 'ch weiß nich; aber 'n büschen komplizierter scheint mir das Leben denn nu doch. Und daß ein Großroman, an den ein begabtester Autor, ein Aner myrionous, (was immer das auch bedeuten möge), 1 oder gar 2 Jahrzehnte seines einzigartigen Daseins wendet, bedeutender ausfallen müsse, als das duftigste Sonett der warzigsten Wortmetze, leuchtet dem Leser, der für sein Geld mit Recht was haben will, ja wohl auch ein. Bleiben kurz zu erläutern eigentlich nur die Pünktchen 2 und 3.

4

Seit etwa der Jahrhundertwende hat sich, wenn auch sehr zögernd und von den Betroffenen meist gar nicht gern akzeptiert, doch die Erkenntnis ausgebreitet, wie ›Namen‹ mit nichten ›Schall & Rauch‹ seien; sondern daß Worte uns weit nachhaltiger necessitieren, als Mann wahrhaben möchte, (schweigen wir ganz von ›der Frau‹). Und ich meine jetzt nicht das sich durch sachlich vorgebrachte Gründe überzeugen lassen – das klappt bestenfalls bei Nebensächlichkeiten – sondern wiederhole der Kürze halber das belehrende Beispiel aus Maury's ›Le sommeil‹; wo Jener einmal im Traume auf einer Landstraße spazierte und die Kilometersteine ablas. Dann in einen Kaufladen trat, dessen Inhaber zwar mit Kilogrammgewichten hantierte; dem Träumer allerdings mitteilte, er sei jetzt aber nicht in ›gay Paree‹, sondern auf der Molukkeninsel Dschilolo; worauf M. sich bedankte und durch Lobelienbüsche davonschritt, zwischen denen General Lopez (dessen Tod er am Abend zuvor in der Zeitung gelesen hatte) auf ihn zu kam, und ihn zu einer Partie Lotto einlud – eine scheinbar läppische, ›sinnlose‹ Bilderfolge.

Es sei denn, man entschlösse sich, die Zünd=Worte so zu arrangieren:

Ki	lo	meterstein
Ki	lo	grammgewicht
Dschi	lo	lo
	Lo	belien
	Lo	pez
	Lo	tto

Mit deutlicheren Distelworten: aus ›irgendeinem Grunde‹ war bei Maury der mit ›lo‹ etikettierte Wortballen aufgegangen; und der Traum konstruierte nun, mit größter Eilfer= & Possenhaftigkeit, etwas wie eine Bildergeschichte daraus, vergleichbar dem Schnelldichter im Tingeltangel. Und der Grund zu solchem ›lo‹=Zwang lag *noch* eine Etage tiefer; denn bei ›lolo‹ gibt selbst der neuste=kleine ›Klett‹ an, daß es sich um den Kosenamen für eine Frauenbrust handelt, und eine ›Lolotte‹ ist ein Nüttchen: Maury muß, physiologisch bedingt, amouröse Regungen verspürt haben. Die ganze Erscheinung ist ebenso ›natürlich‹ wie häufig, und sie besagt u.a., daß die bloße Lagerung der Worte im Gehirn uns viel mächtiger beeinflußt, als vergangene, relativ unerleuchtete, Jahrhunderte ahnten. Auch im Wachzustand werden sich dergleichen seeschlangige ›Zusammenhänge‹ pausenlos anbieten, und einige davon auch durchsetzen; es handelt sich eben um seelische Mechanismen des Herrn Jedermann, vor denen man die Augen nicht schließen, vielmehr möglichst weit aufsperren sollte.

Denn auch das Umgekehrte wird ja nunmehr möglich: daß ein erzgeschickter Schriftsteller die nichtsahnenden Leser unauffällig mit ›lolo‹=Silben ›unterschwellig‹ bearbeitet; und der Ahnungslose lobt den Losen, der ihn bewußt gelotst hat, und wundert sich womöglich noch, wieso er sich nach getaner Lektüre erotisch wohlaffektioniert erhebt. Ge= & Mißbrauch der Methode sind selbstredend nicht auf die Sexualität beschränkt, sondern erstrecken sich auf alle Gebiete menschlicher Betätigung; und ermöglichen der Modernen Literatur gänzlich neue Mittel zu feinsten, geistreichsten Anspielungen & Verknüpfungen. Ein viel beschrieenes Beispiel liefert James Joyce's Buch ›Finnegans Wake‹; genau nach Freud'scher Traumtheorie konstruiert, gemäß welcher die Träume 1 Nacht das dringendste unerledigte Problem des Vortages aufgreifen, und es in einer Serie von Bilderfluchten, es gleichsam von vielen Seiten her ventilierend, ›lösen‹: demnach wählte Joyce sich seinen permanenten Hahnrey=Komplex; und bediente sich zur lingua=logischen Weiterbeförderung der kreiselnden Nicht=Handlung, sowie zur Anreicherung mit verräterisch=folgenreichen Doppelbedeutungen, des eben beschriebenen Aneinanderklebens der Worte. (Allerdings ist Joyce an der hier gefährlich naheliegenden Klippe zu großer subjektiver Verschlüsselung gescheitert.) Nur muß sich der Leser daran gewöhnen, daß – da die Worte selbstverständlich nicht orthografisch sondern *fonetisch sortiert* im Broca'schen Zentrum lagern – die normale Rechtschreibung notfalls einige Abänderungen erfahre. Wie fantastisch & tiefsinnig ist das nicht gemacht, wenn im ›Wake‹, dem verdachtsvollen Eifersuchtstraum eines Alkoholikers, dessen

Gattin von einem Fremden eine Zeitung empfohlen wird, der »weekly Standerd, our verile organ, that is ethelred by all pressdom« – was, oberflächlich entziffert »die Wochen=Standarte, unser wahrheitsliebendes Organ, das von der ganzen Presse gelesen wird« bedeutet; (was es im Grunde besagt, wage ich, so wie unsre Bundesrepublik gebaut ist, gar nicht herzusetzen: der Dame wird etwas sehr=anderes offeriert!). Aber wenn auch Joyce im ›Wake‹ die Grenze der Nachvollziehbarkeit durch ein Publikum mutwillig überschritten hat und etwas zu viel Ego in seinem Kosmos ist, so gibt es doch auch leichtere Beispiele; denn lange *vor* den bisher erwähnten – vor Maury & Freud & Joyce – hatte bereits ein Anderer den ganzen Komplex einigermaßen erkannt, theoretisch untersucht, und dann praktisch benützt. Bei dem o.a. Beispiel des ›lolo‹=Traumes nämlich hätte Männiglich – vorausgesetzt, wir lebten in einer leidlich=leidlichen, an Literatur interessierten Welt – sofort nicken & flüstern müssen: »Ähä; Carroll'sche Syzygien.«; das nämlich wäre die, historisch & sachlich exakteste, Benennung jenes, manchem vielleicht noch kurios bedünkenden Tatbestandes.

Was das speziell hier anstehende Thema betrifft, muß darauf hingewiesen werden: daß jener eigentliche Kirchenvater aller Modernen Literatur wieder mal kein Angehöriger des ›Volks der Dichter & Denker‹ war; sorry. Nicht, daß ich mich darob sinnlos freute; im Gegenteil kann Niemand inbrünstiger wünschen als ich, es würde bei uns mehr & tiefer gedacht & gedichtet: *Da hätte ich es nämlich auch etwas leichter!* –

Man unterlasse, bitte, bevor man sich einige Wochen lang ausgiebiger informiert hat, alle Einwürfe gegen das Verfahren als solches. Es handelt sich um eine einwandfreie Bereicherung der literarischen Technik, die es, bei sorgsamer Handhabung, ermöglicht, hinter die moderne=bunte=reiche Oberflächenhandlung einen schön dazu passenden ›Echoraum‹ zu blenden; den Nachvollziehenden mit diskreter Gewalt zu einem doppelten Leseglück zu zwingen.

Und wer immer noch sich zieren oder gar bestreiten möchte, sei darauf verwiesen, daß zwar die Künstler all=harmlos sind; aber z. B. die ›Reklame‹ sich das Verfahren unauffälliger Bearbeitung unter vorsichtiger Aufopferung der Orthografie längst umfassend zunutze gemacht hat. Denn den brutal=einfallslosen Koofmich erkennt man daran, daß Einem sein Fabrikat, ob Zigarette ob Kugelschreiber, von der Litfaßsäule herunter von einer hübschen=dikken Puppe, mit *solchen* oh=lo=los, hingehalten wird; während der besser Beratene es besser mit ›RAMA‹ macht: da liegt nämlich, gleich nebenan im Wort=Hort, das gute=fette ›Rahm‹, (und Einem, der englisch kann – wer könnte es bei uns nicht – fällt, in frivoleren Augenblicken, womöglich gar ein rammelndes ›ram‹ ein).

5

Damit ist aber erst 1 der mehreren Kennzeichen Moderner Literatur angegeben – zu Punkt 4), dem vom ›Fachwerk‹, muß ich schon wieder eine allgemeine Betrachtung vorausschicken.
Viel Wirrnis & Feindseligkeit könnte vermieden werden, wenn die Erkenntnis Allgemeingut würde, daß man 2 große Gruppen literarischer Formung zu unterscheiden habe; nämlich
   a) die ›ältere‹, von Vater Homer an. Und
   b) die neuere; die, ich sagte es bereits, mit Lewis Carroll beginnt.
Die ›ältere‹ – und ich möchte sofort nachdrücklichst betont haben, daß das nicht unbedingt identisch mit *ver*=altet zu sein braucht: Klopstocks ›Gelehrtenrepublik‹ ist heute noch 1. Garnitur! – hat zum strukturellen Kennzeichen, daß die von ihr benützten literarischen Formen zum größten Teil gesellschaftlichen Gepflogenheiten entsprechen, wie sie sich organisch im Lauf der Jahrtausende herausgebildet haben. Anekdote, Novelle, Roman sind strukturell nur durch ihren Umfang unter-

schieden; genetisch ahmen sie sämtliche ›den Erzähler im lauschenden Hörerkreise‹ nach. Das Gespräch, in Rede & Wider=Rede, ergab die Form des ›Dialoges‹; ideal, um 1 Fragenkomplex von mehreren Seiten her anzuleuchten; (wobei die technische Voraussetzung jedoch die ist: daß die Partner den gleichen Ort, dieselbe Stunde, das gleiche Thema miteinander teilen!). Als die Zivilisation vorschritt und man ›die Post‹ erfand, wurde die hier nächst=raffiniertere Technik möglich, der ›Briefroman‹; obwohl hier der ›lag‹ und die 2 verschiedenen Lebensbereiche wesentlich größere Kunst erfordern. 1 Mal wurde auch innerhalb dieser älteren Gruppe ein Schrittchen getan, den Circulus gesellschaftlicher Gepflogenheiten zu verlassen: einzelne kühne Geister probierten das ›Tagebuch‹, und machten so den ersten schüchternen Versuch zur Bewältigung innerer, subjektiver Vorgänge. Alle beschriebenen Gerüstformen sind auch heute noch dort am Platz, wo es sich um die optimale Erledigung bestimmter, vom Thema geforderter Verhältnisse handelt: wenn ich 2 verschiedene Personen, mit ihren 2 verschiedenen Erlebnisreihen, in 2 verschiedenen Landschaften angesiedelt, miteinander in Verbindung zu setzen habe, dann geschieht das auch heute & für absehbare Zeit noch, vermittelst des Briefromans; obschon die Oberflächenbehandlung der einzelnen Prosaelemente – im Sinne der Polyvalenz der Worte und ihrer Schreibung – heute eine sorgfältigere, geschicktere zu sein hätte. (Wieland's ›Aristipp‹ wird hier immer ein vom Fachmann genau durchzustudierendes Modellobjekt bleiben.) Das allerdings ist eine ganz andere Frage, steht auf einem ganz anderen Blatt, und scheint mir ein weiterer der Scheidewege, vor dem ›Das Volk‹ heute brabbelnd & keifend steht; und einfach nicht das bißchen Energie aufbringt, wenigstens probeweise einmal zu vergessen, was es bisher zu wissen geglaubt hat; um dann vielleicht eine Einsicht, die mit den eigenen Irrtümern im Widerstreit ist, meinethalben ganz langsam & pomadig, genehmigen zu können – nämlich *die* Frage: ob denn mit den beschriebenen älteren Formen nun nicht schon sämtliche Möglichkeiten erschöpft wären? Die Antwort lautet, man wird's erwartet haben: »Nu selbstverständlich nich!«. – Das ›Tagebuch‹ war ein Anfang. Die organische Fortsetzung hier lautet, um ein Firmenschild zu gebrauchen, das ich allerdings nicht schätze, ›Innerer Monolog‹; also, wohl richtiger ausgedrückt, die möglichst exakte Wiedergabe des Gemisches aus subjektivem Gedanken=Dahingequirle plus Dauerberieselung durch die nicht minder rädertierig=radotierende Realität – das bis jetzt hochwertigste Modell hat Joyce mit seinem ›Odysseus‹ geliefert. Da ich die ältere Gruppe als die Nachbildung gesellschaftlicher Gepflogenheiten definiert hatte, mag das am einfachsten zu merkende Hauptkennzeichen der jüngeren immerhin dies sein: daß sie sich die möglichst getreue Abbildung innerer Vorgänge unter gleichzeitiger Einwirkung der Außenwelt vorgesetzt hat; und zwar durch die jeweils gemäßeste Anordnung der Prosaelemente, wie auch durch den Feinbau der einzelnen Worte selbst; wobei das Kriterium des Gelingens die größere Annäherung an die Wahrheit, sowie die überzeugende Nachvollziehbarkeit durch einen geübten Guten Leser ist. Ich betone dieses ›Gut & geübt‹! Es wäre pueril, sich einzubilden, daß man – bisher ein Leben lang gewohnt, an Krimi=Altären oder denen Jerry Cotton's zu frönen – Moderne Literatur nun sogleich mit hohem Genuß vom Blatt zu lesen beginnen könnte: *dem ist nicht so!*

Ich führe hier nur ganz rasch ein paar grobe Exempel von jedermann bekannten Bewußtseinsvorgängen auf. – Da gibt es also das Gedankengebrodel in dem, durch die Realität hingetragenen Kopf. Da ist der Vorgang des Sich=Erinnerns. Da gibt es Träume, (die isoliert zu servieren anscheinend jeden Leser überfordert). Und da ist endlich das allwichtige ›Längere Gedankenspiel‹, das man wohl auch unscharf als ›Tagtraum‹ bezeichnet; ich kann hier nur auf dies letztere etwas näher eingehen. Das ›Längere Gedankenspiel‹ befindet sich in der Mitte zwischen Traum und Kunstwerk: was der Nacht der Traum, das ist dem Tag das Gedankenspiel. Und es handelt sich bei ihm um einen allgeläufigen, im Lauf des Lebens von Jedem hundertfältig praktizierten Vorgang: ob sich die Verkäuferin im Kaufhaus als ›berühmte Tänzerin‹ imaginiert – man merkt's an der Geste des Sterbenden Schwan's, mit der die Ware verliehen wird – und daraus, zumal abends vorm Allein=Schlafengehen, Trost & Stärkung zieht; ob der Beamte sich zu seinem eigenen Vorgesetzten ernennt, und in schneidenden Rededuellen gehässigsten ›Zug‹ in die ganze Behörde bringt; ob der Bergmann über Tage sich den schönfarbigen Prospekt einer Bau=Gemeinschaft vornimmt, und wochenlang um's schmucke Eckcouch=Heim, fabrikneu mit Dampf am Auspuff=oben, herum lustwandelt: immer ist das Gedankenspiel einer unserer häufigsten & wichtigsten Bewußtseinsvorgänge. Und eben, sowohl infolge der Art seiner langsamen, zäh=probierenden Formung, wie auch der besonders interessanten Relation zwischen dem Individuum und der es, meist frustrierend, umgebenden Außenwelt halber, im höchsten Grade ›literaturfähig‹; ja, zuweilen selbst schon halbe Literatur.

Für den Schriftsteller bedeutet das aber praktisch: daß eine vollere, präzisere Beschreibung seines Helden aufs köstlichste durch Hinzuziehung von dessen Längeren Gedankenspielen möglich wird. Rein äußerlich dürfte es, um dem Leser das Erkennen der Umschaltung von Realität auf Gedankenspiel & wieder zurück, – also das ›Mitspielen‹ – zu erleichtern, angezeigt sein, auch auf der Buchseite selbst eine Auseinanderrükkung in 2 Kolumnen vorzunehmen. Wobei ich, um dem Interessierten wenigstens 1 kleine Andeutung der hier erforderlich werdenden handwerklichen Überlegungen zu liefern, darauf hinweisen möchte, wie z. B. die Überschneidung dieser beiden Textströme, die Breite des optisch=gemeinsamen Mittelstreifens, gar nicht von der Willkür des Verfassers abhängt, sondern vielmehr davon: wieweit Stimmung & Atmosfäre in beiden Erlebnisbereichen noch als ungefähr übereinstimmend angesehen werden können. Ein ›Gefangener‹ wird sich, zur Austarierung seiner gedrückten Situation, ja zuweilen um nur Überleben zu können, gern Längere Gedankenspiele absoluter Freiheit suggerieren; wie es etwa so unendlich folgenreich Karl May im Zuchthaus zu Waldheim tat, (und so mancher Kriegsgefangene auch tun mußte). In solchem Fall ist der Gegensatz so gewaltig, der oberschichtige bildmäßige Zusammenhang so schmal, daß die Kolumnen weitweit auseinanderzurücken haben – daß unterschwellig dennoch die grausamste Determinierung stattfindet, daß & warum der ›Gefangenenwärter‹ der Realität im Gedankenspiel beträchtlich sieghaft über die endlose rolling prairie gescheucht werden wird; daß & in welch kurioser Weise die beiden Bereiche einander gegenseitig beeinflussen & anregen – das dem Leser darzutun, indem man tausende von Fi= & Raffinessen in allen Spalten & Ritzen versteckt, und die Einzelworte, bis in die Buchstaben hinein mit Ober= und Unter=Tönen füllt: das ist Sache jahrelanger Mosaikarbeit eines hochtrainierten Verfassers. Aber ganz abgesehen noch von dem Fleiß & der Kunst, die erforderlich sind, wenn eine Arbeit der beschriebenen Art gelingen soll, setzt sie auch große Opfer an Stücken der eigenen Persönlichkeit voraus – nur so gerät das Ergebnis ›wahr‹ genug – ein Akt der Selbstlosigkeit, der eine nicht geringe Anstrengung des Mutes erfordert; mit dem einzigen Zweck, die Möglichkeiten der Kunst zu erweitern, und sich der Wahrheit wieder etwas mehr zu nähern. Der Poncho unbeteiligter Anonymität, wie ihn ängstliche Verfasser zu tragen pflegen, die prinzipiell jedwede Ähnlichkeit ihrer Helden & der um jene herumliegenden Ortschaften, mit der Realität oder gar mit sich selbst, gleich auf der ersten Seite abschwören – besagter Poncho also dürfte etwas löcherig werden. Aber sich aus solchen Beweggründen ›Blößen zu geben‹ – um dem Menschen den Menschen begreiflicher zu machen – ist in meinen Augen respektabler als der beförderteste Gerok.

›Genug nun!‹ wird es unwillig heißen – ›Genug theoretisiert‹, sage auch ich. Dennoch mußte es einmal, und sei es noch so flüchtig, dargetan werden, daß es außer der ›angewandten‹ Literatur auch noch eine, sehr seltene, ›reine‹ gibt, die buchstäblich ›Grundlagenforschung‹ betreibt; die theoretische Einsichten sich erarbeitet, und anschließend mühsam einige wenige Modelle herstellt. Selbstredend wird die Konsumliteratur, vom Bodensatz der Groschenromane an, bis hinauf zu den Prosakonglomeraten Stifter's und Goethe's, immer den Löwenanteil der Buchproduktion stellen, was Meterzahl & Kilogrammgewicht der Bandreihen anbelangt; trotzdem sollte jeder Staat, der ein bißchen auf Reputation Wert legt; der nicht gefährlich stagnieren, und ins internationale Hintertreffen geraten, und den Anschluß an die Abbildungsmöglichkeiten der Welt durch das Wort verlieren will, sich die paar ›Reinen‹, die in jedem Volk in jedem Jahrhundert auftreten, sorgsam erhalten: was sie heute, scheinbar schrullig, treiben, wird in 100 Jahren als ›zur Literatur gehörig‹ rubriziert, und in 200 Jahren als handwerklich=selbstverständliche Technik beachselzuckt werden.

Wohl ist Moderne Literatur ›anspruchsvoll‹, ist ›kompliziert‹ und ›schwer zu verstehen‹ – das ist ›Das Leben‹ übrigens auch – aber von einem Buch, nur weil man es nicht so gemütlich wie gewohnt ›vom Blatt lesen‹ kann, nun flink zu dekretieren, ›es tauge nichts‹: also das wäre einwandfrei ein Defekt im Leser!

Nein: es ist nichts mit einem ›Volk der Dichter & Denker‹; *war* nie etwas; und *kann* es nicht sein. Ist es doch, höflich ausgedrückt, eine Naivität – korrekter: eine Frechheit! – von der Kunst zu verlangen, sie habe sich, per fas et nefas, dem Nie=wo des ›Volkes‹ anzupassen; *umgekehrt* ist es: der Einzelne, der Große Kunst verstehend genießen will, hat sich gefälligst zu ihr hin zu bemühen! Das Volk, das von sich zu rühmen wüßte, *ein Prozent* seiner Angehörigen seien *Gute Leser* –: siehe, dies wäre ein auserwähltes Volk.

DANKADRESSE ZUM GOETHEPREIS 1973

I

GOETHE – und seine Hand spendet eben immer noch Segen! – hat einmal, und vermutlich völlig bewußt, empfohlen, der Dichter solle mit dem König gehen. Eine Diskussion darüber erübrigt sich, infolge der Verminderung der Herrscherhäuser seitdem: ›Es hat mich sehr gefreut; es war sehr schön.‹
20 Kilometer östlich meines Wohnörtchens wird, noch weit bewußter, verfügt, der Dichter solle mit dem Arbeiter gehen. Da es sich um eine so aktuelle, viele Millionen, zumal auch Deutscher, betreffende Forderung handelt, darf ich mit meiner Ansicht darüber nicht zurückhalten: ein derart anmaßend geführter Arbeiter= und Bauernkrieg gegen die Phantasie, diese
›seltsame Tochter Jovis, sein Schoßkind‹
kann eigentlich nur in einer ebenso fruchtbaren wie sterilen Gebrauchsliteratur enden. (Und daß die marxistisch beliebte Formulierung vom ›schreibenden Arbeiter‹ imgrunde eine Diffamierung des BerufsSchriftstellers bedeutet – gleichsam wie wenn man derlei auch *ohne* lebenslange mühsame Ausbildung, so nach Feierabend nebenbei mit=ausüben könne – sei doch ausgesprochen.)

Eine dritte, bei Menschen und Kollegen recht beliebte Theorie ist die vom entscheidenden ›Beifall der Jugend‹; wobei man sogar IBSEN als Eideshelfer anführt, wenn da beim ›Baumeister Solnäs‹ Hildchen Wangel an die Thüre pocht. Auch hier möchte ich mich unterfangen, dem einiges entgegen zu hüsteln: ich schätze die Jugend und ihr Urteil *nicht* übermäßig. Ein ›Patriarchat‹ mag immer etwas Gräsiges sein; aber der Himmel (Tien) bewahre uns nicht minder vor ›Junioraten‹!; (und die Vollbärte haben sie beide gemein, Studenten wie Professoren). Ich lehne jegliches ›Streitgespräch‹ sowieso prinzipiell ab; vor allem aber eins mit den 50'er Jahrgängen – wie die bestenfalls zu verlaufen pflegen, wissen wir ja seit der SchülerSzene des II. Faust – wir gehören einfach nicht zusammen. Was würde ein Zwanziger, wenn ein Alter Herr ihm applaudierte: ›Schreiben Sie so weiter; der Beifall aller 60=Jährigen ist Ihnen gewiß!‹ dem wohl zurückgeben? Ein frappant ähnliches Gefühl hätte ich, wenn mir Jugendliche zuriefen, der Beifall aller Zwanzigjährigen könnte mir nicht entgehen – dann müßte ich mich ja nur noch fragen, was ich denn diesmal besonders falsch gemacht hätte. Nein; ich freue mich vielmehr darüber, daß meine paar tausend Leser getreulich mit mir altern. Es giebt nun einmal Bücher – der überwiegende Teil etwa von RAABE's Werk gehört dazu – die man erst jenseits der 50 gehörig würdigen, auch goutieren kann:

›anders lesen Knaben den TERENZ; anders GROTIUS‹; und solche Fünfziger und SuperFünfziger sind mir weit entscheidender und schätzbarer, als frohwüchsige Spasmodiker, die durch ihre Verrenkungen unter anderm auch die ›Moderne Literatur‹ nur in Verruf bringen.

(Die vorletzte noch verbleibende Möglichkeit, nämlich daß der Dichter mit dem Dichter gehen solle, ventiliere ich gar nicht erst – man *stört* sich doch bloß gegenseitig!)

Die Summe *meiner* Erfahrung jedenfalls hat zu lauten: der Schriftsteller soll alleine gehen.

2

Was mein literarisches Werk und meine Arbeitsweise anlangt, vergönnen Sie mir, etwas voranzuschicken, das meist nicht genügend bedacht wird; obschon es kennzeichnend für unsere Schriftsteller ist, die kurz vorm Ersten Weltkrieg geboren wurden: mein erstes Büchelchen ist erschienen, da war ich 36 Jahre alt. (Umstände mehrerer Art, ausschlaggebend die HitlerBarbarei, verhinderten ein früheres öffentliches Auftreten.)

Wie unnatürlich das ist, macht der Leser sich gemeinhin

nicht klar. Der organische Entwicklungsgang des GroßLiteraten – von unsern Klassikern, GOETHE / WIELAND / LESSING etcetera her geläufig; und auch unsern heutigen Jungen bezeichnend selbstverständlich – ist ja etwa der: die ersten Gedichte, mit 16=17, in Schülerzeitungen. Das erste Heft Lyrik mit 20. Vor 30 noch die ersten ›Gesammelten Werke‹, in 6 halbstarken Bänden. (Mit 35 dann die Villa an der Costa oder am Bergli.)

Dagegen stand über *unserem* Start – ja, über der ganzen Laufbahn – ein böses ›Zu spät!‹. Wir hatten ja nicht einmal SchreiPapier in jenen Jahren, dicht nach '45; mein ›Leviathan‹ ist auf TelegramFormulare notiert, von denen mir ein englischer Captain einen halben Block geschenkt hatte. Es ist ein wunderlich Manuskript; und die heutigen jung=Unverstandnen, bei denen angeblich ›die Gesellschaft versagt‹, dürften sich getrost daraus entnehmen, was *wirkliche* Sorgen sind, und was übermütige Wehwehchen. Hinzukam die unwahrscheinliche Energieleistung, mit 35 noch einmal neu anzufangen; und die fehlenden Jahre, um die man uns betrogen hatte, möglichst wieder einzubringen.

Sei es noch so unzeitgemäß und unpopulär; aber *ich* weiß, als einzige Panacee, gegen Alles, immer nur ›Die Arbeit‹ zu nennen; und was speziell das anbelangt, ist unser ganzes Volk, an der Spitze natürlich die Jugend, mit nichten überarbeitet, vielmehr typisch *unter*arbeitet: ich kann das Geschwafel von der ›40=Stunden=Woche‹ einfach nicht mehr hören: *meine* Woche hat immer 100 Stunden gehabt; und ›Zettels Traum‹ 25.000 erfordert! – es war ein großer Tag, als er fertig war.

ALFRED DÖBLIN hat sich, als wir uns das erste Mal sahen, mein bißchen ›Werdegang‹ schildern lassen; ich machte das so kurz wie möglich ab; worauf er besorgt sagte: ›Sie werden viel arbeiten müssen.‹ Das habe ich getan.

Und zwar so.

Da man in meinem Spitzenberuf bekanntlich die ersten Dezennien hindurch von seinen eigenen Büchern nicht leben kann, habe ich mir als BrotArbeit das Übersetzen gewählt – es schien mir, im Vergleich mit ›VorleseTourneen‹, oder dem Rezensieren von KollegenBüchern, immer noch das Anständigere; auch das bessere Mittel zur SelbstDisziplinierung – und das sind inzwischen denn 20 Bände englischer Romane geworden. Für die frühesten geb' ich kein gut Wort. Aber späterhin, als ich mir Titel aussuchen; ja, sie schließlich selbst, nach Gefallen, vorschlagen konnte, traten die Stücke in immer engere Beziehung zu meinen eigenen Büchern.

Um ein Beispiel zu geben: ich empfand allmählich die technische Notwendigkeit, systematisch das Walten der einzelnen Instanzen der Persönlichkeit (nach FREUD; auch er ein GoethePreisträger) in künstlerischen Werken zu untersuchen. Weniger abstrakt ausgedrückt: ›Sitara‹ zum Exempel sollte ermitteln, welche dieser Instanzen für die Kulissenwahl zuständig und verantwortlich sei; es ergab sich, wie zu vermuten gewesen, das Unbewußte. Andrerseits war nichts geeigneter zum Studium der, ziemlich gewaltsamen, Betätigung des ÜberIch, als der sogenannte ›Victorianische Roman‹, zu dem auch WILKIE COLLINS gehört. Dennoch ging ich anschließend auf BULWER über; denn er hat zusätzlich das sehr int'ressante Problem des ›dialogisierten Romans‹ mit=versucht; einer um 1800 vielgeltenden Form; die aber damals nur von Autoren 3. und 4. Ranges behandelt, und überhaupt nicht bis in ihre letzten Möglichkeiten erprobt worden ist – wodurch sich gleich eine der heimlichen Handübungen für meine ›Schule der Atheisten‹ ergab.

Sie ersehen vielleicht schon aus diesen flüchtigsten Andeutungen, daß manche ›Moderne Literatur‹ doch etwas fundamental anderes sein könnte, als ›Pop‹ oder ›Dada‹ oder absichtlich schockierende, puerile Ferkeleien. Die älteren ProsaFormen – nur deswegen ›älter‹, weil sie die, vom Begriff der Gesellschaft her nächstliegenden waren – werden immer gültig bleiben: der ›Erzähler im lauschenden Hörerkreis‹ ergab das formale Vorbild für die klassische Novelle; die natürlichste Verbindung zweier (oder mehrerer) Lokalitäten und der in ihnen stattfindenden Handlungen, lieferte automatisch der ›BriefRoman‹. Dergleichen ›veraltet‹ zu schelten, wäre genauso töricht, wie zu verfügen, daß diese Formen nun aber auch die einzigen zu sein hätten. Ich hoffe wenigstens, einige neue Möglichkeiten praktisch demonstriert zu haben: in der SEURAT=mäßigen PointillierTechnik meiner frühesten Stücke; den ›FotoAlben‹ der ganz=kurzen, lyrisch=rasanten; und endlich den schwierigen ›Mehr=Spalten=Büchern‹, von ›Kaff‹ an; die, sorgfältig geflochtene Zöpfe, dem Feinbau der Persönlichkeit, und deren Gedankenspielen gerecht zu werden versuchen.

Eben dieses ist auch der Sinn der speziellen Oberflächen-Behandlung. FREUD hat nachgewiesen, wie praktisch jeder Satz, ja jegliches einzelne Wort, der Einwilligung sämtlicher 3 (oder gar 4) Instanzen der Persönlichkeit bedürfe, um zustande zu kommen: jede giebt ihren Beitrag dazu; sei's als Ge= oder Verbot, als Fehlleistung; die alle ihren Ausdruck in der Wahl des Wortmaterials ebenso finden, wie im Inhalt des Satzes. FREUD nun hat all dies nur analytisch dargetan; gewissermaßen die Hohlform einer schriftstellerischen Technik geliefert. Längst vor ihm jedoch, hatte LEWIS CARROLL, der eigentliche Kirchenvater dieser Gattung moderner Literatur, es praktisch, im kompletten Kunstwerk, vorgelegt: wie man, bewußt=artistisch, die Texte mit zunächst unmerklichen, suggestiven, Silben und Buchstaben ›beschicken‹ könne; sodaß stets mehrere, obschon thematisch genau zu einander passende Bedeutungen beim Leser ankämen.

Um ein Beispiel aus JOYCE, einem großen Künstler dieser Gruppe, zu geben: wenn da die PseudoHeldin seines Romans, den GegenteilHeros abschätzig einen ›w$\underset{e}{a}$kling‹ heißt; dann ist das, Jedem einleuchtend, zunächst ein ›Weichling‹, schon recht. Da der alte Etymbold es jedoch mit zwei ›e‹ schrieb, schleicht sich, unauffällig, die ›Woche‹ mit ein – was dann allerdings, von den ehelichen Pflichten her gesehen, eine recht speciöse Art des ›SchWöchling‹ anprangert; mag er ansonsten noch so ›inngenious‹ sein: das einzige=winzige zweite ›n‹ birgt den Anwurf, daß der Genius von der Theke bezogen, das Dichterroß zum Pegasuff wurde. *Das* sei, wenn ich einen Rat geben darf, immer das Letzte: die Annahme, wir hätten, womöglich aus unreiner Originalitätssucht, geschludert –

›Sie sagen, ›das mutet mich nicht an‹; und meinen, sie hätten's abgetan‹?

Nicht doch; der Defekt könnte durchaus auch im Leser sein. In eben dem Leser, der, wenn erst einmal die Sperre des Vorurteils überwunden sein wird, von Lektüre dieser Art ›the time of his life‹ haben kann.

Aber genug; ich möchte mich hier nicht wiederholen; es steht schließlich Alles in meinen Büchern; die praktischen Handübungen, wie die theoretischen Aufsätze, die guten Lehren, und die bösen Beispiele. Einzig *das* sei noch einmal betont, wie das Zustandekommen solcher umfangreichen Gebilde nicht wenig erfordert:

die Kenntnis der für uns zuständigen, anregenden Vorgänger; was in meinem Fall den Zeitraum bedeutet, von LUKIAN und PHILOSTRATUS, bis WERFEL und SCHAEFFER. Eine nach Kräften fein gemachte und geübte Hand. Und endlich viel tausendstündige Mühsal. –

Aus zumal diesen Gründen freut es mich besonders, daß in mir die ganze beschriebene Richtung, die es wahrlich schwer hat – schwer bei der Arbeit; und schwer beim Leser – durch Ihre Verleihung des GoethePreises anerkannt worden ist.

GOETHE
und
Einer seiner Bewunderer

Endlich war es gelungen, Tote wieder lebendig zu machen; oder, präziser ausgedrückt: Leute, die das erste Leben und den ersten Tod erlitten hatten, auf kurze Zeit wieder zurückzurufen (ichweißichweiß; exakt müßte ich sagen: das n=te Leben; und jetzt befinden sie sich in n plus 1. – Natürlich hatte es mit den Unsterblichkeitstheorien des Christentums nicht das geringste zu tun; es war wieder mal *ganz* anders).

Aber wozu die langen Erläuterungen; die Sache selbst ist ja jedem Kinde bekannt, zumal seitdem Knaur jetzt die Volksausgabe darüber herausgebracht hat (vom ›Bonjour immortalité‹ dieser elfjährigen Pariserin ganz abgesehen. Und dem Rororo=Taschenbuch).

Natürlich sind 15 Stunden nicht viel, zugegeben; aber es ist doch schon was, wenn man sich mit Hannibal ante portas unterhalten kann. (Obwohl das sofort zu den ersten Unstimmigkeiten führte: Walther von der Vogelweide hatte sich arg darüber beklagt, daß die Germanisten das Mittelhochdeutsche so komisch aussprächen. Und bei der byzantinischen Theodora hatte man vor *dem* verzweifelten Dilemma gestanden: die Professoren für Griechisch konnten nicht mehr gut; und wer gut konnte, hatte noch nicht genug Ahnung vom Griechischen!).

Das war es nämlich: jeder Revenant mußte selbstverständlich ›geführt‹ werden! (›Zur Austarierung des Zivilisationsgefälles‹, wie es sich vornehm=offiziell eingebürgert hatte; also, plan gesagt: um allzu häufiges Überfahren= und Verhaftetwerden zu vermeiden; dem ›Alten‹ konnte zwar nicht viel passieren, aber es ging kostbare Zeit dadurch verloren; für den ›Führer‹ wurde eine zusätzliche, auf 24 Stunden befristete, Lebensversicherung abgeschlossen – die aber doch wohl von problematischem Wert war: die ›Police‹, in einem Sprachgemisch aus ›Kritik der reinen Vernunft‹ und ›Finnegans Wake‹ abgefaßt, gab in § 811 b nicht undeutlich zu verstehen, daß Antitrinitarier, zumal, wenn ihnen die Tonsillen, sei es auch nur zum Teil, entfernt wären, von einer ›Zahlung im bürgerlichen Sinne‹ so lange ausgeschlossen sein sollten, ›bis die distributive Einheit des Erfahrungsgebrauches, die an der Spitze der Möglichkeit aller Dinge steht, zu deren durchgängiger Bestimmung die realen Bedingungen hergegeben‹ hätte!).

Also Maler möglichst vom Maler (da hat man ungefähr die gleichen Charakterdefekte); Dichter vom Dichter, nischt wie Fugger & Welser.

Und sehr interessante Kombinationen waren da schon vorgenommen worden! General Dr., der Oberkommandierende der NATO, hatte Aëtius (ebeneben: 451; Schlacht auf den Katalaunischen Feldern – als Nebenergebnis hatte man rausgekriegt, *wo* die eigentlich lagen) zur Führung durch Westdeutschland bekommen. (Der sich aber *sehr* skeptisch geäußert haben soll; die Protokolle waren natürlich geheim gehalten worden, trotz einer ›Großen Anfrage‹ der SPD; es hatte lediglich geheißen: er habe sich ..... ja, ich weiß nicht mehr genau; jedenfalls kam in dem Kommuniqué zweimal ›christlich=abendländisch‹ vor).

((*Man munkelte sogar,* die Amerikaner hätten bereits Hitler konsultiert – découvrierend nebenbei, wieviel Millionen deutsche Bewerber sich, lediglich auf das bloße Gerücht hin, für speziell *diese* Führung angeboten hatten! Anscheinend war zuletzt der bekannte großgreise Politiker R. dafür gewonnen worden – aber ich will mich nicht festlegen, der Andre kann's auch gewesen sein!)).

Jedenfalls war allmählich die Reihe an mich gekommen. Nach einer Regennacht. Straßen matt geschliffen. Kräuselkrepp oben, Stretch unten (bzw. Wolken & Beine; ›Hab acht auf die Gassen .....‹). Oder auch: unten Grasschraffierungen; oben sacht fuchtelnde Laubrosetten. Ich begab mich – zu Fuß natürlich; ich besitze noch keinen Kabinenroller – zur Akademie.

Akademie: da war es still und kühl. Ich stieg den vornehmen Hügel hinan, auf umbüschelten Beinen; drückte Türen ein – – : »Ach ja. – Ä=bitte.« (Die Sekretärin: einen Bi=Ceps hatte die Frau! Auch von hinten: postgelber Schal; die schwarze Bubikugel; Stücke von Traktorenreifen unter den Füßen, die Geckin; Popo wie 'ne Reichsunmittelbare; ich fuhr ein Stück mit den Augen hinein: ?: ! – sie merkte's nicht; blieb still und kühl, der Rock; naja, die braucht Niemanden zu führen!).

Und hier die Listen: putzig, putzig. (*Und* typisch: meine Kollegen, die Feiglinge!!). Natürlich hatten sich die Leisegänger grundsätzlich Leute rausgesucht, wie Hölty; notorisch sanften Charakters und winziger ›Gesammelter Werke‹: da brauchen sie nicht viel zu wissen. / Schulze aus Celle. / (Neulich beim Uhland=Durchblättern gefunden: ›Tell's Platte‹; na, immer noch besser, als gar keine Haare; aber was n Gegenstand für'n Dichter wieder!). / Wie soll man bei Schriftstellern wissen, ob's ne Prä= oder Ex=Nova ist?

Die waren ja Alle vorsichtig geworden, seitdem Johann Christian Günther den jungen Mann der Gruppe 47 noch vor Mittag in den Hintern getreten hatte, gröhlend vor Suff und Wut (und den Rest seines Fünfachteltages im Puff verbrachte; peinlich, aber I can't help it!). Auch ETA Hoffmann war äußerst ausfällig geworden; hatte gefragt, ob man denn formal gar nicht auf der ›Prinzessin Brambilla‹ weiter gebaut hätte – sein ›Führer‹ hatte nicht mal die ›Asiatische Banise‹ gekannt! / Den furchtbarsten Reinfall hatte man mit Wieland erlebt: der hatte sich am Abend hingesetzt, und den bösartigsten Protest an eine Pressekonferenz gegeben, gegen den größenwahnsinnigen Trottel, Prof. M., der es gewagt hatte, ihn ›informieren‹ zu wollen! (Übrigens waren gerade hierbei die interessantesten Sachen herausgekommen, die man früher nicht gewußt, oder doch nur geahnt hatte; so hatte Wieland ärgerlich=beiläufig bestätigt, daß Goethe sich oftmals vor der weimarer Herzogin=Mutter auf dem Teppich gewälzt, »und durch Verdrehung der Hände und Füße ihr Lachen zu erregen gesucht« habe: das muß man sich mal genau vorstellen!!).

Also weiter die Listen – – durchblättern – –: Hier!: ein Altphilologe, der ›auch‹ dichtete, hatte Johann Heinrich Voß genommen: der würde sich *auch* ganz schön umgucken, der Kollege! Ich grinste erheitert; und stellte mir den alten plattdeutschen Recken an der Seite des feinen asthmatisch geblähten Männchens vor: die Kerls haben ja sämtlich Phimose des Sprachgefühls! (Und sind folglich als zeugungsunfähig zu betrachten!). / Mit Heinse könnte man ne solide Partie Schach spielen.

An sich hätte ich ja Fouqué nehmen müssen; aber das hätte nur widerliche Streitigkeiten und Erörterungen zwischen uns gesetzt, biographischer Details wegen (und außerdem war mir Einer vom RIAS zuvorgekommen. – Das heißt: Fouqué hätte mich sowieso abgelehnt, da ich ja nicht einmal von Briefadel bin!). / Brockes?: Hatte mir ein hamburger Lokalmatador weggeschnappt (und ich hab doch das berühmte, mehrfach gesendete Nachtprogramm verfaßt, Bitternisbitternis! – Nochmal Kopfschütteln).

»Kann ich nicht Pape kriegen? – Samuel, Christian, P a p e ?« – Sie machten lange Gesichter; sie sahen in ihrer Kartei nach: Pa; Pa; (Papageno?) – –: der war noch *gar* nicht vorgesehen! Ich erinnerte mich, daß ich bei einer Akademie war, und schwieg (war unrecht, die Frage an solche Leute zu richten). (›Künstler‹?: das ist bei Denen scheinbar nur der Freibrief, das Geld für den Friseur sparen zu dürfen).

Weiter fingern, über die Zeilen der Ungewählten. Die Morgensonne, unterstützt von Laubgeflatter, ließ Lichtplättchen auf dem Schreibtisch schneppern (und draußen der Mopedfahrer: das Papier war ihm aufgegangen, und er zeigte wütend=ergeben mit dem blanken Kotelett in die neue Richtung: ! – Die Sorgenvollen hatten's nicht mitgekriegt; wollen ja auch keine Realisten sein.).

Mensch!: Hier!! (Und ich steckte unwillkürlich die Hand in die Hosentasche. Feixte. Mir war heut auch ungewöhnlich ruchlos und akimbo im Geist). Ich schob die Zungenspitze über einen Backzahn (um die Aussprache *noch* salopper zu gestalten!) und wies mit Kinn und Bleistiftverlängerer; dazu ein englisches ›here‹! (Ganz kalt. Und warten).

Sie starrten ruckigrabig. Entsetzten sich. Murrtenprotestierten. Schwichtigten erlöst. Lächelten ratlos. Bestrichen sich die weißdornigen Ledermasken mit vielen Fingern: »Ts: Oh!«.

Einerseits: »Nein!«: »Nie!!«. (Andererseits wiederum *sehr;* »Jadoch!«). Eigentlich hätte natürlich der 1. Vorsitzende ..... (aber der war seit Wochen von schwerer Heiserkeit befallen; einem höchst rätselvollen und noch gänzlich unerforschten Leiden. Tja). – »Hmmm.« –

Ja, manches paßte natürlich, sicher. (Ich hatte boshafterweise ›Gotteslästerung‹ angedeutet!). »Ah – richtig,« murmelte er versonnen; ein Blick zu den Herren Kollegen: ?: und auch die nickten stark geschürzten Mundes: gar nicht uneben; er war ja da auch nicht so ganz; Venez. Epigr. Nr. 67. (›Atheist‹?: das wollte bei der ›jetzigen Lage der Dinge‹ Keiner sein. Und auch sonst nicht. Und war der gewichtigste Grund gewesen, warum Kr. letzten Endes und schweren Herzens verzichten mußte – der nebenbei auch von Naturwissenschaften keine Ahnung hatte).

»*Ach, auch sonst.*«: Ich war unehrerbietig genug; *das* wußte man zuverlässig. Verstand mehr von Mathematik, als Schwager Kronos. Und würde vor dem alten Wichtigtuer schwerlich weich werden. (Schon kicherte der Ein' und Andre wohlgefällig).

»*M=Ä: Im Vertrauen –*«*:* man enterte mein Knopfloch (eines der wenigen Besitztümer, dessen ich mich ungescheut rühmen kann; Knöpfe selbst sind schon ein anderes!) – : »Ä=Sie wüßten auch Einiges *gegen* ihn?«. Ich schürzte nur den frischrasierten Mund: »Hätten'S'ich meinen Funkessay über Wieland mal angehört!« / »Von Spektralanalyse werd ich ihm erzählen, bis ihm seine eigene Farbenlehre zum Ekel wird!« / »Die Gemeinheit, mit der er entscheidend dazu beitrug, daß Oken's ›Isis‹ – eine der besten Zeitschriften des Jahrhunderts! – verboten wurde.« / (»Okens ›Isis‹«, murmelte Derjenige bestätigend, der garantiert die wenigste Ahnung davon hatte; und mich überkam die unsinnige Lust, ihm ein Streichholz an den Spitzbart zu halten; vielleicht nachher, wenn ich ihm Feuer gebe, mal sehen).

Kurze offizielle Prüfung: »*Wer ist* Crugantino?«. Ich antwortete kühl: »Streichen Sie's ›C‹ weg.« (Sie entnahmen solcher Antwort mit Recht, daß ich sogar die diversen Varianten der Claudine kannte, und gingen zu den wichtigeren Details über). Nämlich:

die Spesen!: »*Für Schiller* sind in Marbach seinerzeit achtundfünfzig D=Mark ausgeworfen worden!«. Ich kühl: »Kunststück: Schiller!«; sie, wieder Entrüstung, und nochmals: »Ausgeworfen!«. / Nach langen sorgenvollen Flüsterkonferenzen, zumal mit dem herbeitelefonierten Kassierer, bewilligte man uns schließlich 63 Mark 50 (wozu der sprachlose 1. Vorsitzende – sichtlich erleichtert, daß *er die* Führung nicht zu übernehmen brauchte! – mit großer Geste noch 2 Mark 50 zulegte; aus irgendeinem Reptilienfond; spielte dann auch mehrfach auf meine ›66 Mark‹ an). / Man klingelte; klatschte orientalisch – ein geschminktes Schmalmädchen erschien, die steifen schwarzen Locken wie abgebrannte Streichhölzer, ein Auge deponier ich! – : auf der listigen Hand 3 Zwanzigmarkscheine (der Rest in Fuffzijern; ich kitzelte die zarte Fläche nicht schlecht beim verantwortlich=langsamen Abnehmen; und sie lächelte mich Kapitalisten prüfend an, Überundüber: welche Naivität, das *mir und heute schon* zu übergeben, also nischt wie weißen Bordeaux! Schon deutete der Sekretär etwas von einer ›Kauf-

hallen=Platte‹ an: »*Sehr* sättigend und schmackhaft: Wohlfeil!« (Na, Du wirst Dich umkucken!)).
Ja und was dann?!: ›Ich will küssen: küssen sag ich!!‹? – Der einzig Handfeste war K. E., Chidher der ewig junge, der mir zum Abschied ein Zettelchen zwischen die Finger schob, mit der Adresse eines ›guten Maidleins‹ – die Stadt blamiert sich ja bloß: anstatt 3 gutgewachsene Oberprimanerinnen verschiedener Größe und Färbung zur Verfügung zu halten; nach dem entsprechenden zündenden Aufruf hätten sich bestimmt 50 Freiwillige gemeldet! Kein Geist mehr in dem Volk!!
»*Wann?! – Ochmein'twegen!*«. – (»Neinein: die Presse wird erst unterrichtet, wenn er wieder weg ist; ä=die Öffentlichkeit.«). –
Heimweg: etwa 30 Kapitäne und Borgwards parkten vor dem Lokal drüben; also anscheinend n sudetendeutsches Flüchtlingstreffen (ich war selbst aus dem Osten; aber gegen die kam Keiner auf).
(*Bootsbesitzer* taufen ihr Paddelbötchen ›Erna‹ und ›Lilo‹: *warum* werden solche Namen nicht auch Autos rechts an den Bug gemalt?! (Bei Motorrädern an'n Tank). Ganz nach Geschmack, ›Lorelore‹. / Katholen können Heilige wählen. / Ich selbst – – tja, es war doch nicht – – was würde ich – –? / Jedenfalls die Idee erst mal an Opel schreiben: durch diverse Filmstars, Fritz Walter, Onassis, propagiert, würde die Mode sich über Nacht verbreiten, ganze Buchstabenindustrien erzeugen, ›Mucedorus & Angostura‹. / Schüchterne Liebhaber erklärten sich damit, Rechtskreise um die unangesprochen Angebetete fahrend: daraus mehr Unfälle, mehr Fahrerflucht, Prozesse, Rückwärtsgang und Herzeleid, Vollbeschäftigung, sehr gut! / Jetzt fiel mir auch meiner ein: ›Nikolaj Iwanowitsch Lobatschewski aus Kasan‹. / Und, natürlich!: auch eine weitere Sicherung gegen Diebe: wer keinen dran hat, ist sofort abgesägt=verdächtig: also gleich nach Rüsselsheim schreiben!).

(*Umrechnen muß ich ihm Alles:* Preise in Thalern; Entfernungen in Meilen (à 7,5 Kilometer). Und ich war 6 Fuß groß; obwohl das auch schwankt; sowohl ich, als die Fußmaße. Und verfluchte mich innerlich, daß ich mich jetzt schon derartig vorbereitete – waren doch noch acht Tage Zeit, heh?!). –
1, 2, 3, 4, 5, 6, 7, 8:
(*und ich* stand doch vor Nervosität um 4 Uhr 20 auf; Mist! Für Klopstock wär ich 5 Minuten *nach* der Zeit gekommen; für Schiller über*haupt* nich, ohne ›t‹: Mist!)
Also darauf einen Dujardin!
Und zur Akademie: »*Der Vorhang* hat schon geraschelt!« gestand der Sekretär mir atemlos, und, pausbäckig gehaucht: »– Schwierigkeiten! –«; entschwand auch auf hastigen Kreppsohlen; und ich schniefte nur: Marlborough s'en va=t=en guerre / ne sait quand reviendra: Come on!
Come on?: wesentlich kleiner als ich. Ich neigte den Kopf. (Frische Gesichtsfarbe; also sicher ›Maidlein‹!); schon gingen wir nebeneinander den Schloßberg hinunter. –
›*Mythologische Figur‹??: der Witz war gut!:* oben Weib, unten Motorroller / Aufenthalt?: Straßen und mondhelle leere Kreuzwege. / Saugt Unvorsichtigen das Mark aus, zweifellos! / Auf Vasenbildern oftmals vor Tankstellen; an Benzinröhrchen lutschend; mit kurzem wehenden Haar; hinter sich entführte feiste farrenäugige Jünglinge. / Wir ergänzten einander derart Schlag auf Schlag, daß er das erste Mal befriedigt grunzte (nicht etwa, daß ich aufschneiden wollte: hab *ich* gar nicht nötig!).
Alles mußte ich ihm erklären (Dampfschiffe kannte er; obwohl er sich eine Art Papinschen Topfes darunter vorstellte, na egal).
»*Meteore oder – ?*«: er hatte 3 Düsenjäger erblickt; und ich gab ihm ein digest über die Entwicklung der Luftschiffahrt seit Blanchard (er kannte nur das Wort ›Jäger‹ – in grünem Loden, mit'm Waldhorn im Quermaul; allenfalls noch die Freiwilligen von Leipzigeinundleipzig – wir grinsten gemein-

schaftlich über jene Unternehmungen, und kamen einander wiederum ein Stückchen näher: bon!). / Ihm einreden: »Ja. Natürlich können wir Wolken nach Belieben erzeugen.« »*Und* färben!« fiel mir noch ein.

»*Nein: Häuser* kann man heute auch scheibenweise kaufen.«

»*Nein: das Hemd* tragen die Männer nicht mehr *in* der Hose, sondern *drüber*.«

»*Nein: Telefonzellen!*« (seine Kenntnis der alten Sprachen erleichterte das Erklären maßlos!).

Ostbahnhof: er war von den Schienen nicht wegzukriegen, keinen Fuß, keinen Zoll, keinen Shathmont; nischt wie ›Dampfdom‹ und ›Pleuelstange‹; und nickte gar olympisch um sich herum. Ich lockte ihn weg mit

Frauenmoden: das gefiel ihm schon recht! Er bewegte den Unterkiefer im schlaffen Hautüberzug bei einer langen Weißblonden (›strapless‹); seitete näher an eine überdralle Schwarze in Leotards und sichtbar ohne falsies (und ich dachte disgusted ›Du alter Bock!‹ – aber das heißt, mit 70 wird man wohl genau so sein. Änderte ich's also in ›alter Genießer‹; und kniff betrübt den Mund ein. An ›Faust‹ hatte er sich noch spontan erinnert, ebenso ›Götz‹ und ›Werther‹; auf ›Ifigenie‹ und so hatte ich ihn anscheinend erst durch die Namensnennung gebracht).

(*Und intressant!:* genau *Henry Millers Theorie entsprechend,* ›das Realitätsgefühl durch Obszönitäten erhöhen‹: er wurde, auf dem Umwege über das, was gebildete Literaturhistoriker immer ›seine Frauengestalten‹ nennen, sichtlich wacher, disons le mot: ›lebendiger‹! Ich erinnerte ihn aber auch ständig=diskret an ›seiner Erdentage Spur‹: *wieder* ne Motorrollerin! –

Einschaltung: woraus man am besten ersehen kann, daß es sich hier wirklich um einen Tatsachenbericht handelt; ansonsten hätte ich, als gewiegter Kurzformenkonstrukteur, eine solche peinliche Motivwiederholung garantiert vermieden! Aber das ist die Theorie der Anderen, der ›Handlungsreisenden‹; bei mir passiert aus Prinzip nischt – nicht, daß ich katastrofenfeindlich wäre, o nein – na, ist egal;)

diesmal ne Reinmachefrau, den Besen über der Schulter, am linken Lenkerhorn einkaufstaschte's Eimergrau; kurzes altes Haar; im Köperkittel ruhte die Busenmacht; die Augenscheiben aus Selen erkannten Verkehrsanweisungen lange, ehe sie zu befolgen waren: Blocksbergkandidatin, den Schädel (innen) voller Transistoren. »Die alte Baubo kommt allein« murmelten wir, am Straßenufer; es knatterte unter den breiten Schinken, die Wadensäule stand dick neben ihr; und sie legte sich ruhig, souverän, in diese Kurve: ›ne Frau‹ muß nicht immer 17 sein; au contraire!

»*Unsere Bibliotheken?: sind* zerstört. – Ich komme darauf zurück; ich gehe nach einem sorgfältigvorbereitetenplanvor« fiel mir ein (was ihm sichtlich schmeichelte; obwohl er nur würdig nickte, à la ›wird sich wohl auch so gehören‹). / Krane kannte er in ihren einfacheren Formen; würdigte es aber sogleich, wenn ich ihn aufs leere Eisengespinst hoch über Bauplätzen aufmerksam machte *plus* der blond gegossenen Locke irgendeines Fräuleindarfichswagen, die ganztiefunten dicht Überdensteinen, eine Straße in Aschersleben heißt so, vorbei .....: ja was ›vorbei .....‹?! / Wir berieten lange: ... zog, ... trieb, ... schwebte, oh Scheiße!, .. ging (er, wuchtig),: ... zirkelbeinte! (ich!); so seltsam mischte sich's gelbe Mädchenfell mit unserm Wortvorrat und dem schlotterschen Hintergrund: ... wandelte; Humboldtcurrent; ... weidete (?: nein; dafür ging sie zu schnell, den Kopf zu hoch). Leider war sie schon um die Ecke; und ich wußte auch nicht, wo sie süß und dürr wohnt. Jedenfalls besahen wir einander nach dieser Kraftprobe, nicht ohne Mißtrauen, und Jeder wippte einmal kurz nickend mit der Stirn.

Weiter unterwegs, dicht vorm ›Roten Turm‹: Mensch, war das nicht ...?! ...:!!: Trotz Schiebermütze, blauer Monteur=Montur, und aufgeklebtem Bärtchenzirkumflex, unser 1. Vorsitzender??!! Also ist *der* neugierig! (Oder war er etwa heimlich beauftragt, von ›der Kommission‹, mir wegen der 66 Mark nachzuspüren? Die kriegen ja alles fertig!). Er hielt sich unbeholfen, (man merkte sofort, daß er *nicht* dahingehörte), an einem Baugerüst fest, und versuchte handwerkern zu grinsen; in der Hand den milchigen Kleinleib einer toten Glühbirne (den Tod sah man an dem seitlich=grauen Faulfleck); die falschen Zähne drückte er mit der Schwätzerzunge vorsichtshalber an den Gaumen; dichter .....

»*Dichter?: O gehen Sie doch!*« – wir waren uns also auch darin einig: »Kahle Feiglinge sind's!« (die sollen sich ihren Punktpunktpunkt in'n Punktpunktpunkt stecken! Er fragte nickkend nach den ausgelassenen Worten, und erhielt anstandslos Auskunft: wenn wir Genien unter uns sind, bin ich offen, wie sich's geziemt.)

In der ›Kaufhalle‹: (im ›Kauf*hof*‹ hatten sie meine Bücher mal nicht gehabt; seitdem ging ich eisern zur Konkurrenz; wer wirft den ersten Stein?).

Unten Schlüpfer, oben Büstenhalter: nix Pornografie: die Verkaufsstände! – Er erkannte sie gleich; wie ein Mann sie kennen soll. / Die bekannte Verkäuferin, die mich anlächelte, ersah er ebenso wie ihren Halo aus Neonröhren (Du hast ja ooch Blumenma*ç*herinnen gepunktpunktpunkt: nix Pornografie!). / Ja, die Rolltreppen wuchsen hierzulande groß und schön; die ja; (eben betrat ein Offizier der Neuen Bundeswehr den aufschwellenden Metallkatarakt, und ließ sich nach oben tragen, zwischen ziehenden Ufern aus Gold und Feuer. Goethe sah dem Schlankenschönen – Parallelbildung zu ›Gute=Schöne‹ – wohlgefällig nach: »Die größten Vorteile im Leben hat doch ein gebildeter Soldat!«; und ich nickte ihm bittersüß zu: Dir hätten meine 6 Jahre Krieg plus Gefangenschaft ooch nischt geschadet, mon vieux; da würd'ste nich so dämlich quatschen!)

»*Das jedenfalls sind unsere beiden Hauptprodukte in der Bundesrepublik:* Rolltreppen, und=ä .....: ?: nein das da drüben ist ›Hering in Gelee‹« (und wandeln zwischen Obelisken aus

Klosettpapier und kondensierter Milch, ›glücklich Land, allwo Cedraten / zur Vollkommenheit geraten‹: die ja!!).

Zweiter Stock: jetzt essen wir schnell was! Ich steckte sofort 20 Mark aus der offiziellen Tasche in die private, und lud ihn auf eine Riesenbockwurst ein – er zog Fischfilet *mit* Bratkartoffeln *in* Remouladensauce vor. / Unterhaltung an der Stehbar: »Nee!« Das Goethehaus in Frankfurt besichtigen?: auch da schüttelte er abfällig das Gekopf (unangenehm ›rote Wangen‹, nebenbei bemerkt): »So hat das nie ausgesehen!« (Da ich Goethe=Spezialist weder *war* noch jemals werden *wollte*, merkte ich mir keine seiner Ausstellungen; das kann dann mein Nachfolger in 100 Jahren machen – wenn's einen Nachfolger gibt; wenn's 100 Jahre gibt). / (Fatale Aussprache auch, Hessengemauschel; nun, ich hatte früher mal 1 Jahr in Darmstadt gewohnt, und verstand ihn schon).

»*Darf ich mal?: der Herr hier* intressiert sich für's Militär.« Vorm Spielzeugstand; auf der Handfläche den steindruckgrünen Panzer mit weißem Stern: »Stundengeschwindigkeit zehn=fünfzehn Meilen. Kaliber der Kanone 7,5 Zentimeter: also 3 Zoll: wir kaufen grad für 4 Milliarden alte.«

»*Die Amerikaner halten Europa besetzt?!*« (zu seiner Zeit war das noch umgekehrt gewesen). / »Gibt es etwa auch schon Marskarten, Eins zu Hunderttausend, zu kaufen?« (erheitert; ministeriell; dröhnend=amüsiert). Ich antwortete einfach mit »Nein«. Besann mich aber dann doch, daß wir wohl Alle schwache Momente hätten, und sagte noch einmal, sanfter,: »Nein.« (Er hatte gar keine Antwort erwartet). / Bei einem durch die aquarienhaften Schaukästen wandelnden Kahlkopf fiel uns Beiden gleichzeitig ein: »Kahlahaari« (als Wortwitz und Nasenstüber für Ernsthafte).

Am Ausgang: ihm die Tür offen halten – er schritt steif hindurch, die Hände auf dem Rücken. Zwischen der Tierhandlung ›Zoo‹; vorn schloß ein Torbogen die kirchliche Aussicht. Wandte sich zu mir – (und Satan suggerierte mir sogleich wieder das Porträt; Karl Josef Stieler hieß die

Flasche: ich spie eine Dujardinaule aus) – : »Wer sind *Sie* eigentlich?«

Wer war ich eigentlich?: die Faust fiel mir am Hosenbein herunter. Dann kreuzen; die Arme kreuzen (wenn ich nur mit den unzulänglich vorhandenen Satzzeichen besser umzugehen wüßte): da wurde ich 15 Zentimeter größer als er. (Und der Vorteil war eindeutig auf *meiner* Seite!: *ich* kannte Alles: ›Füllest wieder Busch & Tal‹; ›Im Dickichtschauer‹; ›wölben Inseln; flüstern Inseln‹; ›Ich warf mich auf die Erde‹; ›Was sehen wir von weitem / das Wellenreich durchgleiten?‹). / Er wußte nichts von mir: da bistu im Nachteil; zumindest psychologisch: Ssaikóllodschie! / Schlanke Gestalten strömten um uns; Mädchen in so bunten Stoffen; und Burschen durften den Arm um sie legen; ›None but the poet deserves the fair!‹. / Auf dem Straßenstern das Standbild; so geschickt gestaltet, daß man nicht auf Anhieb sagen konnte, ob es Bismarck darstellte oder die Jungfrau Maria: sehr zeitgemäß! Ein anschlägiger Kopf, der junge Bildhauer; ich kannte ihn persönlich; würde es noch mal weit bringen: »Nein; ne ›Germania‹«.

»*Zumindest kein Feigling: ein Feigling* würde Sie nicht geführt haben!« (Das andere kann er sich nachher ansehen; vom ›Leviathan‹ bis zum noch unfertigen ›Schröter‹ – : ? – : »Jaganzrecht; der alte Astronom«.) / »Natürlich fährt auch *heute* ein Poetenschifflein am sichersten mit dem Passat der öffentlichen Meinung.«

Auf's Klo? – Naja, er war wesentlich älter. Irdischer Speise außerdem entwöhnt. Ich ging aus Neugierde in die öffentliche Zelle nebenan – ich muß ja schließlich n Bericht einreichen! – und lugte vorsichtig gespitzten Mundes drüber . . . . . :

Da saß er nun; Fußboden aus kleinen Steinen, Hellgrau und Schwarz gemischt: er ›beobachtete‹ ihn durch das Rohr der Klosettpapierrolle (ah: Schröter von vorhin war schuld; kam sich wahrscheinlich als eine Art Astronom vor; hat ja auch mal ne komplette Lunation verfolgt; lautloskleine Mundbewegungen beschrieben die stillen unglücklichen Steinmuster nach Anzahl und Lage); während's hinten aus der Rükken=Gesäßwand blökte und röchelte – schien ihm einerseits unangenehm; während es andererseits seine Beziehungen zum ›Erdenleben‹ sichtlich auffrischte. Bezeichnend für uns Gemisch aus Scheiße und Mondschein. / Hoffentlich hatte meine Frau was Anständiges gekocht. Was Billiges: die sehen von ihren 66 Mark *nichts* wieder! So wahr ich Lehmann heiße! / (Freund: ›Sassafras‹.)

Draußen warten; rasch Stichworte notieren: Kurzgeschichte. (›Dichterverehrung‹, heroe=worship: schwärmerischer junger Mann; geht sofort nach dem angebeteten Dichter auf dessen Klosett; erhebt sich mit clap. Irgend einer Zeitung ›für christliche Kultur‹ einreichen).

»*Straßenbahnen.*« / *Einen Vornehmen bat ich*, seine ›Isabella‹ kurz zu öffnen; und erklärte alles, so gut ich vermochte (obwohl ich kein Autofahrer bin: ›die Zündkerzen warfen ihr fahles Licht über die Fahrbahn‹).

»*Ein Eis?: Bitte!*« (die Verkäuferin war ja auch *zu* niedlich; ganz Schürzenstoff, und ermüdeter fünfzehnjähriger Fleiß!). / An Neubauten entlang: »Jawohl!: Die Gerüstebauer tragen grundsätzlich kleine teure Fotoapparate bei sich; und besitzen die intimsten und apartesten Sammlungen«: pikantpikant!

»*Ach, ehe ich's vergesse:.....*« (Anrede vermied ich; er war seinerzeit so übel stolz auf ›Minister‹ gewesen): »?« / Nnnein, er nicht. Aber die Stolbergs hätten Johann Gottfried Schnabel gekannt. Das heißt: deren Eltern vor allem! (Und ich horchte mißtrauischer zu; immer mehr allgemein=mitteleuropäische Wendungen; in undulatorischer Prosa – anstatt simpel »Nein.« zu bekennen: laß' gut sein!). –

Antiquariat Bläschke: der ›Stevenson‹, 31 Bände für 64 Mark, war verkauft, Elendelend! Jetzt mit dem ›Ausgeworfenen‹ in der Tasche, *und* anschließend noch 8 Tage stramm hungern, wär's fast schon möglich gewesen! Konnte ich also nur die gewohnte neidische Schnute ziehen (mir wird nochmal das Gesicht so stehen bleiben. Wie bei Kr.): *einmal* ne alte Allgemeine Deutsche Biographie besitzen!! (Während er angeregt seine ›Gesammelten Werke‹ in 40 Bänden betrachtete. Dann noch die ›Auswahl‹, rechts oben, für 8 Mark 50). (Aber die hatten doch be*stimmt* von der Akademie aus n Wink an die Buchhändler gegeben! So viel Klafter Goethe stehen doch sonst nich in den Schaufenstern rum!)

Pyrker??: wir grinsten Beide, daß uns das Maul hätte aus den Fugen gehen mögen; ›Tunisias‹ und ›Perlen der Vorzeit‹; »müßte man Dr. Adenauer zum 80. Geburtstag schenken!« (Kurz erläutern, wer das war. »Ich komme noch mehrfach auf ihn zurück.« – »Natürlich uff Pyrker: wen sonst?!«).

Heinrichstraße: ich machte ihn hie und da auf eine Plastik aufmerksam. »Hier: ›Mutter mit Kind‹: das ist die schönste in der ganzen Stadt!« / ? / ! / Er schnaubte lange, ehe er's zugab.

Die langen Straßen, autoüberströmt; Mädchen stiefelten drüben, ein Postbote radelte seines blaugelben Weges (Kennzeichen des modernen Götterboten: so'n Rad, und umgehängte Geldtasche) gefüllt mit Telegrammen und schlimmen Nachnahmen. Die Straßen waren sauberer als ›zu seiner Zeit‹. / Näher kommen: die Preßlufthämmer rasten (langes ›a‹), daß uns die Gebisse wackelten! Dazu ein tauber Nachbar, der die Geige ohne Lehrer gelernt hat. »Und hier wohnen Sie ausgerechnet?!« Ja, leider; ›Dichter und ihre Gesellen‹. (Während des Treppenhochsteigens dies ›leider‹ noch weiter erläutern: Lüneburger Heide; Freund barometrischer Tiefs; von Wacholdern. *Er* war mehr für's mittelgebirgig Bucklige, so diese zweideutigen Sorten Landschaften).

»*Mau!!*« *(und das Männchen* hing hinter der Eisglaswand): »Purzel.« Er besah den Besucher mißtrauisch, und fächelte einmal kurz mit der Schwanzspitze: *etwas* stimmte hier nicht! Ging auch voran in unsere eine Stube, Wohn=, Schlaf=, Eß=Raum, sowie Folterkammer (man kann's auch

›Arbeitszimmer‹ nennen; oder, *ganz* vornehm, ›Studio‹). /
Finsterer Korridor: hinter der Kurve der zarte Lärm des kleinen Staubsaugers, den ich meiner Frau zum Geburtstag geschenkt hatte; bestochen von der Reklame ›más tiempo para el amor‹, die sich aber als freche Irreführung erwiesen hatte:
»*Lilli?! Kaffee!*«. Die Vorstellung. (Und sie machte ab und zu ganz unverfroren Aufnahmen von uns – der hatte ja doch keine Ahnung, durch was sie da beiläufig kuckte und knipste und klickte – »Ä=der Arzt hat's ihr verschrieben; für die Augen« erklärte ich stirnrunzelnd). (Nachher auf den Filmen war er aber nicht sichtbar; *sehr* merkwürdig. Wie ich mich da mit dem Nichts unterhielt; demonstrierend einem leeren Sessel die Zahnmeißel zeigte. / – : ?: Janatürlich hab ich dann Filme und Entwickeln auf die Abrechnung gesetzt! – / Bloß einmal was Undeutliches, wie Cartesische Wirbel, glasig, stacks of biffins, Quallenkolonie, Chor der Rauchenden, was weiß ich).

»*Ach, das's ja intressant!*«: *die kleine Torpedo M 20.* Meine Frau schrieb, obwohl ich ihr die tief ausgeschnittene Bluse ausdrücklich verboten hatte, das Nachtprogramm über Karl May ab; und er beugte sich tiefer: schöne Type!

»*Bidde.*« (*Eben war die Seite zu Ende;* sie spannte gefällig ein leeres Zettelchen ein): er erigierte majestätisch den Zeigefinger, und tippte, car tel est notre plaisir: ?: ?: ›G‹!. »›o‹ ist hier, rechts oben« half ich (aber er machte nur noch: »Ah.«).

»*Karl May?: Emm, a, üpsilon.* – Nu, große Symbolromane; autobiografisch ›Im Reiche des Silbernen Löwen‹, Bd. 3 und 4; Pilgrim's Progress in ›Ardistan und Dschinnistan‹ – alles andre Mist: Viel Mist! Nachtprogramm.«

(*Erklären, was das ist. Und Beispiele* zeigen und zitieren: Cooper, Fouqué, Schnabel, Brockes, Pape, Wieland, Dya-Na-Sore. (Künftige: V., M., S., T., M., Z., L., K., H.: getarnt; es gibt zu viel Schnellfingrige; vorsichtshalber)).

»*Goethe nich; nee.*« (und zur Erklärung noch den höflichen Zusatz): »Ich fühle mich nicht reif dazu. – Ähnlich wie für d2 – d4 im Schach.« (Galant. Er aber überlegte sichtlich, ob das ein Kompliment sei).

Meine Bibliothek mager?: »Das ist heutzutage ne reine Geldfrage! Ich hab schon einmal Alles in Schlesien verloren; jede Anzüglichkeit wäre fehl am Platze.« (Ganz harter OKW= Stil, was?: ›Widerspruch wäre Beleidigung. Belehrung Pein. Worte sind unnütz. Schweigen allein geziemt sich: Peng!‹).

Weil er scheinbar seine Werke suchte und nicht fand (ich hatte meine mittelgute Ausgabe zum größten Teil versteckt). Nachdem er den gleichmäßigen Einband raus hatte, nickte er zu dem ›Sammler und die Seinigen‹; ›Ausgewanderte‹; ›Rameaus Neffe‹: glänzend übersetzt! (›Benvenuto Cellini‹ dagegen stinklangweilig.) Ich erläuterte ihm erst noch die einzelnen anderen Leute:

Scott komplett: »Sehr gut!«. Seine Freude war aufrichtig, und ich gab's ihm gern zu: *konnte* was, der Mann. Auch. / Cooper: die ›Pioneers‹ hatte er damals gerade noch gelesen. / Schopenhauer?: »Doch nicht der junge Mann, der damals meine Farbenlehre=ä …?« »Dochdoch; eben der.« bedeutete ich ihm; und er schob eine betroffene Schnute vor. / Öfters kunstvolle Lügen ausdenken. / Mein Konversationslexikon war von 1910: *ist* eine Schande; zugegeben; aber welcher Schriftsteller kann sich ein Neues kaufen? Wer verdient so viel? »Außerdem möcht' ich *keines* der neuesten geschenkt!: Was uns fehlt, ist ein Ding wie der ›Bayle‹: – aber dergleichen ist in Deutschland nicht möglich. Weder im Heiligen Römischen Westen, noch im rotgardistischen Osten.« (Obwohl da noch eher. Kentum=Bundesrepublik : Satem=DDR).

»*Wer so viel verdient?: jeder wirklich gute Schriftsteller!* – Wer nicht mit mindestens 1 Million Lesern rechnet, sollte gar nicht erst beginnen, zu schreiben.« behauptete er, ganz siegende Bosheit und Eckermann. / Und ich sah ihn eine Weile an; zog mir auch mit der Rechten das Kinn lang: soll ich ihn rausschmeißen? – Aber dann verlangen die unweigerlich ihre 66 Mark zurück! Also laß'n laufen. / Aber doch kurz kontern: »Mit der Ihnen eigenen Unschärfe haben Sie die zweite Bedingung hinzuzufügen unterlassen: bei einem ›wirklich guten‹ Schriftsteller muß sich diese ›1 Million Leser‹ gleichmäßig auf die nächsten 500 Jahre nach dem Erscheinen seines Buches verteilen. Und nicht minder diese dritte: Ihre ›1 Million‹ muß sich sukzessive aus den Besten der Nation zusammensetzen; nicht aus Kindern, uniformierten Jungen, greisen Stücken Vieh, oder sonstigen Arschlöchern.« (Kapiert?! – Mein ›Ton‹ gefiel ihm gar nicht; das merkte man deutlich: Je nun, mir seiner ooch nich! Aber ich frage: Wer von uns Beiden hatte Recht?).

Die besten deutschsprachigen Autoren seit Deinem ersten Tode?: die Frage hatte ich gefürchtet! (Mich natürlich auch kurz, *sehr* kurz, darauf vorbereitet. Dennoch mußte ich ächzen, wie immer, wenn ich mir das Thema nur vorstellte! – Er lehnte audienzen zurück, und genoß Alles, ›Prokurist und stellvertretender Direktor im Ruhestand‹, wie sich neulich Einer vorgestellt hatte).

(*Erst noch eine Unterbrechung: gut!:* vorm geöffneten Fenster gliederpuppte ein begeisterter Blondkopf (oder war's 'ne Blond*köpfin*?) und sang Jazz: ›Allenegertantsen –: Pánnama: áaa: Oᵘ!‹. Du sonniges Gesichtel; was würden in Dich für Ohrfeigen passen! Stand ich also auf, und schloß die Scheiben. Zu seiner fragend geöffneten Hand: »Ich hab's *auch* nicht verstanden.« : »Ja, es war aber doch Deutsch, was sie sang!« (er, entrüstet; wollte's durchaus wissen. Und instinktiv ›sie‹? – na, nennen wir's diesmal ›vital‹.)).

Avanti!: »Heine«. – Er runzelte ganz leicht die Zeusstirn: *den* unverfrorenen Namen hatte er doch auch noch .....: »Also hat der *wirklich* was gekonnt?«. Hatte er. / Und auch Schopenhauer, jawoll. / Stifter, Raabe. / (Der Teufel stach mich, und ich gab Gustav Freytag zu). / Gottfried Keller: »'n Schweizer. Aber trotzdem.« / Storm: auch bleib' der Priester meinem Grabe fern! / Nietzsche, Hauptmann, Stramm. Däubler. Brecht, Albert Ehrenstein. Döblin, Jahnn, Kreu-

der. / Otto Babendiek gleich David Copperfield. / Werfel. Musil, Edschmid. / Pause. / Achselzucken: »Vom Material her vielleicht noch Fallada, düster und ehrlich.« / Pause. Pause. / : »Schmidt.«
»*Schmidt??* – – : *ach so*« sagte er gnädig, als ich stumm auf mich wies, und schmunzelte verständnisvoll: »Gut. – – : sogar *sehr* gut!« (Mußte auch mürrisch die Handvoll herbei holen.) / Der Schutzumschlag des ›Faun‹: da reiste die Zungenspitze ums Lippenloch! Schlug dann aber doch auch gefällig was auf (und geriet an eine schnelle Stelle: *auch* ein Vorteil meiner Technik: selbst bei verkehrtrum gehaltenem Buch erkennt man sofort das Tempo der Seite!); hier etwa 150; er nickte, anerkennend verkantet; begann aber zu schaudern und legte's verdrießlich beiseite (demnach die Explosion, ensanglanter la scène; das konnte er ja gar nicht vertragen. Dennoch war hier immer wieder eine perverse Stelle bei ihm: einmal bat er einen Bekannten, Baron Rutern, ihm von der Amputation seines rechten Arms, sowie des Abhackens der rechten großen Zehe zu erzählen; Rutern, der ihn sehr wohl kannte, tat das möglichst schonend mild und leise; »aber es war doch sehr nachdenklich anzusehen, wie sich das schöne Gesicht des lieben bequemen Mannes dabei verzog«!) / Dann noch die ›Seelandschaft‹, Foto IX – *noch*mal (ehrtmich, ehrtmich!) und drückte mit Daumen und Zeigefinger den Takt. Auch den ›Text‹ dazu. Brauen heben? (zu lange). Ah: Brauenbrauen sinken lassen. Ich, zur Erläuterung: »*Meine* ›Venezianischen Epigramme‹.« (Seine Unterlippe verwahrte sich gegen den Vergleich; seine Stirn nickte ihm Billigung). *Abschließend noch die gnädige Frage:* »An was arbeiten Sie im Augenblick?« (Im ›Augenblick‹?: der hatte doch eben bedauerlicherweise sein Erscheinen eingestellt: wußte er das noch nicht?! – Aber dann besann ich mich): ich zeigte mit dem Kinn auf das Großfoto an der Wand: ›Telescopium Neutonianum XXVII pedum, constructum Lilienthalii 1793‹ (Wohltuend verständnisvoll der Technikerblick, mit dem er

es besah; während ich ›Münsterländer‹ trank; und mich mit dem Gedanken an ›maschine 2‹ etwas tröstete: sie lebe!).

»*Leben meine Werke noch im Volke?*«: Eigentlich hätte ich ja lachen müssen; lachen und gegenfragen: Haben *jemals* die Werke eines bedeutenden Dichters in ›seinem Volke‹ gelebt?! – Nu, man kann's ihm ja auch *so* zu verstehen geben:

»*Aber certainement!*« bestätigte ich willig: »in gebildeten Kreisen hört man durchaus noch manchmal ein ›Das paßt wie Faust auf's Gretchen‹; und im Volke hat sich das andere Zitat, das ›Leckt mich‹, herrlich eingebürgert!« / (Wie schade, daß ich kein verstecktes Tonbandgerät besaß! – Aber nachher hätte man wohl auch wieder nur *meine* Stimme gehört; wie ne Schachpartie, wo die weißen Züge fehlen). / (Was n Einfall: n Dichter ›im Volke leben‹. Wir wollen doch weißgott froh sein, wenn uns die *Intellektuellen* noch kennen!)

»*Wen halten Sie denn für den größten* deutschen Schriftsteller überhaupt?« – Ich zögerte doch ein bißchen; Wieland; Jean Paul (soll ich ihn damit ärgern? – Ein Motorradfahrer schenkelte über Kleinexplosionen vorbei, mit weißlackiertem Sturzhelm: auf den Rücken einen Rettungsring geschnallt!! Das brachte mich wieder zum Bewußtsein, mich, Langmichel Grinsemaul): »Ich will's Ihnen aufschreiben.« versprach ich. (Und einen von den berühmten kleinen Zetteln rausziehen. Und kritzeln ………..: !).

(*Er* konnte meine spitzdeutsche Schrift erst gar nicht lesen; transkribierte ich's ihm also noch zusätzlich ins Rundliche: !).

Er faltete pikiert den Greisenmund. Trommelte wohl auch mit dem langen kleinen Finger. Wiegte zu einer Einleitung sehr energisch den Kopf. (Verkniff sich die Antwort aber dann doch, und steckte den Zettel in die Brusttasche. – Ich hatte lediglich geschrieben: ›Der junge Goethe, ehe er Frankfurt endgültig verließ‹.) (Später Eisbergen ebenso abgeneigt wie Vulkanen. Teppichwälzer, nobilitierter.)

»*Wieso?!: Bitte!: Hier!!!: ›An Schwager Kronos‹!*« – las ich's ihm also vor, mit rasselnder Wagenstimme, cerberusbespannter Schüdderump (und konnte mich wässrige Pflaume zum Schluß doch nicht halten: klaubte an seinen Fingern, und drückte ihm eine wütend=schamhafte Kußgrimasse auf den Handrücken. Er grinste; auch ich bereute den Schmatz sofort wieder; er schlug ergötzt die Altmeisterfüße übereinander (nicht ohne sich am Sack gefummelt zu haben); und ich hielt ihm sogleich sein Porträt unters Gesicht: das mit dem Brief König Ludwig's von Bayerland in der Hand: und man mußte den Royal Name lesen können, hatte er Stielern eingeschärft! *Das* war auch so ein Affenstreich! Er wedelte mit dem Kopf, seufzte mißmutig. Und gab's zu. »Und anschließend die Szene mit Eckermann, dem armen doowen Luder; dem Sie Ihre Antwort zu lesen gaben, ›damit er lernen könne, wie so was gemacht würde‹, heh?!« – Na; Schwamm drüber; wird sind Alle Heinis.).

Wie spät?: Ja, ne Uhr?? – – Mein lieber Freund – – ich bekratzte unschlüssig mein Scrotum (um ein weniger gebräuchliches Wort zu verwenden) – – (und bat dann, leise in der Küche, meine Frau, doch mal bei der Nachbarin .....? / Sie war recht unwillig; wollte ›*auch* was von Goethe haben‹. / »Du brauchst ja nicht lange zu bleiben.« / : »Geh *Du* doch; ich unterhalt' ihn so lange!« (Glaub's gern)). / Aber dann fiel mir der Ausweg ein. Ich ging wieder zu ihm, und sagte kühl: »Viertel vor Vier«. (War ja auch vollkommen wurscht). / (Dann klingelte es: ein Händler mit Schnürsenkeln; aus Raffinesse in Postbotenblau gekleidet, mit entsprechendem Mützchen – damit die Leute ihn für den Telegrafenboten halten, und erstmal aufmachen. Sofort rausgeschmissen!).

Paläontologie?: ja; das war ihm sehr wichtig! Also Triasjurakreide. Den Namen ›Darwin‹ notierte er sich sofort auf die Rückseite meines Zettelchens von vorhin. Und ich nickte beifällig: »Dee, a, err .....«

»*Tjaja die Schäker; große & kleine!*«: wir verständigten uns mühelos; durch Worte, durch Zeichen. (Er hatte ›oben‹ die Bekanntschaft der zweiten weiblichen Erscheinungen gemacht, der Anna Lee; und wußte die scharmantesten Details: »Aber die Joan Southcott ist noch *viel* intressanter: Scharfe Sechzigerin!« / »Und Eva von Buttlar?«: er nickte nur mehrfach=langsam; versonnen; den Blick visionär, durch mich hindurch, auf eine unsichtbare Pforte gerichtet: !). – »Tjajadieschäker« (und vieles Kopfschütteln): »Große & kleine.« – (War und blieb aber von der alten Schule, die die Schäkerei als Bändigungsmittel fürs Volk, zur Aufrechterhaltung von Ruhe & Ordnung, für unentbehrlich hält). / »Und Ihrer Ansicht nach also *immer*?!«: »*Immer*!« – Da erzählte ich ihm aber *doch* Einiges von der Deutschen Demokratischen Republik!: »Schade, daß wir nich für'n paar Stunden rüberfliegen können: meine Nichte geht eben zur Jugendweihe: das ist ja nun immerhin *doch* schon was anderes, als unsere bankerotten Schäkereien!«. Er ließ ungläubig sämtliche Gesichtszüge hängen, und wiegte bedenklich den Kopf: »Ich mag mit Bürgern und Bauern nichts zu tun haben, wenn ich ihnen nicht geradezu befehlen kann.« (Aha: Wahlverwandtschaften; Erster Theil mit ›Th‹, und Kapitel 6).

Geschichte? Schicksal?: Die Politik ist das Schicksal! (Dabei war mir nichts weniger als nach Ausrufungszeichen zumut: es ist ja *zu* traurig, was in der Hinsicht mit uns eben jetzt wieder gemacht wird! Die Kipper und Wipper unserer demokratischen Freiheiten! / Oder wie in Süd=Korea, wo aussichtsreiche Gegenkandidaten 10 Tage vor der Wahl zu sterben pflegen!).

Abriß der Geschichte; von 1832 bis zur Wiedereinführung der Allgemeinen Wehrpflicht 1956: wie die Welt da allmählich ins Lot kam; nämlich: »Das künstlich=unnatürliche Übergewicht des kleinen Europa – eigentlich nur das zerklüftete Nordwestkap Asiens! – ist schon zu zwei Dritteln beseitigt; nach dem nächsten Krieg wird es dann endgültig für die Welt *das* sein, was für Europa ›Hellas‹ ist: archäologisch=gerührt embrassierte Geisteswiege. Wir schlagen dann zwischen Säulenstümpfen unsere Kapriolen: ›das ist meine Hütte / :

eines Tempels Trümmer!‹. Gegen Bakschisch bebrillter Tartarenprofessoren. Oder langer Männer aus Oklahoma.« / Er hielt auch nichts von Deutschland, ›rüttelt nur an Euren Ketten‹; und wir kamen, excellent Excellenz, einander immer näher. Verfolgte mit brennendem Interesse Rußlands Aufstieg zur, Englands Abstieg von der, Weltmacht. Und Amerikas. N Atlas her: klarer Kopf das!

Anstatt Australien systematisch mit 300 Millionen Weißen zu bevölkern!! Wir klopften bezeichnend an unsere Stirnen; und ich entkorkte die vierte Flasche (ob die nachher so viel passieren lassen? Das heißt: *ich* war als trinkfest bekannt; und von ihm hatte sein Herzog ja auch resigniert geschrieben, »Goethe konnte fürchterlich saufen!« Also Vogue la galère: Prost!). (›Unheilbares Deutschland‹: *sehr* richtig!).

Also: Rußland, USA, China, Indien: Prost!

Ich sah den Grand Old Man aus gekochten Bordeauxaugen an; salutierte manchmal; und wir gaben gemeinsam folgendes Kommuniqué heraus: Napoleon: ist Europas letzte Chance gewesen! ›Massenbach.‹ Gescheitert an Deutschsprachigem: die Preußen=Deutschen sind große ..... (ein deutlöcher Plural folgte; dreisilbig; wir nickten unbeirrt; ich fügte aus eigenen Mitteln noch ›Gefährliche Trottel‹ hinzu; und er hob ministeriell=bestätigend den knappen rechten Faustkeil: »Auch das. Ja.«). / Ende des Kommuniqués.

Ich beugte mich etwas vor: Familienvater (Lilli & Purzel!); ich flüsterfragte: »Wissen Sie vielleicht – im baldigen dritten Weltkrieg – – : n sicheres Eckchen??«

Er blies seine (nicht unbedeutende) Nase durch. Fraß zögernd in seiner Mundschleimhaut. Er redete raus: »So zwischen Rhein & Weichsel nich. Hier in der ›Bundesrepublik‹ .....?« (mitleidig=verächtlich; sein abfallender Mund sagte über diese Meridianstreifen genug aus).

»*Naja – also* – das dürfte ich eigentlich *nicht* mitteilen – –« (ich hatte lediglich nach dem Ausbruchsdatum des nächsten Weltkrieges gefragt) »– aber ich habe neulich gerade zufällig – – oben – –« (er zeigte mit einer ungeheuer intressant korkenziehernden Schulter in die vierte Dimension) »– mit *dem* gesprochen – – : also was *Sie* ungefähr ›Friedrich den Großen‹ nennen würden. Und der interessiert sich noch immer ungemein für die Händel hier unten – –« (er wiegte unschlüssig den Kopf – »gewiß, n solider junger Mann« hörte ich ihn erwägen; und: »praktisch meine einzige Verbindung nach unten …« – (*Ich*: Mitte Vierzich! Also wenn ich *etwas* nicht leiden kann, dann ist es das vom ›jungen Mann‹: man ist doch wahrlich abgewetzt genug!)).

»*Also* .....« *er gab sich den Ruck;* er neigte sich vor; er flüsterte das Datum: ! / : ?? / : !!!

»*Oh leck!*« sagte ich erschöpft: »So bald schon?! – Und gleich die erste Atombombe, die sie in Bononien selbst herstellen werden?« (Noch ein herzinniger Fluch: auf den Kerl, auf den Kerl!: *so* ein Schwein!!)

Und: »*Nee; dahin kann ich nich!«;* ich schüttelte resigniert den Kopf: »Denken Sie doch: allein die Spesen; für Zwei; plus eine Katze!« Ich titschte mit der flachen Hand alle erreichbaren dafür geeigneten Stellen. »Neinnein; selbst wenn der Konsul die Einreiseerlaubnis *gäbe* – – – : Oh Scheiße! – – – Ä=Pardon.« setzte ich erschöpft hinzu. Aber er bewegte nur abwehrend den Kopf: »Sie haben schon vollkommen recht.« Würdig: »Und ich hab's Ihnen nur noch erschwert.«

Lang=kurze Pause. –

»*Also ster'm wa halt: Prost!«.* Ich zog den Kork aus der nächsten Flasche: ›Und Dein nicht zu achten: wie Schmidt!‹ (Dabei wär' ich neulich um 1 Haar *Küster* geworden: wegen der prachtvollen Dienstwohnung! – Und trinken; glasig blitzenden Doppelaugenpaars.)

»*Wenn Sie heute schrieben*: hier an dieser Stelle: den ›Werther‹; die Epigramme und Elegien; Prometheus auf Italienischer Reise: Sie stünden längst vor Gericht! Als Defaitist; als Erotiker; wegen Gotteslästerung; Beleidigung politischer Persönlichkeiten!« / ›Untergehend sogar ist's immer dieselbe

Sonne‹?: die hier grinste uns affenrot, aus einem Vatermörder von steifem Wolkentaft, in die Gesichter. Ich sagte das auch unverhohlen; und er genehmigte nach kurzem Überlegen die Metapher.

Ihn künstlerisch attackieren: von den Prosaformen her: »Die übel zusammengeleimten Anekdoten des ›Meister‹: wenn der Stoff ausgeht, stellt sich zwanglos eine vor 20 Jahren geschriebene Novelle ein. / Und erst die Kapitelübergänge! – Bitte:

›Lehrjahre, V, 9: ... so handelten sie noch manches ab. Wir (sic!: ›WIR‹) lassen uns hierauf nicht weiter ein, sondern legen vielleicht künftig die neue Bearbeitung Hamlets selbst demjenigen Theile unserer Leser vor, der sich etwa dafür interessieren könnte‹: und das auf einmal mitten in eine Erzählung hinein!!

›Lehrjahre, V, 14: ..... und führte ein wunderbares Gespräch mit ihm, das wir aber, um unsere Leser nicht mit unzusammenhängenden Ideen und bänglichen Empfindungen zu quälen, lieber verschweigen, als ausführlich mittheilen.‹: die typische Flüchtigkeit=Faulheit eines Diktierenden; der's satt hat, und Feierabend machen will!

Jetzt reist der Held ab; aber 1 Seite im Manuskriptbuch ist grade noch frei? –: holen wir schnell n altes Gedicht aus der Schublade (und etwas *noch* geheimrätlich Steiferes gibt es bald nicht!); und knoten es also an den groben Hauptfaden an: ›Lehrjahre, V, 16: ..... und so lassen wir unsern Freund unter 1000 Gedanken und Empfindungen seine Reise antreten, und zeichnen hier noch zum Schlusse ein Gedicht auf, das Mignon mit großem Ausdruck einigemal recitiert hatte, und das wir früher mitzutheilen durch den Drang so mancher sonderbaren Ereignisse verhindert wurden: .....‹: also *noch* tiefer kann ein Prosaschreiber kaum sinken! Wenn das heute jemand riskierte: steinigen würde man das Faultier: *und mit Recht*!«

»Wilhelm bis zum letzten Augenblick ein dummer Junge

im Handeln, nur geistreich im Reden. Lothario liederlich, langweilig, hohl: worin besteht denn seine immer gerühmte Trefflichkeit? Jarno höchst widerwärtig; Abbé lächerlich pedantisch; Gräfin Wachspuppenkopf; Natalie fischblütig; Therese ganz unerträglich; Friedrich verdorbener Bube, dem tüchtig Prügel gehören. Harfenspieler und Mignon bänglich und unnatürlich, doch tieftragisch und wunderbar romantisch. Turm im Schloß abgeschmackt; Charakter kein einziger. Verwicklungen ebenso unnatürlich als langweilig. Das Ganze total mißlungen, wenngleich im Einzelnen auf jedem Blatt ex ungue leonem. Stil zauberhaft schön.« (Wer mir den Verfasser dieser Stelle nachweist – ich schätze ihn sonst nicht; aber in diesem Fall hat er recht – erhält, auf Wunsch, ein signiertes Exemplar meiner ›Umsiedler‹).

»*Ach, Geschwisterliebe, Geschwisterliebe:* das hat Frank Thieß in den ›Verdammten‹ viel besser gemacht!« / »Ach was!: Nach dem ›Werther‹ hätten ›wir‹ besser keine Prosa mehr geschrieben – und der ist formal auch noch verfumfeit!« / »Dichtung & Wahrheit natürlich! Wenn ein Mann so viel gelebt und gesehen hat, wie Sie, ist er uns seine Autobiographie schuldig!« (Wie A. uns sein Modelleben!: Zur jungen Weimarer Zeit scharf links: wie ich. Bei Hitler untergetaucht in die Scheißgroßindustrie: wie ich. Soldat und Kriegsgefangener: wie ich! Nach 45 deutscher Schriftsteller: wie ich! Nach 57 ... hahaha!)

Er wich natürlich beherrscht aus (hätt' ich auch getan). / Lenkte ab in Wissenschaften auf ›ie‹: Biologie; Astronomie; Filosofie. Auf seine präzisen Fragen erhielt er meine präzisen Antworten, da ging das alles schnell.

Der Abend?: heuchelte ein paar reinliche Farben zusammen. Schwalbenpfeile (nicht ›Schwabenpfeil‹: der steht im Fernfahrplan!) wurden kurz=kreischend über den Himmel geschossen. Die Lehrerin oben horchte wieder, was wir für Besuch hätten.

Fahrräder: die schönsten Maschinen!: »Was sind die größten – also auch *unschädlichsten* – Erfindungen seit meinem ersten Tode?« : Schreibmaschine & Aspirin; Glühbirne & Blausiegel! *Und* eben Fahrräder!!: Ich erklärte ihm das dünnbeinige junge Mädchen überm Gestänge; er sah die schwarzen knochigen Hosen; verstand aber die Übersetzung. / »Was meinen Sie, was mein ›Fotoalbum‹ ›Tandemfahrten‹ funkeln wird?!« / (Erst allerdings ›Lilienthal‹; ›Stützpunkt‹; ›Polizeischule‹: 4 Köpfe müßte man haben; und 8 Hände; na, vielleicht unsere Enkel; aus atomisierten Chromosomen, quien sabe). –

Hinsetzen: Was wäre die einzige Rettung der Menschheit? – Wir, keiner von uns ein flacher Kopf, erfanden im Takt das Mittel: ›P a n t e x ‹.

›Pantex‹: – : die Kombination Raum=Zeit=Licht ergibt ein sanft strahlendes Energiegemisch; das – ähnlich wie die Gravitation – immer ›da‹ ist: und diese Strahlung wird eben ›nutzbar‹ gemacht; zu ›Pantex‹, dem ›Allseher‹!

»Alles sehen?«: »Je nun, es hätte ja wohl seine Grenzen: ungefähre Sichtweite wie Kurzwellen und Television: sobald sich die Erdwölbung dazwischenschiebt, ist es aus. Aber das wird leicht durch ein dichteres Sendernetz ausgeglichen.« / »Und hier: wenn ich *den* Knopf drücke –« (sein Finger tupfte Erdachtes hinein) »– *höre* ich auch Alles! – Nee: schmecken und riechen nicht! Ja nicht!«. / (Und wir schauderten eine Zeit lang. Vor dem bloßen Gedanken.).

»*Wenn man das Zimmer verdunkelte, wäre* also nichts zu machen?«. / Mit Pantex, dem Allseher; die Selenscheibe genau gerichtet; Germaniumkristalle; elektrische Mitte; 3 Skalen: Richtungswinkel phi; Entfernung e; automatisch damit gekuppelt die Vergrößerung n (bis auf Lebensgröße – man kann natürlich auch noch zusätzlich mit der Lupe ran gehen: lippenleckend: ›Lupe‹!).

»*Neinein: ehelicher Beischlaf* darf nur bei 13 Grad Dämmerung – oder darunter – vorgenommen werden.« (An jeder

Wand müßte also das geaichte Fotometer hängen: neue Industrien! – – »Nein: auch Maskenvorbinden schützte vor Strafe nicht!«).

Im Halbdunkel (unter 13 Grad Schmidt) wird natürlich grob gesündigt: aber das hat man ja zu Christenzeiten sogar munter im Hellen getan. (Die behaupteten: ›Gott sieht Alles‹; aber das war eine reine Hypothese. / Heute gälte dann: ›Frau Lehmann sieht Alles‹: das wäre eine Tatsache! Und wirkte wesentlich anders: denn um Gott hat sich praktisch kaum noch jemand gekümmert: um Frau Lehmann Jedermann!!).

Also: was die Religionen so lange nur versprochen haben, würde durch diese einfache Maschine gehalten: es lebe die Technik! / »Sie lebe.« murmelte er; tief in Gedanken.

Rasche Einzelheiten: Jeder Haushalt muß ›Pantex‹ führen! (Vorher wird die Genehmigung zur Gründung eines Hausstandes gar nicht erteilt; Gebühr 4 Mark 50 im Monat). / Die Ehen sind glücklicher seitdem geworden: jeder kennt seinen Partner körperlich – etwa von der Badewanne her ......: »Nein, *das* ist erlaubt – und kommt auch überall vor – : daß man sich nackt in die Sonne legen kann! Abschreckend Häßliche tun das schon von selbst nicht. So wird Jeder=Jede dahin gebracht, daß Er=Sie sich gut in Form hält: im umheckten Garten oder auf'm Balkon. Alle gut trainiert. Die Männer immer glatt rasiert. – Auch sonst hat man Zeit gehabt, SIE ausreichend zu beobachten: ob sie gern zankt und trampelt; die Geschwister ohrfeigt; schmatzt, frißt, onaniert; ihr Gesicht im Schlaf.«

(Wenn der heimliche Schatz mal ruhig sitzt, kann man ihn nach Herzenslust fotografieren – allerdings auch dabei seinerseits schon wieder vom Dritten beobachtet werden! So daß sich's nächsten Morgen die Kollegen im Büro schadenfroh erzählen können. / Ehebruch?: kolossal erschwert! / Beim Militär gäb's die alte Menschenschinderei nicht mehr. / Der Wähler würde überprüfen, in welchen Nachtklub sein Abgeordneter die Diäten hinschafft. / Zumindest die belichtete Hälfte

der Zeit wäre praktisch der Sünde entzogen! / »Was meinen Sie, was die Biologie dadurch gewinnen würde: Tierbeobachtungen!« (Aber das war im Augenblick noch nicht das Interessanteste.)

Neinein, wir würden ›besser‹!: Zoten und anstößige Gebärden verschwunden. / Betrüger, Fälscher, Dieb, Mörder: sind keine lohnenden Berufe mehr. / Briefgeheimnis? – »Wichtiges muß natürlich mit dem Nyktografen im Dunkeln geschrieben werden.« / »Wenn Sie dann n Dichter beobachteten: der säße am Schreibtisch und arbeitete; schlüge nach; runzelte effektvoll die Stirn, skandierte, und debattierte mit seiner Schreibhand; Potz Dittografie & Homöoteleuton. Söffe nicht mehr wie'n Nickelmann – zumindest nich mehr, als er verträgt: denn das wirkte sich sofort ganz schön störend auf den Absatz seiner Bücher aus, wenn es hieße: ›Der macht ja nischt! Stolpert bloß im Zimmer rum, und rülpst viehisch: sehen Sie selbst!‹« / Zart: man kann auch aufeinander einstellen: scheue Liebende unterhalten sich bebend (wenn die Eltern im Quinault sind (=Kino)): »Löse Dein Haar, Liebste!« – sie tut die rührende Gebärde; und er: »Ohhhhchchch!!«

Bemerkenswert auch die rein äußerlichen Umschichtungen: in allen Gebäuden wären die Wohnungen *unten*: weil unbeobachteter; die Sichtweite wäre geringer! Die Läden, im Gegenteil, möglichst *hoch*: man könnte nämlich am Bildschirm durch Kaufhäuser schlendern. / Kontrollieren, ob der Schuster meine Latschen sorgfältig regeneriert (oder bloß so mißmutig drauf rum pfuscht). / Der durchschnittliche *Wortschatz* vergrößerte sich pro Jahr und Kopf um 0,3 Prozent: da man ja nie wüßte, wer einen gerade beobachtet= belauscht: sämtliche Beamten wären fleißig und höflich (s könnte ja eben fotografiert und auf Tonband aufgenommen werden: Cave!). / Die Fleischer und Konditoren peinlich sauber. / Keiner säße mehr und popelte. / Oder fortzte widerwärtig: Alle gingen ins verdunkelte Klo. / Jeder bemühte sich um adrette Kleidung; graziöse Bewegungen; möglichst klangvolle und suggestive Sprache.

Neugierig?: alte Weiber & Rentner!: die säßen natürlich Tag & Nacht an den Dingern; meldeten jeden Dreck; denunzierten (ganze Behörden sind so neuentstanden, die das Material auswerten und ablegen: in ›Leitz=Ordner‹, hier, solche).

Denn die Regierungen: zuerst hätten sie deklamiert: entsetzlich! Unerträglicher Eingriff in das Privatleben des Einzelnen! (Und Viele schlossen sich an: die vom dunklen Finanzgebaren; man wußte ja nie, ob nicht eben jetzt diesen Augenblick, Jemand auf mich und den Geldbriefträger einstellte! – Finanzminister Schäffer war allerdings sogleich dafür gewesen.) / »Ja, iss klar: die Überwachungsstellen liegen grundsätzlich auf Hochtürmen!«

Also Regierungen & Parlamente haben zuerst getobt wie die Unsinnigen (die sie sind): nichts wäre mehr geheim; die Außenpolitik gefährdet; von den immerberühmten, nievorhandenen ›Neuen Waffen‹ noch ganz zu schweigen. Das würde Jahre dauern, ehe die kunstvoll nachgäben! (d. h. so lange: bis sie das kommende Theater genügend inszeniert hätten; die Abgeordneten Filmschulen besucht; das würde ein Reinhardtscher Genuß werden, sonne Plenarsitzung: der Einzug stark, adrett, trotzig, wie Gralsritter, entschlossen zu jeder Tugend; die Gesichter funkelnd vor Intelligenz & Verantwortung .....) / Tiefe Schwermut ergriff uns; denn

die Geheimsitzungen?: gingen natürlich im Finstern vor sich; da wäre extra eine Trillersprache erfunden; der Eine mit den Fingerspitzen im Handteller des Partners (und ich zeigte ihm gleich das Standardwerk ›International Trilling / according to Dr. Lou Clitoris / Or / how to trill successfully‹: *Wir* werden *immer* dumm gemacht!).

Dumm gemacht: die Abendnachrichten. – Die Skala glomm geheimnisvoll (wie geschickt man da die Begriffe ›Licht‹ und ›Wahrheit‹ gekoppelt hatte. »Ganz wie in ›La Lumière‹« bestätigte er. Winkte aber ab, als der ›Freiheitssender 904‹ kam:

zarte Kinderstimmen sangen ›Den Hetzern die Faust in's Gesicht‹. Neenee! Lieber die Wellenbereiche erklären):

Die Wellen?!: er verzog erst den Mund und gänsehautete dann ungekünstelt den ganzen Körper: ständig so von Kristallgeflechten umwickelt und gekitzelt?? (Nochmal die Schultern vorschaudern: Brrr! / Richtig: er hatte ja schon immer beim bloßen Anfassen des Buches vom ›Armen Heinrich‹ das Gefühl gehabt, als kriegte er Aussatz! (Aber Recht *hatte* er: in den Wohnlauben in der Nähe des ersten hamburger Senders, 1924, hatten unsere Glühbirnen *ohne Strom* in den Leitungen gebrannt!: s'iss schon was verrücktes!)) / Hier der Lautstärkeregler: wieder kam's munter und trochäisch: ›Bleibe nicht am Boden haften, / frisch gewagt und frisch hinaus / : daß die Sonne schön wie nie / über Deutschland scheint / : über Deutsch. Land. Scheint.‹

Am Fenster die Dämmerung, aber noch mit ganz breiter roter Borte unten dran. / »Ja, das iss 'n Kollege der drüben wohnt – berühmter Mann.« Und wir betrachteten das mildglimmende Viereck: rote Vorhänge, steife Hauswand; die stille Laubkunst des Ahorn davor: ›Die, deren nächtliche Lampe den ganzen Erdball erleuchtet‹ (und ich lehnte mich graziöser hin: falls wir etwa *auch* von drüben beobachtet würden).

Abendbrot (ganz hausmachern. Wir hatten noch von früheren Reisen ausreichend Kellnerrechnungen gefunden – so genialisch auf Notizblöcke von Bierfirmen hingekritzelt; bei einer paßte sogar das Datum (allerdings nicht das Jahr) bis auf 2 Tage: gut!). Und er löffelte für Drei, nischt wie Sago und Tapioka; seine Kinnbacken gingen wie Kastagnetten (mißfällig beobachtete er Purzel, der oben auf dem Regal hinter Büchern wandelte.)

Zwischendurch, er: »Also *so* schrecklich ist es mit dem ›Fortschritt‹ ja nicht! – Sie haben den *Luftballon* weiter entwickelt – was zu erwarten stand. / Die Elektrizität. / Ob Venus in 1 oder 200 Tagen rotiert, wissen Sie *auch* noch nicht......« /

Auf einen Einwand von mir: »Lieber Freund: daß sich Lichtstrahlen um Gravitationszentren krümmen, war schon zu meiner Zeit ne olle Kamelle!« (Ich notierte mir gleich den Namen: Mensch, was wird Einstein spucken!)

Noch dies: »*Freiere Sitten?!:* Na, Sie hätten mal in Weimar leben sollen!« Spitzte die Zunge und leckte sich köstlich die Lippen: nach ›Misels‹. (Es gibt viele Dinge, die man selbst mit der eisernsten Energie nicht werden kann; z. B. Jungfrau).

»*Achwasdiekunst!:* Reden wir mal nur von der Dichtung« er hielt mir gemessen 2 sehr fragende Hände her, und ich trommelte verdrießlich am Sesselbein. »Sie haben doch vorhin selbst zugegeben, daß ›Schwager Kronos‹ . . . . .« : »Also, das ist ausgesprochen unfair!« sagte ich wütend, »weil ich die Schwäche hatte …«. Er grinste würdig=schuldig, und gab's leichthin zu. / »Dafür nehmen Sie die ›Berechnungen I‹ mit: vorn ist gleich die ›Seelandschaft‹ drin: damit Sie oben auch mal was Gutes=Neues zu lesen haben!« Er steckte sich gleich das schwarzblaue Heft in den Überrock, surtout, huldvoll=kritikbereit, ganz Schülerszene und nous verrons. –

»*Madame? –: A Dieu!*« Purzel wich hinter meine ungesammelten Werke aus, feindselig ein Krallenfächerchen in der Luft. Und ich griff vorsichtshalber in den zu langen Handkuß ein: »›Dieu‹ sagt man bei uns nicht; ich hab mit dem Mann zu viele Schwierigkeiten gehabt.«

»*Was ist das?!«* : im Korridor. Fasziniert. – : ? »Zählergesang.« – : »Nachts, am besten um 2 und 3, wenn's sehr stille ist, singt der Elektrozähler. Man kann minutenlang davorstehen, mit geschlossenem Munde, gekniffenen Augen: ii – oh – a: oh – mmm – ii«. / (Ein Kapellmeister, der sich beim Dirigieren den Arm auskugelt: Opfer der Arbeit.) / Ich laß mich skelettieren – nach dem Tode – und im Treppenhaus der görlitzer Oberrealschule aufstellen: den Namen dran (Zettel am Fußgelenk); und dazu ›Ein ehemaliger Schüler unserer Anstalt‹. / Nochmal: »Adieu, Madame« (Augendrohung: !). –

Inselstraße im Abendgrau: oben 3 silbrige Kreuze, selig brummend. »Von der Kirche aus?« fragte er abfällig. Ich nickte stark, die Augen immer auf den Dingern: wie wahr, wie wahr! (Dann erklären: wieso sich die Kirchen aufs Kanonisieren verstehen. – Die Autos steckten uns, rechts & links, feurige Zünglein raus).

Die ›Goethe=Straße‹ unserer Stadt? –: »Jaja; haben tun wir schon eine …« (aber die durfte ich ihm gar nicht zeigen: ein kurzes krummes Ding; jwd.; und auf den Schildern stand ›Deutscher Dichter, 1749–1832‹; in Forzheim blühen die Künste! / Er sah meine Verlegenheit, und verzichtete ahnungsvoll.)

›*Sieh, da schreitet eine Lange /* weiten Schrittes vor uns hin!‹: grauer Rock; winziges Punktgedüster im Schußgarn; schwarze Bluse mit angeschnittener Kappe. Er sah nur Defekte: dürres Beingestänge, die unreifen Arme wie Weißhölzer. Sandblondes Haar, im Genick als Fell; blaue kühne Augen; der Mund aber schon rot bestrichen. (Richtig: *er* hatte immer nur die ›vollere Brust‹ geliebt). Ging ins Haus; davor ein blaugrauer Volkswagen H 71–4222. –

Knistern unsichtbarer Hochspannungsleitung: und ich beobachtete ihn angespannt: Was denkt Goethe? / (Nichts. Er vermutete erst gar nichts hinter dem Geräusch. Zumal in der unteren Luft das Geschwirre von Flugzeugmodellen war).

Oder, da: die Baumreihe nach Rotenburg! Ich überlegte zwischen meinem zeigenden Fingergespreize hindurch; ich schweißte die Worte zusammen:

›Schwarzer Güterzug. (Auf Stelzen). Ungleich beladen mit Kabeltrommeln; verhangenen Panzern; stand drüben; zerbombt; und wartete. Um mit mir weiterzufahren.‹

»*Was aber würden Sie sagen? Sie, der Sie weder Güterzüge, Ka*beltrommeln, noch Panzer kannten?!« / Er war zu faul zum Nachdenken über Irdenes; verstand aber sehr wohl, was ich meinte: hier war der Zaun zwischen uns; Gadir. (Ich fraß mir unterdessen einen Nagel ab, und spuckte ihn aus; quite ungentlemanlike; die weite Wiese war still, wie zu seiner Zeit. – (Fallen denn nur *mir* immer die Panzer ein; und daß 1 einziges pralles Platzkonzert der Wehrmacht in unserm Publikum mühelos die Wirkung der 100 besten Nummern der AZ aufhebt.)).

Chor der Lachenden: »*Hier soll* Matthias Claudius sein ›Füllest wieder Busch & Tal‹ geschrieben haben – oh: entschuldigen Sie!: ›Der Mond ist aufgegangen‹, natürlich!« – er verstand meine rachsüchtige Gemeinheit sehr wohl, und wir schmunzelten wieder zusammener (›und nun ist das meine meiner als jemals‹; Hermann & Dorothea): Irrtum wolltest Du bringen *und* Wahrheit, Bote von Wandsbek / : Wahrheit?: sie war Dir zu schwer. – – Irrtum?: den brachtest Du fort!!: ScharmantscharmantI / Oder das hier: »Als Du die griechischen Götter geschmäht, da warf Dich Apollon / von dem Parnasse: dafür gehst Du ins Himmelreich ein!« : An Alle, die sich an der ›Pocahontas‹ blamierten! / (Und ich – wollte doch auch ich nicht dahinten bleiben! – akkompagnierte mit dem Motto der ›Umsiedler‹: »ElenderDirallein ist nicht Dein Vaterland teuer? / : Ja beimhimmelauchmich kostet es Tränen genug!«

Der Sportplatz drüben: n Eingang wie's Brandenburger Thor! / : »Der Mittelstürmer hat natürlich n Kapitän.« : Und wieder standen wir wie die Neger voreinander:

    a) Was ist ein Mittelstürmer?

    b) Wieso hält der sich ›'n Kapitän‹? (er stellte sich etwas wie ›Weiße Sklaven‹ darunter vor; Superkargo; und mit Recht: wie ich ihm die historische Entwicklung über Willem, Hitler, & Erben, geschildert hatte).

(*Straßenbeleuchtung?:* »Nein: ist *keine* Illumination, Ihnen zu Ehren!!«)

(*Es ist ja nicht immer ein Lob*, von einem Lande zu rühmen, daß es die Wiege großer Männer gewesen sei. Dazu gehört zumindest noch der Nachweis, daß es auch ihr *Grab* war; und selbst *das* wirkt wenig befriedigend, falls der verehrend zu ihnen Pilgernde immer wieder nach irgend einem Buchenwald gewiesen wird: dieses Wortspiel wird nur allzubald schwermütig=unverständlich geworden bzw. gemacht sein; ich füge deshalb jetzt schon hinzu: der Name des hier gemeinten Landes ist ›Deutschland‹!). –

Die Telefonzelle am Paulusplatz: nur gelbes Gestänge und Eisglasplatten. Ein Mädchen drin: am Einohr den Hörer, am andern die Ringhand. Drehte sich, Docke, Rotröckchen; tanzte, und beschwor IHN! Lachte auch mit überlegenem Rotkopf uns Süchtigen zu; sprach uns frech (unhörbar) an: Mmm!; listete geil; schnutete und schüttelte die Ohrhände. Hob die roten Brauen: ?: Spitzte den Mund – tat einen Trick mit dem Schulterblatt, daß die rechte Brust boppte: ?: Jadoch, wir sahen noch zu! / Empfanden auch die Kirchensilhouette. Im linken Rücken die ›Bank‹. Die grasige Vorstadtstraße; dahinter die flache Bungalowfront. (Sie trampelte vor Vergnügen, und plapperte immer starmätzig).

Weiter ›wandeln‹: Straßenbahnen; Mandolinenspiel im Dämmerschein: ›Sugarbush I love you so!‹: Warum, o Mädchen wirstu rot & gelb? / »Sie möchten mit so einem Ding fahren?«

»*Garçon: zweimal Hauptbahnhof, bitte!*«: ihm gefiel das spezifisch blaugrüne Licht; das Gewimmel der Menschen; nochmal: »Nein: keine Illumination!«; wir rutschten auf unserem Blechfloß durch die Stadt: die Welt war ein einziges großes Kaufhaus geworden. / Mit schwarzen Gesichtern und Silberhaaren knixten sie in den Schaufenstern, schwebenauf schwebenab, neigensich beugensich: eine Hexenzunft (wenn man ihnen den Rock anhebt nur Draht, eine Neonröhre im Kreuz, als Herz eine Büchse Nescafé).

Und hinein in die bleischwarze Halle!: auf die eine Bahnsteigkarte soll mir's nicht ankommen. / Wir schritten probeweise über graue Zementbrücken (unter denen überall die schwarzen Riesenschlangen lauerten: ab & zu traute sich ein Menschlein näher: da öffnete's eiserne Kiemen, und der verschwand. Ich besah ihn lüstern von der Seite: graut Dir immer noch nicht? Vom Krieg müßte man erzählen können: ›Nichts Bessres weiß ich mir an Sonn- & Feiertagen‹; aber der hatte's ja fertig gekriegt, über *Flüchtlinge in Hexametern* zu schreiben, der seelenlose Automat! Ich war wieder so voller Widerstände, daß ..... Er merkte, daß ich etwas gegen ihn hatte, und erkundigte sich: war auch stark, der Bube!). / (N Fernfahrplan fürs Winterhalbjahr 56/57 kann ich mir gleich mitnehmen: »Moment bitte!«).

Vor schwarzen Bänken stehen. (Unten; im Eisenleib des Bahnhofs). Da wurde ihm doch langsam unheimlich; wie sich Scheiben an Blechgurten hoben; Züge hinausflossen; Gesichter vorbeitrieben (die man *nie mehr* sehen würde! Und alles rasch: nix Postkutsche!). / Wir kauften uns Bier am Stand; er tauschte ein paar Zweideutigkeiten mit der Bedienungsnutte, der Müden, Geweiteten; sie sah sofort, daß wir ›Keingeld‹ hatten. / Masken visierten über Zeitungen (aus ihren D=Zügen; Orionnebel von Zigarettenrauch; die Neonröhre diesmal quer überm Kopf). Oberkörper schliefen steif in Mänteln: so hatte er's noch nicht gesehen! Unter eisernen Zenithen.

Treppauf zurück. Er überlegte sichtlich. Er murmelte: »I'm sorry for you.« (Dürftige Aussprache; ich hätt'ihm was vormachen wollen: 1 Jahr Dolmetscher bei der Polizeischule in B., mein Lieber!).

Im Bahnhofsrestaurant: »Oh! Ist ja fast meine Zeit!«. (Viertelstunde noch). (»Neenee: *kein* Pilsner! Baba genügt!«).

Er nickte langsam. Feierlich. Nachdenklich. Ganz Wahrheit & Dichtung. Ihn noch ein bißchen ansehen: blieb mir das Lästermaul offen stehen. »Ich bin ein großes Arschloch« schlug ich vor. Er nickte immer noch (nahm etwas davon durch Mundspitzen hinweg; durch Kopfwiegen –: also nur ein kleines, bon!).

Der Uhrzeiger an der Stirnwand wischte maschinen über die 12. Er erhob seine Hand und sich; nickend und gedankenvoll: »Hm – : Hm=m=m=m!«

: »*Also* .....!«:

Vor meinen geschwollenen Pupillen entstand ein Wirbel aus Gelb und Wand; ich schlug einmal mit der Handkante durch: da wurde er blasser. ..... Noch einmal?: da stand ein Kellner (wahrscheinlich durch das Verschwinden des einen Gastes beunruhigt): schwarze Hosen; weißes Jackett; »4 Mark 80«: sollstehaben: da! (Klipperdieklipp).

Ich stand allein auf: allein: ohne Goethe. Ich schob meinen Stuhl in den Tisch: Ordnung muß sein. »Auftrag erfüllt!« meldete ich militärisch nach unten der leeren Sitzplatte: die war blank gewetzt. Blank.; durch stundenlange Hintern; fette, mit Scheidenvorfall; dürre, an denen erbsige Hoden klebten; plattgedrückte, jungfräuliche, faltenschlagende, syphilitische, konfirmationshosige: natürlich: blank. Amtblank. Nischt wie Blank. Amt Blank. –

(*Und morgen* abrechnen.) –

((*Immerhin:* in'n Hintern getreten hatte er mich nicht. Nich direkt.)).

Nach Ablieferung dieses Berichtes wurde eine Pressekonferenz anberaumt (jeder hatte ein hektografiertes Exemplar vor sich liegen); ich entsinne mich lediglich noch folgender Punkte – (manche Antworten mußte ich – was mir von klein auf wider die Natur geht! – frei erfinden; um die auf allen Gesichtern breit ausgeprägte Überzeugung, daß meine Führung gänzlich resultatlos verlaufen sei, wenigstens etwas zu entkräften):

Lfd. Nr.	Frage	Frager	Antwort
1.	Seine Stimme?	Essayist P., schwul	ältlich normal; bei Nachdruck schwacher versoffener Donner.
2.	Sein Lachen?	derselbe	huldvoll=zahnlos; gewölbt=überlegen (letzteres häufiger als angebracht).

Lfd. Nr.	Frage	Frager	Antwort
3.	Seine Hände; sein Haar?	die zufällig anwesende Dichtin K.	Hände: kurz, gelb, faltig. Haar: effektvoll hochgekämmt à la Gerhart Hauptmann (unverkennbar der Spärlichkeit halber!). / Hellgrau. / »Handgeschnitten« fiel mir noch ein; es wurde begierig notiert.
4.	Sein Urteil über meine Werke?	Die Dichter HD, TR, V, WSch, GH, KK – sogar H-W S (sic!); ferner: die Dichtinnen LK, EM (vormals Nazisse), IB, MH – kurz, der halbe Kürschner.	Alles Wind!
5.	Wen hat er gelobt?	dieselben; mit veränderter Fragestellung.	D, J, AA, MB (den Filosofen), mich (allgemeines Murren und Gelächter).
6.	Will er Akademiemitglied werden?	der Sekretär	Nein.
7.	Ehrenvorsitzender?	derselbe; nach Beratung mit d. 1. Vorsitzenden	Nein! / »Warum nicht?!«: viele entrüstete Stimmen durcheinander. / Antwort: zuviel zweideutige Mitglieder (führende Politiker, die ›auch‹ schreiben); Preis zu oft an Schwätzer.

Lfd. Nr.	Frage	Frager	Antwort
8.	Was hält er a) von der Außenpolitik unseres Bundeskanzlers?	Journalist, CDU; sichtlich auf Propagandamaterial aus	a) Nichts.
	b) von der Einführung der 49%=Klausel?		b) Nichts.
	c) vom Aufstand in Ungarn?		c) Nichts.
9.	Was vom Mitbestimmungsrecht?	Journalist, ›Welt der Arbeit‹.	War nicht erwähnt worden. (Jetzt hab ichs mit dem DGB verdorben. Ich nehme aber an – wenn ich mir so alles überlege – er wäre dagegen!).
10.	Ui beurteilen er die Uidewaal von Eissenhaue?	Leiter des F'er ›Amerikahauses‹	S e h r ungünstig!: Generäle in der Politik!
11.	Was wären seiner Ansicht nach denn die bemerkenswertesten deutschen Zeitungen?	Der Herr vom ›Rheinischen Merkur‹; triumfierend.	Studentenkurier, Hamburg / AZ / Hannoversche Presse / Nürnberger Nachrichten / Neues Deutschland. (Mehrere Minuten anhaltendes Pfeifkonzert; »Erstunken!«, »Erlogen!« / Eine verächtlich dröhnende Baßstimme: »Mag ihm ja alles schön dargestellt worden sein!«, militärisch unüberhörbar,

Lfd. Nr.	Frage	Frager	Antwort
			wohl von einer der Soldatenzeitungen. / Nach den bedeutendsten Zeitschriften fragte Niemand mehr).
12.	Hält Goethe einen Krieg für möglich? Und wann?	Unbekannter; ganz in Schwarz.	Ja. / Bald.
13.	War er von der letzten Rentenerhöhung beeindruckt?	Zivilist; Frage so unbefangen gestellt, daß Regierungsmitglied wahrscheinlich.	Nein! (15 Mark zu Weihnachten; und keine Garantie gegen Erquetschen beim Abholen).
14.	Befürwortete er einen Besuch Adenauers in Neu=Delhi oder Tel=Aviv?	Prof. K., Mitglied des Europarates	In Pankow.
15.	W a = r u m ? ? ! ! : haben Sie – in Ihrer Aufzählung der wichtigsten nachgoetheschen Dichter – nicht Hermann Löns genannt?! Hans Grimm! Dietrich Eckart; Herms Niel; Blunck! Horst Wessel!	Wuchtig. Bekannte sich in einem kurzen Vorspruch zu einer der winzigen – aber zukunftsreichen – Rechtsparteien; und legte knapp deren politische Ziele dar. (Überall Nicken und Beifallsgemurmel).	Ja, warum wohl nich?

Lfd. Nr.	Frage	Frager	Antwort
	Zum Falle John?	Hei, wurden da alle Gesichter neugierig!	Es sei eine Schweinerei!‹ / (Jetzt waren sie so klug, wie zuvor! Je nach Richtung haben sie dann aus eigenen Mitteln hinzugefügt: das Urteil / Johns Handlungsweise / das ganze Verfahren / usw.).

Tags darauf berichteten sämtliche Zeitungen des Bundesgebietes u n d der DDR (5 Zeilen, unter ›Kulturnachrichten‹) über G.s Besuch. Ausnahmslos wurde festgestellt, daß diese ›Führung‹ (doch wohl ›eine der wichtigen‹) unverkennbar der ungeeignetsten Persönlichkeit anvertraut worden wäre. (Varianten: unbegreiflicher=, unverständlicher=, unglaublicherweise). – Viele verlangten – im Zusammenhang mit den ›6600 Mark‹ – man hatte aus Pikanterie mehrfach den Punkt vor den Nullen weggelassen – ›unnachsichtige Ahndung‹, (Varianten: ›Unterschleif‹, ›Steuergelder‹.) / Die meisten nahmen's zum Anlaß, zwanglos eine Rezension des ›Steinernen Herzens‹ damit zu verknüpfen; wobei schöne Formulierungen zum Vorschein kamen: ›umgestülpter Mastdarm des Teufels‹, (›Totengräber deutscher Sitte‹, ›Wo bleibt der Staatsanwalt?‹, ›Feme, was zögerst Du?‹). / Hierfür wäre doch ›einzig und allein‹ X. zuständig gewesen. (›X.‹ steht für etwa 170 verschiedene Namen zwischen Aleph und Tau) – womit man dann wieder den Goethe=Besuch meinte.

I n e i g e n e r S a c h e : Ich verwahre mich an dieser Stelle ausdrücklich gegen die mehrfach laut geäußerte Behauptung, ich hätte im Vorstehenden die m a i n z e r Akademie gemeint: wo gibt es in Mainz einen ›Roten Turm‹? Wo einen ›Schloßberg‹? Ich kenne dort wohl einen Präsidenten, aber keinen ›1. Vorsitzenden‹! Und ›Heinrichstraßen‹ gibt es doch wohl überall so lang wie John Silver! Ich werde, sollte mir ein solches Gerücht noch einmal zu Ohren kommen, gegen den Betreffenden unerbittlich vorgehen – nicht gerichtlich, das liegt nicht in meiner Art. Aber ich werde ihm mein nächstes Buch widmen!: die wirtschaftlichen und gesellschaftlichen Folgen werden ihm eine Lehre fürs ganze Leben sein!

Arno Schmidt

TROMMLER BEIM ZAREN.

Ich selbst hab' ja nichts erlebt – was mir übrigens gar nichts ausmacht; ich bin nicht Narrs genug, einen Weltreisenden zu beneiden, dazu hab' ich zuviel im Seydlitz gelesen oder im Großen Brehm. Und was heißt schon New York? Großstadt ist Großstadt; ich war oft genug in Hannover; ich kenn's, wenn morgens tausend Henkelmänner mit ihren Kännchen aus dem Hauptbahnhof geschwindschreiten, in Fächerformation, hinein ins Vergoldete Zeitalter. Einer hat'n Gang, als käm'n Dakkel hinter ihm her. Backsteinfarbene Geschöpfe mischen sich ein, Schirmpfeile in den blutigen Händen, (oder auch in totschwarzen; gleich werden ihre Schreibmaschinen hell wie Wachtelschlag erklingen. Alle die Weckergeweckten. Schon räuspert sich das Auto neben mir strafend; dabei bin ich doch wirklich, schon rein äußerlich, nicht mehr in dem Alter, daß man mich im Verdacht haben könnte, der Anblick zweier Milchdrüsen vermöchte mich noch zum Trottel zu machen!).

Also das Alles nicht. Aber Abends und Nachts spazieren geh' ich ganz gern – man beachte das dreifach=gaumige ›g‹, mir ist es eben auch unangenehm aufgefallen, (›warum‹ will ich aber nicht wissen; ich halte nichts mehr von ›psychologischen Befunden‹, seitdem ich mich einmal unter der Hand nach der Bedeutung solcher=meiner nächtlichen Gänge erkundigt habe. Ein Gutachten sagte klipp & klar, ich sei hyänenhaft=feige und eine potentielle Verbrechernatur; das sind die Meisten von uns, sicher. Das andere behauptete, ich wäre ein Mutfänomen – ach, Du lieber Gott! Es wurde mir jedenfalls sehr rasch zu viel, auch zu teuer. Ich hab' dann selbst längere Zeit darüber nachgedacht; der eigentliche Grund dürfte sein, daß ich so schlecht sehe, und es mir am Tage zu hell und zu heiß ist.)

Jedenfalls gehe ich immer erst eine rundliche Stunde – ich

hätte gebräuchlicher ›runde‹ schreiben sollen, ich weiß; aber das hätte sich dann auf ›Stunde‹ gereimt, und ich mag Gedichte nicht – da sieht man allerlei, und braucht sich nicht als ›voyeur‹ vorzukommen, also ›schuldig‹ oder gar ›sündig‹: den Meisten=von=Uns vergeht das Leben damit, die in der Jugend verkehrt eingestellten Maßstäbe mühsam wieder zu adjustieren.

Die Jahreszeit spielt dabei keine Rolle – ich kann durchaus einen winterlichen Neubau würdigen, früh um 5; und die Handwerker tauen die eingefrorene Pumpe des schon fertigen Nachbars mit lodernden Tapetenresten auf. Es darf ein Sommermeteor sein, der gegen Mitternacht seinen Nylonfaden durch die Giraffe zieht, und über der DDR zerspringt; (ich wohn' so dicht am Zonengrenzübergang. Und erkenne also vorsichtshalber die DDR an.) Es darf ein Spätherbstabend sein, wo man stehen bleibt und horcht: was war das Geräusch eben? Eine nahe Grille; oder ein meilenferner Traktor? (Zum Frühling fällt mir im Augenblick nichts ein, und ich bin nicht Pedant genug, mich deswegen irgendwie zu forcieren; der Herbst ist mir jedenfalls die liebste unter den Jahreszeiten.)

Anschließend gehe ich dann grundsätzlich noch in die Fernfahrerkneipe; und das kann eventuell lange dauern, denn da sitzen ja dann lauter Leute, die ›etwas erlebt‹ haben, beziehungsweise Alle noch mitten im Erleben drin sind, und zwar heftig.

Allein die ganze Atmosfäre dort: das hochoptische Gemisch aus nacktem Kunstlicht und kurz & klein gehackten Schatten. Die fleckigen Tischplatten (Decken haben davon nur die 2, links vom Eingang, wo die überwachten Vornehmen sitzen, in dünnen Fingerspiralen Eisglaskelche, auf denen Schlipsschleifen aus Zitronenschalen schwimmen: ER mit jener für öffentliche Ämter so unschätzbaren würdevollen Fadheit und leeren Ernsthaftigkeit, (dabei so doof, daß er nicht mal in der Hölle Eiskrem verkaufen könnte, wenn er selbstständig sein müßte!); SIE von der Sorte, die auf Camping=Plätzen gleich Blümchen vors Zelt pflanzt und einen Tannenzapfen daneben legt.)

Die Ernstzunehmenden sind natürlich die Anderen, Männer

wie Weiber. Meist breit, mit energisch=fleischverhangenen Gesichtern, die Fahrer; sämtlich fähig, 'ne abstrakte Kleinplastik notfalls als Büchsenöffner zu verwenden; (ich bin nicht für's Moderne; man hat es vielleicht schon gemerkt). Die Frauen meist ›Lieschen‹, mit leicht gezerrtem Defensor virginitatis, aber handfest: weder ist die Brust, vorn, Tarn & Tara, noch hinten die Porta Nigra.

Die betreffende breitschultrige Fünfzigerin hatte ich übrigens schon öfter hier gesehen; stets leicht be=bowlt, so daß die Stimme ein entzückend hoher heiserer Baß wurde. Eben erklärte sie vermittelst desselben: »Mein Vater war Trommler beim Zaren: bei mir ist Alles Natur!«. (Eine Logik, die mir zwar gewagt, ihrem heutigen Partner jedoch anscheinend legitim vorkam, denn er nickte eifrig. Seinen Beruf erkannte ich, als er dann gleich alleine abfuhr: er machte seinen Weekendausflug im Leichenauto. Und ich stellte mir das 1 Minute lang illustriert vor. Bis ich kichern mußte.)

Meine 2 Nachbarn auf der andern Seite bestellten sich erst »'ne Schachtel Zie'retten«, (der Eine noch zusätzlich »Fefferminzbruch«); und dann machten sie Folgendes: Jeder tat in sein leeres Glas 2 gehäufte Teelöffel Nescafé, und goß dann frisches Coca=Cola drüber: das schäumte hoch; dick & gelbbraun; Alles schien sich aufgelöst zu haben; sie schlürften und lächelten technoid. (Das muß ja auch toll aufpulvern! Ma'probier'n.) Mit solchem Trank im Leibe hatten sie dann freilich gut ketzern lästern & erzählen:

von dem Kehlkopfoperierten, dem die Russen die silberne Kanüle aus dem Halse geklaut hatten; (dabei hatte er noch ›Wilke‹ geheißen, was ja bekanntlich vom slawischen ›Wlk‹, gleich ›Wolf‹, kommt: es hatte alles nichts genützt!).

»Wat hat sich 'ne Hausanjeschtellte vadient, die 60 Jahre in een= und derselbn Famieljejearbeit' hat?« : »'ne Urkunde von'n Landrat,« entschied der Andere pomadig. / Auch wollten sie, relata refero, Deutschland neutralisieren & entwaffnen; und dann noch 'ne solid=lose Konföderation ›zwischen

Bonn und der DDR‹; und ihre Begründung war, wie immer bei Fernfahrern, so dumm gar nicht. Sie gingen nämlich von der 5 %=Klausel aus, und einem künftigen Weltstaat: in dessen Parlament wäre ›Bonn‹ dann nämlich mit nichten vertreten! »Denn fümf Prozent von drei Milljarden, det mußte Dir ma' ausrechnen, det sind hundertfuffzich Milljon'!«. (Und der Andere nickte, vorgeschobenen Untergelipps, à la ›Ja bei uns schtimmt e'em ooch nich Alles‹.) / »Mensch, Du liest noch Karlmay?! Bei dem kommt doch nich een Auto vor! Da reiten se doch noch uff Ferden rum, wie beim Ollen Fritzen – *det* hat doch keene Zukumft!« / (Und endlich fing er an, von ›Erlebtem‹ zu erzählen – darauf hatte ich gewartet; darauf warte ich immer; ich warte ja überhaupt auf nichts anderes. Schon kam ich mir wieder vor, wie bei Homers: los: skin the goat!)

: der Betreffende – (Ich will ihn, geheimnisvoll, ›Den Betreffenden‹ nennen. Das paßt für Viele: Dürre in Niedersachsen; dafür Überschwemmungen in Salzburg?: ›Der Betreffende hat wieder mal falsch disponiert!‹) – war ›im Westen‹ zu Besuch gewesen, Jubeltrubelheiterkeit; und hatte, da seines Zeichens Omnibusunternehmer, auch hiesige Tankstellen und Autohändler frequentiert. Neidisch die besterhaltenen Gebrauchtwagen gemustert – auf einmal blitzte sein Blauauge: war das nicht dort derselbe Autobus wie ›seiner‹? Natürlich nur viel fescher, und fast wie neu. –: »Den müßte man haben!«

Handelseinig wurde man relativ rasch; denn der Betreffende war im Nebenberuf auch noch HO=Leiter, und da fällt ja bekanntlich immer Einiges ab. Nur hatte ›seiner‹ hinten noch 2 ovale Fenster drinne: ?: »Die schneiden wa rein!«

»Fuffzehntausend? Na?«. – »Ja. Aber zahlbar erst nach Empfang!« (Und wie das Ding über die diversen Zonengrenzen kriegen; es war ja schließlich ein Objekt, das man sich nicht in den Ärmel schnipsen kann!).

: »Und denn haa'ck'n rüber jebracht!«. (Jetzt lehnte auch die Nachfahrin des Zarentrommlers ihre machtvollen Reize interessiert näher. Also zumindest ein Teil war bestimmt Natur.)

: »Erst ha'm se noch det janze Verdeck innen vabrannt«; nämlich beim Einschneiden der, zur Tarnung unerläßlichen, beiden neuen Rückfenster. Bis aus Lüneburg mußte man einen Sattler ranholen: »und ick schtand wie uff Kohln! Und et wurde Neune« (und zwar P. M.; das dauert jetzt schon 30 Jahre, und die 24=Stunden=Zählung ist immer noch nicht volkstümlich geworden); »und et wurde Zehne: endlich, um Elwe, konnt'ick los!«

Und war eine finstere Nacht gewesen: der Regen goß in Strömen; von den Wetterfähnlein der Kirchentürme kreischte es herunter, wenn er, seinen Leviathan hinter sich, durch die schlafenden Dörfer spritzte; Paul Revere war ein Waisenknabe; bis Helmstedt.

: »Den een' Zollfritzen kenn'ick, der saacht: ›Kieck ma det Pärchen; die warten ooch schonn seit drei Taachen, det se Eener mitnimmt. Die sind beschtimmt durchjebrannt, und wolln jetz wieda zu Muttien.‹ Finster sahn se ja aus.« (Kunststück: 3 Tage warten; wahrscheinlich ungewaschen; ohne Geld; und dann bei dem Wetter. Jedenfalls hatte er sie, der Bus war ja ganz leer, dann um Gottes willen bis auf die Höhe von Lehnin mitgenommen. Begreiflicherweise auch den Rückspiegel so eingestellt, daß er vorsichtshalber die beiden Zerknitterten beobachten konnte. Beschrieb auch deren intimere Evolutionen; wozu unsere ältliche Hörerin, fachfraulich gepreßten Mundes, mehrfach billigend nickte. Einmal allerdings stieß sie verächtlich Nasenluft aus: Anfänger!).

: »Hinta Braunschweig hatt'ick schonn ma'ne Weiße Maus hinter mir jehabt«, (so nennt man in solcher Umgebung, unehrerbietig, einen einzelnen Verkehrspolizisten auf seinem Motorrad); in Westberlin aber war es dann gar ein »Peterwagen« (also ein ganzes Polizeiauto) gewesen, das ihn an den Straßenrand gedrückt, und seine Papiere kontrolliert hatte: die waren auf DBR & Westberlin via Zone ausgestellt gewesen, und ergo unanfechtbar; hier lag ja auch gar nicht die Schwierigkeit; aber

: »nu schteh ick in Berlin=Schalottenburch, und der Betreffende kommt an: mit *sonner* Aktentasche! Alles Fuffzijer und Hunderter.« Da wurde einem, beiden Teilen bekannten und ehrwürdigen, neutralen Dritten die Kaufsumme übergeben; der schrieb im Schweiße seines Angesichtes 15 Postanweisungen à tausend Mark aus, und gab erst mal 7 davon auf bei der Post – in Berlin wundert man sich über gar nichts mehr.

: »Haste de Nummernschilder?!« Nämlich von des Betreffenden »alter ostzonaler Schaukel«: die mußten erst passend gemacht werden; das heißt, die Schraubenlöcher genau aufeinander, sämtliche Muttern geölt. Und dann als erstes wirkliches Risiko

: »durchs Brandenburger Tor: und det *war* vielleicht enge, Mensch, wie bei 'ner Jungfrau: ›Kieck Du links raus; ich rechts.‹«; so waren sie, die Wände beinahe streifend, durch jenes nicht=marmorne deutsche Wahrzeichen gesteuert; und drüben harrte schon der Volkspolizist.

Nun braucht man im inner=berlinischen Verkehr weiter keine Papiere – aber daß sich Einer zur Besichtigung des Ostsektors ausgerechnet einen leeren Omnibus wählt, befremdete den Blanken, und mit Recht, doch ein wenig. Der Dicke aber, eiserner Stirnen rundherum übervoll, hatte solange auf seine besichtigungslustige Korpulenz, und den 1 Freund, verwiesen, bis der Beamte endlich achselzuckend sagte: »Et kost' ja *Ihr* Benzien.« Und ihn weiterließ.

: »aber nu kam de eijentliche Schwierichkeit«; und das war der Übergang aus Ostberlin in die ›Zone‹, also, disons le mot, die DDR: »Da hatt' ick nu schonn vorher meine Bekannten mobilisiert jehabt: ›Sucht ma'n janz einsam Grenzüberjang raus‹« – er hielt den Zeigefinger effektvoll 3 Zentimeter vor die dicken Cäsarenlippen, und funkelte uns Lauschende majestätisch an (und geschmeichelt auch. Die Gebärden der Erzähler hier sind mannigfaltig.)

: »und zwar in Richtung Ludwigslust. – Ick fah da also immer an'n Kanal lank. Vor uns Keener, hinter uns Keener; et iss ja ooch bloß'n halber Feldwêch.« Steuerbord voraus kam der Kontrollposten in Sicht: eine simple Bretterbude, ganz einfältig. Bis auf 300 Meter fuhren sie ran

: »dann wir runter. Ick saache: ›De Schilder her: ick vorne, Du hinten!‹ Und de Muttern bloß so mit de Finger anjezogen. Rinn in'n Kanal mit de alten Schilder; und immer noch keen Aas in Sicht. Und ick richt' ma uff. Und ick dreh ma um. Und ick saache bloß: ›Hier haste Dein' Omnibus.‹« (Und wir nickten Alle im neidischen Takt: es gibt schon noch Männer!).

: »Der konnte det jaa nich' jlooben! Det er nu'n neuet Auto hatte.« Hatte nur immer strahlend das neu auf West lackierte Ungetüm betrachtet, der Betreffende. Und dann wieder den mutig=Dicken. Hatte sich selig ans Steuer geschwungen; ihm noch »Hundert Ost: für't Mittachessen!« in die Hand hinuntergedrückt; und war dann abgebrummt.

: »ick seh ma det noch so an, wie er an det Wach=Häuseken da ran jondelt. Da kiekt een=Eenzjer raus, mi'm Kopp. Und winkt bloß so mit de Hand« – so schwach und schläfrig winkte die seine nach, wie ich, in a long and misspent life, noch nie zuvor gesehen hatte – »und der winkt wieder –: und da iss er ooch schonn durch. Keene Kontrolle. Nischt. .….«. Und breitete, leicht kopfschüttelnd, die Hände; und ließ sie wieder auf die Tischplatte sinken: geritzt.

Wir waren verpflichtet, wiederum zu nicken. Taten es auch gern. Der Andere bot ihm vor Anerkennung einen Stumpen.

»Det haa'ck übrijens ooch noch nich jewußt, det=det Brand'nburjer Tor nich massiv iß. Ick hab' immer jedacht, wenichstens Jranitt oder so.« Aber der Erzähler schüttelte nur ablehnend den kundigen Kopf: nichts; gar nichts: »Überall blättert de Tünche ab.«

»Bei *mir* ist Alles Natur,« sagte die Walküre, und lehnte sich voller zurück: »Mein Vater war Trommler beim Zaren!«

WINDMÜHLEN.

I

»Wie häufig mögen im Bundesgebiet die Orte sein, wo es kein Coca=Cola gibt?« fragte er; ohne Groll, obgleich er bereits zum zweitenmal auf die Bremse treten mußte, weil das fantastische Lastauto vor uns erneut langsamer fuhr: groß wie die Wand eines 1=Familien=Fertighauses war das Reklameschild am Heck geworden, (ganz abgesehen von dem Rot!).

»Nach einer Berechnung von Gauß so häufig,« antwortete ich, »wie 5 Fönixe, 10 Einhörner, oder 22 Bedeckungen des Jupiter vom Mars.« »Kommt das überhaupt jemals vor?«, erkundigte er sich. »Zum Beispiel am 5. 1. 1591.« entgegnete ich, geübt & kalt; und er schnob mißtrauischer.

Ölbohrtürme ringsum. Frau Technik regte ihre mit Recht sogenannten Tausendgelenkezugleich. Dazwischen nochnichtsahnende Äcker; (um den 1 Zaunpfahl aber auch schon der Totenkranz aus rostigem Stacheldraht – nun kam auch noch unsre Staubfahne als Witwenschleier hinzu.)

FRIMMERSEN 2 km? Und ich breitete Richard 1 fragenden Handteller hin, da er abbog. »Brief an'n Bademeister abgeben,« erklärte er; »hab's'm Ortsbullen versprochen.« –

Also Frimmersen. / Zuerst zeichnete es sich wohlthuend durch seinen absoluten Mangel an Sehenswürdigkeiten aus; (mir fiel, so unvorbereitet, auch niemand Namhaftes ein, der hier geboren wäre); aber dann kam's: die verzwickten Janus=Züge des Niedersachsendorfes, wo zu böser Stunde Einer ›fündig‹ geworden war. »Du meinst, zu ›guter‹« berichtigte er mich. Andrerseits ja. / Aber kurios sah es immer aus: zur Linken ein ruhiges altes Fachwerkhaus; zur Rechten der Neue Brunnen, wo 1 steinerner Prospector seine Öltonne auskippte: aus deren Spundloch schoß der Wasserstrahl dahin, wo Mutter Erde 1 zementenes Schnutchen machte – weg war er.

Und mehr böse Träume aus Zement & Glas, und Nickel & Schwarzbakelit. (»Du meinst ›gute‹« mahnte er. Andrerseits ja.) / Das Rathaus. (Ob die Blumen davor ›Gremien‹ hießen?). / Eine sehr Neue Kirche. / Den Vogel schoß, meiner geringen Einsicht nach, die Kreissparkasse ab: entweder waren diese Architekten uns Allen so weit voraus? (Und der Mund schnappte mir vor dem ›oder‹ von alleine zu; denn ich bin, wie jeder anständige Mensch, meiner Ansichten oftmals müde.)

»Austern=Stew & Leberkäse & Krabben & Wiegebraten=in=Scheiben?« »Geh ruhig rein, hier kriegs'De Alles,« versicherte er; »Die hab'm sogar 'n Theater! Du wirst noch Knopplöcher machen.« (Sollte es möglich sein, daß ausgerechnet mein considerabler Blick ihm Anlaß zu dem vulgären Vergleich geworden war? He's so terribly unfein.)

Also steifbeinig raus, Richtung Schlachter=Fleischer=Metzger. Erst noch das ›Knallert‹ vorbei lassen, (so nennen die Dänen ein Moped; bei uns wäre der Name ›unmöglich‹, denn wir besitzen weder Erfindungsgabe noch Humor. Unter anderem.) / Und auch noch die Beiden vorbeilassen – tcha, durfte Einem, bei solcher ›Lage der Dinge‹, überhaupt ›Dörflerinnen‹ einfallen?: Gesichter aus umstrubeltem Braun; Oberleiber von buntem Zitz; um die Hüften wippte ein Lampenschirm; Beine aus Kräuselkrepp; sie klatschten in ganz platte Kunststoffsohlen.

Dann rinn in' Laden; (sogar die *Decke* war hierzulande gekachelt!); und die Bitten hergestammelt. Den langen, mondän=dürren Armen der Verkäuferin zugesehen. (An der Wand der ›Meisterbrief‹; ›geboren 16. 6. 1900‹). – »Ich hab'allerdings nur 'n 50=Markschein...?«: »Oh, das macht nichts.« (Natürlich nicht; wie dumm von mir; wir waren schließlich in Frimmersen.) / Und wieder raus, zu Richard, die Päckchen im Ellenbogen; auf den ›Todessitz‹. –

Und da, kaum daß er recht Gas gegeben hatte, kam der Sprungturm in Sicht. Wir bogen ein, den scharmanten ältlichen Graspfad entlang. Und dann natürlich, es ist wohl unser Kismet, die Wagenburg eines Parkplatzes; (aber hinter der Hecke huschte es doch auch gleichzeitig nahe=bunt wie Gestaltchen und Gestalten, wie Gelächter und Geschreie.)

Hinter mir warf Richards Meisterhand die Autotür ins Schloß. Hinter dem begleitenden Maschendraht hantierte es, wie 1 weißer Spitz. (Hinter dem wiederum Malven, die ich sehr schätze: schlank & hoch & mit Rüschen besetzt.)

»Zweimal; für Nicht=Badende, bitte.« Die glühschwarz Bescheitelte am Schalter schob mir den Bettel her, ohne die Augen von ihrem Buch zu erheben; (müßte man der Verfasser sein wollen? Ich störte sie also absichtlich noch einmal, durch den Ankauf dieser Postkarte=da, der Luftaufnahme vom Schwimmbad; nun mußte sie zwangsläufig den Kopf hoch nehmen – und sah doch, ja wie soll ich sagen, recht ›zeitlos‹ aus; mir fiel gleich die Sparkasse von vorhin ein.)

Richard war mir längst auf den Fersen, sich am Staunen von armes Nigger zu weiden; und da hatte er ja Recht: viel zu sehen für wenig Wampum.

Bürstenkurz geschorener Rasen. Mit Blumen=Rabatten. / Jazz aus Lautsprecher=Laternen. / 3 Becken: Planschkinder; Nichtschwimmer; und erhöht, ganz ›am Hang‹, das für die Ausgelernten. (Und die davorgeschalteten ›Durchgangsbecken‹; zum erst Füßesauberspülen; sehr gut!). / Der weiße, sinnvoll hagere, Turmriese neigte sich liebevoll=zehnarmig. / Und das bekannte Rundum=Gewimmele: zum blauen Badeanzug die hellgelbe Kappe; zum dunkelroten gar keine. Hier der federnde Gang der erfolgreichen Buhlerin; dort ein dicker Zopf in verlegener Hand; Alle jedoch hatten sie zu kleine Augen vor Sonne. Wir griffen uns über den schmalen Rand dieses Durchgangsbeckens entlang, zum Bademeisterhaus.

Der lehnte schon, in einer Rauchwolke, über sein Geländer her: blockschokoladenfarbene Schultern, ein Bauch aus altem Kupferblech, Füße wie die selige Königin Luise – sie war berühmt für deren Größe. (Etwas kleiner als ich? Vielleicht um die Dicke einer Straßenbahnfahrkarte.) Die rechte Augenbraue martialisch gezwirbelt; ein hochgerutschter Kaiser=Wilhelm=

Bart – war der Mann etwa Hohenzollern=fan? Aber sein Haar hing unfürstlich=einfältig, und der Mund maulte & murmelte angenehm plebejisch.

»Freut mich –«; (hieß er Fritz Bartels? Der Nachname war schwer zu verstehen gewesen.) Der gelb und schwarz längsgestreifte Bademantel, auf dem Stuhl zur Seite, enthielt einen ›Eugen Soundso‹: war dessen Rücken nicht aus kohlschwarzer Seide; und darauf ein Drache abgebildet, den Rachen in Popo= Höhe, die Schwanzspitze bis auf die Fersen? Er entließ 1 eleganten großen Rauchring aus seinem Inneren, und besah mich prüfend durch denselben. Bis ich mich umdrehte.

2

Hei: hier von oben konnte man freilich nur ›Ozean, Du Ungeheuer‹ murmeln! –

: Das Wasser metallisch=giftblau, (Kugeln an Kristbäumen hatte ich in der Art, als Kind, wohl gesehen; nachher erfuhr ich, daß der Grund absichtlich so emailliert sei). / Das Becken, in das feuerrote Leitern führten, das übliche Rechteck, 50 mal 20; der einen Längsseite jedoch eine breite Spitze angesetzt: an der dergestalt neugewonnenen fünften Kurzseite der Hekatoncheir von Springturm; sodaß man gleichzeitig Kobolz schießen, und, daneben, auf 8 Bahnen wettstrampeln konnte: handbreit sahen aus dem blautaumelnden Grund die Trennungslinien herauf, von der Farbe des getrockneten Bluts; sie wakkltn. (Also doch nich ›das übliche‹.)

Auf jedem Startklotz hockte seine Undine, riemenschmale Arme um stockdünne Beine gewunden; oder auch machtvolles Rückenfett, schwer zu umklafterndes; die Trägerbänder, falls überhaupt noch vorhanden, waren schmal wie Finger geworden, (im Vergleich zu meiner Jugendzeit.) Und Allealle hielten sie fakiren die glatten Felle ins brüllende Licht, ob weiß ob gelb ob rot ob braun, bis es Blasen zog.

: »Im Innern der Gestirne sollen Temperaturen von Millionen Graden ›herrschen‹.« sagte ich, um die Befangenheit galant zu überbrücken. »Das muß sehr unangenehm sein,« murmelte der Gestreifte träge; (und die beiden Andern kicherten; geschieht mir recht. – Oder auch nicht: Einer muß schließlich in solchen Fällen das Opfer des Intellekts bringen.) Immerhin hatte ich den Bann, beziehungsweise die Bahn, gebrochen. »Was macht die Frau?« wandte Richard sich an den Bademeister. »Sie betet mich an,« versetzte Der düster: »sobald sie mich zu sehen kriegt, ruft sie ›Oh mein GOtt, mein GOtt!‹«. Nachdem wir uns erneut ausgefeixt hatten, bemerkte der Gestreifte mit liebenswürdiger, unangenehm leiser, Stimme: »Ein Säckchen aus einem alten Perlon=Strumpf; etwas E=605=Pulver hinein – dies Dir in die Teetasse gehängt, wird Dich bald aller Sorgen quitt sein lassen.« Er schlug sowohl den Wespenmantel auseinander, als auch 1 rankes Bein über das andere ......: trug der Kerl nicht die Badehose aus *Brokat*?! (Aber Richard, der meine Verstörtheit bemerkte, drehte gleich die Augen *so* hoch; und telegrafierte mit dem ganzen Gesicht, daß ich relativ rasch begriff, I can take a hint.)

Man hatte uns auch gar nicht beachtet; sondern, und mit vollem Recht, nur den – in jedem Sinne des Wortes – ›abgebrühten‹ Backfisch, der sich anschickte, die Treppe zu forcieren, wie auch der große Zeigefinger des Bademeisters majestätisch sichelte; es breitete die Ärmchen zu uns auf, und brüllte heischend. Ich begriff sie nicht. Jener aber bat uns mit der Hand um Urlaub; tat 3 Schritte zurück in sein Gehäus; hand=tierte dort – und gleich darauf entstand Musik über'm Geländer, Tä=Tä & Bumm=Bumm (Bhumibhol & Sirikit); und dann dröhnte ein jovialer Baß: »Der rote Reiter von Texas macht wieder mal Ordnung im Land.« Aber so laut er auch ab & zu wurde, man verstand die Worte des Gestreiften doch:

»Deine Gestik eben, Fritz, erinnerte mich an Italien; dort hat man sie zu einer wirklichen Kunst entwickelt; und zwar wird sie umso ausdrucksstärker, je weiter man nach Süden kommt –

sehr interessant. In Padua=etwa schüttelt man erst nur verneinend den Kopf. In Bologna fächert man, wie Du eben, mit dem Zeigefinger. In Florenz desgleichen; fügt jedoch, staccato, noch ein ›via!‹ hinzu. Ab Neapel aber macht man *so* –«, er richtete sich überraschend auf und nach vorn; machte aus seiner Hand eine breite massive Klinge; legte sie sich, den Handrücken nach oben, unters Kinn, (den Daumen am Kehlkopf); funkelte uns erst giftig an, krötenhaft gebläht – und zog sie dann unversehens nach vorn weg, auf uns zu, wobei die Finger dramatisch auseinanderflogen: !. Sank dann erschöpft zurück, und merkte nur noch an: »Vielleicht kannst Du, oder willst Du, zu guter Stunde Gebrauch davon machen. – Ich stelle es Dir jedenfalls zur Verfügung.«

»Ihr wart wieder in Italien?« fragte der Bademeister argwöhnisch. Und der Gestreifte nickte: »Ich & Geert=Wilhelm. Und Sebastian, und Bübchen=Pauli; und Ernst=August –«. »Was? Die ›Königin=Mutter‹ auch?« fragte der Bademeister interessiert; und Jener nickte gemessen.

»Wir haben uns dann, oberhalb Udine, an einem entzückenden kleinen See eine einsame Jagdhütte gemietet,« – (hier kniff Richard, ohne ansonsten sein Gesicht zu verändern, das auf meiner Seite befindliche Auge zu; und ich machte, gleich unauffällig, pollice verso, einen Mundwinkel) – »Es war wirklich ganzganz herrlich,« der Gestreifte legte die Hand wie zum Schwur ans Gesäß: »Immer der frische Fisch – ich esse die *Augen* so gern – und diese Erlebnisse ....«; er bewegte einmal den hohen Kopf hin & her; biß sich auf die lächelnde Unterlippe (was ich nicht hätte tun mögen), und sann.

»Einmal gehen wir, untergehakt, einen Waldweg entlang – da hören wir Schreien: 1 Mann irrt einher; blinzelnd und tastend. Wir nahmen seine Hände – die Finger tiefgelb, ja braun; aber nicht vom Rauchen, sondern vom Pilzesammeln, es gibt da gewisse Kremplinge, solche lederfarbenen. Kurzum, ein Zweig hatte ihm, beim Botanisieren im Unterholz, die Brille abgestreift, und er sie nicht mehr wiederfinden können. – Nun, wir haben uns seiner angenommen; ein Nobile übrigens, ein sehr kultivierter Mann, der Beiträge in historische Fachzeitschriften lieferte. Was war gleich seine letzte Arbeit gewesen? –: der Nachweis, daß ein Papst, ich glaube Alexander der Siebente, mit dem gleichzeitigen türkischen Sultan, Mohammed dem Soundsovielten, verwandt gewesen sei.« Die Aufnahme dieser gelehrten Notiz war eine geteilte; ich beschloß, im Stillen, nachzusehen; Richard zuckte bedenklich die Achseln; nur der Bademeister nickte bitter, und bemerkte, er zweifele nicht daran. (Immerhin: gab es nicht in Frankfurt glaub'ich, noch heut die Firma TÜRK & PABST? Schon fielen mir Sardellenpasten ein, samt Krabben in Gelée, und lauter so'che sem'jen Sachen.) Wieder wurde der Blick des Gestreiften starrer; er fuhr fort:

»Ein anderes Mal – die Nacht war schön gewesen, und der Mond voll – fiel uns ein, ›Frühsport‹ zu treiben. Wir behielten unsere gestreiften Pyjamas gleich an, und tollten durch den Wald. Kommen auf ein Feld hinaus –: und der pflügende Bauer, sobald er unsrer ansichtig wird, schleudert sein Gerät von sich, und rennt, was er rennen kann, in Richtung Dorf! – Der Gendarm, der uns nachher vernahm – der Nobile kannte ihn, und beschwichtigte ihn unschwer – klärte uns auf: der Mann sei vor den auf ihn zustürmenden gestreiften ›Zuchthäuslern‹ geflüchtet.« Er vereinnahmte, graziös=abwesenden Maskengesichts, Beifall & Gelächter; sein Blick mäanderte ja längst wieder übers Gelände; einmal hob er das teure Doppelglas vor's Augenpaar.

Nun habe ich mich schon von kleinauf für optische Instrumente interessiert. Er hielt es mir gleich gefällig hin; und ich sah mich ausgiebig um, nach dicht=rechts, nach den kleineren Becken hinüber.

: bunt=bunt=bunt; geblümt gestreift gepunktet & kariert. Orionspreizige Gebärden: Juhu! Auch auf dem sanften Rasenhang Sternbilder aus Stoffhäufchen & Menschenfleisch. Still schwitzende Geduckte. (Und polizeifromme Gesinnungsheuchler schlichen überall grauhaarig umher; und machten, sub specie professoritatis, Farbaufnahmen mit der Rolleicord.)

1 Walküre?: Wo?! – (Tatsächlich; das war das schwächste Wort für die Figur!). Wir sahen Alle längere Zeit zu, wie sie heranschritt, im altertümlich weit & breiten Badeanzug; schon jetzt hörte man ihre Brust vor Anstrengung kochen. Der Bademeister sah gleich betroffen nach, welches Maximum an Gewandung in der Badeanstalt Frimmersen noch erlaubt sei; (verglich auch mehrfach, von drinnen, den Zeigefinger auf der betreffenden Zeile seiner Dienstanweisung an der Wand); und kam, achselzuckend, zurück: »Vielleicht will Se'n Rettungsschein machen?«. Sie schritt königlich zu einer der Feuerleitern. Mit jeder Stufe nahm ihr Gewicht ab. (Und gleich darauf hatte ihr Kopf – nein: Haupt! – die Anzahl der im Wasser treibenden vermehrt.)

Da Richard die Anekdote zu erzählen begann, die ich bereits kannte – von den beiden, zu Haus allein gelassenen, Kindern: die ältere Schwester hatte angeblich das lustig=lallende Brüderchen aus Spaaß in die Wäschezentrifuge gesteckt, und dann, wie Mutti, am Schalter geknipst – hob ich neuerlich das Glas. / –. –. – / : Drüben, an den Restaurant=Tischchen, eroberte eine geübte Sekundanerin einen wehrlosen älteren Herrn dadurch, daß sie ihm gegenüber fleißig Schularbeiten zu machen anhub; (zweifellos stöhnte sie dazu auch diskret; und sah ihn aus großen, süß=abwesenden Augen an .....: ?): Aha; schon ›half‹ er ihr. Schon steckten sie die Köpfe zusammen. Schon kam sie, der fruchtbareren Zusammenarbeit wegen, zu ihm herum, auf seine Seite.: Schon erschienen 2 Eisbecher! (Und wie dergleichen Trockenschikurse eben weiterzugehen pflegen. »... als der Vater nach Hause kam, lief schon das Blut raus.« hörte ich Richard dumpf schließen; jetzt also noch die leicht=undulatorischen Handbewegungen, die jenes Fließen veranschaulichten.)

»Luther hat übrigens auch ma befohlen, ein zweijähriges Kind in die Zwickauer Mulde zu werfen; weil er es für ein ›Teufelskind‹ hielt.« sagte der Bademeister nachdenklich; (hatte sich also auch theoretisch mit seinem Beruf beschäftigt, nachgelesen, zweifellos in den Wintermonaten, ›wenn Bad & Turm mir eingeschneit‹.) »Tcha; das Baden ist noch gar nicht so alt,« bestätigte der Gestreifte, und nahm, Dank nickend, sein Fernglas wieder entgegen; (ließ es auch eine Weile lüften, ehe er es, mit einer gewissen Überwindung, die ihm sehr gut stand, wieder benützte).

Wolken frech und groß im Pappellaub? Der Bademeister spähte gleich mißtrauisch hin, durchs Brauengestrüpp, aus Augenteichen. Dann wanderte sein Blick wieder zurück, über Wasserrutsche, Restaurant, Umkleidekabinen, Freischwimmerbecken, und Sprungturm, ›An Bord Alles wohl‹. (Einen Nordpfeil könnt'ich mir eigentlich auf meine Luftaufnahme noch einzeichnen.) Dann riß er endlich den Brief auf, den Richard ihm mitgebracht hatte.

3

Und begann sogleich mit heller Stimme zu fluchen: »Mensch, am Ersten muß ich wieder nach Urningsleben! Den dortigen Bademeister für 4 Wochen ablösen: auch das noch!«. Und besah sich wütender die Spinneweben der betreffenden Handschrift. Schüttelte, rat= und hülflos, den Athletenkopf. (Und wieder »Tz!«; und mehr Flüche im engsten Vertrauen.)

»Warum bist Du bloß so gegen Urningsleben, Fritz?« erkundigte sich tadelnd der Gestreifte: »Kann Einsamkeit denn nicht auch schön sein?«. Und wir wollten die Antwort doch noch abwarten – wir hatten ja auch weiter nichts zu tun.

»Nee; nie.« sagte der Bademeister wild, und warf einen leuchtenden Blick über sein Rummelparadies hier; dann, schmerzlich, zu uns: »Kennt Ihr's? – Nee?«.

»Also stellt Euch 'n großen Teich vor –« (»Ein kleiner See,« mahnte der Gestreifte zart) – »Schilf, Entengrütze, Moorboden; am Ufer Weiden= und Erlendickichte. Die ›Liegewiese‹

muß der Bademeister ›instand halten‹: uff Deutsch also ›gratis mähen‹. Und Abends die *Frösche*! 'n vernünftiger Mensch kommt die ganze Säsong nicht hin.«

»Vor 2 Jahren hatte sich'n ganzes Sanatorium eingemietet; ›mit interessantem Krankengut‹, wie mir der greise Scheffarzt allmorgendlich beteuerte: *Sachen* gab's da zu sehen, die jeden Casanova bekehrt hätten; ich hab' allen Ernstes erwogen, Buddhist zu werden. Wenn die eine Krankenschwester nich gewesen wäre: groß, weißblond; Pastorentochter, ganz strenges Gesicht; Jungfrau war se auch noch.« Ich sah unwillkürlich auf das mannshohe Thermometer neben mir: 31° im Schatten?! Der Gestreifte tastete nach der Anstecknadel an seinem Mantelaufschlag, MACHT DAS TOR AUF! Richard nickte langsam & stark, und stellte sich's vor.

»Untergebracht hatten se mich natürlich in'ner Dachkammer: ganz finster; nur 1 staubige sehr schräge Luke. Überall diese Riesenspinnen, wie man sie in Badewannen antrifft; in der Tasse jeden Morgen 'n Ohrwurm. Einmal wach'ich früh auf; fühl was im Mund, kaue schlaftrunken – da war mir 'ne Wanze reingefallen!«

Der Gestreifte beugte sich vor: »Wie schmecken Wanzen?« fragte er mit ungekünsteltem Interesse. – »Ochgottso – stinkig, gallstrig,« sagte der Bademeister verwirrt; »jedenfalls abscheulich!«. Aber der Andere bewegte ablehnend das Gesicht, à la Das verstehst Du nicht.

»Und erst der verrückte Wirt von dieser ›Waldschenke‹! Wenn nichts zu tun war, saß er in seiner Holunderlaube; der Weg dahin war mit Bierflaschen eingefaßt: *aber die Etiketten mußten noch dran sein; andre nahm er nich*! – Als ich ihn zuerst sah, hatte er anstatt des linken Auges ein hartgekochtes Ei: mit'm Leukoplaststreifen drüber; von der Stirn bis zum Mundwinkel.« »Das'ss doch 'n uraltes Hausmittel,« sagte Richard ruhig: »Der Kerl hat'n Gerstenkorn gehabt, weiter nichts.« Aber der Bademeister wehrte energisch ab: »Neenee. Der'ss total molum.«

»Voriges Jahr komm'ich mit mei'm Koffer in die Gaststube rein – da sitzen an den Tischen 10 Herren in schwarzen Anzügen, still wie Geister. Ich hab' auf die Uhr gekuckt: in der Viertelstunde, wo ich mit dem Wirt verhandelte, hat Keiner auch nur 1 Sterbenswörtchen gesprochen; kein Laut nichts; ich dachte, ich wär' schon tot!« »Schachspieler?«, erkundigte der Gestreifte sich träge.

»Ich rauf in die Wanzenkammer; umziehen, Badehose an; und bloß schnell wieder runter, ins Freie, in den Wirtshausgarten. Selbstverständlich nur diese uralt=widerlichen Klappstühle von 1900, Eisengestell & dürrer Lattensitz; aber ich setz' mich doch drauf, so daß ich mit 1 Auge den kleinen Bootssteg immer pflichtgemäß kontrollieren kann – auf'n Körper kann man im Beruf eben keine Rücksicht nehmen.«

»Und da sitz'ich so. Im Wasser natürlich nicht 1 Mensch. Aus der Geisterstube kommt der Wirt geschlürft, mittelgroß, fleischig, pomadig, ganz Mijnheer; geht stumm vorbei, und setzt sich in seine Laube. Und Stille wieder. Und ich gaff' in mein'n Zitronensprudel, bis sich's bei mir langsam anfängt zu drehen. Die Erlen rascheln unerfreulich. Einmal regt sich's unter der Entengrütze – so ganz merkwürdig hoch, wie wenn Einer mit'm Kopp durchkommen will; ich hab' direkt 'n Augenblick geschwankt, ob ich nich reinspringen soll? Und mir wird immer wirbliger im Gemüt, ganz komisch, so ist mir doch noch *nie* gewesen!«

»War's denn auch wirklich reiner Zitronensprudel?«, Richard, ungläubig. Aber der Bademeister wehrte unwillig ab: »Ich bin meist Anti=Alkoholiker. 'n Sommer=über.« sagte er hastig, während seine Hand nach der Trillerpfeife tastete: fast unter unserm Balkon, dicht am Beckenrand, zauderte ein Zwölfjähriger, nur halb noch ›Mittelstürmer‹ und Hans=kick=in=die=Welt. Neben ihm seine gleichaltrige Mätresse, die Lutschstange im Mundwinkel; der dünne lange Arm, vorn drohend zugespitzt, wies weit ins Blauwasser; die grelle Stimme verkündete unverhohlen: »LiepsDe mich, denn liepsDe auch mein'n Ball: hol'n raus.« Und wir schoben die Unterlippen vor, und nickten uns anerkennend zu: Die würde ma gut werden! (Wenn wir längst am Stock gingen; ›Es wird a Wein=sein‹.) Der Knabe hechtete todesverachtend; (›Von der Freiheit eines Kristenmenschen‹; jaja); und krault doch immerhin schon so erklecklich, daß der Bademeister die Hand von der Pfeife ließ, und schwermütig fortfuhr:

»2 Stunden also ohne jedwede Kundschaft. – Und auf einmal gibt mir's doch den Ruck: *DIE WINDMÜHLEN!*«.

»Zuerst dacht' ich noch, ich träume; es ist ja ganz seltsam, wie lange das manchmal dauert, ehe Ei'm sowas bewußt wird. Diesmal waren's also Windmühlenmodelle. 6 Stück hatte der Wirt bis jetzt fertig; alle genau=gleich: anderthalb Meter hoch; grün angestrichen; die Haube dachschindelrot; die Flügel schneeweiß. Wo man hinsah, stand auf einmal, auf ihrem mannshohen Pfahl, so eine Windmühle. Drehte sich; fixierte Einen; und machte wieder aus ihren Flügeln die langsam=grauliche Scheibe. Ich hab' natürlich sofort den Blick auf meine Tischplatte geheftet; die war wenigstens rechteckig und fest – allerdings auch hier die Farbe meist runter, und das Ganze doch verdammt=ä – ›abstrakt‹, ja?«. »Kann man denn anders sein, als abstrakt?« fragte der Gestreifte höflich=erstaunt.

»Ich konnte jedenfalls anstellen, was ich wollte – zählen; schnitzeln; an Jutta denken –«, (»Heißt Deine Frau nich ›Hilde‹?« wandte Richard verdutzt ein. Aber es achtete Niemand auf ihn.) – »ich mußte doch immer wieder, in immer kürzeren Abständen, auf die Windmühlen hinstarren. Und –«, (hier drehte er sich, den Zeigefinger einprägsam vorm Kinn, zu uns), – »behaltet immer die zusätzliche Dachkammer im Auge. Und die Wanzen. Und die Ohrwürmer. – Als die Dämmerung einbrach, ging ich sofort zu Bett; mein Vertrag lautete schließlich nur auf ›Tageslicht‹.« Er unterbrach sich; denn eben ging unten die nun=erfrischte Walküre, von vorhin, vorbei: alte Hände, und hochgeschlossen; aber durch den Stoff=vorn trat es, wie 2 Wallnüsse. Wir atmeten diszipliniert hinterher; und er fuhr fort:

»Am nächsten Morgen ein Erwachen aus wüsten Träumen – so ›Krieg‹, wißt Ihr: Menschengekreisle auf Bahnhöfen; ›Jabos‹ fliegen oben Karussel, man feuerte auf mich, daß die Steine spritzten; 'n Arzt hat mir ma gesagt, der hier baden war, ich hätte'n ›Labyrinth=Komplex‹.« (»Wer hätte den nicht?« fragte der Gestreifte erstaunt.) »Jedenfalls fängt genau dasselbe Theater wieder an: von rechts=drinnen alle halben Stunden 1 intensiv=leises ›au roi!‹; hinter mir rauschen die Erlen; links nickelmannt die Entengrütze; und vorne eben die Windmühlen –: ›eingekreist‹, ja? ›umzingelt‹.«

»Nachmittags, gegen 15 Uhr, –« (endlich mal Einer, der nicht ›3‹ sagte; wie schwer so eine ›ältere Generation‹ doch ausstirbt) »ein Paddelboot, mit 2 jungen Leuten. Da kam Leben rein. Landeten; rissen Witze: nicht war ›heilig‹; weder der Wirt noch Botwinnik; weder der Papst noch Süng=man=ree. Ließen sofort 'ne Flasche CHANTRÉ anfahren. Setzten sich zu mir an den Tisch; erzählten Witze; wir blühten auf – erinner' mich nachher ma, Eugen: den einen, von dem Kutscher, der sich bei seinem Herren wieder einschmeicheln wollte, muß ich Dir erzählen.« (Und der Gestreifte nickte gemessen.)

»Anfangs sind wir also recht munter; ich wie erlöst. Aber so gegen 16 Uhr 30 merke ich, wie sie stiller werden. Die Stimmen taprigher; die Mienen hängen ihnen seltsam schlaff; die Finger fangen auf der Tischplatte zu zupfen an; die Augen irren, und in ihnen spiegelt sich's. Erst wird der Blick des Einen starr; dann der des Anderen – ich folge der Richtung .....?«. »Die Windmühlen.« sprach der Gestreifte sorgfältig den betonenen Balkonfußboden vor sich an.

»Da spring'ich auf – so ging das ja, schon um ›des Geschäftes‹ willen, nicht weiter – und rücke dem Wirt auf den Leib; bis ich das Weißei in seinem Auge, das Schwarze unter seinem Fingernagel erblicke: ›Schaffen Sie die Windmühlen ab!‹.« (»Geben Sie Gedankenfreiheit, Sire.« murmelte der Gestreifte, genüßlich=versunken, wespenschlank.) »Er regt sich nicht. Kehre ich also an unsern Klapptisch zurück; wir warten stundenlang, und sammeln unsern Zorn. Jene gehen zur Ruhe; wir trinken noch Mut. Der Vollmond, groß & blaßgolden, beginnt aus den Erlen –« (und den Satz=Schluß sprachen Zweie gleichzeitig; der Gestreifte: »… und dennoch sagt der viel, der ›Abend‹ sagt.«; der Bademeister): »Wir brechen, kurz vor Mitternacht, die Windmühlen ab, und werfen sie in den Teich!«. (Beide wurden im selben Moment fertig.)

»Aber diese Nacht dann anschließend –?« stöhnte der Bademeister; (auch 115 Zentimeter Brustumfang schützen demnach nicht vor Gewissensbissen). – »Gegen 4 Uhr werde ich wach. Gehe, willenlos, wie gezogen, nach unten. Finde dort schon die beiden reuigen Paddler über die Liegewiese irren; ratlos: auf dem Taich treiben die Windmühlen! Gesicht nach oben.« (Also die ›Flügel‹: sehr int'ressant, daß Der die als ›Gesicht‹ empfunden hatte. Ob man es verantworten kann, und einen solchen ›Brocken‹ als ›sensibel‹ bezeichnen? Hm.)

»Also Doppelglas her: eins, zwo, drei; vier, fümf, sex. Die Andern wie gelähmt; ich, als Mann der Tat, rein in die Pfütze; und hole sie raus: eins, zwo, drei. Vier, fümf, sex.« Ein beneidenswerter Atemzug dehnte seine kakaonen Rippen. Die Sonne heizte aber auch, daß die Schulterblätter selbst der feuerfestesten Puppen, unten, einmal schauderten.

»Wenn das Einer, schräg von oben, so gesehen hätte: uns Drei in Badehosen; wie wir die Dinger wieder sauber wuschen!« »Mit was?!« fragte der Gestreifte begierig; »Mit PRIL,« entgegnete der Bademeister trübe. »Dann ha'm wir sie wieder auf ihre Pfähle genagelt. – Gemerkt hat's der Wirt sicher; gesagt aber kein Wort.« (Desto unheimlicher; zugegeben; das Wasser machte auch gleich Halskrausen um die Enthaupteten unten – richtiger natürlich ›Ent=Körperten‹; nur die Köpfe trieben ja senkrecht auf der giftigen, wasser=ähnlichen Flüssigkeit dahin.)

»Und da soll ich jetzt wieder hin müssen?« fragte der Bademeister den Horizont mit klein=ankläglicher, völlig nicht=passender Stimme.

»Wir besuchen Dich da ma.« versprach Richard ihm; (gab mir jedoch gleichzeitig den Wink zum Abmarsch). »Ach, das wär' wunderbar –« sagte Jener hoffnungsvoll; und auch der Gestreifte nickte einmal, hoheitsvoll, zum Abschied. –

Rechts die Kachelmuster der Planschbecken: Arm= und Bein=Salat in azurener Schüssel; si jeunesse savait. (Oben Himmelsschale mit immer mehr Wolkenklößchen.) Man spritzte einander aus rot=roten Gummischläuchen, nur ripples & nipples. / An der Walküre vorbei: sie hatte jetzt noch mehr an; saß am Tisch jenes älteren Herrn, (Ei, sieh da); aß ebenfalls Eis, löffelte und umsah=sich. / Durchs Drehkreuz, am Schalter vorbei; (sie las immer noch). Im zementenen Durchgang das Plakat: nächste Woche, am soundsovielten, gesperrt wegen Austragung der Vorschlußrunde der Deutschen Wasserball= Meisterschaft? Und wir nickten uns ehrerbietig=betroffen an: das war schon 1 Ding, dieses Frimmersen hier!). –

Draußen: der schneeweiße Spitz rannte hinterm Maschendraht, und boll sehr. (Ich schürte ihn aber auch entsprechend an; indem ich, im Bühnenflüsterton, 60 Meter weit hörbar, »Meister Péter: Mei=sterpé=ter!« deklamierte – er warf gleich den Kopf ekstatisch, die Schwanzfeder wippte; er schimpfte noch, während wir einstiegen.)

›Wrumm: Wrumm!‹; (fast genau unter'm Popo; peinlich.) Langsames Weggleiten. (Und wir sahen uns auch nicht um; der Brief war ja abgegeben.) / (Wieso aber nickte mir der Kopf so kurios? – Ah: Richard trat wieder, auf dem Gaspedal, ›Nun Adé, Du mein lieb Heimatland‹.)

DIE WASSERLILIE.

Da wir heute ein paar (Zeit=) Minuten zu früh gekommen waren, fanden wir Vermessungsrat a. D. Stürenburg noch mit seinem Theodoliten beschäftigt – das kostbare Instrument war, wie er uns abwehrend von weitem erklärte, auf einem isolierten, 5 Meter tief hinabreichenden Steinpfeiler aufgestellt, und berührte den Zementrand, auf dem er, der Beobachter, sich bewegte, an keiner Stelle. Noch einmal lugte er, kritisch hängenden Mundes, durch ein Ablesemikroskop, auf einen Glaskreis; murmelte: »10 (Bogen=)Minuten. 24 Komma 3 Sekunden.« (»24 Komma 3« wiederholte Apotheker Dettmer ehrerbietig.) Hagemann, das Faktotum, hob, kunstvoll ächzend, immer mehr Schutzkappen über das breitbeinige Gerät; und wir folgten Stürenburg zu unserer Plauderecke auf der Terrasse, wo eben auch Hauptmann von Dieskau zwischen den beiden Damen sichtbar wurde, »1 Rose zwischen 2 Dornen«, wie Dettmer verschämt=witzig anmerkte.

»Wenn man die genaue Höhe seines Instrumentes kennt – –« schon hob der Hauptmann nörgelig 5 rechte Finger dazwischen, à la Was heißt hier Höhe?: »Die Standfläche?«. Stürenburg erklärte, (mit Nachsicht, weil es sich um einen Infanteristen handelte), daß selbstverständlich die Kippachse des Zielfernrohres darunter verstanden werden müsse; und Jener meckerte unlustig, und blies einen Rauchkegel von sich, lang wie das Bein einer Siebzehnjährigen, (›ein Bein aus Sonnenstäubchen‹, geisterhafte Vorstellung; neben mir der Apotheker schnüffelte, und flüsterte dann ABAJO VUELTA – er hatte in seiner Jugend Spanisch gelernt und konnte das nie vergessen). Aber schon fing Stürenburg grämlich an

: »Na, wir sind ja einigermaßen unter Uns – –; das ist nun auch schon wieder rund 20 Jahre her; – – ich bin ja bekanntlich vorzeitig in den Ruhestand versetzt worden, weil ich es damals mit den Nazi=Machthabern verdorben hatte: das muß ich Ihnen auch noch mal erzählen.«

»Ich stehe also eines Abends genau wie heut=vorhin am Instrument und winkle ein bißchen. Und sehe plötzlich drüben, am Strande bei Hude, ein Pärchen ankommen. Nun habe ich eine besonders gute optische Ausrüstung, und sah die Beiden so, wie wenn sie in ungefähr 70, 80 Metern Entfernung wären. Sie trägt'n grellroten Pullover, und scheint so dünn wie'n Strich; Er hat'n kleinen Koffer in der Hand. Gehen auf dem Laufsteg immer weiter vor; setzen sich vorn ans Pfahlwerk hin –: und auf einmal seh' ich doch, wie der Mann das Köfferchen in's Wasser gleiten läßt!«. – »Den Koffer?« fragte Frau verw. Dr. Waring verständnislos; und auch der Apotheker schüttelte entrüstet ob solcher Verschwendung die Backen.

»Ich zählte natürlich sogleich den Pfahl ab, wo das passiert war. Die Beiden hatten sich unterdes wieder aufgerafft, und waren landeinwärts geschlendert; ich sah das Rot des Pullovers hinter dichteren Hecken, in Richtung Gasthaus, verschwinden. Dann bestieg ich mit Hagemann unsern Kahn, und wir stakten hin. Erst als wir am Bollwerk festmachten, kamen mir Zweifel: was mich das überhaupt anginge?« (»Kweit=reit« schnarchte der Hauptmann abfällig. »Menschenpflicht« hörte ich Dettmer, neben mir – aber das sagte ich wohl schon? – probieren: so wie er das aussprach, hörte es sich direkt nach was an.)

»Aber wir waren nun einmal da, und ich dirigierte Hagemann in's Wasser – der See ist ja so flach, daß man quer hindurch waten kann: Brusthöhe.« (Ich mußte unwillkürlich zu Emmeline, der Primanernichte, hinüber sehen; warum weiß ich nicht. Stürenburg lächelte fein, und fuhr fort): »Aber da waren wir nun einmal! Er tastete eine Zeitlang mit den Zehen, und hatte dann das Gesuchte gefunden, fuhr mit dem Fuß in den Griff, wollte diesen an die Hand weiter geben, und moquirte sich sofort über ›das Gewicht‹. Nun moquirt Hagemann sich bekanntlich über Alles; ich hörte also gar nicht weiter hin; worauf er, immer maulend, das Dings auf die Ruderbank packt: tatsächlich neigt sich doch der Kahn sofort zur Seite.« Dettmer nickte, als hätte er das gar nicht anders erwartet; der Hauptmann lächelte rechts über dergleichen Zivilistereien; ich erlaubte mir, auch Emmeline 1 Zigarette anzubieten, (was aber von der Tante mit einem Gesicht abgelehnt wurde, als hätte ich einen direkten Verführungsversuch unternommen); Stürenburg beobachtete uns belustigter, wurde aber ungewöhnlich schnell wieder ernst, seufzte ein bißchen, und fuhr stirnrunzelnd fort

: »Die Schlösser schnappten mühelos auf. Ich hebe den Deckel und sehe – was? – « er beugte sich impressiv vor –: »In Decken gewickelt, schneeweiß, ein Kindergesicht! Mit breiten bläulichen Flecken; 1 Wasserlilie auf der atem=losen Brust.« Erst jetzt konnte die Tante: »Emmeline, Du badest hier nicht mehr!« rufen; und: »Hol' doch bitte noch einmal heißes Wasser aus der Küche. – Sie darf doch?!« wandte sie sich mit vernichtender Freundlichkeit an Stürenburg, der überrascht einwilligte.

: »Ich schlage entsetzt den Deckel wieder zu –« (Dieskau schniefte verächtlich, nach Reckenart, ›entsetzt wegen 1 Leiche? Oh, diese Schlipsträger!‹) – »Hagemann läßt ihn, mit angeregt glitzernden Augen – obwohl, mir zu Gefallen, auch ein wenig zitternd vor Gruseln – wieder hinunter; und wir verlassen eilig die Stelle. Mit jagenden Gedanken ›WAS TUN?!‹ –: was hätten Sie getan?«

»Sofort Meldung: an die Sittenpolizei!« hauchte Frau Dr. Waring indigniert. »Mord –« flüsterte Dettmer, angenehm ergriffen. Der Hauptmann zuckte vorurteilsfrei die Achseln. (Ich war der Feigste; ich tat, als kratzte ich mich nachdenklich an der Backe.)

»›Meldung an die Polizei‹; das dachte ich damals leider auch,« sagte Stürenburg trübe; beschwichtigte die Tante, die ob des ›leider‹ hoch wollte; besah seine Zigarrenglut, und berichtete mürrisch weiter: »Am nächsten Morgen fuhr ich erst mit dem Motorrad nach Hude: richtig; dort wohnten sie; bei einem Bauern allerdings. Ich traf das saubere Paar auch unschwer im Dorf an; Er, groß, schlacksig, rote Haare & Sommersprossen genug; Sie schneeweiß & knochenlos dünn, mit schwarzen Ponyhaaren und Augen. ›Ein Künstler‹ kriegte Hagemann unterdessen raus.« Schon blähte die Tante pharisäern die Nase und breitete die Hände; »BOHÈME« fiel ihr ein.

»Der Kriminalkommissar aus Diepholz kam gleich mit. Wir stellten sie.: ›Haben Sie uns nichts zu sagen?‹. – Sie wurden sichtlich unruhig; schwiegen jedoch verstockt. Als wir uns dem Seeufer näherten, ließ er das Gesicht blasser hängen; sie klammerte sich an seinen Arm, und ich hörte sie flüstern: › … nich lieber beichtn?‹ – Als der Koffer auf dem Steg lag, schnappte er nach Geständnissen. Aber schon hatte der Beamte geöffnet: jetzt, bei Morgenlicht & feinem Nebel wirkte der Inhalt *noch* fataler!« Eben kam Emmeline mit dem heißen Wasser zurück: »*Noch* heißer!« befahl die Tante verzweifelt; und Jene mußte, maulend, wieder davon.: »Bitte, rascher, Herr Rat!« keuchte die Witwe erschöpft.

»Wir faßten, angeekelt, die Kanten der Decke, in die das Unglückswurm gewickelt war – schwer wie Stein lag es in unsern Händen –« er drückte die kostbare Zigarre aus, er knirschte ärgerlich: »ach, was soll ich lange drum=rum reden: so war es auch! Der Kerl, er war Bildhauer, hatte ›auf Vorrat‹ ein ›schlafendes Kind‹ zusammengepfuscht, und es in den See versenkt, damit der Stein eine grünlich=antike Färbung annehmen, und ›mehr bringen‹ sollte. Ein Kollege hätte ihm den Trick verraten: das machten Viele so.« Er warf sich, noch heute seltsam wütend, in den Sessel zurück; während wir uns unwillkürlich den hiesigen Seegrund vorstellen mußten: über & über bedeckt mit modernen Statuen, ja Plastiken, die dort teuer bezahlte Patina ansetzen sollten, hm hm. Stürenburg erhob sich, und forderte uns mit einer ungeduldigen Handbewegung zum Mitkommen auf. –

Hinterm Haus, im Schuppen, dicht neben Hagemanns Fahrrad, lag, auf Kisten, 1 verstaubtes fuchsrotes Köfferchen –: »Bitte.« Dieskau, zähnefletschenden Mutes, öffnete: in braunkarierten Deckenresten lag ein sinnig lächelndes, schlafendes Kind. »Ich hab' ihm das Dings abgekauft,« bekannte Stürenburg giftig; »für teures Geld. Um Aufsehen zu vermeiden.« Tcha, verständlich; sicher, ›der beste Weg‹. Auch Apotheker Dettmer beugte sich ergriffen darüber; hob jedoch, plötzlich erleuchtet, den vollen Kopf: »Das ist aber gar keine Wasserlilie, Herr Rat –« wußte er von der, entschieden zu groß geratenen, Blume: »das ist der gewöhnliche Teichschwertel, IRIS PSEUDACORUS. Ich weiß es bestimmt: die Wurzel ist offizinell.« »HErrgott von Bentheim; auch das noch!«, fluchte Stürenburg.

Stille.

Dann erkundigte Dettmer sich verlegen: »Warum sagt man eigentlich immer ›von Bentheim‹?«. Wir sahen einander an. Wir wußten es nicht.

WAS SOLL ICH TUN?

Lesen ist schrecklich!

Wenn ich vom Helden höre, daß er sich zum Denken anschickt: »... er runzelte die Stirn, und preßte streng die Lippen aufeinander ...« – schon fühle ich, wie sich mein Gesicht, vorn, zu der gleichen pensiven Grimasse verformt! Oder: »... ein hochmütiges Lächeln spielte um seinen rechten Mundwinkel ...« – mein Gott, muß ich dabei albern aussehen; denn ich kann nun einmal nicht unsagbar hochmütig lächeln, und schon gar nicht mit dem rechten Mundwinkel für sich; das ist auch so eine Gabe, die mir das Schicksal versagt hat.

Das muß Vielen so gehen! Morgens, in der Straßenbahn, sieht man deutlich die Verheerungen, die die Schriftsteller unter uns anrichten; wie sie uns ihre Gedankengänge, die verruchtesten Gebärden, aufzwingen. Gestern hob der junge Mensch mir gegenüber – er ist Student an der Technischen Hochschule, und las einen mir übrigens unbekannten ›Tennessee Williams‹ (so hießen in meiner Jugend allenfalls die exotischen Verbrechertypen, ›Alaska=Jim‹ und ›Palisaden=Emil‹!) – also der hob den Kopf, und besah mich mit so unverhüllter Mordgier, daß ich mir davor bebend den Hut tiefer in die Stirn zog; auch eine Station früher ausstieg (beinah wär ich zu spät ins Geschäft gekommen. Wahrscheinlich hatte er mich langsam von unten herauf in Scheiben geschnitten; oder in einen Sack gebunden, und mich von tobsüchtigen Irren mit Bleischuhen zertanzen lassen!).

Oh, der Zeitungsroman, der Zeitungsroman! Neulich stand mitten im Text die nichtswürdige Wendung: »... er wandte den Kopf, langsam, wie Löwen pflegen ...« – am nächsten Morgen machte die Hälfte der Mitfahrer den Eindruck, als hätte sie Genickstarre; sie blinzelten und schnarchten verächtlich verzögert. Auch mit den jungen Mädchen war an dem Tage nicht auszukommen; sie schienen alle die Taschentücher vergessen zu haben, und bestarrten uns Männer aufs unverschämteste. Erst später erfuhr ich, daß es im Konkurrenzblatt geheißen hatte: »... sie rotzte frech ...«

Von Kind auf habe ich darunter gelitten! Während der Lehrzeit bei Henschel & Cie. las ich einmal, wie ein junger Mann seinen Chef durch hohe Freimütigkeit derart gewann, daß er ihn später zum Teilhaber erkor –: am nächsten Tage wäre ich beinah geflogen!

Meine zweite Freundin – solche Figur hat heut Keine mehr! – habe ich dadurch verloren. Sie las – völlig richtig! – in den entscheidenden Tagen Heinses schwülen ›Ardinghello‹; während Satan mir die ›Mittlere Sammlung der Reden Gotamo Buddhos‹ in die Narrenhände gespielt hatte: folglich versuchte ich soeben, meine Ration auf das dort vorgeschriebene eine Reiskorn pro Tag herabzustimmen (beziehungsweise die landesüblichere Magnum Bonum), und hoffte vermittels solcher Diät binnen kurzem die gebührenfreie Überwindung von Raum und Zeit zu erlangen. Hatte auch den Kopf voller Wendungen à la »... einsam, wie das Nashorn wandelt ...«; und versuchte ihre Bluse erstorbenen Willens zu besehen – ich kann mich selbst nicht mehr achten, wenn ich an jene Tage denke!

Dabei laboriere ich auch heute noch an den gleichen Problemen. Ich muß zwangsläufig und verstohlen die Lektüre meiner Frau kontrollieren, nur um zu wissen, was sie denkt. Ich tue das regelmäßig, seitdem sie einmal acht Tage lang so kalt und haßvoll tat, daß selbst ich Scheidungsgedanken erwog – bis ich herausfand, daß in ihrer Fortsetzungsgeschichte der Held soeben die Heldin betrogen hatte, und allerlei Haß und Wut stattfand. Ich habe schon versucht (heimlich, versteht sich!) sie zu lenken: indem ich ihr üppige Lektüre unterschob; es gibt ja Autoren, die einen Hautana mit Inhalt dergestalt zu beschreiben verstehen, daß selbst graubärtige Prokuristen toll werden. (Aber damit muß man auch vorsichtig sein, daß man nicht überdosiert; ich bin nicht mehr der Jüngste!). (Meinem Hauswirt müßte ich einmal eine Geschichte von edelmütigen Gläubigern in den Briefkasten schieben).

Diese Brüder – die Dichter – machen letzten Endes mit Einem, was sie wollen; sei es, daß sie Einem die segensreichen Folgen des regelmäßigen Genusses von Sanella vorgaukeln; sei es, daß man nur noch in ihren Formeln, Wortfügungen, Redensarten stottern kann. Ich habe eine Sommerreise verschoben, nur weil ich vorher die genial=scheußliche Schilderung eines Eisenbahnunglücks gelesen hatte. Andererseits bin ich in die Emsmoore gefahren – meingott, was für ein Land!: mit den Bewohnern kann man sich nur durch Zeichen verständigen; nie werden die Füße trocken; und der Regen, der regnet jeglichen Tag – und nur, weil ein Dichter Liebesszenen dort lokalisiert hatte; Liebesszenen!: angeblich floß die Luft dort grundsätzlich heiß, wie flüssiges Glas; und die Mädchen nahmen freiwillig Stellungen ein, wie man sie sonst nur aus Tausendundeinernacht kennt – –: *ich will nicht mehr lesen!!*

Eigenen Gedanken soll ich mich überlassen? Davor möge mich Gott bewahren!: meist habe ich gar keine; und wenn wirklich, dann sind die auch nicht erste Qualität. Ich habe ja alles versucht; ich bin wissenschaftlich geworden; ich habe mir eine ganze Sammlung von Werken über den Mars angelegt, ausgesprochene Autoritäten, von Schröter über Schiaparelli bis Antoniadi und Graff: wenn ich dann im Geist über den rostroten Wüstenboden von Thyle I oder II wanderte, und in flechtenüberkrustete Felslabyrinthe einbog – bummelte nicht um die nächste Ecke schon Frau Hiller, einsam und listig? (Oder, noch schlimmer, die verdorbene Kleine vom Drogisten an der Ecke!). Geschichtliche Werke?: ich habe mich gewissenhaft in das Zeitalter Cromwells vertieft; und unverzüglich die Kollegen durch ein trotziges und verwildertes Benehmen überrascht; tat seltsame Schwüre: »Bei Gott und dem Covenant!«; unserm Einkäufer schlug ich vor, seinen Sohn zu taufen ›Obadja-bind-their-kings-in-chains-and-their-nobles-with-links-of-iron‹.

Schlafbücher müßte es geben: von zähflüssigstem Stil, mit schwer zu kauenden Worten, fingerlangen, die sich am Ende in unverständliche Silbenkringel aufdrieseln; Konsonantennarreteien (oder höchstens mal ein dunkler Vokal auf ›u‹): Bücher *gegen* Gedanken.

Was soll ich bloß tun?!

SEELANDSCHAFT MIT POCAHONTAS

i | Rattatá Rattatá Rattatá. / Eine Zeit lang hatten alle Mädchen schwarze Kreise statt der Augen gehabt, mondäne Eulengesichter mit feuerrotem Querschlitz darin: Rattatá. / Weiden im Kylltal. Ein schwarzer Hund schwang drüben die wollenen Arme und drohte unermüdlich einem Rind. Gedanken von allen Seiten: mit Flammen als Gesichtern; in schwarzen Mänteln, unter denen lange weiße Beine gehen; Gedanken wie leere sonnige Liegestühle: rattatá. / Rauchumloht Gesicht und Haar: diesmal strömte er aus einer kecken Blondnase, 2 gedrehte Fontänen, halbmeterlang, auf ein Chemiekompendium hinab (aber kleingeschlafen und fade, also keine Tunnelgedanken). / Rattatá: auf buntgesticktem Himmelstischtuch, bäuerlichem, vom Wind geblaut, ein unsichtbarer Teller mit Goldrand. Das ewige Kind von nebenan sah zuerst das weiß angestrahlte Hochhaus in Köln: »Ma'a kuckma!«

»Die Fahrkarten bitte« (und er wollte auch noch meinen Flüchtlingsausweis dazu sehen, ob ich der letzten Ermäßigung würdig sei). Die Saar hatte sich mit einem langen Nebelbaldachin geschmückt; Kinder badeten schreiend in den Buhnen; gegenüber Serrig (»Halbe Stunde Zollaufenthalt!«) dräute eine Sächsische Schweiz. / Trier: Männer rannten neben galoppierenden Koffern; Augenblasen argwöhnten in alle Fenster: bei mir stieg eine Nonne mit ihren Ausflugsmädchen ein, von irgend einem heiligen Weekend, Gestalten mit wächsernem queren Jesusblick, Kreuze wippten durcheinander, der suwaweiße Gürtelstrick (mit mehreren Knoten: ob das ne Art Dienstgradabzeichen iss?). / Die Bibel: iss für mich n unordentliches Buch mit 50.000 Textvarianten. Alt und buntscheckig genug, Liebeslyrik, Anekdoten, das ist der Ana der in der Wüste die warmen

Quellen fand, politische Rezeptur; und natürlich ewig merkwürdig durch den Einfluß, den es dank geschickter skrupelloser Propaganda und vor allem durch gemeinsten äußerlichen Zwang, compelle intrare, gehabt hat. Der ›Herr‹, ohne dessen Willen kein Sperling vom Dache fällt oder 10 Millionen im KZ vergast werden: das müßte schon ne merkwürdige Type sein – wenn's ihn jetzt gäbe! / Aber dies Kylltal war schön und einsam. In Gerolstein, Stadt siegfriedener Festspiele, Recken hingen mit einer Hand an Speeren, schlief auch ein Bahnmeister auf seinem Schild, gekrümmt, man sah eben noch .... lste .... / »Elle est«: »Elle est«: schlugen die Ventile der Lokomotive drüben. / Magische Quadrate (wo alle Seiten und Diagonalen dieselbe Summe ergeben, schon recht!): aber gibt es auch ›Magische Würfel‹? (Intressant; später näher untersuchen). – Der Prospekt von Cooperstown: Heimat des Baseballs *und* James Fenimore Coopers (Was ne Reihenfolge! Und immer nur Deerslayer und Pioneers erwähnt. Ganz totgeschwiegen wurde das Dritte im Bunde, Home as found, wo er die Yankees so nackt geschildert hat, daß es heute noch stimmt, und das ja auch prächtigst am Otsego spielt: wenn der aus dem Grabe könnte, was würde der Euch Hanswürschten erzählen!). / Das bigotte Rheinland: selbst der Wind hat es eiliger, wenn er durch Köln kommt. Aber der Anschluß klappte: fette Jünglinge schritten in mestizenbunten Kitteln über die Bahnsteige; sorgfältiger Kuß eines geschminkten Paares; im Nebenabteil erklärte er einen Kurzroman: ›Oh, Fritz, nicht hier! – Oh, Fritz, nicht! – Oh, Fritz! – Oh!‹ / Ruhrgebiet: glühende Männer tanzten sicher in sprühenden Drahtschlingen; während ner Bahnfahrt schlafen können iss ne Gottesgabe (also hab ich se natürlich nich!). Wieder hingen ihr, sie fuhr bis Münster mit, die Rauchzöpfe aus den Nüstern, über die durchbrochene Bluse hinab, in den dunklen Schoß, vom Kopf bis aufs riuhelîn (also jetzt Heinrich von dem türlîn, Diu Crône; ebenso gut wie unbekannt, und mir den weitgerühmten mittelhochdeutschen Klassikern durchaus ebenbürtig, prachtvoll realistisch zuweilen, geil und groß). / Ein vorbeischießendes Schild ›Ibbenbüren‹: erschienen Flammenpanzer zwischen seidenroten Mauern, und ich wieder mitten drin als VB der Artillerie: Schlacht im Teutoburger Walde, 1945 nach Christie. Licht flößte oben dahin, in Langwolken. / Hellsehen, Wahrträumen, second sight, und die falsche Auslegung dieser unbezweifelbaren Fänomene: der Grundirrtum liegt immer darin, daß die Zeit nur als Zahlengerade gesehen wird, auf der nichts als ein Nacheinander statthaben kann. ›In Wahrheit‹ wäre sie durch eine Fläche zu veranschaulichen, auf der Alles ›gleichzeitig‹ vorhanden ist; denn auch die Zukunft ist längst ›da‹ (die Vergangenheit ›noch‹) und in den erwähnten Ausnahmezuständen (die nichtsdestoweniger ›natürlich‹ sind!) eben durchaus schon wahrnehmbar. Wenn fromme Ausleger nun gleich wieder vom ›gelungenen Nachweis einer unsterblichen Seele‹ träumen, ist ihnen zu bedeuten, sich lieber auf die Feststellung zu beschränken, daß Raum und Zeit eben wesentlich komplizierter gebaut sind, als unsere vereinfachenden (biologisch ausreichenden) Sinne und Hirne begreifen. / Wände mit braungelbem Lichtstoff bezogen: der Künstler hat nur die Wahl, ob er als Mensch existieren will oder als Werk; im zweiten Fall besieht man sich den defekten Rest besser nicht: man hektokotylisiert ein Buchstück nach dem andern, und löst sich so langsam auf. / Lieber schon mit dem Koffer nach vorn gehen!: surrten Nebligkeiten vorbei, dunkelgraues Schattenzeug; nur die Bahnhöfe wußten schon Licht. (Und das Münzkabinett des Nachthimmels).

ii | Fledermausstunde I (abends ist II) und die Klexographien der Bäume. Das blasse Katzenauge des Mondes zwinkerte noch hinterm Schornstein, ansonsten prächtig klar und leer. Trotz der Müdigkeit war mir recht flott und akimbo im Gemüt, und ich fing an, aber bürgerlich rücksichtsvoll und nur mir hörbar, zu flöten, Girl of the Golden West, cantabit vacuus, wer müßig geht, hat gut pfeifen; als Scherenschnitt mit Aktentasche in einer Scherenschnittwelt. Und dies also ist Diepholz (kritisch vorm Stadtplan): Lange Straße, Bahnhofstraße, Schloß, ähä. Zwei Bauchfreundinnen stöckelten vom Tanz nach Hause und trällerten schwipsig die Schlager. Baulichste Schönheiten: nischt wie quadratisches Fachwerk und ›Gott segne dieses Haus‹, aber sehr sauber, das muß man sagen, auch feines Ziegelpflaster. Ein Büro der SRP und ich verzog bedenklich die kalte Gesichtshaut: nich für 1000 Millibar! (befühlen: wächsern, mit Ohren, die Gurgel sandpapierte bereits wieder). Im Grau die Büchertitel kaum zu entziffern, trotz Scheibennase und Lupenaugen: ? – ? – ah, Schmidtbonn, Pelzhändler, gut!: Zerkaulen oh weh und brr! Die plumpe Wasserburg, scheunenmäßig wehrhaft, auf dem Graben Entengrütze, alle Wetterhähne sahen gespannt nach Osten: immer diese Vergangenheiten! Erste Geräusche (und ich schielte eifersüchtig): ein verschlafenes Bauernmädel umringt von belferden Milchkannen; der Arbeiter, der prüfend sein Rad besichtigt, Tretlager und Gangschaltung; fern im Norden loses Gewebe aus Schall: ein Zug (Taschenuhr: grundsätzlich: 10 nach 4). Der große See schien zarten Qualm und Wolkenkeime zu senden; aber der Himmel blieb noch immer unbeteiligt.

Fledermäuse erschienen noch schnell mit schwarzen Markttaschen und feilschten zwischen Venus und Jupiter, so nahe, daß man es knacken hörte, wenn sie ihre harten Insekten schlachteten. Und endlich wurde auch das hölzerne Wartesälchen geöffnet (nachdem ich die Touropa-Plakate nun wirklich kannte!: »Ja, n Helles.«). / Der Frühzug in Richtung Osnabrück sammelte dunkelblaue Arbeiter und höhere Schulkinder; und mittenhinein plapperte endlich von außen das Motorrad: ?: !: »Erich!!«: Malermeister Erich Kendziak: ein Rest roter Haare im Nacken, sonst kahl wie Ihr Bekannter; jedenfalls war er es, unverkennbar, und wir grinsten, 6 Fuß überm Erdboden, rissen uns auf altdeutsch die Hände aus: »Oba 2 Bier!«, und sahen uns dann, das erste Mal wieder nach gut 8 Jahren, genauer durch: – –: »Mensch, Du wirst ooch schonn grau!«, und ich parierte die Verbindlichkeit unverzüglich: »Leidestu immer noch so stark an vapeurs?«; wir stießen munterer an, und er verbrannte sogleich etwas Tabak zum Wiedersehen: »Roochstu immer noch nich wieder?« (Und ich mußte den Kopf senken: nee, s reichte immer noch nich: »Wenn ich ma wer' 200 Eier im Monat haben!«). Dann ganz schnell die ersten Kriegserinnerungen: die schnellfingrigen Polen; das flohreiche Hagenau; Norwegen mit seinen gottlosen Granitpolstern: »Haste ma wieder was von Ee'm gehört?«; in halb Europa gab es keine Stelle, wo uns nicht Silbergeränderte zusammengebrüllt hätten: »Oba!«. / Er schwitzte jetzt schon hinter seiner Autobrille, in seiner Lederjacke: »Sieht aber fantastisch aus!« lobte ich, und er nickte überlegen: »Leute, die Dich in' Hintern treten möchten, müssen damit immer noch zugeben, dassde vor ihn' stehst!: Fuffzehn Geselln hab ich im Augenblick arbeiten, Spezialist für größere Flächen, da kommt schonn was ein!« (bekümmerter): »Bloß pollietisch mußte im Augenblick ganz vorsichtich sein – na, ich geb Je'm recht: und wähln tu ich doch, was ich will!« (und vertraulichneugierig, ganz wie früher, im Flüsterton des Dritten Reiches): »Was hälstn Du davon?«. Ich zuckte die Achseln; war kein Grund, das vor ihm zu verbergen: »Auf Landesliste Gesamtdeutsche Volkspartei; im Kreis SPD: Wer mich proletarisiert, muß damit rechnen, daß ich ooch noch Kommune wähl'!« und er knallte entzückt die flache Hand auf den Tisch: »SPD iss zwa ooch nich mehr, wasse wa: wolln ooch schonn ›uffrüsten‹: Kinder, wo sind die Zeiten hin, wo se im Reichstag jede Heeresvorlage ablehnten?! Aber s bleibt ja weiter nischt übrich; denn CDU – lieber fress ich n Besen, der 7 Jahre«: »Aber Herr Kendziak!« mahnte ich preziös, und er zeigte geschmeichelt die Zähne: »Oba!«. – »De Ostzone?: Meine Schwester iss drüben,« berichtete er: »und meine kleene Nichte: die Briefe müßt'e ma lesen!: den' gehts nie schlecht! Sekretärin isse: ham sich vorjes Jah alles neue Möbel gekooft; *und* n Stückel Land mit m Wochenendhaus druff – sonne Wohnlaube eben für sonntags. Ja nie Alles glooben: Mögen die drüben schonn Fuffzich Prozent lügen: für den Rest komm' unsre uff! Iss ja nich mehr feierlich, wenn De abends vom NWDR das Gelalle ›Hier spricht Berlin‹ hörst!« / (Überlegene westliche Kultur??: Nanu!!: Wo hat sich Goethe denn schließlich niedergelassen: in der Bundesrepublik oder in der DDR he?! Von wo nach wo floh Schiller? Und Kant hats in Kaliningrad so gut gefallen, daß er sein ganzes Leben lang nicht rausgekommen iss!) / Dann Familienstand: »Das Wölfel?!: Hachdu, der zerwetzt schonn alle 14 Tage n Paa Schuhe beim Fußball!« (War Erichs Sohn von der verstorbenen Frau). – Wieder heiraten? Er sah mich fromm an: »Da wär ich ja nich wert, daß Gott mir s Weib genomm' hat!: Du warst ja überhaupt noch nie verheirat': erst bistú dran! – Kellner!« Und erinnerte sich bei der Abrechnung schon wieder: »Was haste damals immer gesagt?: ›Es ist unnatürlich, daß ein Dichter für seinen Cocacola bezahlen soll‹ – Neenee: Lassen Se gutt sein: aber geem Se ne kleene Rechnung: ›Für Frühstück‹« und der Ober nickte, weise, gütig lächelnd: Friede den Hütten, Krieg den Finanzpalästen! / Draußen: Papierhell und leer: das Zeichenblatt des Himmels. Geräte aus klarem Dunst darauf: 1 rotes Lineal, 1 grauer Winkelmesser; links unten die blitzende Reißzwecke: »NSU mein Lieber: genau wie früher!« und winkte verständig ab: »verstehst ja doch nischt davon.« Wrumm, wrummwrumm: ein stolzer Blick zu mir hinter, Meister im Daumensprung,: wrumm na?!! / So früh waren eigentlich nur erst die Fernlastzüge unterwegs, und wir wiegten uns bürgerlich räsonabel um die Ecken. Die breite Reichsstraße 51 wurde allerdings eben schwer ausgebessert, und rotweiße Hürden sperrten zehnmal Dreiviertel der Fahrbahn; brüllen: »Äu-ßerst-merkwürdich!!« (dazu hatte ihn nach eigenem Geständnis seine Frau erzogen: dies statt des ihm früher allzu geläufigen ›Verfluchte Scheiße‹ zu sagen; aber Eingeweihte wußten, was er meinte!). Hübsch, das völlig ebene Land, Gras und Moor, sehr geschickt mit Nebeln aller Art verziert, breite stille Gräben, sowjetischrote Wolkentransparente im Osten, bis zum Kilometerstein 44,6 am Scheidewege: »Tja? ...«. Wir standen. / Ein anderes Motorrad heulte von hinten vorbei (aber bedeutend weniger regelmäßig als wir vorhin, und Erich betrachtete verächtlich die Marke): »Also schn wa uns erstama Lembruch an!« und wir prasselten wieder vorwärts. / Lembruch: das Neue Kurhaus, modern mit Stromlinie und flachem Dach: »Die Dinger wer'n doch immer tankstellenähnlicher!«: »Sint ja ooch welche.« – Eine Wiese mit zahllosen Zelten (beschliefen natürlich noch alle die wehrlose Erde; vornehme Affen mit Autos, arme mit Fahrrädern: »Könn' ihr plattes Gesicht nich oft genug sehn!«). Aber vom gelbgrünen Deich der erste Anblick des Sees: hellblau und zitternd vor Frische; im Südwesten sah man kein Ufer, Dalladda, dalladda (Alde Leude wärn äm ginsch!). Und auch Erich wies stolz drüber hin: na, wer hat n entdeckt und Dich eingeladen?! Leider waren die Bänke noch klitschnaß vom Tau (und die 10 Fennje fürs Fernrohr schmiß ich diesmal). / Wieder eine große Wiese, ein Restaurant dahinter, und der Besitzer suchte uns hiermit zum Bleiben aufzumuntern: heute Abend kämen noch 200 Zelte her! Das gab allerdings den Ausschlag: »Komm bloß raus hier, Erich! Die andere Seite, sagtest Du?«. Er stand sehr da, unschlüssig, nichts als Skrupel auf dem Gesicht: einerseits wollten wir n bissel Ruhe; andrerseits sah er im Geist endlose Zeltreihen voll blanker Mädchen, die ihn, den Geldmann, unterwürfig anäugelten: »Stehste da wie Karl der Nackte! Äußerst merkwürdich!« und wir bürgerten verdrossener vor uns hin, wieder zum Motorrad:

7 Uhr 50. – »Eene Möglichkeit iss drüben: aber da iss gaa nischt los!« / Schon die Straße sah wirklich doll aus: halbrund gewölbt die Teerdecke: ?: »Das iss der Moorgrund,« erklärte er, noch immer ungehalten: »sackt nach beeden Seiten ab: iss n ganz blödes Fahren!« Drüben floß ein Zug flink durch Wolluft und Felderglanz, stutzte kurvenscheu, pfiff erstaunt auf und verschwand Vorbehalte murmelnd in sich selbst. Erich wandte um 160 Grad in die warzige Dorfstraße, schon schien uns die Sonne ins Gesicht, das leinölfarbene Schild ›Dümmerlohausen‹, wrummwrumm: halten: ein hübsches, ziemlich neues Gebäude, groß und sauber: ›Holkenbrinks Pensionshaus‹, Blumen um die Fenster, ein Garten: »Sieht gar nich dumm aus?!« (hoffnungsvoll). »Ich kenns,« sagte Erich kurz: »hab schonn ma uff Geschäftsreise hier übernachtet. – Blaib aber sitzen; ich frag.« und ging hinein. Umsehen: alles Bauernhäuser; Sprüche am Balken, und Namen wie Enneking, Schockemöhle, Kuhlmann; ein dicker brauner Hund tummelte wild gradaus, heraus aus dem Haus, auf mich zu: »Wissu rainkomm', Tell?!« und auch Erich erschien wieder in der gleichen Tür. »Na, que tal?: Iss was frei? –« (Es war was frei!).

iii Die Eine: 6 Fuß groß; weißgelb geringelt im zaundürren Wespenkleid, ›Wie die Alten den Tod gebildet‹; endlose Armstöcke, tiefbraune, knieten vor ihr auf dem Tisch; scheinbar Verlobungsring; Busen zumindest zur Zeit nicht feststellbar. Bussardig hakte die Nase aus dem Irokesenprofil; der ungefüge, fast lippenlose Mund; randlose Brillengläser ritten vor knallrunden Augen: ›Hatschi!‹ (und das sah allerdings trostlos aus und wackelsteif, wie wenn Backsteingotik nieste oder ein Hochspannungsmast). / Die Andere: klein und bauerndrall; rotgestickter Mund in talggelbem Slawengesicht; Finger lagen unordentlich um die Tasse, hell und krumm wie Hobelspäne; und aus dem fetten Vokalgemische sprudelten lustig die harten ›r‹: »Ah, Pieronje bei Gleiwitz« erkannte Erich angeregt die Nationalität. Das höllenfarbene Mädchen bog den schlanken Stielleib hinüber, Augen belichteten uns kurz, die Kleine wischelte einschlägig; und auch Erich fiel eben unnötigerweise aus der Rubrik ›Oberschlesisches Liebesgeflüster‹ noch ein: »Warum nimmstu Fin-gärr?: Nimm doch IHN!«

Auch drinnen wars propper; alle Klos mit Wasserspülung (dazu die Illustrierte: Professor Baade hatte entdeckt, daß sich Miß Leavitt in bezug auf die Entfernung der δ=Cepheiden geirrt hätte; und ich griff, wieder ein abgerissenes Eckchen klüger, befriedigt nach dem vermessingten Kettchen). / Unten schon das Werbefrühstück: Kartoffelsalat mit Würstchen; richtige gute Butter zum Brot. Und Bohnenkaffee?: Potz Knack=, Schlack=, Blut= und Leberwurst! (Für uns, Vierzehntagsgäste, zwar extra angerichtet; aber immerhin!). »Neenee; Verflegung iss in Ordnung hier!« entschied Erich energisch: »Volle Pangsion 8 Mark pro Kopf und Tag – – alassmann: ich zahl schonn –« (›Geben is seeliger denn Nehmen‹) »und absetzen kann ichs ooch noch!« vertraute er mir an. / Die S-prache in Oldenburg wie in alter Zeit (die Wirtsfamilie näherte sich, Einer löste immer die Andere ab): die Leute konnten kein ›sch‹ am Wortanfang aussprechen! Entweder sagten sie ssön oder

Skule, sslimm und Gesellskaft. »Die Vögelsammlung kannste später ansehn. – Aber kuck ma da!« und wies unauffällig mit der Stirn: /: also die andern Sommerfrischler abmalen: ein nieseliger dürrer Fünfziger (allerdings mit seltsam leichtfertiger roter Troddelmütze!); ein Ehepaar: kriegsversehrter Arm, sie klein und ganz bunte Kuh. »Nee die nich!«: / Sie war wirklich erstaunlich häßlich. Zuerst. Und Erich stand gar nicht an, seinem Schock Worte zu leihen: »Höchstens aus anatomischem Intresse« meinte er bedrückt und sah mich bittend an: ?. Aber ich hatte mich bereits wieder gefaßt, und suchte mir stur das Aparte heraus: – – hm – –: hm! Erich manschte schon mit den Augen in seiner strammen Maruschka, pavillon und culasse, da gab es für ihn gar kein Schwanken: »Also du das Nachtgespenst? –«: »Ja, was denn sonst?!« und das kam so aufrichtig, daß er doch einen Augenblick unsicher wurde, noch einmal verblüfft taxierte – –: »Wie alt schätzt du? – Ungefähr!«. Achselzucken: »Mitte 20? –« (war schwer; konnte auch Ende sein. Gebügelte Hosen hätt ich anhaben mögen: so bescheiden dieser Wunsch auch war, das Schicksal erfüllte ihn wieder nicht). »Du mußt ja ooch den meisten Mut haben: bist ja Untroffzier gewesen!« ratifizierte Erich befriedigt die Teilung der Interessensfären; dann räusperte er sich markig und ging, alter Routinier, ans Werk (und seine Bockssprünge standen ihm charakteristisch zu Gesäß): laute Unterhaltung mit der Wirtin, warmes Männerlachen: »O Geld spielt keene Rolle!!« (dabei 1000 Watt hinüber, und unsere beiden Dornröschen knisterten leiser miteinander). Auch das Fremdenbuch brachte der neugierige Alte, und wir lasen erst einmal behaglich darin, mit langen bedeutenden Fachmannsblicken zu den hold Errötenden und unbeteiligt Tuenden, aber s war enttäuschend leicht; Geburtsort Rybnik O. S.: »Bitte: Annemarie Waniek: hier hastu ihm, der Radio–« zu Erich. (Also hieß mein Glück Selma. Wientge, geboren 1930, beide Angestellte Richtung Osnabrück; eben sah man den bretternen Rücken fatal deutlich, und auf meinem Gesicht malte sich wohl tiefer Zweifel, denn selbst Erich bemerkte es und lachte vor Wonne wie ein Frosch). / »Falsche Namen?? –: Aber nur! Fallsde Eene anknallst! Und Ausweise verlangt niemand hier.« So behielten wir denn lediglich die Vornamen bei,; so – – – (»Du: ich bin Landmesser!«: »Ich bleib Malermeister!«). Dann ließen wir das Buch unwiderstehlich offen am Tischrand liegen; erhoben uns zu voller Länge, wölbten die Brust undsoweiter, neigten einen verbindlichen Guten Morgen: Lächeln, mit tiefen Blicken in die betreffenden zugewiesenen Augenpaare: damenhaft sah s beiseite und dankte gekonnt gleichgültig, durch uns hindurch – – (ah: ein Augenzipfelchen wehte doch noch hinterher!: »Mach schnell; se gehn ooch zum See!«). / »Vergiß dein' Foto nich!«. Aber das Leitungswasser schmeckte schlecht, wie nur je in Flachländern, sumpfig. ›Geständnisse einer Hotel=Waschschüssel‹. Der unvermeidliche 1890er Kleiderschrank: »So was haste früher bloß bei Großherzogs gesehn, in der gutten Stube!«. Am Fenster: ein flaches Dach davor, rechts von uns wehte noch eine Gardine, und Erich, alter Baukletterer von Beruf, begab sich hin und lugte ehern hinein: ?, nickte erfreut: »Da wohn' se!«. Kam zurück: »Mensch: iss ja wie'n separater Eingang!« und fixierte fröhlicher die neuen Plattfußeinlagen. (Unten pumpte er sich dann noch n Riesenstrohhut von der Wirtin, warnte vergeblich: »Wirst schonn an mich denken!«, und sah drin aus, gerissen und ehrbar, wie n Farmer aus Connecticut).

iv　»Sie heißen Selma: ich hab sofort aufgepaßt!« gestand ich. Das Wasser, stark wie ein blauer Stoff, lag uns als Hüfttuch an. »Im Gästebuch, als wir uns eintrugen«; auch die Schultern waren ganz mager. Sie öffnete unbeholfen den großen Mund, lachte dann schrillend, wurde noch ziegelfarbener, und vertraute dem See an: »Wir auch. Aber Sie sind Joachim, ja?!« und atmete befriedigt. Schaumkraut der Wolken. Ich holte so tief Luft, daß sie fasziniert auf meine Brust sah, an der sie entlang gehen konnte, wie an einer gelben Mauer: »Wir fahren zusammen!« behauptete ich, und sie nickte zaghaft und eifrig (gab sich aber auch pro forma einen trotzigen Ruck). Enten starteten wie Klipperflugzeuge. Beide ohne Badekappe. Wir lachten töricht, und spielten vor Verlegenheit mit dem Wasser. Auch fiel mir ein: Schilfschlingen im Haar; die Gestalt traurig und steif; schwärzlich sichelförmige Flossen; in der Linken ein Seegewächs; lachsrote zarte Fiederkiemen als Blume hinter jedem Ohr: das sah sehr hübsch und ukulele aus. »Wir wollten uns erholen« vertraute sie mir noch unschuldig an.

So mild war die Luft, daß man hätte Cremeschnitten damit füllen können; Blütenstaub der Ferne lag über den Dammer Bergen (»Hach! Du hasta vorher de Karte angesehn!« Erich; und knurrte unzufrieden: scheußlich diese Gebildeten!); eine Kastanie wiegte bedächtig die gepuderte Perücke. – Die Häuser: »Könnten ooch wieder ma gestrichen wer'n« urteilte Erich unbestechlich; nur 2 fanden seinen Beifall: ein schneeweißes, und eins mit Wasserglas: »Iss zwar teuer; aber sehr solide«. Mit Binsen gedeckt: »Arme Feuerversicherung!«. / »Gelobt sei Jees' Kristus: wohin gehste denn?«: »Nach Buttermilche in Ewichkeit Ahm'« (2 Kinder, scheinbar Flüchtlinge; ich kannte mal einen, der antwortete auf ›Grüß Gott‹ grundsätzlich ›Wenn D'n siehst‹; war 'n feiner Mann). Tja, Münsterland ist stockkatholisch, historisch bedingt, (und Immermanns Oberhof für den Kenner sozialer Verhältnisse ein schlechter Witz. Anderes Tema.) /: Ein Kiebitz mit schwarzem Brustschild und Federkrönchen lief schreiend gradaus. Ein dürres altes Weib zwergte übern Weg, krumm wie n Fiedelbogen, weiße Fusseln an einem Ende, hantierte plärrend vorm Kruzifix: »Die darf nu genau so gut wählen, deren Stimme wiegt genau so viel, wie die von meinetwegen Ollenhauer: iss das richtig?!«: »Adenauer würd Ja sagen.« (Aber mal ernsthaft: allgemeines und gleiches Wahlrecht ist Unsinn: zumindest müßte Jeder erst ne geschichtlich=geographische Prüfung ablegen; und mit 65 Jahren das Wahlrecht, aktiv wie passiv, überhaupt erlöschen!). / Wind sprang schnarrend die prächtige Pappelchaussee herunter und stolzierte Grimassen aus Staub. Ein Maicomobil: »Sieht soweit ganz smart aus, was?«. Vor der Jugendherberge schritt es rüstig, unter Pfadfinderhüten: haháha: auch wir Christen sind fröhlich! / Am See: erst ein Bäcker (auch mit Eis und Brausen); schon sah man weiße Wolkenkorallen; junge Burschen nahmen allerlei heldische Stellungen ein, vor halbwüchsigen Geliebten; Greise trugen an schnöden Speckwänsten; schnurrbärtige Matronen stampften auf Beinkegeln – aber doch sehr wenig, im ganzen vielleicht 10, und 6 davon noch unter den Sonnenschirmen des Strandcafé Schomaker jun. Ich: »Das geht noch zu ertragen«; Erich: »Keen Betrieb hier!«. / »Kommkomm: rück die Peseten raus!«: 20 Mark Bootsmiete die Woche, und Erich sah ihn schärfer an: ?! –: »Na, wern schonn einich werden!« behauptete er kühn. Dann studierte er, ganz Nichtschwimmer, besorgt die Karte am Eingang: ›Ertrinkungsgefahr!‹, die Naturschutzgebiete, und zwingend rote Rechtecke: »Hier!: Sieh dirs ruhich ooch an: da iss anläßlich des Deichbaues ausgebaggert und 5 Meter Tiefe: pass ja uff!« (Und besorgter: »Äußerst merkwürdich!«; ich mußte tatsächlich mit hintreten und mir ernsthaft die Stellen einprägen; grade, daß er nich abfragte!). / Das Paddelboot: weiß, mit flotter, kalkblauer Stromlinie und innen zinnoberrot; herausnehmbare Rückenlehnen; ein Holzpritschelchen als sportlich magerer Sitz (»Morgen nehm ich ma n Kissen mit!«). / »Aba intressant die Binseninseln, was?!«. Seerosen weiß und gelb. »Lauf brünieren lassen, daß a nich in der Sonne blitzt!« fügte er, alter Frontsoldat, hinzu, und zog die Badehose noch tiefer, wahrscheinlich um keinerlei Zweifel aufkommen zu lassen, daß er männlichen Geschlechtes sei. »Ruhch ama!«: ein Düsenjäger johlte weit vor seinem Schall her: ein erschrockener Entenruf, die Binsen wackelten, und weg war der dünne Hals mitsamt dem bunten Bubikopf: Haubentaucher!: »Haste das gesehn?!« / »Nanu?!«: – ein Schrei übers Wasser: »Mensch, das sindse doch! –«. Aber da schien – – na, ich rief erstmal beruhigend und bootsknechtig hinüber und spannte die Arme: !, !, !, ! / »Annemie iss schlecht geworden!« und die Augen liefen ihr ängstlich im hageren Gelehrtengesicht herum –: – sofort stand ich neben ihr im Wasser, und nahm ihr die fette schlotternde Kleine ab: »Sie halten's Boot fest. –: Erich!:« und er faßte unaufgefordert tiefer unter die breiten Arme, während ich, Oberkommandierender, in jeder Hand eine strotzende Popohälfte, gratuliere Erich, keuchend hochstemmte: ! –: ! Selma schob bereits der Freundin feiste Füße übern Bootsrand, und hob dann bei mir mit an, (wobei unsre Schultern sich sachlich aneinander preßten: »Du fährst zurück, Erich, und bringst n neues Boot im Schlepptau mit! Avanti!«) / Wir drehten einträchtig der Sonne den Rücken (im Wasser stehend, und das Wasser schwankte) und der klopstockische Vorname stand ihr gar nicht. »Wie lange sind Sie schon hier?« 8 Tage warens. »Und noch?«: »Bis Freitag früh.«: »Ach!!: Da haben wir so wenig Zeit!« (Reuevoll: »Ja!« und ansehen). »Ich glaubs nich«, sagte sie düster: »ich seh doch aus – – wie ne Eule?!« und wartete verzweifelt auf Widerspruch, hoffnungslos, mit ungeschickt verzerrtem Mund und hagestölzernen Augen. Ich faßte ihre Hände unter Wasser und verbot ihrs mit dem Kopf: kein Wort mehr gegen – »Pocahontas« sagte ich leise (und sie horchte mißtrauischselig den fremden Silben nach; halblaut erklären.). / Wir schwammen meist Seite: Beinlatten scherten, Flossenfüße, die Arme griffen kompliziert durcheinander (aber einer immer als Sporn voraus): »Wollen wir schon n Stück entgegen?« / Ich im Boot, sie im Wasser (hat noch Angst?): »Wielangekannichtáuchänn?!« (und ich mußte gleich auf die Uhr sehen: sie steckte den Kopf (mit dem schwarzen spitzen Binsendach) mutig ins Wasser, die Beine angelten meist halb in der Luft, immer noch – – schnaufte flußpferdig, piepste: »Ja?!« – an sich 27 Sekunden, gibt der Kavalier fünfe zu: »32!«, dazu anerkennend und betroffen nicken; (und sie freute sich, atmete noch herrlich tief, und hielt schon wieder Umschau nach neuem Fürwitz: tatsächlich: ich mußte sie hinterm Boot herziehen!). / »Nich mein' Rücken ansehen!: Mir stehn doch überall die Knochen raus!« und flehend: »Ich will hinten hin!« (murmelte noch mehr; aber kommt nicht in Frage: uraltes Bootsgesetz!). / Die zarten mageren Beine; das Genick köstlich frisch geschoren; ein lieber Kerl (wenn ihr bloß manchmal das Gesicht im Nacken stände!). Mit dem Steuerbordauge Erichs Boot beobachten: Die verschwanden grade lachend nach links: »Komm' Sie: Einkremen!«: sie tunkte schüchtern einen langnageligen Finger in meine dunkelblaue Niveaschachtel, rieb sichs auf den linken Oberarm, und saß dann verlegen damit da: »Mehr doch!«. / Aber nein: »Jetz will ich paddeln!«: »Moment noch!«, und ich legte mich erst tiefer in Deckung – so! –: nun konnte sie ihre abenteuerlichen Moulinets übers Boot schlagen, mit dem Bihänder (und wir kamen wirklich langsam an der Schilfkulisse vorbei, eppoi si muove!). / Ein Haubentaucher mit 2 Jungen: sie erstarrte, Hände an der Paddelstange, winkte heftig mit den Schultern: ruhich!: lautlos trieben wir näher – – ein Pfiff: sie tauchten Alle gleichzeitig. Hände und Gerät sanken ihr langsam aufs Boot; Flüsterschmachten: »Ach iss das süüüüß!«. / Manchmal stießen unsere Paddel aneinander, und sie lachte verschämt zurück und wurde noch eifriger, bis ich sie endlich überreden konnte, und das Ding lang links neben uns aufbewahrte. / Lichterloh schrie der Raubvogel, und packte mit Krallen und Zähnen die Wasserscheibe. »Mit Zähnen – ?« wandte sie betroffen ein. Jener kreiste korsaren wieder hoch, und ich winkte im Beobachten der Unpoetischen ärgerlich ab; gab dann allerdings zu: »Na ja; wenig Vögel haben Zähne.«: »Wenig – ?« wiederholte sie zähe und ungläubig (kannte mich also noch nicht lange, und ich mochte grade jetzt keine Vorträge halten, resümierte also: »Ja. Wenige.«).

v | Eine Wiese von Stimmen (darüber dreifaches Lehrerinnengemuhe, à la ›Falls jemand noch ne Frage hat‹): »..... und das hier iss die Beckessine. Oder Himmelsziege: weil sie immer so meckert«: Holkenbrink der Alte, mit einem Rütchen in der zähen Hand; selig sind die Bastler, denn sie werden – – naja: eben selig sein! Vorn traute sich ein helles spindelförmiges Händchen in die Luft, fing vor Erregung an zu zappeln, fingerschnipsig: »Brandente!«: »Richtich!«. Kleine Jungen, resolute roundheads, mit nichtsnutzig langen Beinen. Die Mädchen miauten vor Vergnügen, und dazu ihre dünnen Waschkleider, Schöpflinhaagen, die ganze Kollektion. Kranich, Reiher, Seeadler. Haarfarben von Weiß bis Schwarz, auch das seltene Sandgelb und Rot. Dohlenkrähenelstern. (»Gibts denn nich bald was zu schpachteln?!«: Erich; aber die Wirtin, Messerbüschel in den Händen, wies nur resigniert auf den letzten Autobus): ein ganzes Rudel appetitlicher Fünfzehnjähriger, die meisten gingen sofort austreten. Alle Fleischfarben, pickliger Kalk bis marmorierte Sülze; Busen for beginners, schön hellbraun paniert mit Dümmersand: »Nain. –: Nain – –: Auch nich! – – –: Die Trauerseeswalbe!!«. (Verführung Minderjähriger: strafschärfend sollten dabei wirken: Nachtzeit (wieso das?); Unkenntlichmachung; falsche Angaben über Namen und Wohnung, ähä; Flucht; Rückfall; gemeinschaftliche Ausführung von 3 oder mehr Personen – hier stutzte ich schon; Verweigerung der Werkzeuge ...?? – Dann erst entdeckte ich, daß ich in die Forstdiebstähle geraten war, und stellte den Band entmutigt zurück: im StGB soll sich ma Eener durchfinden!). Endlich warfen die Fliegen vom Stubendienst ihre Motoren wieder an.

»Heut Mittag giebts Blumänn-kohl!« verkündete Annemie strahlend, und auch mein Meerwunder lauschte zufrieden, baute ein rotes Zelt aus ihren Händen, und machte ein paar aparte Bewegungen: dünnste Golddrähte hieltens hinter den geschnörkelten Ohrentrichtern, über der Nasenwurzel ritt ein breiter Goldsattel. / Dann kamen die 3 Autobusse mit den

Schulklassen, und wir warteten aufs Essen. Erich bot ergeben Zigaretten an, die gute Fox: erst seiner Zarewna: und auch Selma nahm eine, um in der Eleganz nicht dahinten zu bleiben; sie würgten zierlich am Rauch und setzten sogleich die dazugehörigen Weltdamengesichter auf. »Nee. Lassma!« und er lauschte interessiert: »Weeßte: mein Vater, der war immer ganz verrückt uff Vögel: der hat sich als Arbeiter extra n Doppelglas gekooft, bloß damit er se besser beobachten konnte!« Die Vitrine in der Ecke mit den Steinzeitgeräten. / »Warum komm' ei'm Lehrer jetz so furchbar albern vor?«: »Weil man jetzt ihr formelhaftes, dabei dünkelvolles Wesen unbefangen überblickt.« / Die Frau des Steuerinspektors drüben schlug beiläufig eine Mandel plumper Kreuze über sich, die finnige Stirnwulst, das blaue schlagflüssige Kleid (und schmatzte dann doch, daß ihr Gott erbarm! Erich, durch seinen Kartoffelknebel: »Obs ihr so besser schmeckt?«). / Der alte Holkenbrink, Mitte 70, noch mit dem Zeigestock in der Hand: Ja, eingedeicht war der Dümmer neuerdings, und der Wasserstand schwankte kaum; ja, man kann auch quer durchgehen: »wir habens ma gemacht: mit 2 Booten nebenher.« Und im Winter fror er zu: »Ich meine Erinnerungen skreiben?« (ich hatte's vorgeschlagen): »O da würd ich wohl – hach: 14 Tåge zu brauchen!«: »Sagen Sie mal: ebensoviel Monate: dann komm' Sie der Sache näher!« und er staunte ungläubig, voll bejahrter Ungeduld. – Das Wetter?: »Ou nain! Hoit früh wa sche ga kain Nebel: da s-timmp-was nich!« und wackelte mißbilligend. »Nu, vielleicht kommt der Nebel noch« sagte ich gefällig und leichtfertig; aber er sah mich s-treng und durchdringend an: verfängt bei mir nicht mehr, Alterchen! Wer sein bissel Scheiß so ernst nimmt, ist für mich nur noch komisch! / »Wir legen uns auch etwas hin!« verriet Annemie. »Also dann los: huschhusch in die Buntkarierten!« / Oben im Spiegel besehen: Mund verbiegen, Nase kräuseln, mit Eckzähnen ratlos spotten (auf einem Buchumschlag hinten: 12 vom Dichter selbst geschnittene Gesichter). Nochmal: Nee!: war nischt mehr los mit mir! Stoppelig, rappelig, geknittert, unbeherrscht: was war ich für ein Kerl mit 18 gewesen, Barrenhandstand und Expressionismus, Körperfeuer und Gesang (und jetzt: alle Verschlüsse undicht: »Du, Erich?«: »Hnn?!«: »Fühlst Du Dich eigentlich schon alt, Erich?«: »Nee.«. Er schnitzte riesige Stufen in den Brotlaib, fraß militärgeschwind: Ananas, Wurstbüchsen, Edamer; vertraulich: »Weeßte, wenn man als Kind so hat hungern müssen, und jetz später wieder: da wird ma zum Tier im Fressen!«). / Ein Kopfkissen wie ein Findling: so stand ich lange und dösig im Bett vorm Hemd (ogottnee: th' other way round; jetzt wirds aber Zeit für mich!). Auch er bettete sein pensives Haupt; wir drehten uns die gestreiften Rücken, Erich mußte natürlich laut fortzen, »Vorsicht: Feind hört mit!« (und es rasselte noch aus ihm, endlos, wie ne nasse Kette). – »Leiden eigentlich Wale an Blähungen?« (mit der Gargantualust des Volkes an physischer Großleistung). »Na Du kannst doch ooch nich klagen!« schlug ich vor; und er kicherte stolz. (Aber unter uns: ich wußte's tatsächlich nicht, ob Fische überhaupt. Im Brehm stand natürlich nichts drüber; ma'n Spezialisten fragen. – Aber ein finsteres Bild war's schon: 1.000 Meter tief der blaugefühllose Riese, und die zimmergroße Gasblase wriggelt hoch!). / Im Zahnputzglas entstand ein schwingender Summerton, schnarrendes fading, aus dem Wasserkrug antwortete unwillig der zweite Störsender: Fliegen. (Dower Traumsalat). / Windschiefe Wolken? Schwül? (Also nochmal entleeren; Hände waschen; frisch mit Wasser füllen). Die Bäume gaben sich, aufpassen, Zeichen mit grauen Ästen, wegen dem gelben Schein überm Horizont: »Na? Riskieren wir's, Fräulein Wientge?!«

vi | Im bleiernen Wolkenkolosseum (das überall goldene Risse kriegte): auf den lindgrünen Wiesenscheiben schnoben die Bauern, rannten Gabeln in rundrückiges Grummet, hoben es stolpernd über die steilen Strohhüte, breitbeinig und nervös wie ihre sehr braunen Pferde: Rum rum rumpum! Wir duckten uns unter den Nackenschlägen der Fallwinde, lange Staubwimpel an den Füßen. Nebenan in Selmas Bluse begann es bauschig zu ringen; der Rock schlüpfte ihr von hinten zwischen die Beine, entzückend kerbte sich das stürmische Gesäß; ihr Haar kippte nach vorn und wollte auch wetterfahnen. Teremtemtem!: die Pappeln wurden hellgrau und zitterten am ganzen Leibe. Ein Handwagen knatterte heran auf gekräuselten Rädern von Staub: »N Stück laufen?«: sofort bezogen sich ihre Sepiawaden mit festeren Sehnen, am schrägen Oberkörper galoppierten Zweie winzig voraus, und ich mußte nur zusehen, daß ich mitkam: »Bloß bis zur Ecke – zu'n Bäum'!« Und nicht nur das, auch Milchkannen lümmelten unterm amputierten Christus, aber immer flott weiter, und tatsächlich hatte sie beim Gasthaus erst 2 Tropfen am Arm: »Mein lieber Mannhh!«. Es riß quer in der gellenden Schwärze, alle Blumen warfen sich aufs weggewandte Gesicht, Wasser stürzte aus dem Schlitz, handhoch spießten die Silbernadeln aus dem Pflaster: »Mein-lie-bermann!!«

Pferde weideten vor ihren unruhigen Schwänzen her, Bäuerinnen radelten in weißgestärkten ›Schlatthüten‹, und auch mich stach die Bremse: knatsch! fiel weich ab: »So ein Biest!«. Das Laub hing schlapp die Äste entlang, wie alte Girlanden; auf einem flammte es gelb auf, wir erstarrten, und eine harte hohe Stimme schrie etwas von kommenden Blitzen, wandte sich um, und verschwand wieder in der schwülen Oberwelt: ??: »N Pirol. Sieht man selten!«. / Eine Brennessel: aber es hätte genau so nur ein weiterer Schritt von ihr sein können. Sie sah sich stolz um: ?! und wir belohnten uns Tapfere mit Augen. / Unser Boot: Nummer S 5: »Und bitte ne Büchse mit, zum Wasserausschöpfen! – Jaganzrecht: was heute früh der Herr mit den roten Locken bezahlt hat!«. Die Wellchen sprangen am Holz hoch, tolpatschig, wie kleine graue Katzen. »Die Schulkinder sind auch alle da!«. / Hinaus. Noch weiter. (Und in Lee der letzten Schilfinsel wenden: so!). Dann ins Wasser klettern (ich sprang kühn hinaus) und wir umkreisten die leere Holzschale und bewachten sie gut. – »Wolln ma sehn, wie weit wir rannkomm'«: an den Haubentaucher, und wir griffen uns lautlos hin, 50 Meter, 30, zwan – zig – na – –: und war weg mit quäkigem Schrei; atemlos: »Das hätt' man knipsen müssen!«. / Ich trat vor sie hin und zog sie tiefer in die Flut (drüben am Landungssteg wollten grade die Kinder absegeln): »Pocahontas!« Sie verstand bald, zögerte rundum, – – –, zeigte überraschend durchtrieben: – ! – (und dann tauchten wir ganz ein, und gaben uns den ersten Kuß unter Wasser: »Komm ins Boot«). / Die Sonne brandmarkte uns scharlachne Oberschenkel (mein feines Haargespinst drum sah jetzt hellblond aus). Immerhin: alte behaarte Wolkenmännchen wälzten sich lässig am Horizont und rülpsten monochrom. Noch selten. –: »Halt ma an!!«: eine Hummel trieb hilflos im Wasser und machte schwächliche Beinchen; sie ›rettete‹ sie sorgsam und setzte sie vorn aufs Holz: »Da kann sie trocknen!«. / »Jetzt mußt Du Deinen Kopf hergeben!« und sie gehorchte überhastet und machte Alles falsch, stieß auch ein Paddel in den See und kletterte lange; bis sie dann auf dem Rücken vor mir lag, den schweren Kopf auf meinem blauen Höschen. Arme streicheln, Augen küssen (aber sie gingen sofort ängstlich wieder auf, und beargwöhnten, ob auch Alles genügte), im Haar wandern, »Ich mach Dich doch ganz naß«, und kam mit der Schläfe auf etwas Härteres zu liegen (Augen sofort zu!) und zitterte beherrscht:: und wir klebten die Lippen aufeinander, bis wir fast ohnmächtig wurden. / Die Schlammbeißer schnappten unruhig: »Einmal noch ganz weit rausfahrn!« / »Ain Pa'lbooooot!!«: Kindergeschrei, und unzählige Hände ruderten im See; einem Bootsmann fiel die fesche weiße Mütze hinein und er brüllte beschämt. Die

Wolken im Südosten knurrten und machten träge Buckel gegen den Wind, der sie von hinten stieß. Das Wasser ergraute. »Komm lieber Richtung Heimat!« »Och n büschen noch!«. (Aber der Mann am Steuer begann auch schon, sich umzusehen, und ging sachte über Stag: hinten kollerte das Wolkenfaß wieder ein Stückchen näher: Binsen faßten sich an den Rispen und ringelreihten kurz ums Boot: »Neenee. Komm mit!«). / Die Bäume hupten und gebärdeten sich, als wollten sie in Staub aufgehen, Wind machte Kopfsprünge, und die Büsche jazzten verzerrter in ihren Mauerecken. Ein plumper Wolkensack schleifte quer übern Himmel, riß immer wieder, daß die grobe Jute faserte und die Messingbleche rausschlitterten: »Aber jetzt los Du!«

vii Welt der Zeichen: das sandsteinerne des Mondes; die ähnlichen Dreiecke der Giebel; tausendfüßig schritt die Allee; trübten Laternen die reine Schwärze, schliffen Grillen, wieder schimpfte ein Hund hinter uns her. Annemie sang dahin, auf weichen großblättrigen Lotterlippen, verbuhlte Arithmetica: 1 Nacht im Mai, 2 Gitarren am Meer, 3 Musketiere; und so verschwand das verjazzte Geschöpf sordino in der haltlosen Dämmerung, vor uns, am Ericharm. Welt der Zeichen: unsere brilligen Scheiben lehnten sich aneinander, ihr Nasenschnabel hakte fest, die Hände knoteten um mich herum (Mond trieb da als Brander zwischen Wolkenfregatten), ihre Zähne kniffen sehr: – – und dann tappten wir weiter über die weißen Kegelschnitte. Zurück. Schwarzhäutige Häuser; ein Auto murmelte vorbei; »Hastu vorhin die rote Wolkenschlange gesehen?«

»Oneulich gabbs Schönäss: so kleine Schüsselchen, für die Schnitte zu essen: Sallaat!« und die glatten Augen schwankten ihr vor Vergnügen im Gesicht, Annemie; hatte sich auch die Zehe heute früh gestoßen und griff guttural klagend danach: ! . Ich schlug die Probe nach altem salischem Recht vor: ob das

Stück des zerschlagenen Knochens so bedeutend war, daß es, über die Heerstraße auf einen Schild geworfen, noch hellen Klang gab; wurde aber von der ganzen Runde entrüstet abgelehnt. Aus Rache hörte ich sie halblaut zu Erich sagen: »Issd Sellmaa verrlobt!: erbt mal 30 Morrgen Lant, und da iss sich Inspektorr mutig rrangegangänn!« und lachte schadenfroh. / »Oh: n richtiges Nordlicht?!« (Selma ehrerbietig); aber wir winkten nur schwermütig ab: für jedes Nordlicht ne Mark, Du, da könnten wir 14 Tage länger bleiben! (Und als hors d'œuvre hatte's noch Hinlegenaufmarschmarsch und erfrorene Zehenkanten gegeben: »Geht bloß mit Euern Nordlichtern weck!«; wir tranken grimmig am Bier, und hoben zürnende Brauen: *die* Erinnerungsserie hätte ooch wegbleiben können! Aber spazieren gehn wir noch n Stück, jawoll!). / »Der Dümmer stöß die Gewidder ap!« belehrte der Alte gewichtig: »die gehn fass alle rechts unn links vobei!« (Und Tell zitterte sehr beim fernen Wetterleuchten: »Der iss in Hamburg geboan. In den Bombennächtn: unn da kann er das nich ap!« Also selbst die Tiere!). / Sie faltete die Hände hinterm Kopf und machte sich aus den Ellenbogen eine schicke große Flügelhaube. / »Wieso ›Pocahontas‹??«: »Ne indianische Prinzessin!« wie beiläufig; und die Dicke bekam sofort neidische Falten, wisperte mit Erich, und Beide lachten schmetternd aus zerknülltem Augenfleisch: »Na lasse man« entschied er gutmütig: »für uns genügt ›Annemie‹ ooch, was?« prägte die Hand herablassend in ihr geblümtes Rückenfett, und ich registrierte abwesend, wie sie, noch flinkere Leute, mit den Augen aneinander gerieten; also blieben auch wir etwas zurück, ich nahm sie in die Hände, sie, rötlich und duftend, nach knirschendem Abend, und nasser unterer Erde, nach Wurzelzeug und Seligsuppengrün, fern klang eine Kreissäge, und wir erstickten uns mehrere Male, bis sie sich ins Licht barg. / »Aaach!!« und sie hatte doch als Erste das Storchennest am First entdeckt: unbeweglich silhouettierte Adebar, auf einer Beinstange, und ich mußte solange warten, bis er einmal nachdenklich geklappert hatte: »Denk doch ma: 2 Junge sind vorjes Jahr gegen die Hochspannung geflogen: tot!!« und bat sehr um Mitgefühl. (Am Baum hier ein Zettel, den auch Erich, immer Geschäftsmann, studiert hatte: warum soll ich weiser sein? ›Fohlenverkauf beim Baron Frydag‹: s iss doch immer falsch!). / Drinnen erst mal die Abendnachrichten (und Erich kommentierte sie gratis): Die Amerikaner kreisten unbefangen weiter ein, andererseits rätselten die Westmächte, was Moskau mit seiner letzten Note wohl wieder meine: »Iss doch ganz klaa: entweder EVG oder Wiedervereinigung; Beedes gipts nich!«. Theodor Blank hatte diskrete Einzelheiten, hinreißende Interieurs, über das schmucke neue Heer durchblicken lassen: »›Wenn der Deutsche nich pausenlos die Knute uffm Hintern spürt, iss m nich wohl‹ hat schonn mein Vater immer gesagt!« Wahlrummel: Eener kam mit Gott an; der vorsichtig mit m Hakenkreuz; der pries Rußland: »Selbstverständlich sind die Gewerkschaften SPD: solln se etwa für Krupp sein?!«. Deutscher Evangelischer Kirchentag (und diesmal verfinsterte ich m'ich); drehten auch schon wieder ›lustige‹ Militärschwänke: der Knecht singt gern ein Freiheitslied des Abends in der Schenke: »Na de Russen wern schonn helfen!« (Oh Erich: irret Euch nicht! Und falls wirklich: ist es nicht traurig genug, daß wir selbst nicht gescheut sind?). (Dann noch Sportnachrichten; und es wurden wortreiche Schätzungen gewagt, wer demnächst am schnellsten uff m Hintern den Berg runterrutschen würde, oder so ähnlich; scheue Recht und tue nie was). / Aber jetzt lief Erich zu ganz großer Form auf: die Wirtin kam, der König rief: – (und Annemie, glänzenden Leckernäschens, sicherte sich gleich den vergoldeten Sektkorken: zum Vorzeigen; später, im Geschäft, konnte er der Handtasche entkommen, vor den neidischen Kolleginnen: so haben wir im Urlaub gelebt! – Albernes Paketel.). »Na?: Das iss n Säftel; was?!«. / Durcheinander: »Seit 200 Jahren, Du: Tatsache!«. Sie wurde so eifrig, daß sie mit dem Arm zu zeigen anfing: der reichte weit, und Annemie drückte ihn empört von ihrer Nase weg: »Ach, entschuldige.«

Nahm ich also das älteste davon, ›Hannoversches Hof= und Staatshandbuch‹ Jahrgang 1839. »Na, soll ich?: noch ist es Zeit ....«: »Nein sieh nach!« also blättern: ......, ...: Seite 386: tatsächlich: J. H. Wientge, Copist und Pedell beim Consistorium zu Osnabrück! (Kann man die restlichen 80 Jahre also auch glauben!). Und sie lachte mit ungeschlachtem Mund (aber feinen Lauten!!). »Meine Ahnän ...« fing jetzt auch Annemie vornehm an, aber Erich winkte schon gähnend ab: »Trinkfest und arbeitsscheu, ich weeß. Und immer Appetit ›auf derr Liebä‹!«. Wir lachten gefällig: Selma kameraden und bieder, Annemie pfiffig und bauerngeil, ladies first, dann ich leicht amüsiert aber abwehrend, Erich (als Initiator) geschirrig und hoch böcksern. / Landmesser? Gewiß. »Spezialist für Karten: Preußisches Doppelbild!« wußte Erich vornehm und nicht unwitzig; aber ich erklärte es willig meiner Interessierten: »Gut vermessen? Sind auf der ganzen Erde nur: Deutschland (bin ich nu n Patriot?!) und England; die Kleinen noch: Hollandbelgienöstreich: aus! Die stolzen USA sollen erst noch lernen, was ne 25.000er Karte iss.« / »Am Himmel weessa ooch Alles!«, nuntius sidereus, und forderte irgend ein eindrucksvolles Fänomen. »Morgen Abend findet eine ungewöhnlich lange Venusbedeckung statt,« erwiderte ich flegmatisch. »Aber Herr Bo-mann!« kreischte Erich jungfräulich und sittichen; allgemeines Gelächter; Gelehrtenlos; also iss scholarship wenigstens zu was gut; Gundling. (Die beiden Mädchen waren zusammen Stenotypistinnen in derselben Berufskleiderfabrik): »Zeit schlafen jetz: morgen iss auch noch n Tag!«

viii Sie lief, schlenkrig verfolgt von ihren Kleidern, grillenschlank, meine braune Zikade. Kam in Gottesanbeterin=Stellung auf mich zu, legte mir die scharfen Vorderbeine über die Schultern, und versuchte lange, mich zu verzehren. Mit Händen; mit Zähnen. Dann schaukelten die Aktentaschen außen neben uns. Ringelblumen machten Lachsaugen durch Zäune, zuerst nur 2, dann standen sie förmlich Spalier vor Neugierde, eine steckte sofort den Kopf unter Selmas Rock, daß ich entrüstet pustete: das überlaß ma in Zukunft gefälligst mir, werter Luteolus! Sie fragte gleich, und nickte dann mehrmals hochbefriedigt ob solcher Eifersucht: so soll es sein! – »Kumma das weiße Haus!«. Das?: sogar eine Villa, mein Kind! Und es war raffiniert einfältig, dick mit ergrauten Binsen gedeckt, kunstvoll narbiger Verputz, vorn 3 Bogen als Loggia, große Fenster mit gelben Butzennetzen; Hecke, kleine Rasenfläche, ein verträumtes Klöchen –: »Na, Du? –: Dreißigtausend bestimmt!«. Auch Georginen, getuschte, bandierte und Bizarden; und sie war zutiefst ernüchtert: cha, wenn man so was hätte, Mädchen!! (Gehörte dann, wie billig, auch einem Bielefelder Fabrikanten, und stand natürlich 350 Tage im Jahr leer! Wenn man zum See geht links, kurz bevor die Pappelallee anfängt).

Selma also, wie gesagt ganz in verlupptem Organdy, mitten im Sonnengepralle, und faßte mich steif an beiden Händen; wir nestelten die Finger ineinander, auch mein Herz trabte überraschend an, und endlich ließen wir alle Oghams und Futharks beiseite, und sagtens uns frei heraus: wie hübsch wir wären, undsoweiter. Ihr Rock tänzelte schon vorweg, schlug wohl auch ein schickliches Rad, und schien überhaupt recht unternehmungslustig, der Rock. / Langes schlankes Gebell machte Bogen; und dann tanzte ein heller Hund aus dem Hoftor, immer vor dem dick trabenden Gespann her. Überall fesselten die Bauern Pferde vor ihre Wagen, und die Müden ließen es in edler Resignation geschehen: »Die verlieren auch nichts, wenn sie aussterben!«. Oben Walmdächer, unten Katzentürchen, schwarze oldenburger Schweine röchelten angeregt, und mir fiel Graf Anton Günther ein, der große Marstallhalter, und sein Apfelschimmel, der ›Kranich‹: »9 Ellen war der Schweif lang, die Mähne 7«, und sie tadelte es als unpraktisch: zugegeben; jedenfalls sprangen unsere Stimmen uns munter voraus. / »Was machstu'n im Werk?«: »Nuu –« sie wiegte nachdenklich »soo – Angebote schreiben; mit Stoff-mustern.« In Osnabrück also; hatte auch dort gelernt. »Was liestu gern?«. Sie sah mißtrauisch herüber, suchte sichtlich nach dem Gewichtigsten; zauderte – –: »Gustav Freytag, Verlorene Handschrift.« Hm. Nich übel. Aber sie wollte den Eindruck unbedingt vertiefen: »Einer bei uns liest immer Kant!« berichtete sie ehrerbietig. »Dann muß er verrückt sein!« entschied ich: »Du glaubst es nicht?!: Paß auf: ....« (und ich machte sofort die alte Probe: welche Stelle steht im Kant, und was iss Mist?: a.) ›Eine Einheit der Idee muß sogar als Bestimmungsgrund a priori eines Naturgesetzes der Kausalität einer (gewissen) Form des Zusammengesetzten dienen‹; oder b.) ›Die Kausalität einer (gewissen) Form des Zusammengesetzten muß einer Einheit der Idee sogar als Bestimmungsgrund a priori eines Naturgesetzes dienen‹? Sie senkte die Stirn und antwortete nicht mehr). / 2 Mandolinen kicherten nervös auf der Terrasse. Zur bunten Eistüte gab es frischen Nordost, und der Rock wollte sie gleich ungestüm nach mir hinziehen, gut der Rock; aber der karierte Waffelteig zerbarst eben unter ihren großen Zähnen, und da umschlang sie mich drüber hinweg mit Augen, schweigend, den Mund voll eisiger Süßigkeit. / Sattellos auf dem Bug: ritt Pocahontas, mit klebenden dünnen Haaren und blauem Lippenschlitz. Patschte ihn mit beiden Händen, stützte sich ab, und lachte mich noch aus dem Wasser an. Madreporisches Gewölk. / Reinklettern: sie stand tiefatmend neben mir am Bootsrand (ich drin), so daß wir uns bequem anbeten konnten: – – aber nun gab ich ihr kritisch die Anweisungen: »Geh vorn hin.« »Und ganz mit den Armen übers Boot fassen!«; sie gehorchte blindlings. »Jetzeinbeinübernrandlegn – –« es erschien endlos glatt und wasserüberzogen: »Mit einem Bein stehst Du noch? ...« Nicken, heftig; die Augen hingen an meinem Mund (ihrer offen, fast mitflüsternd). Jetzt lehnte ich mich weiter nach Backbord – noch weiter – auch das Paddel bereit – –: verflucht: fing der Kahn doch wieder an zu drehen! Also: »Lassnomalos!«: links energischst durchziehen, nochmal – halt, kleiner Schlag rechts –: so; jetzt kamen die Wellen wieder von vorn: »Nochma jetzt!«. / Dann saß sie strahlend und triefend vor mir: »Trocken' Dich sofort ab. Und ziehn Pullover an; der Wind iss zu frisch.« Sie nickte dankbar und strich die Arme ins Handtuch; Gesicht. Nacken; Pause. Beine, Beine: Pause. Sie ließ die Augen flüchtig nach mir herum reisen, aber ich blieb unerbittlich. – »Sieht uns auch bestimmt Niemand?« bat sie noch einmal kläglich. Bitte: Binsen rundum, Blaues oben Blaues unten, nur ein Vogel strich mit heischerem Protest links ab: da griff sie endlich nach dem Knopf auf der Schulter, langsam, der weite Weg Graf Isolan – – und das andere Handtuch mußte immer in Reichweite bleiben: »Vorsichdu!«: ein Binsenschnitter mit hochbeladenem Kahn, weit drüben: er betrachtete uns hoheitsvoll und bauerndoof – bis sie dann atemlos im blauen Pulli flach dalehnte, gestriegelt und hoch entdeckungslustig. / Schon schoß ein Fingerzeiger vor: »Kuckmada!« – –: ich sah nur die fernen Zinken der Pappelallee nach Lembruch – vielleicht das Schilf, an dem die kurzen grünen Wimpel durcheinander züngelten? »Nein: die Wolken da!«, ah, die Wolken; und wir würdigten sie ausführlich nach Morgenfarben und =formen: eine Fusslige, eine Beulige, eine Aufgepustete, eine Ballonannemie, eine gereckte Dünne: lustig flattern, Wolkenmädchen, Deine Wasserstoffbänder! Sie maulte erst ein bißchen (weil die leinene Gestalt gar so endlos war), ließ sich aber ganz leicht versöhnen, mit Augen Mund und Händen, sperrte sich immer noch, weils gar so schön war; immer noch – jappte zweimal auf, und fing sich befriedigt meine Finger (während das Boot selbständig kreiselte und schlappte). / Auf dem Oberarm die feine Blindpressung ihrer

Pockennarben: –: sie suchte gleich meine und küßte sie auch eifrig. / 2 langhälsige Vögel tanzten zusammen oben im Licht; die Binsen schauerten nach vorn; ich nahm abwesend wieder das Paddel hoch und mahlte langsam glitzerndes Wasser. »Rasch essen, und dann wieder her, ja?!«. Der See winkte uns mit tausend blauen Händchen nach.

> ix   Tucketucketucketucke: »1 Motorboot solls auf dem Dümmer geben.« (abfällig). Sie schlang sich das graue Wasser ein paarmal ums Handgelenk, ehe sie murmelte, wie eine Stimme aus dem See; ließ auch die Finger lange nebenher treiben, daß jeder sein feines Kielwasser zog. – – Zur Rechten flimmerte's wie Gestade: Bäume aus Rauch geblasen; das Dunsttrapez eines Daches; Schatten wollten unter Gasfontänen: aus heißer Grauluft die Idee einer Küste. Seelandschaft mit Pocahontas. – – »Du!« – – Sie warf die Mahagoniseile rückwärts hoch, mir um den Hals: »Ja! Schnell!«; schnürte fester zu: ! –, richtete sich auf, und fing wild verworren an zu paddeln, unermüdlich eckig, dem Glasqualm entgegen.: Dem Glasqualm entgegen!!

Leicht bedeckt aaach: da hatten unsere glühenden Häute etwas Ruhe (und manchmal traf es uns doch). / Die Wasserjungfer, beide Hände am Bootsrand, schwamm aufrecht nebenher, und sah traurig und gedankenlos herein (lutschte auch dazu 2 Pfund Mirabellen, die ich ihr einzeln reinstecken mußte: langer Leib, von Rohrleitungen durchzogen, Ventile klappten, bunte Säfte liefen in ihr herum, purpurnes Fleisch mit Elfenbein besetzt und steifen Schwarzgrannen: »Und jetz tauchen? Na Du?! Willst wohl auch n ›Fund‹ machen?!« Aber sie war nicht aufzuhalten). / Dies brachte sie heraus (mit einem Arm gründelnd, sich am Boot hinabdrückend), und bot mir Alles dar: eine Qualle knirschender grüner Wasserpflanzen; ein gekrümmtes schweres Hölzchen (so schwer, daß es nicht mehr schwamm, nanu?!); eine Handvoll seidenschwarzen Schlammes – aber hier waren 2 Teichmuscheln drin: die erste tot, also weg. Die zweite wehrte sich kräftig gegen Öffnen und Neugierde: »Kuck ma hier!« und Biologieunterricht: Mantelrand, Spinner, Bart: »Komm jetzt rein.«. / Treiben: ihre Finger schrieben rastlos meinen Namen ins Wasser, ums ganze Boot, stips wieder der i-Punkt drauf, also irgendein Undinentrick, bis ich ihr dergleichen verdächtige Praktiken untersagte. Aber das hatte lediglich den Erfolg, daß sie jetzt sofort das Wassermärchen hören wollte (wahrscheinlich noch was dazulernen, he?!); murmelte sympatisch zur Katastrofe, restlos überzeugt, oh diese Männer!: »Dabei hieß die Undine in Wirklichkeit Elisabeth von Breitenbauch, 7. 5. 1780 in Minden geboren, heiratete 14. 5. 1800 den Herrn von Witzleben, hatte 3 Kinder mit ihm, und starb endlich, längst Witwe, am 27. 5. 1832 in Halle. Fouqués große Liebe. Übrigens spielt die ganze Affäre am Steinhuder Meer drüben« schloß ich hastig: kritzelte die Emsige nicht schon wieder an Steuerbord?! »Spiegelschrift!« erklärte sie kalt und hexenheiter, und ich schloß vorsichtshalber die Augen (als ich sie dann wieder aufmachte, war schon der ganze See voller Kringel und Unterstreichungen: vorwurfsvoll: »Siehstu!«). Aber das bunte Geschöpf lächelte nur ungerührt, und hieß mich paddeln; fing auch in neu erwachter Lust bald selbst mit an: »Ma sehn, wie lange wir bis rüber brauchen!«. / (Halbe Stunde nebmbei) und armes Lembruch: immer noch nischt wie Zelte, Bootsgewimmel, faules, Deutscher & Britischer Yachtklub, Hochbetrieb im Kurhaus, und am Anleger wie verabredet Annemie und Erich. »Na, Ihr?« fragte er gütig und scheinheilig, pfiff kurz ›Im Wasser haben wir's gelernt‹; ich drohte ihm mit Augen, er lächelte verrucht und dumm, gin mit juice, wie nur er es konnte, bückte sich auch zu mir: »..........!«, ich zuckte ärgerlich: man verstand bloß immer ›Beene‹? (Ah, auch das Zeichen zur Abwehr des malvagiocchi: weiß genug!). Dann rief er noch über die Schulter: »Wir komm' ers morgen früh wieder: Lembruch bei Nacht!«, und auch Annemie wußte viel von einem Preistanz: »Viel Spaß!«: »Dasselbe!«. / Sie hatte sich stillschweigend eine Blase innen am Daumen gepaddelt, und wurde sehr gewürdigt: »Mußt aber den Daumen dann mit *über* die Stange legen: versprichst Du's?!«: »Mm« ihre knöchernen Finger versuchten mein Ohr. / Auf der Wasserplatte. Grauhitze. Ich hörte auf und legte es quer vor mich hin, so lang lief das Boot aus. Der Horizont hatte uns in seiner flachen Schachtel. Vor mir lehnte stumm eine ellenlange Rote, die knochigen Knie in Kopfhöhe, das Kinn auf der Brust. Große Schwalben strichen so dicht vorbei, als sei unsere Stelle leer, und wir schon nicht mehr vorhanden.

x | Wieder blitzte es die Schatten aus unserer Bleikammer: über der Stuhllehne dünne nackte Schläuche, das Dreieck und ein rosa Doppelschüsselchen. Ich ruhte nicht eher, bis im Sitz noch die zwei winzigen Söckchen lagen, darunter dann die braunen Sandalen: »Was hastu für ne Größe?« Sie stöhnte verzweifelt: »Frag nich ....«; dann so gebrochen: »Dreiunvirzich!«, daß ich sofort hineilte und ihr Trost zustreichelte: »Pocahontas! – !«. (Nur mit einer roten Hüftfranse aus dunkelgrünen Wäldern treten. Müßte Sie. Sie suchte ein bißchen in ihrem Koffer: – –, holte ein Kopftuch heraus und probierte es schüchtern: – –, machte den abschließenden Knoten an der Seite: – – ?. Stand still mit hängenden Armen: ernst pfählte und hager die endlose Hüfte rechts aus den harlekinenen Stoffzungen, war also ihre linke Seite, und wartete ergeben und sehnsüchtig bis ich sie nannte und erlöste: »Pocahontas!« – Ein roter Samtfleck kam aus ihren Lippen, wurde schnitzelspitz, drängte unbeholfen, und schlüpfte mir dann tief in den Mund ...).

Warten. Ein Raschel drüben. Ich pfiff einmal matt die schalldichten Wände an: die Tonröhre prellte flach ab, und ich stand wieder alberner im Gelben. Als zuvor. Leeres Korridorgehirn, hölzerne Augen, Scharniere dran. Im Ledergetäfel der Minuten. – – – (Dann wenige Tappe und sie warf sich eilig durchs Fenster). / Ich küßte auch in den konkaven Mirabellenbauch. Unsere Flüster durchirrten sich; unsere Hände paarten: sich! Ich mußte erst das rote Gitter ihrer Arme durchbrechen, Fingergezweige zurückbiegen, ehe ich die Tomate mit den Lippen am dünnen kurzen Stiel faßte, daß sie sehr meuterte, vil michel ungebäre, und verschluckte sie dann ganz, daß sie süß empört aufwollte (aber ja nicht konnte); so schrie sie nur einmal schwächlich und lüstern; dann klemmte wieder die mächtige Schenkelzange. (Wir ritten sausend aufeinander davon: durch haarige Märchenwälder, Finger grasten, Arme natterten, Hände flogen rote Schnapphähne, (Nägel rissen Dornenspuren), Hacken trommelten Spechtsignale unter Zehenbüscheln, in allen Fußtapfen schmachteten Augen, rote Samtmuscheln lippten am Boden, kniffen mit Elfenbeinstreifen aus denen Buchstaben schimmerten, Flüster saugten, Säfte perlten, abwechselnd, oben und unten.) / Eine Büchse Milch aufstechen und abwechselnd lutschen. Auf'm Rücken liegend: das schmeckte wie kondensiertes Mondlicht, und dazu Feigenpudding aus den kleinen US-Döschen. / Sonnenbrand: Arme und Beine, meine, waren nur rosenrote Feuerrohre mit abgesengten Nervenenden. Wir wimmerten beim Waschen, und zitterten vor Fieber, wenn unsere Härchen sich streiften. Also: Einkremen! / Einkremen (und ganz leicht massieren mit feinen Duftfetten): das Fingergespinst, die beinernen Arme, »hfhfhf-hforsicht!«, die runde Rippenharfe, 2 weiche Kupferknollen, Kupferknollen; Kupfer – knollen – –. Die Bauchschale mit dem hohen Beckenrand, die steife Beindeichsel: »hfhfhf-aaachch!«. (Dann aufs Gesicht wenden, PTO, Gott war das lange Bündel schwer!): Nackenwadi, Schultertafeln, Gesäßknorren, die schmächtigen Kehlen der Kniee; aufrichten: nochmal Achseln und Schlüsselbeinpartie –; zuletzt Stirn und Nasenrücken: »Aaach!«. (Dann aber gleich drohend: »So: jetz bistú dran!«). / Beim Hemdchen anziehen: sie stand weitgebärdig da, wie Orion (den leichten rosa Nebel allerdings in Händen, weit überm Adlerkopf): meine rote Alpha=Riesin! Sie merkte, daß ich dachte, und ich mußte es sofort sagen. Brummte fast verdrossen: lautlos renkte weiter das Sternbild.

xi	Der Fernfahrer aß sehr schnell und künstlich, skalpierte Wurstecken mit scheußlich huronischer Technik, schnipste sich auch die bleiche Pellentrofäe vorschriftsmäßig in Gürtelgegend; der Mund lästerte von Staat und grobem Wetter: die Katastrofe trat ein, da hieß der mächtigste König Eisenkauer, nach ihm regierte sein Dalles, immer abwechselnd (oben 3 kalaharische Fussel, gelbe, Oranje & Transvaal; auf der linken grünlichen Schulter ein Regenlicht, fensterglänzend und traurig). / Mondbazillus, Wolkenhefe, und Pocahontas summte ein helles heiseres Lied zum Geräusch der Nacht. (Hinter der Haustür quietschte sie dann unnötigerweise wie ein Gemisch aus Hahn und Henne. Entschuldigte sich aber sofort reuig: es wäre so plötzlich gekommen. Also werden wir das exerziermäßig üben: ! – – ? aber jetzt hielt sie geschult still.: !! – – ? nur Tiefatmen.: !!! – –: »Siehstu es geht Alles! Wenn man nur etwas guten Willen mitbringt!«. Sonder Not und ohn Gefahr übern Hof so kam das Paar).

Tell, losgebunden, raste selig allen Windstößen und Katzen nach, schnauzte vergnügt, und sie ddddrängte furchtsam näher: »Obs noch regent?«. Je nun: verbogener Mond trieb auf gelben Lichtwellen (hinten bollwerkten aber schon die Wolken, und er riß mühsam eine Silberbresche nach der andern hinein. Sie hielt einfach die Hand davor, daß ihr Gesicht oben im Schatten hing, und ich durfte ein bißchen darin herum küssen). / Ein Textilreisender, behutsam, schwarzer Ölscheitel, fahles Antlitz, spitzes Gehirn: »Der hat dem Chauffeur drinnen noch gefehlt!« (Sprach auch das f so blasebälgig und überzeugt, daß man es nur noch mit ph wiedergeben konnte; sein Hut: ein Matterhorn, von einer Art Nürburgring umgeben).

Sie berichteten, wie Vertreter tun, von den Merkwürdigkeiten ihrer Mägen: »Also nach 10 Uhr abends: kei-nen-Bissen-mehr!«: »Prophessor Berger – aus Bonn – sagte: in phier Monaten sind Sie n Totermann!«, sah stolz rum, ob wir auch atemlos lauschten, und strich sich mit der Fingerschere den Stumpen aus dem rosa Maul: »›birnenphörmich‹ behauptete er; der Chepharzt ›konisch‹ –«, er hielt beteuernd seinen Bauch, in dem sich jenes Darmgeschwür befunden hatte, mit beiden Händen hin (aus deren einer Rauch loopte. – Dann kamen Sauereien an die Reihe, bis die Wirtin huchte und lila floh. – Aber Eins hab ich von ihm gelernt – von weitem nur, versteht sich! –: im oldenburgischen nennen die Schneider den Lappen, mit dem sie zum Bügeln einsprengen, ›Swienhunn‹; auch der leidige Chauffeur bellte gottlob drüben neben der Theke). / Speckkuchen und süßes Malzbier (kaufte ich;: »Ach Du!«). Aber diese Speckkuchen!: »Also mir iss das zu fett!!«. Aß die sparsame Selma Alles allein, trotz meines Kopfschüttelns (und eben kamen auch Nachrichten, Ansager mit ausgestopfter Stimme, die Silben rappelten wie Bauklötzchen, begann wie immer, deutsch devot, mit ›Bundeskanzler Doktor Adenauer‹, wie der geschlafen hatte, und war tragisch amüsant, wie sich die doowen Evangelischen so für die Gegenreformation mit einspannen ließen. Dann ›Kommentar der Woche‹, Doktor Walter Maria Guggenheimer, und ich nickte beifällig: klarer Kopf! Und eine rechte Erfrischung auf all die andern Jesuitenschüler. »Ich?: Atheist, allerdings!: Wie jeder anständige Mensch!«. /
»Schnell noch n paar Postkarten schreiben« stöhnte sie, verzweifelt ob der verlorenen Zeit, sah flehend an der Zimmerdecke nach, kratzte auf jede bloß eckig ›Gruß Selma‹, und sah mich selig an: »Fertich!« »Gleich rüber bring'.«: eine Büroausrüstung wie in Soll und Haben: »Seit 25 Jahn hab' ich die Posts-telle!«. Eine Katze mit nationalem Gesicht, schwarzweißrot: »Die Dreifabigen sinn die Besten!« beteuerte der Alte erfahren: »Die bringt Ratten. Bald jeden Tach: das tut nich Jede!« (und streicheln ließ sie sich auch). »Tja; der ›Seespiegel‹

heiß'es immer, wär sche preußisch?!« (bauernschlau; geheimnisvoll): »Vielleich wenn Oldenburg ma wieder sebständich wird ......«. Zeigte auch stolz Zeitungsausschnitte: auf einem war er sogar abgebildet, inmitten seiner Vogelsammlung. Ein Buch ›Günther Schmieder, Gott weiß den Weg‹: »n Romaan von' Dümmer: taucht abe *gaa* nichts!«, und ich schlug mißtrauisch auf: › ... wie eines atmend Fischleins Kiemen .....‹ owehoweh! (Im Leben kann man höchstens 100 Autoren richtig kennenlernen, mehr Zeit hat man nicht; also darf man sich sprachliche Dickhäuter wie den hier gar nicht erlauben, hebe Dich hinweg!). / Aber hier waren Vorzeitfunde, recht interessant, trotz des knickebeinigen Kreuzes auf dem Umschlag und ›Reichsamtsleiter‹ Reinerth: »Das gehen wir uns morgen ansehen, Du!«. (Was der Alte allerdings ständig von Pfahlbauten faselte, war blanker Unsinn, obwohl der Feuersteindolch in der Vitrine schön genug dalag). / Wetter?: der Mond zeigte nur noch undeutlich seine Tätowierungen. »Komm rüber zu mir. – Durchs Fenster.« / Wir stöhnten, rotglühende Gestalten aus soundsovieltem Höllenkreis; selbst das Waschen war eine eigene Qual: wenn das kalte Wasser dran kam, hätte man bibbern mögen vor schmerzlichem Gelächter. Sie, flehend: »O nich spiegeln!« (heißt wohl: in den Spiegel sehen): »ich erschreck immer so!«. Versuchte aber trotzdem schüchtern ihre schwarze Kunst: mit Haaren, mit Augen. Dann die rote, und ich legte ihr einen Armhinterhalt; den sie aber sofort sah, angriffslustig hineinstürzte, und ich mußte tatsächlich erst jedes ihrer zähen Otterglieder einzeln bändigen, ehe sie sich nach Belieben bogen (auch so ringelten sie sich noch alle Augenblicke um mich Laokoon: »Du hast es selbst so gewollt!«). / »Hastn hier Alles mitgebracht?«: ein Brillenfutteral, Leder, rotgenarbt; eine Handtasche, und ich hielt sie anklagend hoch: deswegen hats so lange gedauert?! Aber sie war schon da und schnappte mirs aus der Hand: »Das iss tabú!«, holte mir zum Trotz gleich noch den Stenoblock heraus, machte wichtig eine längere Notiz, und schobs wieder rein: »Bäh!« Erregter: »Und da heißts immer:

Frauen wären neugierich ......!!«: »Ja –: und wenn ich mirs nich angesehen hätte ....?« forderte ich verblüfft heraus. Sie sah hoheitsvoll herum: »Dann hätt ich Dich der Teilnahmslosigkeit beschuldigt. Und gewußt, daß Du Dir nichts aus mir machst!«. (Längere Zeit diese unerhörte Anschuldigung widerlegt. Dann riß sie sich aber doch noch einmal los, schnell die weißen Söckchen durchs Wasser ziehen, »Für morgen!«, und hängte sie über die Fensterflügel zum Trocknen). / »Mammalich!!«: nanu, was ist denn? Ich knipste verstört: sie kippte sich knopfäugig aus dem Bett, riß unten das Türchen auf und erbrach Alles in den Henkeltopf: »Orrrrrr«, schwülkte und pumpte blassen und farbigen Schleim aus. Ich kam betroffen herüber und hielt ihr die Stirn, gab gute Eiaworte: das fehlte allerdings! Huschte in einer Pause zur Waschkommode und bereitete Zahnputz: sie wusch sich den schlotternden Mund, gurgelte somnambul, kam und fiel aufs Gesicht ins Bett, »Och«, fuhr halb hoch und auf den Rücken (rasch das Kissen falten und dick untern Kopf;: »Du biss gutt!«). Rülpste noch einmal, und lag immer stiller, nur ihre Nase knisterte noch. (Nachsehen: war aber doch wohl bloß der reine Speckkuchen! Ja auch kein Wunder. Rausschaffen ins Klo). Die Füße, 2 lange Klinker, standen aufrecht da. / Dann doch ein Nachtgewitter, daß Summanus seine Freude dran gehabt hätte (Hunde werden lebend an Holunderbäume gekreuzigt; die Arvalbrüder opfern nur schwarze Lämmer). (Gegen Morgen kam es lärmend die Treppen herauf: ?: !: und sie glitt nachtwandlerisch aus dem Fenster: »Bald wieder Du!«.)

xii »..... und dann griff der Höhlenmensch nach seiner Selma:......« sie quiekte hoch, im langen dunkelroten Samtkostüm mit weißem Krägelchen, in dem das glatte Bronzerohr des Halses steckte; atemlos: »Erstens sossdu nich Selma sagen! ...« (ich schrumpfte schuldbewußt): »und dann: wie hießen wir wirklich?!« Nuuuu –: »Ich Uthutze?« (sie nickte beifällig, ganz rundes Eulenangesicht): »und Du Pultuke!«; ein Wort wie Schokoladenpudding, und wir versuchten gleich, obs mundete: »Pultuke: üss der Luchs schunn woich?«; und sie grunzte finster zurück: »Nuch nüch!«, klappt also. Der einsame Chausseebaum neben dem Loch klatschte wirbelnd in die Blätter und zischte; ›Pfeile mit Schlangenzähnen‹ fiel mir als Waffe ein (›Schlangen mit Pfeilzähnen‹, auch so stimmte's grausig; in schlimmen Klüften). Sie murmelte eben den Wunsch, und ich bremste sofort: »Könntest Du Bärenfelle butterweich gerben?« Sie konnte es nicht; gab es aber nicht zu, sondern parierte: »Du einen 20-Zentner-Elch mit der Hand fangen?« Vielleicht. »Tch!!« (scharf und ungläubig). »Oder den Todfeind langsam in Scheiben schneiden?«: ihre Blicke stachen sofort wie Achatdolche in die Osnabrücker Ecke, augenscheinlich wußte sie jemand Bestimmtes. Aber sie gab noch nicht auf, bewegte den Mund, sann –: eifrig: »Du, ich mach Dir Hausschuhe aus Wolfspelz: gefütterte!«, kam auch verführerisch näher, neolithisch lang lockend. »Und ich Dir Ringe aus buntem Hirschhorn!« (Kavalier). Dankbar: »Ach ja!«. Als Spiegel?: »Na hör mal: n Schälchen Dümmerwasser! Also diese Frauen!« und sie wars gleich zufrieden. »Aber woher kriegen wir Seife?« und hing sich ängstlich vor mich: ?. Seifeseife – hn – – – (ha: da: mein Plinius!: »Aus Holzasche und Ziegentalg!«. Ihr leerer Blick verriet keinerlei Begeisterung; eher das Abschlußzeugnis ›Zur Steinzeit kaum geeignet‹, und wir tupften mutloser die Gesichter aufeinander).

»Gehtoch immer voraus: wir komm' ja mitn Motorrad nach!« greinte Erich aus Kissen (was uns auch wesentlich lieber war!). / Im Garten schallte die Amsel. »Iss Dir noch schlecht,

Du?!«. Sie nahm mich strahlend und schüttelnd bei Hand und Mund; wir kelterten einander – – rissen uns vorn los: !! / Autos kreisten schreiend und prustend um ihre Ecken; unsere Kappen saßen scharmant, über Pappelmäulchen und Brauseohren, lustig, wie aufm Fahrrad. Ihr Kleid flackerte junge Zeichen, der Mund zersprang zu gigantischen Lachen; die feiste Bäuerin besah uns durch ein Reisigbündel (und hackte später mit schartiger Stimme nach ihrem Mädchen). Die Erlen brausten hellgrau auf, brüsselten grün (und der Wind haschte doch tatsächlich schon wieder nach Selmas Glockenrock!). / Bitte sehr: so sieht die Unsterblichkeit aus! Ihr Struldbrugs.: Am Moorloch, dicht neben der Hunte, und sie hummelte sehr enttäuscht, bis ich eben anfing zu erzählen. »Das iss nich anders. Manche schlagen auch Kieselsteine mit Hämmern entzwei, um, wie sie sagen, zu sehen, wie die Welt gemacht worden ist.« / Aber nun ernsthaft vom größeren Eiszeitdümmer: dreimal so lang war er! Wie man das wissen kann?: durch viele Bohrungen: der See setzte damals weiße Kalkmudde ab: wo man also in bestimmter Tiefe auf die trifft, war damals Wasser. Von Birken und Haselbüschen locker umstanden: weiß man durch Blütenstaub aus gleichaltrigen Moorschichten. »Und um den lagen diese einzelnen Blockhäuser?«; certainement, wenn auch die Bewohner mit Germanen noch nichts zu tun hatten, wie sich Herr Reinerth vorschriftsmäßig einbilden mußte. Hm. Gerste glänzte; braun-grün liniierten Kartoffeln zum Waldrand; weißes Wolkenfeuer, und Wind lehnte lässig herum und blies ab und zu hinein. »Jajasicher!: Und dann wird es Nacht: durch die Nähte des Hauses schiebt der Nebel die schlaffen Finger« (und sie schlug einmal schnell auf die frechen) »oder der Wind rüttelt an der nicht vorhandenen Tür, damit Du die Wölfe besser hörst...«, und sie lauschte angestrengt: richtig: bloß Wind wars nich: auch ein Motorrad plapperte fern: ! / Annemie mit weit offener Bluse; aß Glaskirschen und schnipste schon von Weitem mit den Kernen: »Na, wo sind nu Deine Neanderthaler?« (Erich; zog auch das mittlere Flakon ›Ackersegen‹, gegen

Schlangenbisse, wie er religiös erklärte, ein Kerl wie Samt und Seide, nur schade, daß er suff). / »Ach Jungfraujungfrau: das gabs damals« (zur Steinzeit; laut Erich) »überhaupt noch nich! Das iss ne Erfindung des Monopolkapitalismus: weeßte ooch, wie oft sonne Höhlenfrau ....?« Annemie wollte sogleich präzise Angaben: ? – und verzog nur abschätzig den Mund, »Daran soll nich schei-tärrn!«; lächelte bosbreit: »Odu!: weißdu wie oft Höhlän-Mann ...?« und flüsterte scheinbar so unverschämte Zahlen, daß Erich vor dem bloßen Wort zusammenknickte. / »Weeßte, wenn man Euch so von hinten sieht: Ihr seidn Pärchen!!«. Nu wurd's aber doch verrückt: das mußte Plattfußerich mir sagen?!: »Denkste Du siehst aus wie Harry Liedtke? Nimm bloß Deinen Popoffka ins Schlepptau und verschwinde!« (empört!). »Na dann komm!« und gab ihr hinten einen leichten Backenstreich, den sie auch ohne weiteres vereinnahmte, sich auf den Sozius schwang, den Rock zünftig hochstrich, die geborene Motorbraut. Wichtig über die Schulter: »Wir fah-ränn wieder ins Kur Haus!«. Und wir erlöst: »Ja!«. Wrumm, wrumm. Noch einmal bog sich Erich herüber: »Übrigens schlag ich vor: die Herrschaften ziehn der Einfachheit halber zusamm'. Wir ooch.« wartete keine Antwort ab und stank davon. / (Erst ma von der Ertappung erholen). / Im blendenden Gewühl der Blätter: »Kennstu Pilze?«, und ich runzlete unwirsch die Stirn: sind wir zum Botanisieren hier?! Erzählte ihr aber zum Trost, daß Eichkatzen Pilze auf Ästchen spießen, auf einmal wachsen sie oben im Baum, das sieht sehr spaßig aus. Ameisen trugen ihren kleinen Plunder vorbei. Ich grub mit dem Mund ihre Augen wieder aus, Schmeichelaugen, Streichelaugen. / »Nach m nächsten Krieg iss es soweit: da lebt man wieder in Wohngruben; alle 100 Meilen Einer: Du erlebsts noch« (düsterer) »hoffentlich finnstu n erträglichen Uthutze.« / Sie sagte es wild vor sich hin, »Was denn?«, blieb stehen, mit dem Rücken zu mir, den Kopf gesenkt: »Dich will ich! Noch was länger.«, und wir gingen betrübt weiter. Schüttelte aber doch streng die Fantasien weg: »Ja, wenn wir reiche Leute wären« (sachlich) »dann würds vielleicht gehen. Wenn ich immer nur die Pocahontas sein könnte. Und wir keine Sorgen hätten; Angst wegen Kindern und so. – Aber dann würdest Du Dir auch noch ne Andere aussuchen. Als mich –« sie sah sich an den Ästen um nach dem dürrsten Wort: »– Vogelscheuche!«, und blickte haßvoll und flehend: ?. Ich zerrte entrüstet an ihrer Schulter: kommst Du sofort mit ins Gebüsch?! – – – / »Ojunge« jappte sie völlig erschöpft und krümmte sich noch; »Och«; und: »Vielleicht finden wir doch noch die Brieftasche!«

xiii Mein Kopf in ihrem Schoß (im hohen Gras ihrer Finger): und sie hatte grüne Flecke am Oberschenkel, blauschwarze mit gelbem Rand, alle vom Reinklettern ins Boot, um mehrere sah man sogar Zahnbogen, und ich schüttelte heuchlerisch mitleidig. Im Spinnweb geflüsterter Worte, in Wasser= und Bleiglanz. / Still ziehend ein Segel, vorm Mast die Gestalt im zweiteiligen Trikot, grün wie Hallenbad; hob ein schwarzes Doppelglas zur Stirn, sehr vornehm, äugelte auch mehrfach über uns:: (nachher sah sie aber doch knitterig aus wie die Mutter der Gracchen, klatschbasige Augen, und man-worn). / Ihr Kopf in meinem Schoß: meine Hände bewohnten lange, Käfer, ihr schwarzes Haargras. Machten Ausflüge über Schläfen und Achseln; lange. Eine glatte Kupferebene; Buntsandsteinwüste mit Rippenriffen. Ein Hügelland: Thyle I, Thyle II. Lange. Eine spitze Jumarra im Süden.

Und so fuhren wir daher, allein durch den leeren See, Monos and Una, das Mädchen alle Tönungen, allein in der Riesenmuschel von Himmel und Dümmer.: »Im Boot, Du? Einfach irgendwo ins Schilf fahren?!«. Sie hob nüchtern den Kopf und sah um: – – »Nee. Geht nich. Wackelt auch zu sehr.« legte sich wieder zurück. (Erst beim Nachhausegehen war sie deswegen nicht gut auf sich zu sprechen; knurrte: »Hättens doch versuchen sollen: man iss immer zu faul!«, und ich mußte ihr versprechen, in Zukunft gar nicht erst mehr lange zu fragen). / Zusammen schwimmen: sie fing mich in blauen Wasserarmen auf, intelligent und gelenkig, und wir zogen ein paar Cassinische Kurven. – »Menschastukräfte« sprudelte sie durchs ölige Wasser; und: »Ich bleib noch!« / Also allein im Boot: genau gegen die Wellchen; oft klatschten und polterten sie unterm Bug (und immer Pocahontas im Auge, my playful one; einmal gelang es mir, sie, die mächtig Ausholende, zu überfahren). / Denken. Nicht mit Glauben begnügen: weiter gehen. Noch einmal durch die Wissenskreise, Freunde! Und Feinde. Legt nicht aus: lernt und beschreibt. Zukunftet nicht: seid. Und sterbt ohne Ambitionen: ihr seid gewesen. Höchstens voller Neugierde. Die Ewigkeit ist nicht unser (trotz Lessing!): aber dieser Sommersee, dieser Dunstpriel, buntkarierte Schatten, der Wespenstich im Unterarm, die bedruckte Mirabellentüte. Drüben der lange hechtende Mädchenbauch. / Wieder schnappte es zärtlich, und eine Florfliege verschwand darin: Fische!: Zobelpleinzen, Jense, Gieben, Halbbrachsen, Alat, Witing, Sandeberl, Kilps, Tabarre, Plieten, Chasol, Döbel, Schnott: Sprechen Sie Deutsch? – – »Döbel?« fragte sie nach einer Weile träumerisch zurück: »so hieß ma n Chemielehrer ….«: die Treulose! Ich sagte ihr das auch auf den Kopf, und sie gab zu, daß sie damals, eventuell – –: »Aber jetzt nich mehr, Du!« und sah treuherzig hoch: nur Knurren und giftige Blicke dankten ihr s; möge es jedem offenen Geständnis so gehen! / Graue Gesichter erschienen am Himmel und betrachteten uns strenge; sie lag da, die großen Mahagonikämme ihrer Hände schick ins Haar gesteckt; und ich rüttelte bittend an ihr: »Pocahontas!«. (Sobald ein andres Boot auf 1 Kilometer näher kam: ein Handtuch! Und ich legte es stets selbst drüber!). / Immer wieder bis Seemitte, und hinein treiben lassen (Südost-Strömung also). Hinaus – – hinein. Ansonsten Flaute: die Segelbootsherren stakten sich mißmutig umher (während ich einmal in großem Tempo dicht dahin jagte: Euch werden wirs zeigen. War das Handtuch auch ….?). Knallweiß ihre Segel: also Apparat hoch:

¹/₁₀₀; Blende 16, unendlich: !: »Soll ich Dir n paar Abzüge schikken?« Sie spielte lange mit dem See und antwortete nicht. / Himmel voll großer grauer Fässer: Wind wälzte sie polternd näher, also das obligate Nachmittagsgewitter; »Iss doch verrückt hier!«: »Komm!«. »Wenn bloß nich so viel Menschen da wärn!«, und wir jagten über das bleiige Geknitter, mitten auf den Landungssteg zu: allein sein, Seebesitzer, und alles Land 5 Kilometer im Umkreis unser: Wald, Moor, und bloß unsre weiße Villa! Sie überlegte einen hetzenden Augenblick, dann schrie sie fest zurück: »10!« (also Kilometer: gut! Von mir aus Meilen, und Dänische noch dazu!). / (Dem Bootsmenschen ankündigen: »Wir kommen heut noch mal: abends; spät!«).

xiv Auspacken helfen: ein silbernes Kesselchen, in dem etwas 4711 klinkerte; eine hagere Krummschere; lüstern biß blutrotes Mundwasser; 2 brave alte Pantöffelchen (die ich sofort mit vor mein Bett stellte: »Denkma: die hab ich gekriegt, da wa ich 14!«); der Riese Roland von Regenmantel, eine goldene Sprungfeder für den Unterarm; ein fußlanger Kamm, schwarz wie ein Tiefseefisch und mit dito Zahnreihen. Jedesmal beim Vorbeitragen verfing ich mich in ihrem braunen Geranke, Selmajoachim verschlungen, und sie gab mir scharfe Schläge mit den Augenwimpern. Ein kleines Nähetui mit erlesenen Garnen und Knöpfen. Grüne Zahnpasta: »Hier; probier ma meine – – ?«: »Mm priema!« (aus schaumigen Pfefferminzlippen). Sie runzelte plötzlich die Stirn, griff nach dem Schienbein und zog sich ein grauseidnes Hautstückchen ab, fingerschmal, klagte: »Die schöne Bräune!«; hier fing es auch schon an: »Wo?!« und rannte enttäuscht vor n Spiegel, zeterte: »Hol lieber mein' Koffer!« Und gleich neugierig den Deckel hoch: ein Teufelskerl von einem getigerten Pyjama räkelte sich auf gebrauchter Mädchenwäsche; ein Schächtelchen ›o.b. Tampon‹ (und sie sah erst verlegen, murmelte auch etwas von übermorgen, und schobs energisch in das moderne Handtönnchen: aus braunem Samt mit Lederreifchen, und dann griffen wir unverzüglich nach einander, carpe diem!: ihre Finger kletterten auf mir herum; sie mausten allerorten, putzten uns, knüllten mein Ohr zusammen; erfand auch eine vollkommen neue Wischelsprache mit vielen ›u‹ und Kopfstößen, und trieb 1000 fromme Dinge. Auch oben, fern im Haus, hatte ein Bett zu stampfen begonnen: sie machte ihre Hände ganz weich, wie Heizkissen, und sagte dazu Vieles auf Neolithisch, klagte erstorben und schlug traurig verwundert die Füße zusammen, Ochone de traitor, schob sich, unaufhörlich tadelnd, weiter weg, immer lockender – – bis auch ihr Körper mich unermüdlich prellte, und wir nur noch ein paar Vokale wußten).

Vorsuppe: ›ein weißer käsiger Niederschlag‹ hatte es im Chemieunterricht immer geheißen, na ja. Dann die eigentliche

Hauptmahlzeit: Kartoffelmatsch und je 1 Kotelett; Buttersoße und n Haufen Grünfutter: schon bekamen wir mehr hingestellt, als die enthaltsameren Pensionäre an den Nebentischen: »Willstu wohl essen?!« (denn Selma sägte wieder zimperlich und unglücklich in ihrer Ladung herum, und schluckte lustlos. Erst beim Pudding wurde sie handlicher, »Also wie n kleines Mädel!«, und da mußte sie, protestierend, meinen gleich mit löffeln; und schmunzelte verwirrt, unter vielem Flüstern und Kreisblicken, obs die Andern auch nicht sähen: »daß wir Alles so teilen!« hauchte sie glücklich). / Dann zog sie zu mir um, und wir legten ihr buntes Krämlein aus: Haarklemmen, Kalodermagelee, »Ich glaub, an den Kleiderbügeln einer Familie kann man alle ihre Wanderungen und Migrationen ablesen«, ein Schuhanzieher schlüpfte durch Ny= und Perlonröllchen: »Vorsicht!«. Eine Magd galoppierte zusätzlich im Korridor – – plumpste lange treppab: »Gib den Rest einfach zum Fenster rein!«. »Was denkstu, was ich da manchma für Schwierichkeiten hab« vertraute sie mir bekümmert an: »Meine Größe!! Und zu kurz sintse grundsätzlich!«, hielt mir auch Glied und Hülle als Beweis hin –:!, vergleichende Anatomie, und ich hatte viel zu messen und zu rühmen: aus Schopenhauer beweisen, was lange Frauenbeine wert sind, »Ich denk, das wa'n Filosof? ...«. / Ein winziges Reisebügeleisen: sie neckte es ab und zu mit der nassen Fingerspitze, bis es zischte, und ließ es dann sorglos schlittern: über einen flaschengrünen Bolero mit militärischem Stehkragen und Goldleisten: »Ziehn ma an!« Sie tat es unbefangen, und die seltsame Farbe stand gut zu ihrem braunen Fell, hielt sich auch den Rock davor: ? – »Hastu etwa Schlipse zu bügeln?«. / Auf wieviel verschiedene Arten kann man einen Vierlochknopf annähen?: nun kriegte ich Unterricht, auf dem Bettrand: »Macht man so was mit der Lehrerin?!: ich hab ne Nadel, Du!«, und schon schlich ihr Arm, lange Korallennatter, auf mich zu, die Hand hob sich hypnotisch, züngelte unmerklich – – und biß zu – »Jetzt hab ich mir n Nagel dabei eingerissen!« wehleidig, aber der Schaden war gleich behoben; sie atmete auf und dozierte weiter: einfach rundrum (»Daß also n Quadrat entsteht«). Oder so, als Andreaskreuz. Oder als 2 Parallele; als Z; als U; als – – »Na? Na?« – – Tja; also nu wußt' ich weißgott keine Möglichkeiten mehr: »Iss doch ausgeschlossen!«: »Haha!«: bis sie s herablassend zeigte: »Als Gänsefüßchen!! –: ⚓ !« und nähte ihren triumfierend gleich als solches an: tatsächlich; man lernt nie aus! / Auf meinem Nachttisch ›Nigel's Fortunes‹: sie öffnete es ohne Umstände und hockte damit aufs Bett; die Füße stellten sich achtungsvoll nebeneinander auf, der Mund knödelte lautlos an kleinen Stückchen Englisch, die Brille bewegte sich nicht. Jetzt zeigte ein Fingerstöckchen hochzweifelnd auf ein vielsilbiges Wort: ? ich glitt sogleich zuvorkommend daneben und gab Hilfstellung (das heißt zuerst den linken Arm um die Schulterecken, rechte Hand am rechten Griff, und küßte den mittelschulklugen Mund, daß unsere Brillen leise klapperten. Sie nahm sie uns sparsam ab, drehte sich unschuldig handlicher her, und wir gingen systematisch an die Untersuchung; ›linguistisch‹ heißt ja wohl ›mit der Zunge‹?). / Ich trieb, Brust auf Brust, in ihrem rötlichen Teich; weiße Strünke ragten an allen unsern Ufern, ihr schiefer Schopf klebte mir über der linken Schulter: im Seegras klafften Augenmuscheln; ein Gebiß schwamm heran und fraß sich fest: ! daß mein Körper spitzere Wellen schlug: da verschwanden die Emaillerringe nach oben; violettbraune Röchelstücke ringelten langsam, neben Einem, mit riesigen Lokken. / Auf meinem Handtuch stands eingewebt HUAND, und sie rätselte lange: ?: »»Heeresunterkunftsverwaltung Andalsnes‹: die Gegenleistung des Deutschen Reiches für 6 der besten Jahre meines Lebens und ein komplettes Haus im Schlesischen« erläuterte ich zuchtlos die verblichene Inschrift, und die Nackte schauderte ungekünstelt. / Abendbrot: Bratkartoffeln mit Sülzescheiben, homespun; als Zugemüse Selleriesalat, Riesenportionen: wirklich sehr nett, sehr aufmerksam, die Wirtin! / Der Himmel, gespickt mit Sternen; ein lachsrotes Ei stand auf dem Horizont, linke Kante verwaschen, unten drin ein schwarzes

Ornamentenband: Mondaufgang hinterPappeln. »Du, sowas hab ich noch nie gemacht!« (Selma, entzückt ob der Geisterstunde! Nickte aber, sogleich überzeugt: man kennt die Welt ja sonst nur halb! Das wirre Silberkettchen des Siebengestirns).

XV Fahrt durch Nebeltunnel: schwarzer Wasserestrich, mattseidene Tonnengewölbe (einmal drohten zahllose Säbelspitzen aus der Mauer; drang ein merkwürdig scharfer Strahl in unsere Schichtwelt). Ihr Fuß kam neben mir vor, groß, glatt, kalt; versuchte in mich zu schlüpfen, unter mich, drückte an, und bettelte mit langen Zehen um obdachne Wärme: ich zog einen nutzlosen Deckenzipfel heran, streichelte schnell, und wickelte ihn kostbar ein (mußte aber sehr aufpassen, denn schon drohten wir an der bleichen Wand zu zerschellen: herum! – Noch einmal dankte da der Streichelfuß. Als irrten wir durch den Orionnebel: glänzender Gedanke: ein Mädchen als Gepäck, eine Schnapsflasche, das Hannoversche Staatshandbuch von 1839: und dann rinn: mit m Wackelboot in den Orionnebel. Aufm Bug S 5, wie bei uns!). – Eine große Halle, von der alle diese Gänge auszugehen schienen: also in einen neuen Marmorkorridor: zurück!! –: ein Nebelboot, unmittelbar vor mir, fuhr querüber durch die Wände: der bucklige Steuerzwerg wandte sich noch nach uns um: – – und da setzte ich das Paddel doch weniger keck ein!

Im Waschblauen die roten Wolkenhaken; vor uns der Mond mit grünem seekrankem Gesicht. »Sprich nicht unehrerbietig von den Sternen!« warnte sie. Eine starräugige graue Alte wallte noch umher, vor uns, mit des Dümmers Dampfe, Schattengestalten. (Gegen Jean Paul, Band 32, Seite 14, und öfter: ›Bekanntlich erscheint dem Monde die Erde 64mal größer als er uns, und das Heraufwälzen eines solchen Himmelskörpers muß entzücken‹. Erstens hat die Erde lediglich den 4 fachen Durchmesser, und der wirre Titan hat sich nur gesagt: Körper? also flink hoch 3! Und zweitens: man stelle sich probehalber ein Gestirn, 64mal größer als Frau Luna, vor: entzücken??!!: entsetzen würde man sich, wenn der Gaurisankar über uns drohte! Rares Gemisch von Oberflächlichkeit und Tiefsinn!). / »Am Deich hier, Du!« / Aneinander: wir erknöpften uns nochleidlichstraffe Seligkeiten, und unsere Körper schmatzten eine gute Weile miteinander. In dieser sahnigen Nachttorte. Auch ihr Mund schmeckte wieder groß und saftig: wo ihr Haar aufhörte fing Strandhafer an: aber wo war das? Wo ihre Finger endeten begannen Halme: ohne Übergang. Die Stammstücke ihrer Beine; 3 moosige Winkel. In unserem Gesichterbündel drehten sich langsam Augen und Flüster. / »Vergiß den Stein nich!« (als Anker!). Der Nebel schmeckte zart und kalt und gut zum Schnaps; Pocahontas hinten im Deckengewölbe. (Wie in den ›Oak Openings‹; vom ganzen Mittelmaaßbuch ist mir doch als Bild geblieben: Nachtfahrt durch die Schilfwildnisse des Kalamazoo). Bald hatten wir in den Nebelsälen jede Richtung verloren. Binsenweltenwelteninseln trieben näher; es erforderte wirklich alle Kunst, nicht anzustoßen, und ich begann schon zu schwitzen. / Es segelte einmal über uns, zog Flügel an, und fiel senkrecht klatschend zwischen die Stengel ein, daß sogar die schnapsmüde Selma auffuhr: »Üprumb: Üprumb-üprumb!«. Wie Ochsengebrüll kam es und ganz nahe: »Rohrdommeln bloß!«, daß sie verletzt wieder in die Deckenlabyrinte sank. Sackgassen und Dampfflöße. / Gegen 3 Uhr fand ich endlich im Nassen den Mond, der sich eben, schlagflüssig und kahl, in seine Nebelsümpfe senkte. – Graufrühe trat ein: auch an Land schwamm Alles dahin; Bäume trieben über Wiesen; Kristus trat Nebel und tauchte gewandt auf und ab; unsere Füße quakten. / Die dürre Zikade: saß steif im Sofa und drehte zeitlupig am Handgelenk; trocken klappte der Kiefer, ungefüge, zu groß (der Sprache noch nicht wieder gewohnt), unbemessen: grillte ein Kurzes, und schlief wieder davon mit offenem Augenschwarz. Von mir: wölfische Worte, langgezogene; und wieder ihr dünnes pfeifendes Geschwirre, rippenkörbig, aus tonloser Dämmermaus, im Flederschlaf. Ich baute uns rasch ein Bettiglu, legte Uhr und Notizblock, umsehen, halt die Hausschuhe noch, und leitete die Willenlose hinein, das Gespenst, gliedertierig, wie die wanke Larve vor mir her griff. Sie legte sich gleich fröstelnd an mich, lallend vor Schläfrigkeiten, schob sofort ihre großen Füße zwischen meine und tat die Kniee dazu, hängte mir Hakenhände über die Schultern, schon halb bewußtlos; aber da fror ihr der Rücken wieder, und sie drehte sich schaudernd, wölbte ganz in mich hinein, von den Hacken bis zu n Schultern, und ich legte noch die Arme schräg darüber, die heiße Handfläche auf den Bauch, sie atmete einmal mohnig, schluchzend und dankbar; bis das lange Wesen nicht mehr bebte. / (Zugfern: sein Schallstab war geduldig horizontal; fräste eine Rinne in unsern Halbschlaf; zog sich pleuelstangig ein). / ((Hahn schrie es haifischgroße Dreiecke auf die Schlafwand; fernere hingen Kaurischnüre dran)). / (((Wann? Dächer hatten steingrau zu wispern begonnen))).

xvi Zu Viert allein im Gastzimmer: der Regen faselte flink friseurhaft impotente Geschichten, von der Frau Nachbarin und wie die ihr Schäftchen vernuschelt hätte, auch Paulpaulpaul käme nicht mehr ans Robling; also schlossen sich zwanglos Illustrierte an: auf dem Umschlag ›Salto mortale in 3000 Meter Höhe‹: »Dafür 5 Jahre Arbeitshaus!«: »Abärr wiesooo?!«. Tour de France: »Mit *den* Beenen könnten se ooch nützlicher sein!«. Ein Zebroid war irgendwo geboren, und der betreffende Scharlatan bezeichnete das als ›äußerst selten‹ (dabei iss nicht leichter!). / Wind mechanikerte am Fenster, die Wirtstochter putzte hinten Bilderrahmen; bald würde sie die still saugenden Blumen draußen abschneiden. ›Preußische Kronjuwelen gestohlen; 9 Jahre ohne Mutter; Krönung der Queen‹: »Sollten fürs Geld lieber Flüchtlingsheime bauen« meinte Erich verächtlich. »Und die Malerarbeiten E. Husthusthust übertragen, was?« (Beinahe!). Nach dem Gelächter dann den eigentlichen Sinn erklären: Amerikas Übermut und =gewicht sacht zu stoppen!: »Kuckama das Gesichtel!«: ›Herr‹ Manasty, Kiel, hatte sich Pickel und Blähungen mit Klosterfrau Aktiv-Puder vertrieben, und wir schüttelten feixend die Backen über den Trottel. ›Auch Sie sind in Gefahr‹, folglich Gaspistole für 11 Mark 45; ›In 20 Tagen wunderschöne Forma-Brust‹; Kreuzworträtsel und Schachaufgaben: »Iss denn nischt im Radio?!«. Die Regenharfe klimperte schwächlich, verstummte aber sogleich vor dem platzenden Marsch (und Erich wußte auch leise den Text des Trios: »Ich hab noch nie son Sack gehabt, wie Müllern sein Kommie.«).

Schachspielen (mit Erich, ders im Kriege von mir gelernt hatte, dank seines hochentwickelten Geschäftssinns ein gefährlicher Gegner war) und sie verfolgte interessiert das gemächliche Gedränge der hölzernen Gestaltchen, wie sie dahinzogen, übereinander sprangen, sich entführten und verwandelten (und Erich erschöpft: »Äußerstmerkwürdich!«, als ich, trotz eines leichtsinnig geopferten Turmes weniger, eins der glanzvollsten

Remis meiner Laufbahn machte: »Ein Alterfuchs!!«). / Gute Witze, lustige Kleinkerlchen, von ›Bu‹, und ich lachte wehmütig und probierte ein bißchen: Buschbussebuchholzbuckinghamburckhardt? (Nachher hieß er aber H.-J. Bundfuß; sehr gut. Ebenso Sir Oaky Doaks, Fullers Bilderreihe in der New York Post: die neueste Don Quijote Variante; und eine neue Kunstform, Kurzform, diese cartoons; das heißt: könnte man draus machen!). / Ein langer Artikel: der Papst hatte endlich eine Ähnlichkeit zwischen der neuen Kosmogonie und seiner Vulgata ergrübelt, ganz aus eigener mühsam erworbener Ignoranz, und die Sächelchen dann unbefangen in Druck gegeben: wie s in solchen Köpfen ausschen muß! / »Religiöses Gefühl?: Kenn ich nich!!« (Erich): »Hab genug mit meinen Neubauten zu tun: sag n Zitat, Jochen: – ?« Dem Tüchtigen ist diese Welt nicht stumm; und: Den Himmel überlassen wir den Engeln und den Spatzen. / Wiederum Erich, alter Sozi: »Was würdn wa denn heute sagn, wenn der Junge vom Tischler-Josef drüben, eben issa aus der Volksschule, uns über Gottundewelt belehren wollte? Der hat doch nischt gelernt! Kann keene Sprachen, hält de Erde fürn Fannkuchen, weeß bloß Kreisklatsch. Kunst und Wissenschaft, Mattematiek, oder wie die Brüder alle heeßen: keene Ahnung! Gelebt oder n Beruf ausgeübt hat er ooch nich, also ooch keene menschliche Erfahrung weiter; nischt durchgemacht –« (ein großer Schluck Bier): »was hat Der mir groß zu sagen?!«. / Radionachrichten; 25. also Homers Geburtstag: Schweizerische Käse-Union-AG: das gibts tatsächlich!. Ein Autofahrer fuhr aus unbekannten Gründen gegen eine Bahnschranke: was mag der wohl für ›Gründe‹ dazu gehabt haben?! (Wenn die Leute schon nich Schopenhauer, sollten sie doch das Wörtlein ›Ursache‹ kennen). / Alfred Döblin 75 Jahre: Messieurs, wir erheben uns von den Plätzen! Wie kann sich ein Volk bloß einbilden, ein Dichter wäre ›sein‹!: da müßten sie ihn zu Lebzeiten nich so traktieren! Was hilft es nach dem Tode Dem, der dann unterm Hügel liegt, und der wohl noch Trefflicheres hätte leisten können, hätte man den

Lebenden mehr ermuntert – ach was ›ermuntert‹: Hätte man ihm nur Gerechtigkeit widerfahren lassen!! Neenee: geht mir weg mit dem Volk! / Jetzt Maler-Anekdoten: Wie Erich die breslauer Unität das dritte Mal bloß mit reinem Oderwasser gestrichen hatte: »Was Die sich woll eingebildet ham: mehr als zwee Anstriche über'nander iss doch Irrsinn!«. Wie er der eigenen Mutter nur Flurtür und Korridor renovierte: »Weil da manchma Eener hinkam, bestellen, weeßte? Weiter ließ se doch Keen' rein!« (L'Avare: aber die Sorte bringts zu was!). »So: Bude wär vergiftet!« (Formel, am Schluß einer Anstreicherarbeit zu sprechen). »Wenn Die dann immer unten rumstehn« (die Auftraggeber) »und keen Ooge von Ei'm verwenden: so alte Weiber, beiderlei Geschlechts: da gibts een' ganz bestimmten Ruck mit der Bürschte, daße von oben bis unten beklekkert werden: den lernt schonn jeder Lehrjunge bei mir!«. / Und das Geniesel nahm kein Ende, so sehr wir auch vor die Tür guckten, ihre langen Glieder erhoben sich immer gehorsam mit, Nehalennia, in fließenden Gewändern: »Aber 14 Uhr 30 fahren wir doch mit dem Autobus ins Moor!«. Ungläubiges Feixen: »Wir legen uns lieber noch ne Stunde hin«, gähnte Erich mit bedeutsamen Blicken auf Annemie; und die schmunzelte labbrig und aszidisch (tunicaten). Einige Anekdoten von Antek und Franzek rundeten für Jene den Vormittag, Erich lernte gern (und wir brachen nur um so hastiger auf: ich kenn das leider Alles: .... »wird sich Ziegee schon dran gewöhnänn! ....«). Die Dachtraufen kannegießerten noch immer.

xvii | Das Erforschliche in Worte sieben; das Unerforschliche ruhig veralbern: Ein Baum krümmte sich in der Einöde; es drehte ihm alle Blätter um; schwarze Vögel traten aus den Zweigen und schrien; den gleichmäßig sprudelnden Himmel an. Sie war stumm und eumeniden genug immer neben mir: Schritte wie ein Mann, aus den Taschen des Kleppermantels staken schiefe Arme, im rotledernen Gesicht schnappte ein nußknackerner Spalt manchmal sein Gemengsel Reg' und Tränen: »Pocahontas –«; sie drehte langsam her, und heulte mienenlos stärker: – – bis ihr mit einem Ruck das ganze Gesicht zerfiel, in Wülste, in rote Ecke, Ohrenellipsen, das Waschbrett der Stirn – dann riß es noch quer durch, mit einem rabigen Laut, daß ich die tragische Maske erschüttert an meine Wange legte, drückte, wiegte, noch immer taumelte ihre Klage schwarze Zacken um unsere Köpfe: »Liebe Pocahontas!«. Ein Wegweiser stürzte uns hölzern entgegen, breitete kupplerisch drei geschminkte Arme: DAMME, OSTERFEINE, HUNTEBURG: zu jedem davon überreichte uns der Regen höflich die grauseidene Schnur. Ah, die schwere Dünung der Luft! Ein Nebelkahn schaluppte lange im Weidenhafen, und scheiterte dann zögernd unter Bäumen. Sie ließ die Hände zu ihren mühsamen Tränen in das schwarze Gewässer fallen, ihre Stimme schleppte am Boden; die Schultern konnte man sich heran ziehen, das Gesicht noch nicht wieder.

»Immer grodut!« raspelte wieder die belegte Greisinnenstimme: Schürzenblau, Altfrauenmuster, zeigte ein Harkenstiel, der zwanglos in den Armknochen überging. »Na, komm mit.« Ins Graue. / Kaffeeschwarze Gräben luden zum Sprung, daß ihre Hand in meiner schepperte; Tümpel von schillernden Farben: Braungrün und Eichelviolett (sehn S' ich ma Ihre an!). Sie setzte sorgsam alle die großen roten Nacktschnecken ins sichere (?) Beiseite. Jede. Stand auch erschüttert vor einer Zerfahrenen. / »Nee.: Wie ich 15 war, n Lehrer. Aber auch bloß einmal. Und ›Meinverlobter‹ hat s riskiert: wegen m ›Hof‹!«

Voll schweren wehrlosen Überdrusses. Lachte quakig unheimlich: »Und Du!: Ich muß immer drüber nachdenken, wieso.: Im Geschäft nenn' sie mich ›die UKW-Antenne‹.« / Ein schwarzes Pferd sprang aus dem Nebel und brüllte uns an, zum Windstart: um die Bäume schwirrten sofort grüne und zinnerne Falter, ganze Wolken voll; und setzten sich wieder auf die Zweige und ruhten erschöpft. Langsam zerriß ihr Haar, schon betastete Regen die Baracken unserer Köpfe, haunted palaces –: »Drüben sind n paar Bäume«. / Stämme schwarz und naß: kammgarnte Regen, Nebel machte Anstalten, die graue Luft wusch langsam herum. Wir hockten mit beschlagenen Augen in der fuchsigen Nadelstreu, Zweiglich oben, Humus unten, verrückt wer es empfunden; die Hände schnitzelten sorgsam an Spanigem; andauernd mußte man austreten gehen vor Kälte: selterte es im Backengesicht, witwig klatschte der Wind; ein Gedanke schneckte am Drüben, austerte gleichmäßig flau auch sackgässig, dann zog er den platten Hinterleib wieder ins Gebüsch. / »'ran denkstu?«. Achselzucken.: »Du?« Achselzukken; aber ungefüge Tränen. »Komm ….« (Und wir gingen vor den haushohen Schleiern her, über das triefende Moor.) / Der Regen machte manchmal Grotten um uns; jeder wandte sich verwirrt in seine ab: gelb floß uns der kalte Harn aus den pferdigen Leibern; und sie knixte hoch, und heulte blitzschnell wieder Rotz und Wasser. »Praps, praps, praps« rief die Krähenreisende, also scheinbar ne Miß. / Am Moorkanal: 1 leeres Blatt versuchte, ihn hinunter zu treiben, während sie verschränkt über die platte Brücke ging. Steinerne Umarmung. Wir besahen uns finster aus beregneten bulleyes; eine weibliche Weide, dickes dunkles Gesicht, schlug ihr Haar nach vorn, flüsterte und zitterte, strähnenüberzogen. Ich nahm ihre kalte wachsrote Hand an, und trug sie erschüttert: Kind, was tun sich die Menschen für Erinnerungen an! Vor der zementnen Himmelswand hinten 1 verfallender Schuppen, bretternes Los. / Nebelhorn des Mondes, abgebildet überm Moor; in jeder Fußspur erschien Wasser; auf mittleren Hacken war sie so groß wie ich. »Im Stehen.«: »Hinter der Pappel da.« Semig leckte's hinunter auf den Torf, in 4 langen Tropfen, ein Rest ans Taschentuch gewischt, weggesteckt: »Komm!«. Der Abend verfiel noch hohläugiger, der Weg schlurfte entlang. / Nochmal zum See im Dunkeln? »Nee! Wär' nur schwarz.« / »Morgen muß ich wieder unter die groben Leute.« / Beide (schadenfroh): »Ihr seid aber naß geworden!«.

xviii	Rostig und bleiern (und kalt, Anus Dei!) der Morgen: »Habt Ihr Alles?!«. (Ihnen die Koffer zum Autobus tragen): spöttische Büsche hielten uns in grünen Schlankfingern triefende Buketts entgegen; ein Fohlen stöckelte teilnahmsvoll an seinen Zaun (über das Rohr eines Giftpilzes gebückt, soll man mit den Unterirdischen sprechen können!). Stimme tropfte ein bißchen; die Augen sahen einfältig und stolz durch ihren Wasservorhang. Haltestelle hielt beteuernd ihre gelbe Hand hin: H. (5 Uhr 10: »Noch 6 Minuten«). Drüben, nahefern die Windmühle, von hinten; ein Strauch wiegte nachdenklich den Kopf und fingerte rechnend in der Luft; wir sahen uns unscharf in die fleckigen Brillen: noch einmal hastig die Gesichter schräg übereinander legen, befangen, wie da nutzlos Gebein an Gebein streifte (und Erich, Lederjacke mit wattierten Schultern, schenkte Seiner indessen die Armbanduhr). Der rote Lintwurm kläffte schon von weitem und öffnete gleich einladend die Kiemendeckel: ein paar dünne Klebsilben am Türklaff: ! (aber die Scheiben waren völlig beschlagen und nur Fremdes knäulte noch peristaltisch).

Das Trauerkleid der letzten Nacht. / »4 Portionen Dümmeraal! – Ädoppelte!!« bestellte Erich sonor, und legte zufrieden die rothaarigen Hände um die Bierfilze (die sofort daraus zu entkommen suchten: Kavalier füttert seine Dame!). / Im Radio gestikulierende Stimmen, Koboldspfiffe, und endlich zerkratzt die alte Schlagerparade ›Blume von Hawaii; ich küsse

Ihre Hand, Madame; kannst Du pfeifen, Hanne‹: ogott, da warst Du noch gar nicht geboren (und es warf mich heimlich einmal kurz in den Schultern, Irrsinn und Amüsemang! Erich flüsterte beifallheischend: »Meine hat Temperament, Du: die hat mich schonn mit Türen geschmissen! *Und* mit Schuhn!« und nickte stolz). / »Bitte sehr: –« Und wir nahmen lärmend die verfluchte Kost zu uns, Totgeschlagenes und Abgerissenes. / »Na, habbich wenieckstänns was zu beich-tänn«, stellte Annemie pomadig fest. Beichten?: ich wendete betroffen den Blick zu Selma, die, bronzen und nervös, neben mir saß, das Bein vom Gesäß bis zum Knöchel an meinem. Schüttelte aber den Kopf. »Odie!: Hat keine Schwierick-keitänn!« beschwichtigte Annemie, und klapperte fröhlich mit Gaa-bäll: »Selma?!: ist sich so gut wie Heidee: wann warrstu zuletzt in Kirchee, Du?!« und der neusilberne Vierfachblitz drohte. »Ach Kirche, – das ist Alles so unrealistisch: die Musik, die verkleideten Redner mit ihren unpassenden uralten Vergleichen. – Und dann – –« sie schauderte echt und wurde ganz leise zu mir: »dieses ›Abendmahl‹: ›Das ist mein Leib und Blut‹ – –: mir hat als Kind schon immer vor der Blutfresserei gegraust; ich hab ma gelesen, daß Kannibalen in Innerafrika auch solche Schmierereien feiern ....« und dachte durch Gebärden weiter, hilflos angeekelt: »Liebste Pocahontas!!«. / »Wo Sie doch für alles Namänn wissänn: wie heißt da Ehrich?«; ich sah jene Beiden an: er kalkweiß und kommerziellen Gebarens – –: »Nu; heute vielleicht ›Sodom‹?« schlug ich grimmig vor. Sie lachte gurgelnd, ausgelassenes Fett, einverstanden, aus massiver Slawenbrust; dann neugierig: »Und iich?!« (Da war ich aber doch fertig!). / »Brüderleinfein: Brüderleinfein«: auch das noch! Also die Szene wo ›Die Jugend‹ abfährt. Ich sah Pocahontas an: ? nee, war der Einzige, ders merkte, unterdrückte aber gewaltsam alle Gedanken ans Lebermeer, und griff lieber noch einmal verstohlen über die schmächtigen Schenkel: »Wolln wir raufgehn, ja?!«. / Sie nähte mir noch den Knopf an und unterhielt sich dabei leise mit meiner Jacke. – / Der erste Wecker, den wir uns für morgen pumpten, ging sofort kaputt, und die Wirtin zog ein saures Gesicht (ich hatte aber wirklich nicht dran gedreht!); mußte ein zweiter vom Bäcker geholt werden. / Packen, packen: ging Alles schwer in den Koffer, in die Tasche. Sie hastete und beschwerte sich eintönig, daß die Zeit nun wegtrappelte. / »O Jé! –« schrie leicht auf, sah verdutzt erst den Handtuchzipfel und dann sich an, kommandierte atemlos: »Kuck ma weck!« – – Als ich die Hände dann wieder von den Augen nehmen durfte, trug sie ein schmuckes Triangel. War auch errötet und sichtlich erleichtert. Und stolz: »Ach Du!« Und sann. Und wieder Trauer: »Ach Du.« Kam inbrünstig und drückte sich an; seufzte galgenhumorig: »Na dann atterdag.«; zog auch die Füße an und gab schnelle Tritte auf einen unsichtbaren Hintern (des Schicksals?). / »Knips Du bitte aus.« Noch einmal sah ich so eine lange Indianerin. Am Schalter. Dann ging die Unsichtbare still um mich herum. (Gleich darauf Wadenkrampf, etwa auch souvenir d'amour, und ich ächzte und zischte und massierte: teuflischer Einfall: vielleicht hält sies für Schluchzen!). / Gleich darauf raste der Wecker schon; wir erhoben uns geduldig. Sie reichte sich stumm zum letzten Biß: – »In Beide«: »Schärfer!«; prägte auch ihre Zahnreihen mächtig ein. (Schon klopfte Annemie vorsichtshalber: ?: »Ja wir sind wach!«. Und hastende Stille). / »Sieh mich nich mehr an, damit ich abreisen kann!« / Erich, unverwüstlich, rühmte schon wieder die Autobusschaffnerin: »Haste die gesehn?!«: Kaffeebrauner Mantel, gelber Schal, die schräge schwarze Zahltasche, eine Talmiperle im rechten Ohr, blasses lustiges Gesicht; ich gab Alles zu. / Wolkenmaden, gelbbeuligen Leibes, krochen langsam auf die blutige Sonnenkirsche zu. Erich räusperte sich athletisch: »Na, da wolln wer erssma.....« und wir marschierten zurück, »weiter penn': verdammte Fützen!«. Mein Kopf hing noch voll von ihren Kleidern und ich antwortete nicht.

KÜHE IN HALBTRAUER.

1

Früher, als junger Mensch, hab' ich mir wohl auch eingebildet, die Mienen= und Gebärden=Sprache sei von Liebenden erfunden worden – so ›Nachbarskinder‹, von ›harten Eltern‹ vorsichtshalber auf Armlänge auseinander gehalten; (obschon mir dunkel schwante, daß die sich nach & nach nachdenkliche Sachen telegrafiert, gewinkt, hinundhergezeigt haben würden; a=part a=part.) Später dacht' ich, es könnten kluge Diebe gewesen sein, nachts, in behelfsmäßig erleuchteten Juwelierläden; oder auch abhörgerätumstellte Politiker, in den Sieben Bergen, ruhend auf Rasengrund, zur Koalition bereit. Heute weiß ich, daß es zwei ältere Männer an der Kreissäge gewesen sein müssen; nach ungefähr 40 Minuten.

2

: »Komm; unser Morgen sei weiß!«. Otje lud mit erkünstelter Rüstigkeit zum Milchfrühstück; und wir, obwohl es erst das zweite seiner Art war, betrachteten die Gläser mit der perlmutternen Flüssigkeit so zögernd ..... (›Im Freien‹ noch zusätzlich: hinten ein schütterer Wald, (in dem es aber tapfer zwizerte); vorn kurios dürre Büsche; dann Graben=Geradheit in Grüne.) / Fern u=bootete eine lange Limousine durch Getreidemeere. – »So früh?«: »'n Jäger vielleicht,« proponierte Otje lustlos. Ich griff gleich zum Fernrohr, das, armlang, immer neben uns zu liegen hatte, (Städtebewohner eben; die jede Krähe für 1 Naturschauspiel ästimieren); und spähte streng hindurch: – – Wolkeniglus überall, (vermutlich standen uns weitere ›gewittrige Schauer‹ bevor). Am Hintern schmerzte das feinsinnige ›Birkenbänkchen‹ ....: »Ah=Ha!«. Denn eben spaltete sich drüben lautlos die glatt=bunte Blechwand, und gebar einen ganzen Wurf farbiger Schnitterinnen. »Was?: Schnitterinnen?!«; jetzt heischte er sein Teleskop. – »Die Gelbe –« hörte ich ihn nach einiger Zeit murmeln; (auch mir war die Dicke gleich aufgefallen; ›Nachbarskinder‹; auf 300 Meter Entfernung.)

Denn wer sich kein Haus kaufen kann – und Wer vermag das schon; es sei denn, er wäre kühn wie Cäsar im Schuldenmachen; überdem wird man, nach begangener Tat, ja sofort steuerlich bestraft, wegen ›Vermögensbildung‹: neenee; fleißig & sparsam sein ist Bei=Uns völlig fehl am Platz! – der mietet sich 1 Baräckchen in der Heide. »Auf 99 Jahre; wie weiland Kiau=Tschou.« Schon winkte Otje ab; er wußte zur Genüge, wo ich das Licht der Welt undsoweiter; (je nun, mein Vater war zufällig Sergeant dort gewesen; und ich, mit 2 Jahren, ganz gutbürgerlich, wieder brav nach Germanien übergesiedelt. Beziehungsweise worden. Trotzdem hatte ich doch wohl ein organisches Verhältnis zum Reich der Mitte; und ein Recht – oder war es eine Pflicht? – im DU HALDE zu blättern. Auch schöne Erfolge bei Damen, früher; wenn ich im Gespräch einflechten konnte, daß ich eigentlich Chinese sei.)

Folglich hatten wir gemeinsam, für Uns & unsre Frauen, (erfreulich=kinderlos verheiratet; aber das bedeutete wiederum mehr Steuern: ich sag' ja, wer sich Bei=Uns, verantwortungsbewußt, aufpaßt, ist immer der Dumme!), 2 hannoversche Morgen in diesem Sinne dauergepachtet. Für einen Spottpreis übrigens, da es sich um ›Ödland‹ handelte – Bauern verstehen ja nichts von Natur & deren Schönheit. Ich hatte noch zusätzlich 50 Mark pro Jahr dazugelegt, unter der Bedingung, daß ›die Kulisse‹ nicht verändert werden dürfte; (die würden sich noch mal wundern, die Herren Landwirte, was sie, die ganze ›Realgemeinde‹, damit so unterschrieben hatten! Der Advokat hatte, bei der Verlesung des betreffenden Paragrafen, auch verkniffen gelächelt, und sich langsam die Spinnenfinger gerieben.) / Dann also das Hüttlein drauf, 4 mal 6; (›second=hand‹;

auch hatte es zuvor entwanzt werden müssen; man merkte aber nichts mehr). / Und nun hieß es eben ›wohnlich machen‹; eine Aufgabe, die hauptsächlich uns Männern obzuliegen schien; die Damen hatten lediglich auf einem Birkenbänkchen ›bestanden‹, und ein paar Tannenzapfen gesammelt – wir hatten nämlich, unter anderem, auch vor, ein paar Winterwochen bei lodernden knispernden knackend=knallenden Feuern zu verbringen: allein der Einbau des erforderlichen ›Kamins‹ hatte, (obwohl vom Dorfmaurer ›schwarz‹ durchgeführt: die 40=Stundenwoche ist ja nichts für einen denkenden Menschen; und für einen Nicht=Denkenden muß sie platterdings unerträglich sein!) ein kleines Vermögen gekostet. / Ob aber der Hag seines Lohnes wert war? – Otje hatte billig 200 alte Militär=Bettstellen gekauft; und wir daraus die benötigte Anzahl eiserner Zaunpfähle ›gewonnen‹, einfach aber geschmacklos. (Und die Erinnerungen ›Militär‹ und ›Bettstellen‹ hatten wir noch gratis: jede einzelne davon hätte genügt, uns Halb=Greise bis an unser Lebensende zu beschäftigen!).

Und wir ergo, ganz ›im Zuge der Aktion‹, jetzt hier, um das erforderliche Holz zu ›machen‹. (Die Damen noch in Hannover; die kamen, mit einer Taxe voller Kissen & Decken, vorsichtshalber erst nach 3 Tagen: »Die ›opfern‹ ja mit nichten ihre Mädchennamen; nee: nehm'm uns=unsre weg!«. Otje, wütend; aber Recht hatte er.) / Mittagessen diese 3 Tage beim Gastwirt; meist ›Zarte Leber‹, auf Reis mit Tomatenfarbenem. Pro Tag 9=50 für uns Zwei; (einerseits teuer bei der sehenswürdigkeitslosen Gegend. Aber wenn sie reizvoller wäre, wär'sie wiederum längst überlaufen, und gar keine ›Oase‹ mehr; was ja aasig gesund sein soll. Also eher merkwürdig klug von dem Wirt=hier, diese 9=50.) / Nach dem Essen das wanken wollende Gleichgewicht etwas aufs Feldbett legen – 4 der oben erwähnten, je 2 übereinander, hatten wir aufgestellt. Erstaunlich wie Jeder von uns, schier synchron, unmittelbar nach 14 Uhr, auf einmal dem Anderen mitteilte: der Arzt habe ihm täglich mindestens 1 Stunde Dösen verschrieben. (Ab & zu zum Andern hinüber blinzen; kontrollieren, ob dessen Augen auch derb geschlossen sind, und männiglich sich im erquickenden Heilschlaf befindet: ? Nuschön; befinden wir uns. Soweit ist die Fantasie, unberufen, noch intakt, daß man 60 Minuten hinter'nander die Augen zulassen und 1 Gedankenspiel anstellen kann. Manche schreien immer gleich auf: »Eingesperrt?! Oh das muß furchtbar sein; das ertrüg ich keine 3 Tage!«: können demnach keine großen Geister sein, (vorausgesetzt, daß sie wirklich so denken; was man nie weiß); da wäre man in der Kriegsgefangenschaft weit gekommen, mit solchen läppischen Maximen!). / Und dann eben, kurz nach 15 Uhr, ›erwachen‹. Und, leuchtend=erholten Blicks, die Schultern bewegen.

Rasch 'n paar Postkarten versenden; auch Kurzbriefe (selbst der Dorfkrämer hier hatte bereits ›Stücklens Verdruß‹ feil: dies neue, ganz dünne=zähe Briefpapier, von dem 14 Seiten DIN A4 auf den 20=Gramm=Brief gehen: wie soll man sonst wohl mit den periodischen Portoerhöhungen Schritt halten? Neenee; 's ganz richtig so. Obwohl die Ansichtspostkarten anscheinend noch aus den zwanziger Jahren stammten – so sah's im ganzen Ort doch nirgendwo mehr aus!). Und an die neidischen Kollegen im Werk adressieren: ›Gruß.‹; und ›Gruß!‹. Hier, dem Bachmeyer zusätzlich noch 'ne Spritze verpassen ..... mmm=ä: ›Es gibt ja *zu schöne* Fleckchen Erde!‹: »Unterschreib ma mit, Otje.«

3

Die Stämme ließen wir natürlich anfahren. Ebenso die Eisenbahnschwellen, (irgend ein ›Bahnkörper‹ in der Nähe wurde gerade erneuert; und wir, allzeit attent, wie es guten Kaufleuten wohl ansteht, hatten uns flugs eingeschaltet: *massiv Eiche!*). Die Damen freilich hatten sich eingebildet, wir würden die nötigen Hügelketten von Scheitern irgendwie ›sammeln‹, fällen herbeiwälzen mit der Hand sägen; dann, siegfriedig am ganzen

Leibe, am Hackklotz stehen, breitbeinig, den Bihänder weit rückwärts über die Schulter gezogen, ›Notungs Trümmer zertrotzt er mir nicht!‹. (Und die zahllosen Ergebnisse anschließend noch ›schlichten‹, und in entzückend ländliche ›Feimen‹ aufbauen, daß Einem gleich ganz eichhörnchen= und holzwurmmäßig im Gemüt würde. Auch sollten wir, ›nebenbei mit‹, einige Hüte voller Kastanien & Eicheln zusammentragen – SIE gedachten ›Futterstellen‹ anzulegen, ›HELFT DEN ARMEN VÖGELN IM WINTER‹.)

Die Verhandlungen mit den Bauern bezüglich des Transportes waren gar nicht so einfach gewesen – sie Alle hatten auf einmal angeblich ›mit der Ernte‹ zu tun gehabt; (obwohl wir uns vorher genau erkundigt hatten, wann & wo man was fächset: alles lediglich Schwindel, preisdrückerischer!). Als sie erkennen mußten, daß das gute Baare nun gleich ins Nachbardorf abfließen würde, nahmen sie auch relativ rasch Vernunftähnliches an. / Also die Stämme stapelten hoch und schwarz, die Schwellen höher & noch=schwärzer. Auch ›Wurzelholz‹ lagerte im Geländ', tatzig, von Menschen nimmermehr zu zerkleinern – da selbst Otje, total frappiert ob der bestialischen Formen, vom ›grafischen Element im Winter‹ gefaselt hatte, enthielt ich mich, jeglicher Überstimmung gewiß, des hier zuständigen Ausdrucks: mit *der* Nervenkraft kann man Besseres anfangen. Noch bedeckte ein ›abgebrochener‹ Feldschuppen den Boden; Bretter, Latten, Ständer; alles, (wie hätte HOMER sich sehr richtig ausgedrückt?) ›reichgenagelt‹: »Sag bloß davon nichts dem Sägenbesitzer!«

Denn die Beschaffung der Kreissäge hatte erneut die ländliche Menschheit at its worst gezeigt! / Erst, leeren Blicks, endlose Rübenfelder durchschreiten; Kartoffeln (Marke ›SASKIA‹: sic!) Lupinen Graminosen; alles Dinge, wovon man den Teufel etwas verstand, (eigentlich abscheulich. Die Unwissenheit, mein'ich.) Mit wütend=flachen Händen die Bremsen an sich breitklatschen: Arme, Bauch, Brust, »Ach=Scheiß ›frisches Oberhemd‹!«, (die Hoden kloppt man sich noch platt wegen den Mistviechern! Na egal; taugten ohnehin nich mehr viel.) / Einziger Trost: dann & wann hinter die Weg=begleitende Hecke treten. Dort jedoch, statt seiner, das Fläschchen mit KIRSCH ziehen : ~ . ~ ... : ! : sofort wurde's heller; sofort lagen die trefflichst gesprenkelten Steine in ganzen Wällen da, alle Farben tolle Muster; diese Bauern wußten wahrlich nicht, was sie besaßen. (Thema für Farbfilm=Amateure: ›FEUERSTEINE 61 UND EINIGE IHRER ZEITGENOSSEN‹. So'ne Liebhaberei sollte man sich tatsächlich zulegen: 'ne gute Spiegelreflex=Kamera; mit Vorsatzlinse; 'n Projektor hinge freilich auch noch dran; also rund Tausend, hm hm. Allerdings setzte das eine Gegend voraus, wo's von Feuersteinen wimmelt.: Aber da waren wir ja; oder?).

Und bloß nicht den Namen dieses Nachbardorfes einprägen; jetzt noch nicht; mit 55 muß man das Gedächtnis für's Notwendigste reservieren. / Farbelos & grau der Mechanikus. Unangenehm langes Gesicht, (ein sogenanntes ›sachliches‹; das ist: wie Gay=Lussac & Fischer=Tropsch zusammen – das lernen die ja schon in der Aufbauschule. Wir aber auch jeder Zoll 1 inch.) Und als in Otjes Brieftasche, auf schwarzsamtigem Wildleder, der Fächer von 6 Hundertmarkscheinen sichtbar wurde, widerstand Tropsch nicht länger: er versprach, mit unnötigem Handschlag, Säge und 300 Meter Starkstromkabel für übermorgen=Freitag. / Und wieder zurück über sehr sandige Wege. Die dicke=fette Landluft inhalieren. Kühe in Halbtrauer; zwischen ›Porst‹ und verdorrten Sumpf=Birken. (Gegen Abend gab es an 1 gewissen Stelle, gar nicht so weit von uns, wieder jene Nebeldecke, aus der eine kohlschwarze Stier=Stirn lautlos auf Einen losfuhr: !. (Und nachher doch auch ›sounds‹ wie bei THOREAU's; brrr!).).

: »Wollen wir noch mal kurz in's Gasthaus?«.

: Das Leben des Menschen ist kurz; wer sich betrinken will, hat keine Zeit zu verlieren! / Und die Abende in ›ZIEBIG's Gasthof‹ waren ja gar nicht unlebhaft. (Wir am Ecktisch für die vornehmen Personen; dem einzigen, der etwas wie 'ne Decke drauf hatte. Und Bier & seriöse Stumpen.)

Holen Knechtlein sich ›Zie=eretten‹. Pralle Dorfmädchen stapfen keck nach Flaschenbier herein. (Desgleichen geplagte Eheweiber; schlampig=schürzig, mit tiefliegendem Metazentrum, wüste Zitzen mit buntem Zitz überspannt.) / Im Fernseher das Bild irgendeines ›hamburger Hafens‹; endlos lange; (mal seh'n, wer's länger aushält: alle Minuten 1 Mal bösartig hinüber lächeln .....). Dann beginnt's aber schon gefällig, das graublaue Geflimmere; regt tausend Gelenke zugleich; und die Maschine gibt die bekannten ›halben Wahrheiten‹ von sich.: Wer ein schwarz eingebundenes Buch ›schwarz‹ nennt, ist im FREIEN WESTEN ein ausgesprochen ehrlicher Kerl. (Wer ›rot‹ behauptete, wäre 1 Lügner, klar.) Was aber ist Derjenige, der uns ständig einzureden versucht: es sei ›nicht=grün‹?! / Lächelte & florierte also Bonn. Bei ›Burr=Gieba & Bie=serrta‹ war anscheinend noch keine Sprachregelung erfolgt. (Ist ja auch nicht ganz einfach: Wer in diesem speziellen Fall für ›die Freiheit‹ ist, verdirbt's mit ›de Gohl‹; und umgekehrt.) ›Gagga=rien‹ kurz & leicht=verächtlich behandelt; (dafür desto ausgiebiger der neueste, prompt wieder zu 50% verunglückte, amerikanische ›Ecks=Plohrer‹.) Hie evangelisch=halkyonische Laien=Kirchentage; wenn man auf die unerwünschte Taste drückt, blüht sofort die Kolchose und duftet der Komsomolz: ›Em Barras de rieche Se‹.

Und immerfort das Gemurmle der Herren Landwirte. / Manches vielleicht gar nicht dumm; (obwohl sie natürlich andauernd her guckten, wie wir unser Bier verzehrten: vom ›Grünen Plan‹ verstanden sie ungefähr so viel, wie EINSTEIN von der Atombombe; nämlich einerseits sehr viel, andererseits überhaupt nichts!). / Zufällig sich ergebende Lokalinformationen zum Teil recht interessant: daß die auffällige, klein=runde Schanze hinten im Sumpf, ihre Entstehung dem einzigen (wohl versehentlichen) Luftminen=Abwurf des Krieges verdankte. Plus Details: wie damals Gras & Buschwerk ›im Umkreis wie rasiert‹ gewesen war. Rehe mit ›rausgerissenen Lungen‹ sollten dekorativ dagelegen haben; (und die entsprechenden, kannibalisch=breitziehenden Handbewegungen dazu: das hab'ich im Kriege bei *Menschen* mehrfach gesehen, amigo! Du kannst noch nicht weit gereist sein!). Der Eine beteuerte sogar, er habe das Dings, nachts gegen 1 Uhr, an seinem Dachkammerfenster vorbeirauschen sehen=hören – da der, gleichfalls anwesende, Ortsbulle uns an dieser Stelle überdeutlich (und unnötig vertraulich) zublinzelte, ja, =zwinkerte, wußten wir, daß die Mitteilungen des Betreffenden jetzt & künftig mit Vorsicht aufzunehmen seien. (So war es auch: 2 Gläser weiter behauptete er schon, mit ›dem Bruder Karl MAY's zur See gefahren‹ zu sein. – »Hat der überhaupt Geschwister gehabt?«; Otje wußte es nicht.) / »Diese Hula=Reifen –« dozierte ein hochgradig Untersetzter seinem Nebenmännlein hin (dessen Gesicht sich einer, für seinen Stand ganz ungehörigen, kritischen Unterlippe erfreute): »– die verführen zu Bewegungen des Beckens …!: Die Kleine von Thieß'ens=nebenan ……: ? –: Zum Wohl!«. »Zum Wohl –« erwiderte das Nebenmännlein buchstabengetreu (und ihre Augen glinzten wie die Scheiben von Puffs in der Dämm'rung).

Einiges zum bevorstehenden ›20. Juli‹: da hatte *der* ›Staatsmann‹ einen unverbindlichen Vortrag gehalten; (à la ›nicht= grün‹, siehe oben). Und *Jener*, der Klügere, schweigend ›1 Kranz niedergelegt‹. *Der* das ›Nachdenken des Soldaten‹ gepriesen; (der nächste Redner dieses freilich sogleich präzisierte: für den Fall einer ›unsittlichen Obrigkeit‹! Sogar 1 General sollte, mit gewissen Einschränkungen, für's Nachdenken gewesen sein – da hätte BEN AKIBA doch wohl mal Augen gemacht.) / Und gesegnet sei der Musikautomat, dem man bloß

10 Pfennig in die Seite preßt, und schon kommt aus dem Schlitz ›HOCH=HEIDECKSBURG‹ raus; (oder auch, man hat da angeblich die Wahl, ›ONWARD, CHRISTIAN SOLDIERS!‹ – der Unterschied ist zur Zeit ja auch nur mit bewaffnetem Ohre hörbar.) / Bei einem anderen, noch bunteren Gerät drehte dann & wann 1 Kühner roulettierend an 3 Knöpfen: auch hier sollte man, theoretisch, falls man ›Glück‹ hatte, oh Glück oh Glück, etwas gewinnen können. (Merkwürdig ungewordne Nation: fleißig & stillfriedlich arbeiten mochte bei uns kaum noch Jemand; die wollten Allealle bloß irgendwie ›gewinnen‹, Toto Lotto Kwiss & Krieg, wobei man ja notorisch nur verlieren kann – ›Wahrscheinlichkeitsrechnung‹ nennt sich die betreffende Wissenschaft.) / Da waren, traun, die Mitteilungen über die Potenz der Dorfhure noch interessanter. (Frage: ob man sich die glühende Zuneigung der eigenen Gattin wohl dadurch wieder zu erobern vermöchte, daß man ihr, morgens, 1 Rose in die Badewanne legt? Vielleicht würde sie ja gleich mit 1 kleinen ASBACH erwidern. Oder ihn gar nackt kredenzen …?: »Otje!«. Und auch er nickte schwer und langsam; und stellte sich's vor – liebenswürdige greise Träumer wir, alle=Beide. Aber: »Anschreien bei Tage ergibt Impotenz bei Nacht.« Ja; sicher. Gewiß.) / Und zwischendurch schimpfte die Kunststoffkiste schwer auf ›den Osten‹. Man legte *mehr* Kränze nieder. (Und nicht Einer hatte für ›Kasernen‹ ›Soldatenställe‹ gesagt – zugegeben; wir kannten lediglich die der Hitlerzeit; die=heute sollten freilich, ich hatte es erst jüngst wieder in der SPD=Presse gelesen, ganz anders sein, und gar nicht zu vergleichen. Immerhin hatte mich ›Das Reich‹ 70 Monate, gleich 2.000 beste Tage, meines Lebens gekostet – zum Ausgleich hatte ich mein gesamtes Hab & Gut, bis auf 1 abgebrochenen Aluminiumlöffel, verloren: nicht daß ich irgendwie darauf stolz wäre, au contraire; aber falls ›Andersdenkende‹ gar so flink mit ihrem ›Meckerer‹ bei der Hand sein sollten!) / »Prost, Otje.«: »Proos=Carloß!«.

Die Stimmung der Fast=Vierfüßler wurde ausgelassener. / Der Altbauer (mit silbernem Haupt und goldenem Schnurrbart; mit wollenem Leib und ledernen Füßen – *und ›Altbauer‹*: was die sich gegenseitig so für Titel erfinden!) nahm einen Messerstiel in den, noch leidlich festen, Mund; stellte 1 Schnapsgläschen auf die Klinge: – ! –: – und balancierte es so quer durch die Gaststube –: »Braawoo!«. (Auch er ›gewann‹ dafür sogleich wieder etwas: was'n Volk!). / Der Tagelöhner, in schlappem fahlem Leinenanzug, kriegte noch 1 letztes Glas Fusel eingeplumpt; und machte dann den ›Preußischen Parademarsch von 1910‹ vor: ›Da=Búffa Búffa Búffa Búff!‹ – Bei dem Anblick winkten wir doch lieber den Wirt herbei; zahlten kompliziert; und gingen. (Noch lange vernahmen wir hinter uns eyn schön new liet: ›Ü berDei neHö henfeift der Winnt. Sokallt.‹)

5

Und heut um 9, ich erwähnte es wohl bereits, sollte nun besagte=gemietete Säge erscheinen. / Wir waren, vorsichtshalber, um 6 aufgestanden. Hatten ›weiß‹ gefrühstückt, (um, sportlich trainiert, sämtliche Kräfte beisammen zu haben). Und warteten nun eben: Tropsch ließ uns den Begriff der ›Ewigkeit‹ baß erkennen lernen! / Griffen wir also dann & wann zum Sehrohr, und spähten den fernen Schnitterinnen unter die Röcke. Erkiesten uns Jeder Eine; führten sie in die betreffende ›Fichtenlaube‹; und taten ihr dies & das, vor allem das. (Natürlich nur noch in der Fantasie; wir hatten schließlich allerhand zu sägen – wenn ich mir so diese grauen, zernagelten Bretter besah ......). / Warum verzog Otje sich ständig hinter's ›HAUS‹ – wir hatten vereinbart, das Dings so zu nennen – und murmelte währenddessen was von ›Ma sehn ob er kommt‹? Da war doch nichts als Wald: von da her erschien Tropsch doch bestimmt nicht. Kam zurück. Und roch, wie wenn er ›fündig‹ geworden wäre; (gleich anzüglich schnüffeln: hff=hff. – Freilich; die Morgenluft *war* rauh. Hm.) / Gespräch über die ›Wechseljahre der Frauen‹: »Sollte man nicht auch das genaue Gegenteil erwarten können?«; (nämlich, daß sie besser ›ließen‹: sicherer freier weniger prüde würden? Schade um all die freislichen Hüften, mit Zubehör; alles noch fast wie neu.) / »Halb Neun erst.«

Anderes Thema: »Meinst Du, wir könnten Schwierigkeiten haben? Wenn wir heute, so nahe dem 20. Juli, sägen?«. Und ich, nach keinem Zögern: »Achwas! Einmal mitten=hier im Walde. Und überdem: wann sonst hätten wir denn wohl Zeit zu sowas? Neenee; da soll uns Einer komm'm!«. (Und 'ne merkwürdige Ecke ist das ja: heute früh lag hinten, mitten im Waldgras – wo gestern Abend noch nichts gewesen war! – eine Kugel von einem Fuß Durchmesser. Gelb; pampig=schuppig; als Otje mit'm Stock darauf schlug, wuppte es büchsen, und stieß dann eine flache, matt=giftgrüne Rundum=Staubwolke aus: »'n Bovist! – Jung sollen sie eßbar sein.« Aber Otje, massiv=verächtlich: »›Eßbar‹ bist letzten Endes auch=Du. – Falls De nich zu sehr nach Bock schmeckst.«

6

: »Da!« –

Gay=Lussac erschien mit seinem beräderten Apparat. / : »Na endlich!« (Weil der Kerl noch zu murmeln wagte! Während ich seine Pferdefratze so betrachtete, entstand in mir tief=innen irgendwie der Wunsch nach ›Sauerbraten‹ & Kartoffelklößen ›auf thüringische Art‹ – was man denkt, ist tatsächlich völlig irrelevant: »Gib ihm'n Stump'm, Carlos.«: »Du so'ss mich nich immer ›Carlos‹ nenn'n!«).

Der=hier also zum einschalten. / Das der Knopp, falls mal der Stamm zu dick sein sollte; die Säge stecken bleibt, und die Sicherung raus springt; bong. / Dies die Kipp=Führung. / : »Und ja nich durch Nägel durchsägen! – Oder gar –« (und wie mißbilligend der Houynym auf unser scharmantes Wurzelholz zu blicken wagte!): »– S=teine. Die sich häufich in solchn S=tubbm findn.« (Hau schon ab, Freund!). –

Allein mit dem Untier –: sollten nicht überhaupt & grundsätzlich *drei* Mann zum Sägen sein?! Wir sahen uns an. Versichert waren wir nicht. Gegen sowas nicht. / Die Morgenluft wurde stärker; auch bunter. Ich schob verwildert den Unterkiefer vor; schritt hinum zum Hebel; und ruckte machtvoll – (voll Macht; voll=macht S'chrumm) –: ?. / – –: ?? – / : !

: sss=SSS=SSSIII – und der naja›Klang‹ durchpfiff derart bös die feuchte Stille, der Apparat vibrierte derart heftig, daß wir doch erst erneut unsern Mut zusammennehmen mußten. / : »Erst die dünnsten Stangen, ja? –« –

: – –. / : – – ! / : – – – : – : ! ! ! –

Ei das ging ja scharmant! / Schon hob ich, leicht ächzend, ein gewichtigeres Rundholz auf die (ungewohnten) Unterarme –: »Vorsicht!« – (und den Oberstschenkel mit drunter; und, keuchend, am dicken=unteren Ende ausharren. Während der Schuft, oben, den ›Zopf‹ gleichsam mühelos, (und eingebildet lächelnd, ob ›seiner Kraft‹ was?!), in Scheiben schnitt: Nu warte; wir wechseln auch mal ab! / Sst, Sst, Sst: das waren läppisch=dünne Brettchen, no match for us! / Es sprühte & schrillte & fiff, im treibriemigen Zug=Wind. –: »Mensch; das'ss doch noch *Eiche*!!« (Denn die Eisenbahnschwellen wunderkerzten förmlich! »Ob das aber Tropsch=Lüssack recht sein wird?«: »Scheiß Gay=Fischer!«). Meinethalben. Obwohl man unser Geschrei sicher bis über's Flüßchen vernahm – schon schienen einige Nümfm herüber zu schauen; (und *was* die eigentlich dort machten, daraus wurde man auch nicht schlau – konnte das sein, daß die den Rand des Getreidefeldes=dort sauber gerade putzten?).

Ein Krach wie im Kriege? Oh ja! / : »Sag ma, Otje – hast Du, Deinerzeit, als Artillerist, nennenswert ›nachgedacht‹?«. (Mir fiel nur eben wieder dieser ›20. Juli‹ ein. Auch kam eben ein ganzer Haufen dünner=kürzerer Stücke; wir standen ergo dicht beieinander, und konnten brüllend quatschen.) »Na ja,« erwiderte er unschlüssig; machte dilatorisch ein paar ›Sst=Sst‹: »– aber wir hatten mal 'n Rechentruppführer dabei, der dachte ständig. Der hat mir, dann in belgischer Kriegsgefangenschaft, folgendes erzählt«: Sst=Sst!: »Anfang April 45, im Rückzugsgebiet Oldenburg, hört er am Feldfernsprecher – ich glaub', VECHTA hieß das Nest – daß das zur ›Lazarettstadt‹ erklärt sei, und Freund wie Feind ihre Verwundeten dort rein schafften. 1 Stunde später aber ruft auf einmal irgend'n ›Oberst‹ – der Befehlshaber des betreffenden Frontabschnitz – durch: ›Befehl!: Sofort 200 Schuß auf Vechta legen!‹. Auf die Rückfrage hin, plus submissestem Bedenken, daß doch just Verwundete …? heißt es, ebenso einfach wie brutal: ›Halten Se'n Mund! In'ner Viertelstunde erwart' ich Vollzugsmeldung! –: Ende!‹. – Nu sag, Carlos: was hätt'st Du gemacht?«. Und wandte sich tatsächlich zu mir, als wär er's selbst gewesen, dem die Anekdote passiert war.: »Paß Du lieber auf Nägel auf. – Oder überhaupt: laß mich ma ran!«. –

Und die breite santosbraune Schwelle fachmännisch mustern – auf Eiseneinschlüsse hin; auf eingewachsenen Schotter – und schon grollte die Maschine auf, bärenhaft=gereizt; und fraß sich, schrillend & stäubend zugleich, durch die Materie: hindurch! (Und 'ne kaptiose Frage war es natürlich; denn ›Befehl war seinerzeit Befehl‹. Und Verweigerung Verweigerung. / Und ich war seit eh & je 1 Feigling gewesen. Und das Alter soll zwar im allgemeinen ›unfehlbarer‹ machen, oh leck; aber zusätzlich=mutiger wohl doch nicht. Entschloß ich mich also, nach der dritten Schwelle): »Tcha. Mir wär' sicher ›schlecht geworden‹.« Und, da ein Blinder den verächtlichen Ausdruck auf Otje's Gesicht hätte wahrnehmen können, rasch & heftig hinzugesetzt: »Sag bloß, Du wärst hochgeschnellt; und hättest heroisch gerufen: ›Nie, Sie unsittliche Obristenhaftigkeit!‹. – Oder vielmehr Dein ›denkender Rechner‹: bring Du lieber die paar letzten Schwellen ran; dann machen wir 'ne kleine Pause.«

: ? –: »'ne Pause!!« kreischte ich; denn der Kerl hielt, nein reckte, mir ein derart verständnisloses Ohr her – kurze=weiße Härchen wuchsen ihm in der Fleischtute; auch das noch! – und

verzog den Mund so abscheulich fragend, daß Einem nur die arme Frau leid tun konnte, die dergleichen flämisches Antlitz allmorgendlich auf dem Kopfkissen neben sich erblicken mußte.
– Pause. – / Erst als ich mich dabei ertappte, wie ich ihm, (der ganz merkwürdig leis' heute zu sprechen schien!), angestrengt auf die Lippen schaute, wurde mir bewußt, wie auch mir die Ohren klangen, präziser wimmerten, (wenn nicht gar gellten). Und buchstäblich weh taten: ich hatte das unabweisbare Gefühl, als sei mir das linke, länger der Säge zugekehrt gewesene, leicht geschwollen, und schmerze gar nicht undeutlich: konnte das sein?! – / : »Nee; Der hat folgendes gemacht: 1 Minute lang mit sich gerungen. À la ›heroisch ablehnen‹?: wird er erschossen. ›Schlecht werden‹?: dann machts der nächste Stellvertreter. Neenee: keine Lösung! / Also über die Karte gebeugt – ›Zeit gewinnen‹, klar – dann Koordinaten abgegriffen; den Geschützführern draußen ›Seite & Höhe‹ gegeben. Und dann, als die ›200 Schuß wie befohlen‹ raus waren, hat er ›Vollzug‹ gemeldet.« – Witzlos; ich zuckte auch gleich abfällig die breiten Hängeschultern. Aber Otje ergänzte: »Freilich hatte er sich, wie er mir *nach der Kapitulation, vor Brüssel,* anvertraute, ›vermessen‹. Den Planzeiger versehentlich an eine leere Straßengabel, 500 Meter vor dem Städtchen, gelegt. Kann ja dem Besten unter uns passieren, wie?«. Nicht schlecht. »Eichmann würde sagen: ›Kein Wunder, daß wir'n Krieg verloren haben‹. – Kuck mal, da drüben!«
Denn da schwankte 1 Riesengerät durch die Felder. Und wendete schnarchend. Kam gefräßig wieder in unsere Richtung her – –: »'n Mähdrescher!«; Otje, fachmännisch, mit dem Kieker am unfehlbaren Auge. (Dann durfte auch ich es sehen: auf der Kommandobrücke allerlei buntes Volk. Vierschrötige Roggenmuhmen; Kerle aus Blauleinen gepustet; Säcke große=schöne=pralle=trockene=viele. – »Hübsch.« –
–: »Komm, weiter: in'ner guten Stunde treffen die Damen ein!«. / Die langen Stämme überschwer; aber sie (die Säge) fraß

sie (die Stämme) doch. Schon hielten wir, nervös, die Köpfe zur Seite vor dem Gebrälle. Schon riß sich Keiner mehr von uns um die Sägelust. (Sonnenangestrahlt 1 Hochspannungsmast.: Was röhrst Du mir tiefsinnig ins schöne Ohr?)

Otje: »Und erst im *nächsten* Krieg! Ich hab'ne Schwester in Görlitz: wenn ich mir vorstelle, ich kriegte den ›Befehl‹, auf die 200 Schuß zu ›legen‹?! –: Wie gut, daß wir nicht mehr Soldat zu spielen brauchen! Da werden sich dann täglich diverse solche häkligen Fragen ergeben. –: Kuck ma!« (denn eben kam die Dicke=Gelbe freiwillig vorbei: gleich hoben wir die Stämme müheloser. Lächelten (obwohl's vermutlich ausgesehen haben wird, wie auf Illustrationen zum 1. Teil DANTE); und hinterher gaffen, mit verschwitzten Leidensmasken. Ich bemerkte etwas. Otje erwiderte.: ? – Wir wiesen einander die leeren Handflächen: wir hörten kein Wort mehr. / : »*WAS : IST : DENN* ?!!«. / Bis er endlich Gebärden zu Hülfe nahm. Die Spitzen der kleinen Finger in die Mundwinkel hakte, und ihn mehrfach=schnell damit breit zog: ! (Auch noch zusätzlich hinter der ockern=Entschwindenden her zeigte: !). – Achso. Ja; garantiert. Aber – und ich hob die linke Faust, an der ich den kleinen Finger schlapp abstehen ließ; und schnepperte mehrmals=betrübt mit dem Zeigefinger der Rechten daran: ...... Und noch, überdeutlich=resigniert, den Kopf dazu schütteln: »Wir nich mehr, Otje.« – Auch er begriff; und senkte die breite Stirn schwermütig über's Sägeblatt. (Das vielviel leiser zu werkeln schien, zu Anfang: vielleicht wäre ›taub sein‹ ja gar kein so großes Unglück?). / Und fuhr doch auf, bei dem Todeston, als er den Baracken=Fensterrahmen klein schnitt; und anschließend=betroffen, mir den zerteilten ›Stuhlwinkel‹ her zeigte: ! Oben drüber sein dämliches Gesicht.: »Jetzt kostet's 3 Mark mehr, Freund: es ist erreicht!«. (Aber er verstand mich ja doch nicht. Und überhaupt ging es erfreulichst dem Ende entgegen – ich tippte mich nur noch angewidert=bezeichnend an die eigene Schläfe; machte die Gebärde des Geldzählens; (und 3 Finger dazu heben: I I I ?! – Er zuckte schwächlich die

Achseln; und faßte's wieder mal nicht: »Laß gut sein.«). / Und ordentlich auf den Moment freuen, wo man in sich zusammenfallen könnte!). –

7

: ›ENDE !!!‹ – / (Und, alles hängen lassend, da stehen; wie benaut.) –

8

: 1 Hand auf meiner Schulter?! –

Auch Otje fuhr dito herum .....: Jeder stand der Seinen von Angesicht zu Angesicht gegenüber! / Wir hatten nichts, gar=nichts, gehört.: »Ja, seid Ihr denn taub?«; und amüsierten sich köstlich über unsere dreckigen, ängstlich=lauschenden Gesichter. Und streichelten uns idiotisch; und nickten sich zu, über uns arme Luder.

(Schienen & blieben jedoch guter Laune; denn sie hatten unterwegs irgend 'ne besondere Vogelsorte angetroffen – nach dem zu urteilen, was sie uns vor=flatterten und =schrien, »Dix=Huit: Dix=Huit!«, konnten's Kiebitze gewesen sein? – Else kenterte beim Vormachen der Wildlederhut; sie duckte sich (wobei ihr Hintern breit wurde, wie ein Waschkessel: schön!) und fing ihn wieder – also bestimmt Kiebitze. / Wir zeigten ihnen im Fernrohr noch jene Archenoah, lautlos treibend in Roggenseen. (Und Beide gleich, beanstandend: »Na, ›lautlos‹? – Das knattert doch ganz anständig.« – Wir hörten nichts, wir Beide. Legten aber indessen den Grundriß zu jenen befohlenen 2 Holzfeimen –: so etwa würde das=dann=demnächst aussehen.: »Schön.«). / Schnuppern –: »Sagt mal? –: Habt Ihr was getrunken?!« – (Und gleich die bekannten angewiderten Gesichter dazu geschnitten: das ist der Dank.)

SCHWARZE SPIEGEL

I

(*1. 5. 1960*)
Lichter? (ich hob mich auf den Pedalen) –: – Nirgends. (Also wie immer seit den fünf Jahren).
Aber: der lakonische Mond längs der zerbröckelten Straße (von den Rändern her haben Gras und Quecken die Teerdecke aufgebrochen, so daß nur in der Mitte noch zwei Meter Fahrbahn bleiben: das genügt ja für mich!)
Weiter treten: starrt die spitze Silberlarve aus m Wacholder – also weiter –
Des Menschen Leben: das heißt vierzig Jahre Haken schlagen. Und wenn es hoch kommt (oft kommt es einem hoch!!) sind es fünfundvierzig; und wenn es köstlich gewesen ist, dann war nur fünfzehn Jahre Krieg und bloß dreimal Inflation.
Rücktritt: (und es quietschte beim Halten; morgen muß ich mal Alles durchölen). Ich richtete den Karabinermund vorsichtshalber gegen das schmierige Wrack: die Fenster dick verstaubt; erst als ich mit dem Kolben darauf schlug, ging die Wagentür ein wenig auf. Hinten leer; eine Skelettdame am Steuerrad (also wie immer seit den fünf Jahren!); nun: wünsche Glückseligkeiten! Aber es wurde auch gleich dunkel, und ich traute dem Kreatorium immer noch nicht: ob Farnhinterhalt, ob Vogelspötterei: ich war bereit mit zehn Schuß im Vollautomatischen: also weiter trampeln.
Senkrecht überm Straßenkreuz: auf der kleinen hübschen Abendfläche erhoben sich einmal zärtliche Staubschleier, in denen Herr Windstoß Pirouetten schlug: und wo lang nun?! Drüben war eine Schilderei; ich latschte müde hin ›Holzindustrie Cordingen‹ stands über höllisch hellgelb und schwarz geringelten Pfählen. Daneben am verwobenen Rain eine Spitzsäule. Ich rätselte ein bißchen an der eingegrabenen Le-

gende: ach so: ein T. P.! Und ich lachte schwächlich: mir hat mal ein Schupooffizier erzählt, und treuherzig dazu, daß die Polizei alle halben Jahre auch sämtliche trigonometrischen Punkte kontrollieren müßte, ob sie noch vorhanden seien. Und da der eine viertels in einem Fußweg stand, hätte er, zusammen mit den interessierten Bauern, das Ding anderthalb Meter nach rechts in' Wald gesetzt, wo er Niemanden mehr störte, und dann jahrelang still weiter das ›Vorhandensein‹ gemeldet! Seit der Zeit mißtraue ich den säkularen Ergebnissen der Geodäten, betreffend die weitere Auffaltung des Alpenmassivs, oder die Hebung Norddeutschlands: cherchez les constables! – Ja aber nach rechts oder links?

Also: capita aut navim. Der Penny fiel, und Edward the Seventh, fidei defensor, und auch sonst noch mancherlei, wies mich nach rechts: Bon! (Und mein kleiner zweirädriger Anhänger klapperte und huppte).

Ein Bahnübergang (die Schranken seidank hoch) und immer mehr Gefälle. Eine Tommy-Brücke (halb verfault; noch vom zweiten Weltkrieg her) über den geschlängelten stillen Wasserlauf (schöner Teich zur Rechten, mit letztem Abendgelb getäfelt); dann bog die Straße links ein, und ich glitt mit müder Eleganz, à la Herr der Welt, in die Kurve: si quis, tota die currens, pervenit ad vesperam: satis est.

Ich nahm die Brechstange hinten heraus, und die Pistole: ›SUHM‹ stand an der Tür, und daneben eine Toto-Reklame. Ich hieb die schwere Meißelspitze ins Holz, oben; dann unten; das Schloß sprang mit Gebell, flash and report.

Wie immer: die leeren Schalen der Häuser. Atombomben und Bakterien hatten ganze Arbeit geleistet. Meine Finger preßten mechanisch, unaufhörlich, an der Dynamotaschenlampe. In einer Kammer ein Toter: sein Gestank hatte Zwölfmännerstärke: also wenigstens im Tode Siegfried (nebenbei selten, daß es noch roch; war ja alles schon zu lange her). Im ersten Stock lagen fast ein Dutzend Gerippe, Männer und Frauen (an den Beckenknochen kann mans unterscheiden).

Also sechs Männer (bzw. Knaben); fünf Frauen und Mädchen.

Draußen: Früher wars wohl adrett genug gewesen; jetzt schlotterte der Garten ums hohle Haus. Schöne starke Kiefern aber. Graue Mauer, von der graue Kräuter nickten, auch Lupinen und Wegerich. Aus grauen Mauern machte man Häuser; aus Häusern Städte, aus Städten Kontinente: wer fand sich da noch durch! Bloß gut, daß Alles zu Ende war; und ich spuckte aus: Ende! Koppelte den Anhänger los und zerrte ihn mir nach über die Schwellen (gleich rechts rein; wozu Umstände).

Es raschelte im Nebenzimmer: ein Fuchs! Der rothaarige Hausvogt glitt keß um alle Möbel, hinaus, in die einäugige Nacht. Ich rollte die Decken auf; holte Wasser vom Bach; die Kerze blakte überm Küchentisch, als ich auf der Karte suchte. (Auch der Ofen zog noch, und der zerhackte Stuhl sott das trübe Wasser bis es stöhnte; wo war der Tee wieder – ach so). Warnau hieß das Bächel stellte ich zwischen Biskuits und Cornedbeef fest (Käse möchte ich wieder mal essen: Kräuterkäse; Schweizer, Edamer: ach meinetwegen stinkigen Limburger!)

Nebenan im Fuchsheim: Fotos an den Wänden; Familienbilder mit hausmacherm Lächeln. (Und speckig bin ich: wenn ich n Bindfaden dreimal auf dem Oberschenkel hin- und herrolle, hab ich garantiert ne Kerze in der Hand. – Also morgen große Pause und Waschen!)

Ein Klavier: ich klaubte eine Handvoll Mißtöne zusammen und acherontisches Geschwirre, no use. Orpheus benötigte ich dringend: der hätte mir Holz und Kohle herleiern können. Oder ne Badewanne. Ich fluchte kurz und ging nochmal nach oben.

Manche hatten tatsächlich noch Ausweise auf den beinernen Brüsten: für wen wohl? Und von verschollenen Autoritäten ausgefertigt, selbst wenn sie echt waren. Einem Mädchen sah ich lange ins Paßfoto, unters wellige Haar, auf die Bluse: und

jetzt lagen ein paar gebogene Knochen neben mir, auch die Haare noch, ja, dunkelblonde; am Ende werde ich allein mit dem Leviathan sein (oder gar er selbst). Es bellte leise ums Haus; die Füchslein mochten wohl draußen schleichen, und ich tastete doch nach dem Handbeil (kurz vor Mainz, in Gaubickelheim, war ich einmal sechs Wölfen begegnet!)
Decken aufgerollt und in die ewigen Jagdgründe der Phantasie: den fliegenden Holländer und Odysseus müßte man in einer Geschichte identifizieren. Wind begann und die großen Kiefern redeten tief und brausig. Es bleibt immer nachdenklich genug, daß die Menschheit tatsächlich alle drei Geometrien für ihr Weltbild verwendet hat: zu Homers Zeiten die euklidische (Ökumene als Ebene); dann Kosmas, dessen Terrarium eigentlich ein Stück Pseudosphäre repräsentiert, mit dem ›Berg des Nordens‹ als Pol, und die auch jahrhundertelang gegolten hat; und endlich die Geoidoberfläche; interessant. Der Mond erschien traurig und glänzend im Fenstervier. Seit fünf Jahren hatte ich keinen Menschen mehr gesehen, und war nicht böse darüber; das heißt. Lesen konnte man bei der mattgelben Helle auch nicht; ich holte ein Buch aus dem Köfferchen: nein, nur den Titel ›Satanstoe‹; ich schüttelte bedauernd die Hände (war zu faul, das Licht nochmals anzuzünden). Am besten schlafen. – Die Uhr? Tickte auf dem Fensterbrett. Nicht mehr denken. Auch der Fuchs mochte schlafen wollen, denn es wisperte hinter den Wänden wie Tierlein und Wildstroh. War gesichert.
Nacht (und ovaler Stein in ebenhölzerner Fassung): und ich konnte und konnte nicht einschlafen! Fluchte einfältig. Zuerst wollte ich nicht, aber dann trank ich doch (etwas); Energie ist Glückssache; und zeigte mich sogleich, stets ein Windbeutel hohen Ranges, fähig und unverdrossen zu jeder Absurdität. Ruhig behing ich mich mit zwei Waffen und
mischte mich in die Nacht: haderte mit Zweigen, ahmte Menschenstimmen nach, wurde Moosen gut; den Wind mochte

ich aus einem Gebüsch aufgestört haben, denn er sprudelte unwillig Blättriges, jagte ein paarmal im Umkreise, und verscholl erst dann rauschend forstein. Selbst die kleinsten Kiefern stachen schon katzenwild um sich, wenn man sie zu plump anfaßte (muß mich auch rasieren, morgen früh). Einmal stank es derart, daß ich sofort das Gewehr herunter nahm: das konnte keine anständige Pflanze mehr sein, so roch es nur in der Zoologie! Aber ich ging doch nicht näher drauf zu, sondern eulte weiter im Hochwald; schon wurden die Stämme seltener, Sträucher gitterten am Rand. Ich trat gebückt über den Graben, und sah aufs leere Moor, wilde Weite, süß und eintönig, in der schwarzen Strahlung, bis ich die Schultern in der Jacke rieb. Das ist das Schönste im Leben: Nachttief und Mond, Waldsäume, ein stillglänzendes Gewässer fern in bescheidener Wieseneinsamkeit – so hockte ich lange und müßig mit rechtsgeneigtem Kopf; manchmal fiel ein Sternfunken stundenweit hinter Stellichte; manchmal beschlich mich eine schlacksige Windin und zerwarf mir die Haare, wie ne halbwüchsige fleglige Geliebte; sogar als ich einmal in die Büsche mußte, kam sie noch nach.

Das himmlische Barbierbecken hing schon an einem Kiefernarm, als ich darunter hinbummelte. War hohe Zeit, ›nach Hause‹ zu latschen, denn im Osten gaste es bereits grau und striemig; und die Sträucher standen hohläugig krumm und überwacht, auch unpassend, umeinander (und mich) herum. Der Morgen widerte mir entgegen; denn

eine Morgensonne so vollschlank und schwiegermütterlich rüstig im nett gruppierten Käte-Kruse-Gewölk erschien, daß ich wütend einen Stein übern Bahndamm danach schmiß: weißgott, wie frisch gestärkt sah das Gelumpe aus! – Dann in die Decken (wobei Fuchsens wieder erwachten, und sich über den neuen unruhigen Mieter beschwerten). – Herakles: antiker Mistkutscher (und nach der Leistung konnte ich endlich einschlafen).

Der Himmel rauschte unablässig über mich; meine Haare bebten, als ich mich am Fenster rasierte. Sogar frische Wäsche hatte ich in einem Schrank gefunden; das Rad war durchgesehen; und mit ein paar kecken Scherenschnitten hatte ich mir auch das Hinterhaar gelichtet: sind wir nicht Knaben hübsch und fein?! Also war ich reif für einen Dorfbummel, mit Feuerrohr und Axt. (Dann nahm ich doch noch vorsichtshalber das Doppelglas mit).

Siedlungshäuser, recht geschmackvoll gebaut und angeordnet; auch viele Kiefern hatte man stehen lassen, so daß ich beifällig den Mund spitzen mußte (und links unten warbelte immer das Flüßchen entgegen, bis es sich durch einen kleinen Wiesengrund entfernte, unter einer Eisenbahnbrücke hindurch, sehr nett!). Oben wurde's kahler, die Mauern nackter; ein winziger Schaukasten zeigte zwei Radioapparate vor; dann bog die Straße schon wieder nach rechts, und ich blieb verdrossen auf dem freien Plätzchen stehen: es ist ja immer derselbe Quark!

Ein Baräckchen: ›Gemischtwarenhandlung‹. Da ging ich hinein (vielleicht war doch noch etwas eßbar); aber in dem armseligen Räumchen ruhte auch nur noch Staub auf giftgelben Bonbons, Kaffee war längst verduftet, die Konservenbüchsen aufgetrieben und zerplatzt (drei mit Rindfleisch steckte ich ein; nachher mal probieren). Mit dem Fuß wühlte ich unterm Ladentisch: aha: Flaschen! Essig, Essig, Öl (das kann ich ja mitnehmen!), Essig, Essig (was haben die bloß mit dem ewigen Essig gemacht?!); endlich eine Buddel Münsterländer, 32 Prozent, und ich wiegte abschätzig den Kopf: na, rin in' Sack! (Mehl und Brot ist die Schwierigkeit! Aber das ist fast nicht zu machen!) So warf ich ein böses Gesicht um mich, ging ein Weglein nach unten und stand schon wieder bei meinem Rad (wie gut, daß die Bereifung Vollgummi war, sonst hätte ich längst zu Fuß gehen müssen). Na, ne kleine Rundfahrt tut den Beinen gut.

Ein Sportplatz: Das Gras ging mir bis zum Gürtel, und auch die 400-Meter-Bahn rundherum war fast ganz zugewachsen.

Vorn am Eingang gilbte noch ein Papier im Kasten, Schreibmaschinenzettel vom Schriftführer Struve: Spielgemeinschaft Benefeld-Cordingen, die Aufstellung für nächsten Sonntag (den sie nicht mehr erlebt hatten!): Rosan, der linke Verteidiger, Mletzko und Lehnhardt die Außenstürmer, Nieber in der Mitte; ach, du lieber Leviathan, weiß und rot mochte ihr lustiger Dreß gewesen sein, oder gelb und schwarz; na, da raschle nur weiter. Drüben die Straße hinunter standen auch noch ein Dutzend Häuschen.

Beim Grammophonspielen: (›singender klingender Melodienreigen‹ hätten sie bedenkenlos im Südwestfunk gesagt) und ich erschrak des Todes: Duke Ellington sein Gesicht!! (Dafür kann er ja vielleicht nischt; aber dann noch solch akustischen Abfall zu produzieren: dadurch wirds ein Makel).

»*Kennen Sie den alten Scheich von Pakistan?*« – ›Pakistan?‹ zweifelte tonlos ein flinker Chor,

»*Der sich all die vielen Frauen hält –*« – ›Frauen hält‹ – Ich spielte die Platte gleich nochmal, so süß heulte es aus den Luftröhren der Nihilisten, und dann

»*Ich liebe Dich!!*« betheuerte (mit ›h‹) ein Männerchor so infernalisch dröhnend, daß es mir eiskalt über den Rücken lief; na, fünf Minuten noch.

»*Ich fürcht mich so / im Dunkälln –: nach Haàus zu gehn ....*«
Nun, es war Zeit, dem tapferen Blödsinn ein Ende zu machen; Mozart war mir zu schade dazu, so tats denn ›Sousa, Washington Post‹: »Sie hat ein Kind – sie hat ein kínd-líchés-Gé-müt«: »daradattá, daradattá: da-dá«: Mann inne Tünn, was kann man Alles in der meilleur des mondes possibles erleben, bzw. veranstalten! Ich versetzte dem Namensschild des Inhabers, freilich war es ein Zahnarzt, einen komplizierten Tritt, und verließ das Lokal, in dem es noch immer blechbläserisch wumpte: »sie hat ein' Floh – sie hat ein fló-rén-tí-nér-Hút: daradattá, daradattá ....«

So sott die wilde Maisonne, daß ich mich unten aufs Pflaster setzte, mitten auf den Asphalt, und die Füße streckte (Rad stand im Schatten, ja? – Warum eigentlich?) Aber ich war dann doch zu unruhig und raffte mich wieder hoch: ein Fahrrad zu führen ist wunderbar! Und diese leeren Orte noch schöner; auf der Kreuzung fuhr ich acht Kreise; als ich Rücktritt nahm, stand ich wie eine Mauer.

Illustrierte: die Pest unserer Zeit! Blödsinnige Bilder mit noch läppischerem Text: es gibt nichts Verächtlicheres als Journalisten, die ihren Beruf lieben (Rechtsanwälte natürlich noch!). Die ›Gondel‹: fast nackte Mädchen besahen still und unschuldig ihr Geschenkel, und da mußte ich doch schlucken, und einige Häuser zurückreiten.

Duliöh! so blieb ich vor dem Schild stehen und nickte hocherfreut: Mensch, 8 miles von hier war ein englisches Verpflegungslager gewesen, und ich sah auf dem Conti-Atlas nach. Wenn da noch Einiges vorhanden wäre, bedeutete das längeren Aufenthalt in dieser Gegend für mich, und ich sah mich mit erneutem Interesse um. Am besten schnell was essen und dann gleich los, ohne Anhänger. Aber dann sah ich das Postamt und ging da noch erst mal kurz revidieren.

Zack: das Handbeil oben in den Türspalt, dehnen und biegen, und schon zersprangen mittschiffs die Riegel: ein kleiner Vorraum. Gegenüber die Telefonzelle; ich schritt kalt hinein und raffte den Hörer zum Ohr: »Mnja?!«; Utys meldete sich; ›tote‹ Leitung, also auflegen, sorgsam, auflegen.

Interieurs: Drei Schalter, braun umholzt; drei Pulte, eine Bank für die Kundschaft, maid in waiting. Mit einem Satz war ich auf dem Zahlbrett und hinüber, im Allerheiligsten. In Büchern blättern. Einschreiblisten, Geld war gezahlt, Stempel ragten von ihren dörrenden Kissen, Tinte trocktete rot und schillergrün, nutzlos hingen die milchernen Lampenkugeln, albern, antiquiert wie ein Blinddarm. War auch die örtliche Telefonzentrale gewesen; mollige Mädchenhüften hatten über jenem staubstumpfen Polster geritten (also war das Muster scheußlich!! Blau mit gelben breiten Unblumen. Und der Geistersopran: Sprechen Sie noch?!)

Vielfaltiger Mappe entnahm ich wichtig eine Postkarte (um noch dem erloschenen Gesetz meine Verachtung zu bezeigen), die grüne 10-Pfennig-Marke war schon aufgedruckt: eigentlich könnte ich eine schreiben, und ich spreizte überlegende Finger, schon im Sitzen. (Falls wirklich außer mir noch ein Mensch am Leben war. Und zufällig hierher kam. Und die Karte sah ...); und schon schrieb ich

An Herrn Klopstock (›Gottlieb‹ oder so), Superintendent, Schulpforta bei Naumburg – und die Postleitzahl machte mir doch Skrupel: Naumburg: das war doch schon drüben in der ehemaligen deutschen deimokratischen Republik; na, machen wirn Fragezeichen in den Kreis, Ordnung muß sein.

»*Anbei den Messias zurück*«. Und Unterschrift. (Genügt vollkommen für den Fall.)

Als ich sie in den Schlitz schob, fiel mir der Briefkasten darunter ein; sofort ging ich herum und öffnete die hölzerne Box mit einem Fußtritt als Schlüssel (war nur Sperrholz, 5 mm). Da lagen zirka 50 Briefe und Karten: weiß, fahl, graublau und grün, alle mit Namen, Zahlen, Daten, Liebste glaub an mich, und Lotterieanzeigen (einen Brieföffner brauchte ich nicht).

»*Vielen Dank* für Ihren lieben Brief. Und Ihr Mann muß immer noch auf Wache gehen. Nun, einmal muß es ja wieder besser werden ...« (das ›muß‹ unterstrichen; hier zwängte ich den Kopf ins Genick und feixte durch alle Öffnungen) ...

»... Lux hat sieben Junge gehabt ...« (›Lux‹: eine große sandbraune Schäferhündin; wußte ich intuitiv, und nickte anerkennend; las aber nicht weiter, da sie die Kleinen doch bloß – – na ja).

»*Gestern ging ich* am Hause Deiner Eltern in der Brüderstraße vorbei, und habe, im Schatten der Kirche, lange ins Lampenlicht gestarrt, bis die Fenster neidisch und scheinheilig anliefen, wie Nachbarsaugen; die kranke bleiche Abendluft kam, kalt und süß, wie eine schlanke grauhaarige Geliebte, ›zart und schwerfällig‹ fiel mir ein, und ›Nebel‹, ach unser Leben.« Ich runzelte strenge und bitter Brauen und Mund und sann ins gesplitterte Holz, stöhnte durch die Nüstern, nickte, lachte höhnisch, weiter: »... Morgen lasse ich ›das hier‹ im Stich, und fahre zu Dir! Lange kann es ohnehin nicht mehr dauern, und wir wollen wenigstens noch eine Stunde zusammen ..«

Ich faltete schamhaft den Bogen wieder, und grüßte mit Haupt und Hand den Kollegen Schattenreisenden: fahr nur zu Deiner Johanna! Hoffentlich hast Du sie noch erreicht, ehe die Wasserstoffbombe neben Eure Umarmungen schwebte, einmal lebt ich wie Götter und mehr bedarfs nicht (ist aber auch cosa rara, und das wiederum eine Oper von Martini).

Noch eine Postkarte: »Erbitte mir .... an Sie heran treten zu dürfen ....« Rhabarber, Rhabarber .... kurzum: der wollte die Schreibmaschine nicht bezahlen. Geld. Geld. Na, es wurde mir zuviel, und zwar bald. So stand ich denn auf und verließ lautlos pfeifend die Situation.

Kauen (zwei von den Büchsen waren noch gut!), und die halbe Feldflasche voll Tee genügt vollkommen; eine Stunde brauch ich höchstens bis hin. – Ob ich den Anhänger mitnehme? Der Rucksack genügt aber auch; nachher ist Alles leer, oder zerstört, oder verfault, oder? Ich kratzte mich, wütend vor Unentschlossenheit, am Kopf; ach Quatsch, bloß den Rucksack. Alles andere wird sich an Ort und Stelle ergeben; ist ja schließlich keine Entfernung.

Autores fideles und autores bravos (wie die Spanier bei den Indios unterscheiden): mir fiels ein, als ich den Cooper aus dem Gesäck holte: wir sind beide bravos. (Ähnlich wie beim Schopenhauer und Buddha ohne Übergang aus einem Verbrecher ein Heiliger wird, hat mich das Leben aus einem Pedanten zum Vaganten gemacht; nicht ohne daß sichs manchmal noch wunderlich genug mischt. – Und ›Satanstoe‹ ist gut: sogar witzig und kulturhistorisch plastisch; sehr fein!)

Immer den rotblauen Schildern nach (und die Landschaft scharf im Auge behalten): schön, die weiten wirren Wälder, und leeren Wiesen; ein lichtgrüner Buchentunnel zur Rechten (muß bis zur Rückkehr warten: aber schön ists!)

Verfluchter Mist!: schon wieder lag ein Telegraphenmast über der Straße und die Drähte wirrten sich durch den gelben Löwenzahn. (Wenn ich die Strecke wirklich öfter fahren sollte, muß ich das nächste Mal Säge und Axt mitnehmen: so ein Krampf! – Bloß gut noch, daß es kein stählerner Überlandmast war, sonst hätte ich das Gerümpel gar wegsprengen müssen!)

Sechs: verwilderte Pferde, wie? Oder! Ich schraubte blitzschnell am Mitteltrieb: Tatsache: Pferde! Sie gingen still am Waldrand und grasten, griffen mit breiten Lippen zu: ich war bloß 300 Meter weg. – Das ist selten! Einmal hab ich, bei Fulda, eine kleine Rinderherde gesehen, und, nach größter Mühe, ein Stück schießen können. – Also Wild hats auch hier!

Ein Nest: Walsrode (Zwei Straßen, Schilder, alberne Rechtsanwälte, albernere Richter, bloß gut, daß Alles ein Ende hat!)

Ein Beamter hätte überleben müssen; so Einer, der den Notizzettel durchstreicht, ehe er ihn zerreißt und wegwirft: ach, ihr Lumpen! Ich warf gleich einen verdorrten Blumentopf durch die Fensterscheiben des Amtsgerichts, und wartete, die rifle auf der Patronentasche, auf das erste entrüstete Sekretärsgesicht – – schade! Ein' Fuß auf dem heißen Bordstein; den andern auf der linken Pedale: Vielfältiges zog mir durch den wolkenschweren Sommersinn, nicht zu singen, in keinen Lais, nicht zu sagen, in keinem Satzgebände. Einmal neigte ich den Kopf, das Haupt, vor August Stramm: dem großen Dichter! (Auch Albert Ehrenstein, sagt was Ihr wollt!)

Kurz dahinter: Durchfallerscheinungen.

Die Straße war wunderbar und ich flitzte wie von der Bogensehne. Ein einsamer Bahnhof ohne Ort: DÜSHORN, und ich nickte anerkennend: ohne Ort! Das ist immer ausgezeichnet. Und gleich dahinter

die Wellblechhallen: (war rechts eingebogen; viele Gänge; kiesige Wege; die Vorlegeschlösser sprengte ein Schuß)
Die Wellblechhallen: Biskuitkanister: und ich schnitt gleich einen auf: Alles noch gut; und das schmeckte! – Wieviel mochten das sein: Fünftausend? Oder Zehn?! – Mein Schritt klopfte in den hohen Metallgewölben, gedämpft zwischen Regalen; aus Lattenkisten blinkten Büchsenköpfe; süße feste Marmelade grub ich mit dem Taschenmesser aus vergoldeten Zylindern: auch noch untadelig!
Bekleidung? Na, das ist nicht so wichtig (aber hübsch sah das linde Gelbgrün aus); höchstens ne Decke.
Ein Büro mit Schreibmaschinen: hm.
Ein kleiner Bau: Schnaps und Munition! Was war das tertium comparationis?: Feuer? Aber die Patronen waren meist grün und feucht, obschon wohlgefettet. 80 Schuß schienen o.k.; die nahm ich mit.
In einem Faß der Hahn: und funktionierte gar! Mißtrauisch: soll ich kosten? (Besser nicht; die Gifte sind in Alles eingedrungen; eigentlich darf man nur Glasflaschen mit Stanniolköpfen trauen). Also goß ich den Becher seufzend auf den gerillten Zement. – Rauchen tu ich nicht mehr (seit 43); also nützen mir die zahllosen Packungen auch nichts, Craven A mit Korkmundstück: far väl!
Wind? (Ich sah vorsichtshalber einmal hinaus): blauer Wind rauschte endlos ums Haus in großen Fahnen; auch die einzelnen Wolken bewegten sich faltig und bauschig und unruhig. – Aber das Lager war tadellos: davon kann man jahrelang leben! – Ich schnallte einen Kekskanister auf den Gepäckträger und fuhr nachdenklich zurück, im Rucksack allerlei hors d'œuvre.
Unter der linden an der haide (eigentlich: im Buchentunnel zwischen Walsrode und Ebbingen): Der Leberkäse war gut; Sphärengeschmack; von dem hol ich mirn ganzen Anhänger voll: habt ock verfluchten Dank! (›Ihr Hunde: mein Geld‹; das sind alles schlesische Redensarten)

Und die zahllosen Granitklötzchen summten unter mir, linksherum, rechtsherum; nach sieben Minuten war ich keuchend wieder auf dem Asphaltband zwischen Ebbingen und Cordingen: beamtenhaft wiesen leinölfarbene Schilder in alle Richtungen der Rennbahn: oh, ihr Vernünftigen! Weit und grünlich die Spätnachmittagswiese, durchbäumt, Waldstücke überall, und der Wind war frisch und wies mich flötend zur Heimat wiesenein; und ich glitt, wiegend und über harten Stampfschenkeln, die wellige Teerbinde entlang: es lebe die Einsamkeit!

Unfertig (auf halbem Weg rechts hatten sie angefangen zu bauen). Ich ging zum Brunnenschacht und lehnte mich über die feuchte hallende Röhrung (stand das Rad noch da? – Ja).

In der modernen Ruine: das hatte wahrscheinlich die Küche werden sollen. Das: vielleicht ein Stall? Die Wohnräume gaben Aussicht auf die Wälder ums Ostermoor. Ging gegen Abend, und die Sonne bei Wolkenufern; doch blieb es warmundhelle, und leuchtete nur langsam ab; Gräser und Straßenraine, zerfallendes Licht: und weit drüben ein Häherpaar pendelnd über den Forsten.

Tiefe Traurigkeit: Ich strich mit der Hand über das mühsam Gemauerte; mein Mund bog sich nach unten, die Füße hafteten im Dielenlosen: das war nun das Ergebnis! Jahrtausendelang hatten sie sich gemüht: aber ohne Vernunft! Hätten sie wenigstens durch legalisierte Abtreibung und Präservative die Erdbevölkerung auf hundert Millionen stationär gehalten; dann wäre genügend Raum gewesen, abendlicher, wie jetzt über jenen lieblichen Gründen und dämmernden Fluren, Licht und Pflanzen schlossen den Hainbund. Aber alle ›Staatsmänner‹, die Waschweiber, hatten dagegen geeifert, mit welchem Buchstaben ihr Name auch anfing – ach, es war doch gut, daß Alle weg waren: ich spuckte leberkäsig aus, so viel ich konnte, daß unten der Sauerampfer zitterte: nein!! Es war doch richtig so – Dann bummelte ein Rad die Straße hügelab (links die Apfelallee in eine Kolonie Hünzingen; rechts die Filiale von Trempenau) ›nach Hause‹. (Ich fürcht mich nicht im Dunkeln nach Haus zu gehn). Und wer die flying fortress will, bekommt den blockbuster obendrein.

Malepartus (aber die Wirte schienen indigniert ausgezogen; na: ewig bleib ich nicht!) Ist denn kein Papier im Hause; ich erbrach die Schreibtischfächer, daß es knallte; eine lederne geprägte Mappe, ein Mensch ärger Dich nicht (wie zum Hohn), und ich wurde zusehends ungehalten; endlich ein Buch: Rilke, Geschichten vom lieben Gott, du kommst mir gerade recht; und ich riß der Goldschmiedsprosa sogleich die benötigte Anzahl Blätter heraus: schon der Titel empörte mich; feinsinniges Geschwafel; auch so ein Pneumatomache: geh zu den Guacharos!

Diesmal flanierte ich nach der entgegengesetzten Richtung, auf den Fabrikschornstein zu. Ein Fußsteig führte nach links bis zum Bahndamm, gleich neben der Brücke, und da sah ich schon, daß eins der Geleise hinter ins Fabrikgelände lief, also ihm nach, über die torfbraunen Schwellen.

Holz, viel Holz! In mächtigen Bretterstapeln unter Schuppen; in Sperrholzplatten, aneinandergelehnten. Auch Balken, aber weniger. Im Hof noch Riesenstämme, elefantengrau, Buchen zumeist, von 80 bis 100 Zentimeter Durchmesser: schade um die schönen Bäume. War aber alles superb trocken das Zeug, würde im Winter brennen wie Gift. – Na ja; ich erhob mich seufzend (ob der vorgestellten Schinderei beim Sägen und Hacken solcher Mengen) und schlenderte nachdenklich aus der Umzäunung, vor der wiederum steif die Zebrabeine des bewußten Schildes warteten: das war also die Holzindustrie.

Birken aus denen der Saft lief. Irgendwo (auch irgendwann) hatte ich gelesen, daß man tatsächlich Wein draus machen kann. ›Birkenwein‹, mädchenröckiges, wehendes Wort (auch feinsinnig werden, eh? Und ich bummelte empört weiter über die Schwellen).

Was war das?: ach so. Im Glas sah man sogar die primitive Leiter des Hochstandes genau, und ich träumte mich einen Augenblick hinauf, wo der Wind Haut und Haare glatt strich, weit umher nur die glänzenden einsamen Wipfel; Natty hatte schon recht: Wälder sind das Schönste! Und ich war erst Anfang Vierzig; wenn Alles gut ging (?) konnte ich noch lange über die menschenleere Erde schweifen: ich brauchte Niemanden! –

Der Bahnhof: Lütt und proper. Güterwagenrot: da standen sie, einzeln und in Ketten, und ich mußte wieder daran denken, wie im vorletzten (zweiten) Weltkrieg wir Kriegsgefangene zu Fünfzigen in die Dinger gesperrt waren; die Holländer schmissen mit Dreck und Ziegelbrocken, daß die Wände knackten, furchtbar und langweilig. Auf einem Nebengleis eine kleine Draisine, und ich versuchte zum Spaß meine Kräfte daran: rollte verhältnismäßig leicht (aber es ging wohl auch ein wenig bergab).

Das Karawanserai gegenüber: Bierplakate in lebhaften Emaillefarben. Zur Zierde ein neckisch gläserner Bücherschrank in dem gefällig der Schlüssel stak; ich klappte eins der Bändchen auf: »... Man erschlage ihn / Mit einer Keule doppelten Gewichts ...« und ich entfloh sofort. (Noch auf dem Flur zischte mir die Lachluft aus breiten Lippen: wahrscheinlich hatte es damals im hunnischen Lager die ›leichte Feldkeule 53‹ gegeben; sowie auch die ›doppelte FK 17‹ für Schwergewichte: wohin kann einen Rhetor sein Wortvorrat verführen!)

Unten: eine Mühle neben zwei schönen Teichen; der Brückensteg durchgefault, aber ich balancierte über die Balkenköpfe. Kleiner Platz mit einer ungewöhnlich hohen Thuja, mindestens 15 Meter maß sie; ein größerer Hof; zur Linken die lange Schuppen- und Garagenreihe: was sollte ich in den Menschenhöhlen? Wieder die ewigen Skelette betrachten? Wieder denken: das mag ein Dicker gewesen sein, der zufrieden am Abendwürstchen kaute; dies ein Leptosomer mit Baskenmütze und Menjoubärtchen; dort ein Trottel mit kahlem Eierkopf; hier eine christlich orientierte Jungfrau mit oder ohne Brille. Ein kleiner Straffer, mit Postbotengang und philosophischer Stummelpfeife (der aber doch heimlich ins Toto setzte). – – Auch drohte ein kurzer Platzregen, und ich schnürte ab, nach Norden, zum Hauptquartier (Zeltbahn übers Rad und Anhänger decken). Rechts hatte noch eine Kreissäge gestanden.

Dämmerung: für eine phantastische Erzählung fiel mir ein: kleine geflügelte Giftschlangen, die, zumal im Dunkeln, umherschwirren; schreckliche Folgen (und erfand gleich den ältlichen Titel:

A c h a m o t h
oder
Gespräche der Verdammten,
das ist
gründliche und wahrhafftige Beschreybung der Reise,
so Giovanni Battista Piranesi, napolitanischer Schiffer,
in autumno des Jahres 1731
nach
Weylaghiri, der Höllenstadt,
gethan,
enthaltend eine ausführliche Darstellung von Land und
Leuten, deren Sitten (vielmehr Unsitten), seltsam hellischen
Gebräuchen, Institutionen, auch absonderliche und
mitleidswürdige Qualen, sowie die merkwürdigen
Dialogen, welche besagter G. B. P. zu unterschiedlichen
Malen unter großen Gefahren für Leib und Seele daselbst
geführt oder belauschet; Alles
nach Dessen
eigenem oft beeideten Bericht,
so er am Abend des 11. Maii anno domini 1738 und der darauf folgenden mondhellen Nacht auf der Piazza di Pesci zu Napoli in Gegenwart der seit langem dort ansässigen Herren doct. utr. jur. Markmann und Volquardts, des reisenden Past. emerit. Stegemann aus Dresden, sowie des

Autors und einer großen Menge Volkes aller Stände
in italiänischer Zunge abgeleget; neuerlich zu sonderbarer
Belehrung und
geistlicher Befestigung
des teilnehmenden publici sorgfältig ins Teutsche
übergetragen.)

Hat viel geregnet.
Der Mondkeil wurde in eine Wolke getrieben, daß sie langsam spaltete; dünnes margarinenes Licht fiel auf das Unteroffiziersbild neben der Tür: der Dank des Vaterlandes: das hieß in jenen guten Zeiten nach dem ersten Weltkriege: einen Leierkasten, und das Halsschild ›keine Rente‹. (Aber die Deutschen schrieen ja noch zweimal nach Männchen machen, und »Es ist so schön Soldat zu sein«: they asked for it, and they got it!)
Ich erwachte: so stierte der Mond durchs Seitenfenster in mein taubes Gesicht. Unermüdlich kamen sie: Tag und Nacht. Einmal würde ich keuchend irgendwo liegen (hoffentlich gings schnell; und ein Schuß als Freikarte für die Fahrt ins Blaue mußte immer im Colt bleiben). – Ich lehnte mich an die Wand, die Knie angehockt, und sah denkend mit Eulenaugen in den langsamen Lichtwechsel.
Reziproke Radien (und der Einfall faszinierte mich für 5 Minuten). – Denken Sie an graphische Darstellung von Funktionen mit komplexen Variabeln, und zwar eben an den erwähnten Spezialfall: ein schicklichstes Symbolum von Mensch im All (denn der ist der Einheitskreis, in dem sich Alles spiegelt und dreht und verkürzt! Die Unendlichkeit wird zum tiefsten inneren Mittelpunkt, und wir haben durch den unsere Koordinaten gekreuzt, unser Bezugssystem und Maß der Dinge. Nur die Peripheriehaut ist sich selber gleich; die Grenzscheide zwischen Makro und Mikro. – In einer Einheitskugel könnte man ja einen dreidimensionalen unendlichen Raum projektiv wiedergeben.–)
Hübsch und eine kluge Gedankenspielerei; für 5 Minuten.

Je weiter sich also die Geliebte entfernt: desto tiefer dringt sie in uns ein. Und ich drückte die Stirn auf die Kniee und flocht Finger durch Zehen.

(Kurz draußen). Mond: als stiller Steinbuckel im rauhen Wolkenmoor. Schwarze Spiegel lagen viel umher; Zweige forkelten mein Gesicht und troffen hastig. (›Hat viel geregnet‹ heißts wohl auf Einfachdeutsch). Dumpfschlaf.

Ich steckte noch das kleine Handbeil in den Gürtel und schob los, in die letzte noch unerforschte Richtung, also Nordost. Dem Marschkompaß nach gehen die Schienen fast genau nordwärts, und auf den Schwellen läuft sichs leidlich (nur der Abstand: ist kleiner als ein Männerschritt, und, wenn man eine überschlägt, wieder zu groß. – Am besten ne Eingabe deswegen machen).

Ein Bauernweg quer drüber (hinten die Sonne schwebte durch weiße Wolkengewinde, brennende Montgolfière: und ich hob die Hand vor Pilâtre de Rozier, abgestürzt am 16.6. 1785, der Erste der langen Reihe, Ikarus unpräjudizierlich); ich ging diesen Bauernweg, der in leichter Schwingung nach Westen wies, links am Wald entlang; in der Mitte der 500 Meter breite Streifen dessen, was einst Felder gewesen waren; und drüben wieder Waldketten, licht und düster. Der Wind war kühl, rasch und hold, und ich lächelte als junger Wanderbursch in den Grünzauber ringsum. Ein Brombeerdorn zog eine rote Gerade quer übers Wurzelglied meines rechten Zeigefingers; ich sah es, kurz und kalt im Gewehrzurechtrükken, und der winzige Schmerz verfloß in die Wälder.

Viele Pilzruinen (noch vom vorigen Jahr her); weit drinnen dahlte ein Wässerlein durch stark grün verbrämte Reiser, sickerte aus einer großen Wiese zusammen, gesetzlos und schön.

Ich hatte die Richtung drinnen verloren, und fand mich plötzlich am Waldrand wieder, nur hundert Meter vom Schienenstrang, auf einem kleinen freien Stellchen. Wacholder bildeten zwei feine Halbkreise: das mußten sehr alte Pflanzen sein, der Größe nach zu urteilen (werden 800 bis 1000 Jahre alt; ich nicht). Auch war der Boden so fest und sauber, daß ich mich behaglich seufzend hingoß. Wunderbar!

Die schrille Sonne fuhr hinter sausende Wolken; das graue fette Vließ dehnte sich; zwanzig Minuten später lag es überm ganzen Moor (und zwar für eine Stunde).

Mailicher Regen: ich saß darin gelassen wie ein Stein: schön, so am Waldrand durchzuregnen bei völliger Windstille (im Mai-Land; nicht Milano) und ich bewegte entzückt die feuchten Schultern und Waden.

Die Feldflasche?: Ja! – (Ich habe immer nur getrunken, um die Bildkraft der Seele zu steigern; dem geschundenen Geist die irdenen Bremsklötze wegzunehmen; die Peripherie des Einheitskreises zu weiten: reziproke Radien; also doch!). (Und von gestern her kam funkenschnell ein Bildchen: die schöne Birkenallee von Borg her; ein kleiner Friedhof mit Spitzbäumchen von Taxus; eine plumpe Kirchenscheune – einen Geschmack hatten diese Bauern gehabt! Neben einem Meilenstein ein meterhohes Holderchen)

Ich atmete tief und feurig, und trat sicher in die graubuntgrüne Luftnachdemregen: stand: in jeder Hand eine rauhe Jungkiefer. Zwei Vögel schossen drüben aus dem gesägten Baumband, kurvten kreischend hoch, zogen dahin, dahin vor der Westwolkenbrandung, schrieen noch einmal indianerhaft, und versanken hinter der stillen Bodenwelle wie geworfene Steine. (Die Drehzahl eines Geschosses ist $N = V_0 \cdot \tan \xi_e / 2 \cdot R \cdot \pi$, worin ξ_e der Enddrallwinkel, und R das Halbkaliber in Metern ist – weil ja auch V_0 in Metern angegeben wird!)

Der Abend: schrecklich und schön! Feuerrote und weiße Nebel traten aus den Gründen und Hainen, wie Schmuggler mit silbernem und brennendem Gerät; kamen zusammen und hielten Rat in Senke und grauem Gras (da kehrten auch die großen Häher wieder, und fielen streng ein).

Die Karte: ich hatte das Blatt auf dem Knie und schätzte: gleich weit nach Hamburg, Hannover und Bremen. (Die schienen drüben zu einem Entschluß gekommen zu sein: geduckt und grau trennten sich die Gruppen; schwanden lautlos die Birkenstraße davon, krochen durchs gelbe Vorjahrsried: einer blieb hochaufgerichtet als Posten).

Das englische Verpflegungslager gleich bei der Hand: da lag Vorrat für 10 Jahre! Unten in der Fabrik Holz genug für einen ganzen Clan, der siedeln wollte. (Jetzt neigte sich die Wache langsam nach vorn, und schob sich, jede Gelegenheit tarnend ausnützend, in die Wildschonung).

Wasser: War hinten der Bach-Graben; und Regen hats in Norddeutschland überflüssig genug. Auch die Arbeit beim Bau, Sägen und Hacken, Schleppen und Transport, würde mir gut tun (dick werden: die Sünde wider den heiligen Körper!)

Ich erhob mich unter einem mittleren Mond; ich sagte: »Herr von Baer (oder wie der Besitzer sonst heißt): ich danke Ihnen für die Überlassung dieser Waldstücke: ich werde hier nämlich ein Haus bauen, und nehme somit das Ganze« – ich wies ungeduldig mit der Hand um den Horizont – »in Besitz –«. (›Erb- und eigentümlich‹ fiel mir noch an juristischen Formeln ein: gibts so was?)

Ich steckte das kleine Handbeil in den Gürtel (schräg!): der Umstandswauwau. Und trat fest auf den – meinen! – Weg. Der Abend loderte noch still mit breiter schon gedämpfter Glut und silbernen Wolkenflammen (war aber zu faul zum Figurenlesen). Wohl wußte ich, wo ich lief: in umbüschten Gründen im Osten rann Lütt-Warnau; Erde unter mir; in Rücken und Flanken die großen Waldhaufen – meine! –, straßenumsponnen; Wieder erschien im Nacken der Mond als Meilenstein: 17 müßte ihm im Gesicht stehen (oder 18; immer großzügig). Junge Blätter legten sich willig und wellig und breit um mein glattes Gesicht: wollt ihr euch schon beim Herren einschmeicheln? (Alles meine Gesellen!)

Vorm Einschlafen: trotz Müdigkeit schon eine Zeichnung gemacht fürs Haus. Morgen muß ich gleich noch einmal in die Wacholderringe und genau die Stelle ausmessen, wie hoch usw. (Und auch für den Schuppen. Am besten gleich mit Pflöcken abstecken. – Im Ort noch Millimeterpapier suchen).

Lange davor sitzen: (vor den Brettern drüben im Lager): ist das schwierig! – Als Erstes muß ich die Transportmöglichkeiten klären: da ist oben am Bahnhof der kleine Plattenwagen von gestern; den kann ich mit Balken etc. beladen, und bis an die Wegekreuzung schieben (erst muß ich aber noch Rost klopfen und ölen); vom Bahnhof ab fällt auch das Gelände nach Norden etwas: das ist sehr gut. – Was für Balken kann ich eigentlich bewegen? Da waren Vierzöller, Sechszöller, 8 Zöller: ich entschied mich für die 15 cm zum Hausgerüst und rechnete: Spezifisches Gewicht ungefähr 0,7; Querschnitt 225, durch 10 ergibt gleich Kilo, also wiegt der Meter davon rund 30 Pfund, und ich fluche innig: Dreißig Pfund! Stand sofort auf, und versuchte ein 10 Meter langes Untier zu bewegen: sieh da! Mit Gewalt würde ich ihn vielleicht draufhebeln können. – Dann versank ich wieder in das Studium der Holzverbände, deren Abbildung ich in einem alten Lexikon gefunden hatte.

Ja: jetzt rollte sie! (Und auch die eine Weiche, gerade die, die ich brauchte, unbedingt, ließ sich knarrend stellen: wenn das nicht ein Zeichen ist!). Vier der Ungetüme würgte ich mit Stangen und Stricken auf die niedrige Platte und begann

die Probefahrt: hei-li-ges-Etwas! Ich stierte benommen auf die groben Kiesel und meine staubbraunen hohen Schuhe, die sich von Schwelle zu Schwelle stemmten: wenn ich bloß erst oben am Bahnübergang wäre! Der Schweiß tropfte schön unrhythmisch, und ich bog mich verzweifelt, stemmte auch den edelsten Teil mit an; die Bäume wandelten wie die Schatten an mir entlang, mein lieber Freund, einmal wär ich fast abgerutscht (›Wer abrutscht kann nochmal‹), und die Knie bogen sich immer steifer (wenn mal eins nach hinten schnappt: das soll es geben!). Aber jetzt erschien ein staubiger Holzbelag unten im schiebenden Blickfeld: gleich kam,

Herr des Himmels, die Weiche. Ich stampfte noch einmal keuchend an, und brachte den Geleitzug über die Stelle: nie wieder eine Landpartie! –

Den Hebel umgelegt: jetzt aufpassen: kurz anschieben, dann aufspringen und nach vorn zur Handbremse: jetzt müßte es eigentlich rollen: –

Und es rollte milde, der Wind pfiff mir nicht an den Bartstoppeln, aber stetig und bewußt. Schön rumpelten wir durch die Waldmauern, schöner, schon kam der kreuzende Landweg in Sicht; ich nahm Fahrt weg, und zog kurz davor einmal scharf durch: voilà! Genau hingekriegt. – Aber das Abladen war wieder grausam, grausam; denn zerbrechen sollte ja auch nichts.

Rückweg (langsam schieben): die andern Balken kann ich ja vorher alle zersägen; die längsten Stücke, die jetzt noch kommen, sind höchstens 5 Meter! (Lore noch ins Holzlager geschoben, dann Schluß für heute; erst muß genau der Plan feststehen; und Werkzeug, Nägel, Schrauben, ran).

Drei Tischler waren im Ort gewesen: da hatt' ich die Auswahl (und Zeichenmaterial en masse aus der Waldorf-Schule unten); so saß ich lange, bis in die lichterzuckende Nacht und grübelte: neben dem Bahnhof hatte auch gleich ein Kohlenhändler seinen Platz, und in den Speichern lagerten noch so 500, 600 Zentner, Eierkohle und Briketts; vielleicht warens auch 1000; ist schwer zu schätzen, so was; jedenfalls sorgloses Heizen für manches Jahr. Und dann würde man in den Kellern überall noch Einiges finden. Das ist also auch gesichert.

»Vaubansche Front« fiel mir beim Zeichnen ein: alle Verhältnisse: von Face, Flanke, Kurtine, Kavalieren, Tenaille, Ravelin. (Interessant; ich hab mal den Bousmard gelesen) – Aber weiter:

Wehe dem Manne, der nicht wenigstens 10 Mal in seinem Leben bereut hat, daß er kein Tischler wurde! Oder der sich beim Anblick eines neuen Nagels der Vorstellung von appe-

titlich zubereitetem Holz und kleinklobigem Hammer enthalten kann!
Ich probierte die Bohrwinden am Treppengeländer: ob ich die dreifache Durchdringung unten fertig kriege? Ich wollte es nämlich so machen:

1.) 5 lange 10-Meter-Balken in Abständen von je einem Meter parallel zueinander hinlegen; dann

2.) rechtwinklig dazu die fünfmetrigen (das war noch einfach; da brauchte ich an den Kreuzungsstellen nur in umgekehrtem Sinne 7,5 cm tief und 15 cm breit einzuschneiden, ausstemmen; über die vier Ecken schräge Stücken legen, damit feste Dreiecksverbindungen auftreten; dann das Grundnetz mit Kieseln ausfüllen). Aber jetzt

3.) die senkrechten Pfosten: da mußte ich mit Stemmeisen durch die Verbindungen vom Typus (2) quadratische Löcher schlagen, etwa 6 mal 6, und am Pfahl den passenden Zapfen stehen lassen. Also durften die nicht bloß 2,20 hoch sein, sondern unten noch 15 mehr, macht 2,35, und dasselbe oben – also 2 Meter 50.

4.) Die Decke: Querüber wieder die 15-zentimetrigen, und 5 Meter lang. Aber als Längsverbindungen genügen jetzt die Vierzöller, und auch zum

5.) Dach. Die Winkel: an der Basis 50, oben demnach 80 Grad; und ein Stück übergreifend, an jeder Seite 50 Zentimeter. So. – (Das Gerüst war das Schwierigste; die Bretterverkleidung fand sich leicht; hatte genug gespundete unten). Good!

So saß ich und rechnete. –

(4 Wochen später): und unermüdlich floß das gezahnte Stahlband im bunten Holz; weißer hölzerner Staub übersank den ausgefallenen linken Fuß, guter Staub, sammethart, und jedes Körnchen war da: man müßte die Biographie jedes Körnchens schreiben: will doch Jeder da sein! »Lebensbeschreibung eines Wacholders«; »So wuchs die Kiefer da rechts«; »Wir Moos«; »Ich war ein Vogel Habicht«; warum

soll nicht »eine Schneise« ein Wesen sein? Der Bahndamm hat »Seine Geschichte«. Ein Kiesel der Beschotterung: lebt länger als Sie, Herr Leser Irgendein! »Mein Fußtapf«. »Tannenzapfen« (sind ja ganze Communities). Auf meinem Fenster standen 24 Blumentöpfe mit Bäumchensamen: so floß das gezahnte Stahlband im bunten Holz; unermüdlich.

22. Juli 1960: Richtfest! (War zwar ein Freitag, aber was tut das mir?!). Ein Zimmermann hätte sich pucklich gelacht, aber das Gerüst stand. Und fest auch; ich war genügend drin herum geturnt. (Jetzt kam nur noch der zweite, leichtere Teil: das Benageln mit Brettern; dann noch Möbel holen – aber erst mal feiern!). Und die Flasche kam mir nicht vom Mund (die Uhr müßt' ich auch wieder mal überprüfen; am 5.9. war die nächste totale Mondfinsternis, da würde ich auch feststellen können, ob ich noch das korrekte Datum führte. Den ungefähren Ortsmittag ergab ja außerdem jeder Meridiandurchgang: Dein Wohl! Und der Malaga, Scholtz hermanos, rann wie aromatisches Feuer in meinem Zimmermannsschlund).

»Die Öfen« fiel mir ein: ich hatte keine gemauerten Schornsteine! – Na; s war ja wohl nicht der erste Gekachelte, dessen Rohr frei durch die Wand ging (aber ich wurde doch ernster: auf Waldbrände würde ich sehr achten müssen!). – Und dann hatte ich auch noch keine Hausnummer! So munter war ich geworden, daß ich noch einmal heiter meiner Leistung zunickte, und dann, bebüchst und bebeilt, die Hausnummer suchen ging.

Über die dünstende Wiese: diesmal kam ich von hinten in den Mühlenhof; das Fenster an der kleinen Treppe fiel mir beim ersten Antippen entgegen (richtig: Fenster muß ich auch noch komplett irgendwo herauslösen, und bei mir im Haidehaus wieder einsetzen!), und ich schwang mich hinein: armselige Einrichtung: ein Bett mit Bretterboden, ohne Kissen und Federbetten, bloß 5 Decken. Ein zerwetzter Schreibtisch, darauf zwanzig zusammengelaufene Bücher in Wellpappkartons als Regälchen; ein zersprungener winziger Herd (na, der hat das große nasse Loch auch nicht erheizen können!), ich tippte ihm anerkennend aufs geborstene Eisen, und sah mich mürrisch um. Papier in den Schüben; Manuskripte; »Massenbach kämpft um Europa«; »Das Haus in der Holetschkagasse«; ergo ein literarischer Hungerleider, Schmidt hatte er sich geschimpft. Allerdings lange Knochen: mußte mindestens seine 6 Fuß gehabt haben. Das ist also das Leben. Ich salutierte den beinernen Poeten mit der Flasche (den Schädel müßte man mitnehmen und bei sich aufstellen); dann schwang ich mich wieder durch die dicke Fensterhöhle, und schritt bergauf längs den verwilderten Kleingärten.

Der Sportplatz: ich lehnte mich an den ergrauten Torpfosten und verschränkte sämtliche Arme: hier hatten die Hunderte gestanden, an den simplen Schranken, und begeistert ihre Hütchen in die Luft beordert, wenn »Opa« einen Alleingang machte. Ich lief eine halbe Ehrenrunde bis zum anderen Tor (und kletterte sogar noch weiter über den Zaun; denn drüben war ein winziges Zementhäuschen gesprengt worden, wohl von den Tommies noch im vorletzten Weltkrieg, die Irren).

Die Trümmer: tischgroße Zementbrocken. Die Wände waren erst nach außen geblasen worden; dann das Dach eingefallen; auf dem Hügel wucherte es von Gras und Ampfer, Hirtentaschen und Taubnessel: hatten sie auch das kleine Ding in die Luft jagen müssen! Ich ging noch näher und bohrte mit der leeren Flasche im Gebröckel.

Tiefblau und weiß: so erschien eine emaillierte Ecke in der Tiefe, und ich pfiff hastig und ruhte nicht eher, bis ich das Schild ganz heraus hatte: 12 mal 20 und B. 1107. Und ich dehnte die Augen und lachte nickend und ingrimmig: très bien! Da habe ich also meine Hausnummer: B Punkt (oh: ein solider dicker Punkt!) Elfhundertsieben. Ich wischte das Staubige mit dem Taschentuch blank und blau: darauf konnte jedes Holz staus sein (oder »Haus stolz«; ist egal). So zog ich im Triumph in mein altes Standquartier, aß, was mir schmeckte (Eier hätte ich wieder mal essen mögen!), und vertrieb mir den Rest des (bullenheißen) Tages: morgen kommt der Fußboden rein, aus zweizölligen Bohlen! (– Quatsch: natürlich erst das Dach. Dachpappe hats oben beim Hogrefe; soviel, daß ich sie doppelt nehmen kann.)

Drei Räume. Ich teilte drei Räume ab, jeden durch die ganze Hausbreite gehend (außer dem ersten); die Außenwände verschalte ich doppelt; dann die Zwischenwände auch: Zeit und Material hatte ich.

Nochmal die Mondfinsternis (das war wieder der Pedant, der sich ums Datum sorgte!) – Nach meiner Rechnung müßte die Totalität am 5. 9. um 5 Uhr 23 MEZ eintreten; die Sonne ging dann bei mir hier kurz vor 6 auf; also würde der Mond eine Stunde vorher im Westen dicht über den Wäldern stehen; alpha betrug nur 0,5 Grad: also war die Eintauchtiefe fast maximal: gegen 3 Uhr würde das Spektakel also anfangen. – Na, da war noch ein Monat bis hin.

Fenster: ins Wohnzimmer setzte ich zwei große dreiteilige; in die Küche ein kleines nach Osten; ein ganz schmales (aus einem Abort der Siedlung) in die Nordwand des Vorraums (und ganz oben hin). Ehe ich richtig mit dem Hobel hantieren lernte, war das Haus fertig: das ist immer so (aber dem Schuppen kams dann zu gut!).

Am Schuppenkomplex (und ich wohnte noch immer in der Uferstraße): das vorgebaute Dach war auch keine Kleinigkeit (und ich machte ihn dann doch noch zwei Meter länger; ich würde zuviel drin aufbewahren müssen. Auch das Fahrrad und alles mögliche Handwerkszeug!).

Ich malte eine Tafel ›Verbotener Weg‹ und befestigte sie vorn an dem Fußpfad zur Linken, waldab (den man gehen sollte! sic!), und der mitten in die Kolonie Hünzingen führte. Den alten Waldsteig an der Bahn entlang, der sich zu mir schlängelte, ließ ich frei: Psychologie, mon vieux! – Sämtliche Verpflegung kam natürlich auf den Boden, unter das geräumige Spitzdach.

Mit Besenreis in der Hand (wie Droll): ich hatte alles ausgefegt, und die Öfen (einer mit braunen Kacheln im Wohnzimmer; der Küchenherd; ein Kessel mit Rohr in der Waschküche) standen auch schon. Ansonsten: spinnige Kiefernschonung; und ich soff, bis die Grauhaarigen um mich torkelten.

Völlig unangebracht: ein feuriger brünetter Mond in Wolkenrüschen. – Zwei Tage nehm ich zum Möbel holen; besser drei. Dann ist der 2. 9. Bis zur Eklipsis gebe ich noch für Kleinigkeiten zu (Bücher zusammensuchen; Spaten, Hakken, Harke; der Sägebock war noch gut). Am 6. wollte ich nach Hamburg starten, die ›Glanzlichter‹ zur Einrichtung besorgen; auch rare Schmöker einkassieren etc. Etwa am 10. zurück. Dann erhob sich schon die Heizungsfrage; also 4 Wochen für Kohle holen; Holz sägen und hacken; Lebensmittel vom Düshorner Lager (und die Wasserentgiftungs-Tabletten nicht vergessen!) Darüber würde es bestimmt Oktober/November werden; und dann kam die herrliche einsame Zeit, viele Jahre lang: morgen hol ich die Dachrinnen und drei weitere Bütten zum Auffangen des grauen Regens. Töpfe, Wannen, Pfannen: ich werde euer Mor-Pork schon braten! Vielleicht kann ich fürs kommende Frühjahr sogar eine Art von Kartoffelfeld herrichten (obgleich Landarbeit mir so ziemlich das Widerlichste von Allem ist; außer Militär natürlich; Militär und Textilindustrie).

Der fleckige abgegriffene Besant d'or (ich hatte den Wecker auf 1 Uhr gestellt und starrte ihm ins gelbliche Rund); schön saß sichs auf dem Weg, mitten im leichten Sessel, und der Himmel war bleich und klar über den großen Wäldern zu beiden Seiten. In Hamburg würde ich mir ein gutes astronomisches Fernrohr beschaffen; für jetzt genügte der große Kieker und die Taschenuhr. War Alles still und kühlig; auch feuchtlich; keine Grille schrillte mehr; nur dann und wann floß Hauch durch die Pflanzen zur Rechten zur Linken. Früher mochte um diese Zeit ›ein Zug‹ hier vorbeigefahren sein: ganz fern im Norden ein leises Rollen, kam näher, orgelte tief weit und nah, schwoll polternd an mit jagenden Stößen, Lichter flossen perlenschnürig vorbei, verschwanden im Süden: leises Rollen. Jetzt war Alles still: und schöner! Früher waren auf den Asphaltbändern lautlos Autolichter geglitten: jetzt herrschte nur noch der Mond:

Der Kupfergong! Hängt blaß, ein Kupfergong, noch hoch im Äther. (Datum stimmt also genau!). Die merkwürdigen verschwollenen Lichter auf der Scheibe. Mädler hatte viele Untersuchungen darüber angestellt; das waren die eigentlichen Mondautoritäten: Lohrmann, Mädler, J. Schmidt, und vielleicht Fauth. Eine Eule begann sehr tief im Forst zu monen: schien auch ihr die Gaukelscheibe verändert? (Hoffentlich waren die Elbbrücken noch unzerstört; oder ich würde im Boot übersetzen müssen). Unten im Dorf hatte ich den Almanach gefunden ›Handbuch der hanseatischen Departements 1812‹; altes französisches Kaiserreich hier: so war auch ich ein citoyen. Ob außer mir überhaupt noch jemand übrig war? Wohl kaum; vielleicht irgendwo auf den Südzipfeln der Kontinente, die vermutlich noch am wenigsten abgekriegt hatten; man müßte ein Radio in Betrieb setzen können. Wind strich wie ein mächtiger achtloser Vogel weit von Westen her; wiegten sich die Gräser in schmalen grünen Hüften, knarrten leis die Kiefern, schwört es im Wacholder, bräunlich breit der Mond. So trieb ich es jene Nacht. (Und: dic mihi ..!)

Auf der Kreuzung hinter Schneverdingen, Reichsstraße 3: also so geht das nicht! Den Weg kann ich auf der Rückfahrt mit überladenem Anhänger nicht nehmen. (Vor Visselhövede war die Straße noch gut; aber dann bis hierher völlig verkrautet, manchmal bis über die Radachsen; hinter Neuenkirchen erkannte ich die frühere Fahrbahn überhaupt nur daran, daß die Tännchen noch so klein waren: das sind die Folgen des Kopfsteinpflasters, jetzt schon! In 20 Jahren findet Niemand mehr Straßen auf der Welt; vielleicht erkennt man die Autobahnen noch, aber in 30 sind auch die weg). Hier die große Reichsstraße war in der Mitte noch ganz erträglich; obwohl schon viel Sand eingeweht war: zurück mußte ich also den Umweg über Soltau machen; Soltau, Fallingbostel. Ja: dann nach Walsrode und von hinten herum kommen! – Ich stand steifgliedrig auf (war in letzter Zeit doch zu wenig Langstrecken gefahren), und beschaute noch einmal den Omnibus, dem ich auf dem Trittbrett gesessen hatte: sieht scharmant aus: ein Auto mit üppigem Gras auf dem Kühler! Dabei hatte ich noch nicht mal ein Drittel der Reise hinter mir; also: ›auf die Rössel!‹

Dicht hinter Sprötze (wo die große Bremer Straße einmündet): und die Fahrt durch Haide und Wiesenwuchs war prachtvoll gewesen; nur bei der langen Brücke mußte man ganz vorsichtig sein – was heißt ›man‹?: Ich! Das Wort ›man‹ kann ich eigentlich aus der Sprache streichen! – erstens klappert der Bohlenbelag gefährlich, und dann fehlt schon jede Vierte. Aber das war Alles nicht »das Problem«, sondern dieses: vor und um (und in) Hamburg hatte ganz im Anfang eine große Schlacht (mit unzähligen Luftattacken von beiden Seiten) ›stattgefunden‹ (»Jeder ist herzlich eingeladen«); es schien pueril, anzunehmen, daß auch nur noch eine der Elbbrücken intakt sein könne! Also versuchte ichs am sichersten irgendwo an der Niederelbe, in einem kleinen Ort; da war auch noch am ehesten die Möglichkeit, ein brauchbares Ruderboot zu finden. – 25 km noch bis Neuenfelde; und schon 15 Uhr: no, bis 19 Uhr 30 bleibt es hell, inklusive Dämmerung; und die Sonne sengte ›einem‹ die dünnen Leinenshorts (früher hätte ich nie kurze Hosen tragen können: die Insekten hätten mich aufgefressen; wenn andere unangefochten spazierten, hingen sie um mich in Wolken! Aber jetzt, wo die Mehrzweckbomben die meisten Arten vernichtet oder dezimiert hatten, und die Vögel den Rest leicht in Schach hielten, war es eine Freude mit bloßer Haut zu gehen). Und Beobachter waren auch keine mehr da: so zog ich gar die Shorts noch aus, und ließ mich ein Stündchen braten: Mitten auf der Kreuzung.

Verflucht noch Eins! (Waren doch zwei Stunden geworden!). Ich hing mürrisch den Anhänger wieder an die Hinterachse und hob mich zum Anfahren in den Pedalen (und Sonnenbrand auf allen pikanten Stellen!)

Wulmstorf: wie gut, daß die Schilder noch stimmten; sonst hätte ich jeden Ort erst mühsam identifizieren müssen (indem ich einen Briefkasten einschlug, und die Absender las; oder beim Postamt oder Bürgermeister den Stempel probierte: was näher war!). Und jetzt nahm ich, auf der Treppe des Friseurs sitzend, den mir versprochenen Schluck Whisky: kalt und sehr stark! – Noch einen kleinen: hier hieß es genau dosieren, daß der bis Blankenese vorhielt. Nur Narren oder etiolierte Ästheten sind Abstinenzler: die können nie erlebt haben, wie Schnaps bei völliger körperlicher Erschöpfung Wunder wirkt. Außerdem kann ich Menschen ohne Gelüste nicht ausstehen. – Überhaupt keine!

Und mit Whiskyschwung an den Deichen entlang: das Wasser stand hoch am kleinen Anleger, und links waren auch 5 Bötchen. (In der verlassenen Gaststätte öffnete Zugluft einladend die Türen, und ein Mövenklub brach eben auf).

Was für Wind eigentlich? Ziemlich genau West und Stärke 2–3. Demnach könnte ich sogar das kleinste Segelboot nehmen (in dem auch ein Paar Ruder lagen; so artig wars).

Großschot in der Rechten, Steuer in der Linken, und es war Zeit, daß ich rüber kam, denn ich dachte den bekannten langen Schlaf zu tun. Wie ist die Formel: das Segel soll den Winkel zwischen Windrichtung und Fahrtrichtung halbieren: so glitt ich über den blauen langen Strom, neckte mich mit den graziösen Wellchen, hielt aus Spaß eine Zeitlang auf Flottbek zu und sah auch oft zurück, um mir die Neuenfelder Bake als Zielpunkt für die Rückfahrt genau einzuprägen.

Sorgfältig festmachen das Boot (und dem Tau etwas Spielraum geben, wenn nachher das Wasser fällt). Dann stieg ich in die nächste rassige Villa: nee: war zu muffig drinnen; also entrollte ich meine Decken auf der Veranda.

Jungfernstieg: ich setzte mich in den Straßenbahnwagen, der genau vorm Kaufhaus stand, und beabsichtigte, melancholisch hinaus zu blicken; aber es gelang mir nicht, und ich stieg wieder aus: linke Hand am linken Griff; sprang in einer bösen Laune gegen die Fahrtrichtung ab, und ging hinter der gelben Blecharche herum bis zur Balustrade. –

Auf dem Zettel murmelnd abstreichen: Taschenlampenbirnen 2,5 / 0,1 für meine Dynamolampe hatte ich schon mit Glück gefunden (ist gar nicht so einfach: 0,2 usw. findet man überall genug!); vier schön vergoldete Wandleuchter für je zwei Kerzen (also noch die Messingschrauben dazu); ebenso Nr 6, 7, 8 streichen; blieben vor allem noch Bücher und ein, zwei Bilder.

Vielleicht ne Mappe mit Graphik, was?

Ein Alsterdampfer kam unter der Lombardsbrücke hervor, Schiff ahoi, schwenkte ein, geriet gefährlich ins Wanken (denn der frische Wind rannte mit Geschrei durch die Trümmergassen), und wuppte eine Zeitlang unschlüssig auf und nieder (schien der Letzte zu sein, der noch trieb; bei den andern waren längst die Haltetaue durchgefault, die Seiten eingestoßen, gesunken: von dem links drüben sah man noch einen Meter Dach aus dem Wasser schrägen). Auch der hier hatte schon furchtbare Beulen im weißgrauen Bug, und stieß eben wieder dröhnend an den Steinrand, daß mir der Anblick wehtat.

Vor Geschäften: brauchte ich noch einen spitzen Hut? Oder Lackschuhe (auch spitz)? Mein Haar stob im Wind (was ich gar nicht schätze!), und ich trat einen Augenblick unters Portal der Petrikirche, mich zu adjustieren (ein kurzer Blick hinein: nee, werter Nazarener: Du bist kein Problem! Gott hab Dich selig; da das nach eurer Ansicht ja einmal Gottes Aufgabe ist).

Und wieder stürzte ich Türen, schlug Kellerfenster ein, zwängte mich durch Mauern, die Axt erbrach Schränke, staubdurchfunkelte Auslagen (Knochenhaufen, Rippenkörbe stören mich nicht mehr: sollte der Himmel nicht bloß eine Fiktion des Teufels sein, uns arme Verdammte noch mehr zu quälen?)

Zu gekäste<ltem Papier, wie es in Rechenheften ist, hatte ich von klein auf rechte Anmutung; so nahm ich auch hier ein derbes Büchlein mit (obwohls Quatsch war: das fand ich in Soltau auch!)

Neue Metamorphosen (frei nach Ovid, fiel mir in einem Ruinenfeld ein): Ein Windgott, Flöse, verwandelt eine vor Russen fliehende Berlinerin in einen stöhnenden Schornstein. Oder den von Polypen verfolgten Waffenschmuggler in einen Trampdampfer der Reederei Rickmers. In den Unterführungen des Dammtorbahnhofes saßen sie noch aufrecht, hart oder betend, auf Koffern und Hutschachteln, in dumpfen und karierten Kleidern; ein Mumienkind drückte's Gesicht in den dürren Schoß der grauseidenen Mutter: und ich schlenderte hallend, den Karabiner auf der Patronentasche, den Finger am Hahn, durch die Reihen der lederbezogenen Totenhäupter: und siehe, hatte der gesagt (und sich den behaarten Bauch gestrichelt), siehe: es war Alles gut! Vor der Sperre – wo ein Leichenberg haufte, drehte ich um, und ging den Korso wieder zurück: dazu also hatte der Mensch die Vernunft erhalten.

Ich war so haß-voll, daß ich die Flinte ansetzte, in den Himmel hielt: und klaffte sein Leviathansmaul über zehntausend Spiralnebel: ich spränge den Hund an!

Ein Rechtsanwaltsbüro daneben? Auch das noch! – Daß dies feile Pack: für Geld sogleich komödiantisch wortreich; gegen Bezahlung voller Gebärden des Rechts; aus Berufsinteresse Schürer und Anstifter aller Händel: auch Mörder, Ilse Koch, Generale, Diebe, geizige alte Weiber, finden ja stets noch ihre ›Rechts‹anwälte! Das muß man sich einmal vorhalten, um die Entbehrlichkeit dieses Standes zu erkennen: im Altertum war der Sykophant das verächtlichste Wesen: also daß dies Pack weg ist, versöhnt mich wieder mit der großen Katastrophe. Die kamen noch unter den Preisboxern, die sich vor Gaffern für Geld die Fressen einschlugen: es ist doch gut, daß mit all dem aufgeräumt wurde! (Und wenn ich erst weg bin, wird der letzte Schandfleck verschwunden sein: das Experiment Mensch, das stinkige, hat aufgehört!) Solche Betrachtungen stimmten mich wieder fröhlich. Auch daß einem Theater die ganze Vorderwand fehlte, und man von der Straße aus direkt ins Parkett spazieren konnte, verwand ich darüber.

Vor dem Eisernen: schon rollte ich Tenoraugen, breitete geschmeidig (wie ich mir einbildete!) die Arme: »Da standest Du vor meinen Bli-hi-cken /: ich sah Dich an –: es war um mich getan / Du meine Wonne mein Entzücken ..« (ganz leise und prononciert): »Dein ist mein Herz!« »Und ewig Dir gehör ich aaaaaaaannnnnnnn!!!« (und ich nickte zufrieden: aber wo blieb der Beifall??) Da gab ich es gekränkt auf, und entfernte mich pikierten Ganges (Hätt ich nur was vom Pi-Pa-Paddelboot geplärrt; oder »Unter einem Regenschirm am Abend« – und schon pfiff ich das letztere).

In der Universitätsbibliothek (Nur Studierende haben Zutritt: bitte: stud. pimp. et mes.!). Schon war ich im Lesesaal und begann mit possessiven Gebärden die Präsenzbibliothek zu handhaben: da hätte ich einen LKW gebraucht! (Gottlob standen in Celle auch die wichtigsten Lexika).

Im Katalog. Ich suchte ganz sachlich nach Liste meine Desiderata zusammen: Barockromane; ein großes Kostümwerk; Ellingers ETA Hoffmann (300 Bände standen schon zu Hause; etwa 200 brauchte ich noch).

Sieh da: der alte Franz Horn, Shakespeares Baladin: hat der Mist geschrieben! Und ich nickte ihm bittersüßlich zu. – Ranke; ›Historiker‹ Ranke! (Wie genau er es mit der Wahrheit nahm, kann man unschwer daran erkennen, was er 1850 über Marwitzens Erinnerungen an Friedrich Wilhelm den Dritten sagte: es wäre zu früh: zu früh! sic! jetzt dem Volke den Glauben an den ›seligen‹ König zu nehmen / Also zu früh für Wahrheit! – Und Tischrücken tat er auch noch!) So schleppte ich Arm auf Arm in den schwarzen Blechkasten unten. Aber gute Karten hatten sie auch nicht; das war Alles alter Rambo: hätte doch nur einmal ein Verleger den Mut gehabt, einen Großatlas mit nur physischen Karten herauszubringen! Die politischen Grenzen änderten sich ja doch alle 10 Jahre! Das wäre ein verdienstvolles Werk gewesen; jetzt mußte ich halt zusehen, was ich einzeln fand. Wenigstens war vom Cooper so viel da, daß ich meine Auswahl daheim komplettieren konnte; aber natürlich auch wieder keine Biographie. –

In der Eisenhandlung: einen kleinen Schleifstein bitte, so einen zum Anschrauben an die Tischplatte; wenn möglich mit auswechselbaren Scheiben: da niemand kam und mich bediente, wählte ich selbst, und legte noch ein paar Stahlklingen dazu (ich will mir nämlich 2 Lanzen, und Pfeil und Bogen fertigen; das Schießen macht manchmal zu viel Krach). Ich drückte prahlerisch einen Hundertmarkschein auf die Theke: immer nobel, Robert! (»Blende ihn mit Deinem Schein«!).

Der nackte Bronzereiter (in der Kunsthalle) mit seinem blödsinnigen Hütchen (wenn er sonst nichts anhat, wird er gerade son kunstvollen Sturzhelm aufsetzen!); ich ging kopfschüttelnd an dem Betreffenden vorbei, und stand wieder in der Vorhalle. Glaskästen: hier konnte man für 20 Pfennig fotografische Wiedergaben kaufen (aber ich hatte schon drei Originale, sogar mit Rahmen; obwohl die goldgeschnitzten sicher nicht ins Holzhaus passen würden). – Wieder sah ich unentschlossen auf das Plakat: Ausstellung der Griffelkunst-Vereinigung; noch einmal; ogottogottogott; aber dann ging ich doch seufzend und mißtrauisch die Treppe hinunter.

Tische mit Prospekten: (grünlinoleumbelegter Fußboden); sparsam beladen mit Prospekten. Ich projizierte mir hinter den einen ein kleines dralles ernsthaftes Mädchen; kaufmännische Angestellte, mit kurzen biederen Brüsten und blauem Cheviot-Rock; meinem lasterhaften Lächeln setzte sie sekretärene Sachlichkeit entgegen, rhombisch fleckte die Sonne um uns, und als ich noch einen Schluck vom 50%igen genommen hatte (kalt und mißbilligend schrieb mich da der Blick ab), hörte ich auch Summen und Fußgaukelei eines besichtigenden Nachmittagspublikums. Ich rückte die Baskenmütze schiefer und ging auf die Rahmen an der Wand los.

»Das Gerücht«. A. Paul Weber. Ich war besoffen, aber ich murmelte sofort: »seit Leonardo die beste Allegorie.« (Ebenso »die große Lähmung«: dem Kraken fehlte bloß Hitlers Schirmmütze!) A. Paul Weber also. Und ich zwinkerte der imaginären Angestellten, aber schon ohne Hoffnung, zu: wenn sie bloß hier wäre; je pouvais prendre un chien hatte Tucholsky gesagt. Die Stahlrohrstühle interessierten mich weniger, und ich trat nur den Kecksten aus dem Wege.

»Kuh am Meer«: Nee! Ich schürzte das Gesicht, und starrte in das unsagbar scheußliche Grün: nee! – Rahmen hingen korrekt und schön über die Wände herunter: ich kippte einen hoch, um die Befestigung zu sehen: aha!: Spangen auf der Rückseite; man kann also jedes Blatt leicht rausnehmen. Aber ein Puh Dir, lieber Freund: dich Rindvieh nicht.

Magnus Zeller: angenehm: Hick! Aber der war wieder gut: die Mondlandschaften; und die »Italienische Stadt«; die vor allem. Ich wiegte mich in den Knöcheln und fummelte lange, ehe ich das Blatt hatte und zu den zwei anderen legte (dann doch auch noch die beiden Vollmonde). Muß ich mir merken »Magnus« (obwohl mir »Zeller« durchaus odiös war; so hatte ein Lump von Oberleutnant, damals im zweiten Weltkriege, geheißen: den möchte ich jetzt hier haben! Den leptosomen Lumpen! Ich schöß ihn in den Bauch, »daß ihm die Kutteln schuhlang herausplatzten« – ist von Schiller, falls Sie den Stil nicht erkennen sollten!)

»Der Sprung«, »Das Ende«, »Frohe Fahrt«: wieder A. Paul

Weber und ich schlug mit der Faust an die Wand: voilà un homme! (Also rin in Rucksack!) Weiter hinten Marcs »Affenherde« mit schönen Farben; ebenso ein originelles Treppenhausgemälde: gar nicht schlecht. Dann allerdings auf einem Sockel etwas aus gelbem geglätteten Holz, das ungefähr wie ein weiblicher Oberschenkel aussah (.. Bembergseide). »ZEN (verhüllt)« schriebs darunter, und ich stand davor, linke Hand am linken Back: »verhüllt«: das Eigentliche mußte man sich also bei den beiden Schwellungen selbst denken. (Schien nicht bloß guter, sondern sogar »bester« Hoffnung zu sein; und Risse waren auch noch drin!): Kopfschütteln. Kopfschütteln. – Dann nahm ich die Treppenknaben und ging langsam nach vorn.

Die Sonne brach aus mittlerem Gewölk, blaugrauem, wie ein Bogenschuß, und ich erstarrte mitten im bildervollen Gemach:

Zuerst sah ich nichts: d'abord je ne vis rien; mes yeux déshabitués de la lumière se fermèrent brusquement: das hatte ich in unserer Zeit nicht mehr erwartet!! Ich kniete hin, den Magnus Zeller im Rücken (hol der Teufel den Schuft: den Offizier, heißt das!)

»Kinder mit Papierdrachen«: der Eine hob die Hand. Der Andere, Ärmerchen, lief barfuß nebenher, die Bindfadenrolle unter grünem Arm, und die blaue Himmelswand, weißgefasert, hob sich übers Gras! Ich schlug mit dem Kopf in die stille Goldluft; ich fauchte durch die Nase; ich hob die gefühllosen Hände: da!: Da flog er!

Der Dämon: huldreich und golden gebogen; Gottheit und listige Gefolgschaft, erschaffen und losgelöst, hinter einem selig Tobenden: so will ich ein selig Tobender sein. – Ich ging heran, und strich mit dem Finger über den gelben Rahmen; und lachte, als die Leine unter meinem Messer barst: ei, der muß mit!

Und gelobt sei die Griffelkunst-Vereinigung, Hamburg-Langenhorn 2, Timmerloh 25: denn ich habe den größten unsrer neuen Graphiker gesehen: A. Paul Weber! (Im Kupferstichkabinett hingen noch mehr; davon nahm ich »Die Luftschaukel« und »das Neueste«: das vor allem).

Piranesis »Carceri« und Callot »Balli di Sfessania«. Dann noch einmal oben: nee. Ein Mädchenporträt: weichgekochte blaue Augen, kurzsichtige, wie Bier, blöd, dünn und hellgelb. Immerhin: der gewölbte Pullover, und ich sah lange hin: war doch wohl Starkbier. – Ein Mönch in Habt-Acht-Stellung vor Gott. – (Dann geriet ich noch in eine Helmsammlung!! Bloß raus nach Flottbek!). – (Am Abend Gewitter).

Das Dorf Welle brannte: (So groß war die Hitze, daß ich zögerte, durch die breite Reichsstraße zu fahren, über der die riesigen Flammengewölbe fauchten). Gestern muß der Blitz eingeschlagen haben; erst hats ein paar Stunden geschwelt, dann fing der feurige Springborn an. (Und ich wurde mühsam schneller: Handpumpe und Wasserfässer muß ich auch noch aufstellen!)

2 volle Tage brauchte ich bis nach Hause, und ging ganz schön kaude von der Schinderei; dann schob ich den (unnötig breiten) Eisenriegel von innen vor, und stellte allerlei Schlaf- und Eßkunststücke an. – Am übernächsten Tage 20 große Körbe, zum Kohle schleppen, aus den Bauernhöfen der Umgegend zusammengesucht: 15 Stück, gleich 5 Reihen à 3, gehen auf den Wagen.

In 4 Tagen 80 Zentner Kohle und 40 Briketts geholt. Viel geflucht.

Unten in der Holzindustrie: meine Muskeln waren steif und geschwollen: aber sie hackten; breite Späne, dralle Scheite, durch Knorren schlug ich wie ein Wildling. Jeden Abend schwamm ich in Holzprismen (die würde ich morgen hinschaffen, aufbauen, unterm Dachvorsprung). Ich leckte Oberlippe, Mundwinkel, Unterlippe, Mundwinkel, Mundwinkel.

Silent killing (denn die 300 Schuß würden ja nicht ewig reichen). Da war zunächst eine Keule; liebevoll aus Eichenholz, und just meinem Arme gemäß (nicht »doppelten Gewichts«). Aus dem zwei Meter hohen Bambusstock wurde eine Mordslanze, leicht und fest. (Auf Pfeil und Bogen verzichtete ich doch; dazu seh ich wohl zu schlecht). Deshalb schuf ich zum Schluß noch einen Shillelah, um den mich Mike O'Hearn beneidet hätte. – Lange mit der Lanze geübt: ist schwierig (und selbst auf 15 Meter traf ich die Sperrholzscheibe nicht immer. Hm). Hat viel geregnet.

Boletus subtomentosus Linné: mir fiel auf, daß die Kappen mit der fortschreitenden Jahreszeit immer dunkler wurden und mehr rötliche Schollentupfen bekamen; dazu das seladonene Hymenäum: das sah prachtvoll aus. (Pilze hab ich mal du fond studiert, und kann lateinische Namen, lang wie der Arm eines neunjährigen Knaben). Und die Waldchampignons schmeckten wie zartestes Hühnerfleisch. Abends lange im Dickens gelesen »Master Humphrey's Clock«: das und Bleakhouse sind die Meisterstücke.

Eine Katze müßte man zähmen können (daß sie auch warnt wie ein Hund, was?) Mir wars, als ob verwilderte Hunde und Kätzel manchmal an meiner Abfallgrube, hinten am Bahndamm, hantierten (das heißt, das war wohl schon die fünfte oder sechste Wildgeneration wieder; immerhin müßte man sie noch leicht zurück-domestizieren können).

Unschlüssig mit einem Spaten: gewiß: ich hatte noch sechs Kanister Kartoffelflocken. Aber ich sollte doch wohl ein kleines Feld anlegen, ehe das Zeugs auf den alten Äckern restlos verwilderte. Ich fluchte leise, und beschloß, jenseits des Weges zu graben. Nach einer mürrischen halben Stunde stank mich die Hantierung derart an! Ich stieß den Spaten daneben in die Erde (um die Stelle wiederfinden zu können), und ging mir ein Stück lesen. (Später doch noch so 500 Quadratmeter gerodet, mein Dung, den ich schaudernd verteilte, gab die persönliche Note, und von den Feldern kartoffelähnliches geholt. – Wird wohl nichts werden!)

Ein Detektorapparat (ich weiß: es war verrückt!) aber ich versuchte es doch. Zog beim Appenrodt eine gute Antenne aus Kupferlitze; saubere Erde. – Nichts. Drei Nachtstunden mit dem Kopfhörer davor gehockt; danach war ich so weit, daß ich auf 42,5 ein Pfeifen zu hören wähnte, ganz dahinten, »weit in der Türkei«; aber es war wohl Selbsttäuschung; denn später vernahm ich nichts mehr. Ob man mit einem Fahrraddynamo einen Röhrenapparat betreiben kann? Und ich verwünschte meine Halbbildung (besser: meine Lehrer!), die mir nichts darüber sagte. Vielleicht ne einfache Voltasche Säule. Vielleicht saßen so in Südaustralien, Perth, doch noch ein paar Menschengruppen, und ich hätte sie wohl faseln hören mögen. Ich möchte wissen, warum ich überhaupt noch diariiere; ich habe keine Lust mehr, im Sinnlosen zu stochern: wie sauber und fest könnte ich Arbeiter leben (»Oh, daß ich doch ein Schreiner wär«). Meine Hände riechen nach Cheddar-Cheese; mein Gesäß juckt: wie wird das erst riechen! (Das sind keine Witze, sondern Abscheu vorm Organischen).

Wildschweine; und ich schaltete am Gewehr: soll ich?! (Wegen meinem Kartoffelfeld!). Aber der letzte Sonnenschein verblaßte; ein Wolkenmorlocke schlich darüber, flachsig behaart und grauweiß am ganzen Körper. Da stand ich wieder vom Knie auf, und stakte verdrossen heim durch Busch und Wildwuchs, heim, nach Wacholdringen. – Letzte schöne Tage; Indian Summer (Noch am Abend plus 16 Grad).

Völlig leer: der Himmel. Der schneidige Drittelmond ließ nur 20 große Sterne übrig, heißa, die Starken. Und im Klaren tobte der Wind, daß mir die Haare wirbelten und bebten. Blank und hellgrau war die Hauswand mit der schattigen Wartetür; übers Dach lief Schwarzglanz und himmlisch Silberblau, schwarz und blau, daß mir die Seele wirbelte und bebte. So stand ich im dunklen waldenen Gehöft, bis mir die Schulterhaut unterm Hemd gefror, und nur noch die Wahl blieb, zu saufen oder wieder ins federne Futteral zu schliefen:

Ich trat in den Mond, das Gewehr ritt mit, in der Achselhöhle, über den Pistolen spannte der Hosentaschenstoff. Ich bog mich geschmeidig rechts und glitt in die Kiefernphalangen, oben glitt der mit: immer schneller. Es rollte im Baumgekrön und wurbelte im schwarz geschnitzten Unterholz, das Blättergeschwätz schnellte und federte mich vorwärts. Ich sprang mich hinter den dicksten Tannenstamm und rauhte in die strahlende Lichtung: schwirrten Äste, wehten Kräuter, wachten Jäger, blitzt der Mond. Griff zur runden Hüfte und drehte am Köpfchen der Feldflasche; das Kettlein klinkerte und schüchtern. Ich schloß den Lippenrand ums Aluminiumgewinde; der Kehlkopf pumpte; und die Helligkeit wurde noch stählerner. Wind griff an, straight über die Lichtung, erstes allein: Du mich attackieren?! Ich sprang über alte Stümpfe, tanzte unter den Ästen entlang, der Wald entfaltete sich: gleich fließt die Straße.

Straße noch mit harten Wagenspuren aus der Menschenzeit. Ich trieb vorm Wind auf ihr entlang bis zum Gehöft; an ihm vorbei; die Apfelbäume murrten im Untakt. Hurtiger wurde ich, schon war die Lippenhaut gefühllos, und die Schenkel ritten unter mir auf dem platten Radfahrweg entlang, eins, zwei, rast ich, so rost ich.

Kolonie Hünzingen: früher waren hier Lichter gewesen für den nächtigen Wanderer: las ein Mann im Kalender, spielte ein Mädchen am Schlüpfer, zählte man Geld, strahlten die mächtigen Birnen, radiotierten Meldungen »aus der Welt des Sports«. Schliefen Pflüge im Scheunendunkel, Hunde standen dröhnend an Ketten, die Pappel am Wasserloch sah am Tag Enten. War. Sah.

Im zweiten Haus rechts (und in der unermüdlichen Hand schnarrte die Lampe). Nach vier Axthieben schwankte auch die Tür auf: eine Küche. Noch schrie das Aluminium matt, Tassen und Teller hatten auch blaue Blumen. Meine Finger erstarrten und völlige Dunkelheit kam erst; dann gleich der Mond durchs Fenstervierseit. Ich tappte finstere Treppen empor, schlug Fäuste an Türen, eine Kammer öffnete sich vielsagend: ein Mädchenzimmer! Am gebrochenen Fenster blaffte der frigide Zwitterwind; ich schob den Kopf zwischen die Schamkissen und hörte den Nessel am Barte kratzen. Fürstliche Müdigkeit überkam mich, gefährliche, und ich schluckte den kleinen Rest, fußwackelnd und keuchend.

Hinab! über der Straße spritzte Licht aus dem Mond. Ich grätschte heiß zurück; diesmal nur, und langsamer, auf den Wegen. Die Felder, obwohl monderhellt, ließen mich kalt: ich tat sie mit einer Handbewegung ab: was wollte lackweißes Wildgetreide: eine Maus hätte ich gerne gehabt (das heißt: gesehen!). Oder einen Zahnarzt. – Ich hastete bewußt mit weichenden Beinen zurück und setzte mich vor mein Haus: aus! –

Wer hat die Kulturwerte geschaffen?! Nur Griechen, Romanen, Germanen; Inder in der Philosophie. – Die Slaven sind typisch kulturlos: mein Gott: Schach und n bissel Musik!

Regen tagelang. Der greise Wind stand wie ein Widder ums Haus, Gramwind, Gramwind (und die Tonnen füllten sich mit dem schönen matten Wasser!). Ich ging zum anderen Fenster und sah nach Osten.

Draußen (hatte mir doch die Schuhe angezogen und das Zeltbahn-Cape umgeschwungen; auf dem Weg ging sichs bequemer, und in der Tarnkleidung sah mich Niemand vor den Kiefernkulissen). Der Regen steppte mir auf dem Mützenschirm, an der Schulter fingerte und morste es flink, als ich um die Ecke lehnte, blieben auch die Böen zurück.

Der Bahndamm: körnig wies der flache Kunstwall in Ferne und Regendunst. Da hatten sie sich mit Kollergängen gemüht, gemessen und geschnitzt; eisernes Gelumpe ausgelegt, und waren für schnödes Geld draufrumgefahren: jetzt war Alles schon überwachsen. Es tropfte im Unterholz, und in den Pfützen sott es kalt und seidengrau, Blasen sprangen und schwammen: hätten sie nur auf Malthus und Annie Besant gehört; aber 1950 waren sie soweit gewesen, daß die

Bevölkerung der Erde jeden Tag um 100000 zunahm: Einhunderttausend!! Ich sah zufrieden durch die schwarzen Kiefernstangen: wie gut, daß es so gekommen ist!

Der zweite November brach die Blätter ab, überall lagen die Kupferscheibchen herum, eine feurige Woche lang; dann verschwand ich im frühen und harten Winter (stimmte auch wieder ungefähr mit dem elfjährigen Sonnenfleckenzyklus, nicht?!) Im Januar fror der Bach und ich mußte viel Eis schmelzen; der Ofen donnerte und strahlte breithüftig am weißblauen Tag und der zebranen Nacht.

Der Mond blitzte scharfe Schatten um mich und erschien immer wieder in den samtenen Abgründen. Einmal blies es 50 Stunden lang aus Osten, daß ich minus 33 ablas. (An dem gleichen Morgen fand eine Jupiterbedeckung statt.)

Die schwarze Kuppel der Nacht: aus dem kreisrunden Oberlicht im Zenit kam es giftigklar und so hohnhell, daß der Schnee Augen und Sohlen brannte. Ich setzte mich auf die oberste meiner beiden Holzstufen, und schrieb auf einem großen Bogen:

Das Problem des Fermat: In $A^N + B^N = C^N$ soll, die Ganzzahligkeit aller Größen vorausgesetzt, N nie größer als 2 sein können. Ich bewies es mir rasch so:

(1) $A^N = C^N - B^N$ oder $A^{2 \cdot N/2} = (C^{N/2} - B^{N/2}) \cdot (C^{N/2} + B^{N/2})$ oder also

(2) $A^{N/2}$ = Wurzel aus der rechten Seite; ich setzte $C^{N/2} - B^{N/2} = x^2$ und $C^{N/2} + B^{N/2} = y^2$, damit wird automatisch

(3) $A^N = (x \cdot y)^2 = a^2$ und weiterhin ergibt sich:

(4) $C^N = [(x^2 + y^2)/2]^2 = c^2$ sowie auch (5) $B^N = [(y^2 - x^2)/2]^2 = b^2$

Die Gleichung $A^N + B^N = C^N$ läßt sich also grundsätzlich stets auf die quadratische Form $a^2 + b^2 = c^2$ zurückführen, worin x und y die Fundamentalgrößen sind. Damit a, b und c ganze Zahlen werden, müssen x und y ebenfalls ganze Zahlen sein, außerdem auch $y - x = 2m$. usw. usw. (Gleich mehrere Möglichkeiten: für $y = 4$; $x = 2$

ergibt sich $8^2 + 6^2 = 10^2$. Für y = 5; x = 3 heißt es $15^2 + 8^2 = 17^2$; so daß also die 8 z. B. zweimal vorkommen kann, je nachdem sie a oder b wird.)

Ins Bedeutend Allgemeine: Für die Bedingung der Ganzzahligkeit darf jeder Ausdruck $A^N + B^N + C^N + D^N + \ldots\ldots = Z^N$ in seiner sparsamsten Form auf der linken Seite N Glieder haben, nicht weniger! Und – wie oben im Beispiel die 8 – kann derselbe Zahlenwert darin bestenfalls N mal vorkommen, je nachdem, ob er A^N, B^N etc. wird. Z. B. für N = 3 gelten: $3^3 + 4^3 + 5^3 = 6^3$; $18^3 + 3^3 + 24^3 = 27^3$; $36^3 + 37^3 + 3^3 = 46^3$. Flink zogen sich die Symbole aus dem Bleistift, und ich murkste munter so weiter: das muß man sich mal vorstellen: ich löse das Problem des Fermat! (Aber die Zeit verging vorbildlich dabei).

With all its numberless goings on of life / inaudible as dreams: Viel im ST Coleridge gelesen. Auch die Lais der Marie de France (Hier also das Vorbild zu Fouqués »Ritter Elidouc«. D. h. es kann evtl. auch noch Gottfried von Monmouth sein).

Über das Universum als Fortsetzung des Sinnensystems.

II

20. 5. 1962.

USA-Kultur: so klein ist Niemand, daß er sich nicht zu Hause grande nennen ließe! Ich schmiß das Reader's Digest an die Wand, hieb ein Papier in die Tippa und knatterte los (oh, war ich wütend!):

Herrn Professor George R. Stewart, University of California, U. S. A.

Sehr geehrter Herr Professor!

Ich habe mit großem Interesse den instruktiven Auszug aus Ihrem neuen Buche »Man, an Autobiography«, welchen Reader's Digest vom Juli 1947 auf den Seiten 141–176 bringt, durchlesen, und mit tiefem Staunen diese Geschichte der Menschheit nacherlebt.

Mit Recht rühmt ein Ungenannter in seinem kurzen Vorwort die »Originalität Ihrer Schriften«, und daß Sie aus dem alten Thema eine »rattling good story« ohne den üblichen Ballast schwerfälliger Namen und Zahlen gemacht hätten. Hierzulande schrecken Manche zwar vor dem Gerattle in kulturgeschichtlichen Fragen immer noch etwas zurück; desto mehr aber schätzt man Ihre weiterhin garantierte »Sorgfalt, mit der Sie Ihre Belege ausgewählt haben«.

Zunächst ein Wort hierzu. Langes früheres Studium der Geographie der Alten läßt mich auf dieses Gebiet auch heute noch stets aufmerken. Deshalb war mir Ihre Behauptung (S. 170a) besonders empfindlich, und hat mir keine besonders günstige Meinung von Ihrem Wissen oder Ihrer Sorgfalt beigebracht: »Trotz Griechen und Phöniziern waren die Alten im Wesentlichen Landratten (landlubbers), ausgesprochene Küstenfahrer. Aber wer am Atlantic wohnte, mußte schon entweder Seefahrer werden oder zu Hause bleiben. Und sie fuhren, und bauten tüchtige Schiffe, und segelten weiter: die Wikinger, Flamen und Engländer, die Hansakaufleute, Bretonen und Portugiesen …« (Ich will das sinnige »entweder – oder« übergehen: der Löwe brüllt wenn er nicht schweigt). – Wenn Sie (und Andere) immer wieder die Wikinger preisen, dann denken Sie wahrscheinlich an die erste Entdeckung Amerikas; vergessen aber dabei, daß keiner dieser Seeräuber jemals in direkter Fahrt von Norwegen oder England aus Vinland erreichte, sondern stets über die Zwischenstationen Island und Grönland (die z. B. in Sichtweite voneinander liegen!): keine dieser Etappen verlangte mehr als allerhöchstens 1000 km Hochseefahrt; die letzte wurde oft unfreiwillig gemacht.

Ich will nicht zur Entschuldigung der Alten anführen, daß in den Meeren, deren Anwohner sie waren – Mittelmeer, schwarzes und rotes Meer – für solche Strecken gar kein Raum gewesen wäre. Sobald sie die Gewässer genügend erkundet hatten, verließen sie natürlich die Ufer, und durchkreuzten regelmäßig die Flut nach allen Richtungen; und von Byzanz nach Phanagoria waren es doch auch schon über 700 km! (Ich will allerdings nicht unredlich verschweigen, daß auf dieser Route nach den Berichten der Schiffer sich ein Punkt fand, wo der Wissende Kap Kriumetopon im Norden und Karambis im Süden wie einen leichten Dunst zugleich ausmachen konnte).

Aber es gibt ein ganz anderes Großbeispiel, nämlich den Indienhandel! Nachdem Eudoxos zur Zeit des Ptolemaios Euergetes als erster Grieche den Seeweg nach Indien offiziell erschlossen hatte, nahmen die Handelsunternehmungen wahrhaft gigantische Formen an. Ich empfehle Ihnen, die wirklich interessanten »facts« in Ihr Repertoire aufzunehmen: wie man von Alexandria nilaufwärts nach Koptos fuhr; und von dort mit Karawanen nach Berenike am roten Meer zog, wo die Indienflotte mit bis zu 120 (!) Großfrachtern wartete. Bis Oikilis am Ausgange des roten Meeres war man freilich noch zwangsläufig in Landnähe; aber von da fuhr der Geleitzug im Juli/August mit dem Monsun *in 40 Tagen ununterbrochener Hochseefahrt,* Herr Professor, 3000 km nach Barygaza, etc., an der Malabarküste; im Dezember wieder zurück. Und diese Fahrt wurde seit dem Schiffer Hippalos jahrhundertelang, Jahr für Jahr mit Großgeleiten betrieben, so daß Plinius den Wert der Güterausfuhr mit 50 Millionen Sesterzen, den der Einfuhr mit 5 Milliarden angeben konnte.

Auch die Chryse-Fahrten über den bengalischen Meerbusen (1300 km Hochseestrecke) gehören hierher; denn die Reisen wurden regelmäßig gemacht, und Ptolemaios spricht davon als einer bekannten Sache. – Niemals ist vor Kolumbus Ähnliches unternommen worden, von keiner der von Ihnen als überlegen angepriesenen Nationen des Entweder-Oder; und auch Kolumbus selbst ist ja mit Vinland-Kenntnissen gestartet.

: Sie aber stellen denen die Alten als »landlubbers« gegenüber, nicht wahr?! Ich mache Ihnen den Vorwurf der Unwissenheit!

Nicht, daß ich jede Ihrer Ansichten ablehnte; denn wie Sie richtig bemerken (S. 165a): »Continual talking is likely to be associated with some thought here and there«; nur sollte man nach dieser Maxime keine Bücher verfertigen, zumal keine kulturgeschichtlichen.

Aber für Ihren »Man« ist ja das Ausschlaggebende »Civilization«, d. h. nach Ihrer eigenen Definition auf S. 175b: »The mass of such things as agriculture, metalworking and social tradition« (nicht etwa Kunst oder Wissenschaft, nichts da! Das Wort Kultur kommt ja auch nicht einmal vor bei Ihnen: nur S. 168a sprechen Sie in einer Zeile ironisch von solchen, denen ein Gedicht mehr gilt, als ein Pflug); aber civilization: das gibt die »Control over the outside world« und das ist Ihnen auch der eigentliche »rough and easy way«, das entscheidende Kriterium, Epochen miteinander zu vergleichen, oder, wie Sie Ihre Methode deutlicher präzisieren, zu »testen«.

Und wie um uns das volle Gewicht Ihres Zivilisationstestes recht bald handgreiflich zu machen, applizieren Sie ihn (unser »anwenden« gibt Ihr Verfahren nur unvollkommen wieder) mit anerkennenswerter Parteilosigkeit auch auf die Griechen.

Zunächst machen Sie uns die Entstehung hellenischer Kultur unschwer faßlich: »Not having much regular work to do, they had to pass the time in various ways. *Thus the Greek citizens were able to develop art, athletics, and philosophy*«. Klingt ganz einleuchtend, wie? Und so einfach! – Nicht wahr: die Regierenden und Priester der Jahrtausende vor und nach Jenen hatten diese faule Zeit nicht?! Und die gleichfalls arbeitsscheuen Südseeinsulaner, oder Germanen, oder Klosterinsassen etc. hatten sie auch nicht! Und dennoch haben die alle Künste und Wissenschaften (von Philosophie einmal ganz zu schweigen!) nicht nur nicht entwickelt, nicht nur sie gar nicht verstanden, wo sie ihnen begegneten, sondern sogar ihr bestes getan, sie zu unterdrücken! Kultur ist nämlich für gewisse Leute – so 99 Prozent – langweilig: wissen Sie das?! – Wohl braucht der Künstler und Denker Muße; aber umkehrbar ist dieser Satz, ähnlich wie der vom Schwein und der Wurst, nicht.

»Viel Unsinn ist schon über die Griechen im Allgemeinen, und besonders die Perserkriege geschrieben worden ...«: zugegeben: ich habe ja Ihr Buch in der Hand!

»Das Hauptunglück der Perser war nämlich nicht, den Griechenkrieg zu verlieren, sondern die Griechen die Geschichte dieses Krieges schreiben und an die Nachwelt weiter gehen zu lassen ...« Herr: daß der Bericht Herodots – er ist ja die Quelle, nicht »die Griechen« – ein Unglück für die Perser gewesen sei, kann nur Jemand daherfaseln, der ihn nie gelesen hat! Denn: »Was Herodotos von Halikarnassos erkundet, das hat er hier aufgezeichnet, auf daß nicht mit der Zeit vergehe, was von Menschen geschah, noch die großen Wundertaten ruhmlos verhallen, *die Hellenen nicht minder als Barbaren* vollbracht haben!«, und wirklich kommen ja auch die Perser durchaus nicht schlechter weg.

Das war nämlich auch so etwas, was Ihre beliebten »intelligent Egyptians or Babylonians« oder die »in many ways more admirable« Perser von den Griechen hätten lernen können: wie man objektiv und in genialer Gesamtschau Universalgeschichte schreibt, anstatt des engstirnigen und überheblich-verlogenen hölzernen Chronikentons der ägyptischen oder alttestamentarischen Lokalklätschereien. Nach diesen einleitenden Feststellungen setzen Sie nun erbarmungslos Ihren »test« an (ich übergehe Ihre billigen und dabei nichts weniger als originellen Ausführungen über den Zusammenhang zwischen Quatschen und Denken; ein sicherer James Burckhardt hat schon vor Gründung der Universität California über das agorazein wesentlich lesenswertere Betrachtungen hinterlassen). Sie resümieren: »Nirgends in aller Welt ist auch nur eine wichtige Erfindung im Gebrauch, die wir mit Sicherheit den Griechen zuschreiben können.« »Aus alle dem ziehe ich (ICH, Professor George R. Stewart!) die Folgerung, daß die Griechen die Zivilisation weder schufen, noch retteten, noch nennenswert erneuerten.«: Thank you! Nun sehen wir, so lange vom Präjudicium antiquitatis gehemmten abendländischen Neurotiker doch endlich einmal klar!

Zwar hatten uns die Fliegenden Blätter schon vor Jahrzehnten davon unterrichtet, wie man in Arkansas Wandmalerei treibt; Mark Twain vom Zeitungswesen in Tennessee; und vor Monaten entlas ich mit tiefem Glücksgefühl der New-York-Post, wie man endlich in Cazenovia für fünf Millionen Dollar die so lang entbehrte Fußball-Ruhmeshalle errichten wird (allerdings von den Griechen entlehnt: die setzten ihren Raufern und Luftspringern auch immer Denkmale zu Olympia); aber Ihrem Buch, dieser Bonanza des Unsinns, war es vorbehalten, uns zu informieren, wie man in den US Menschheitsgeschichte lehrt!

Wir pflegten den Griechen bisher kurz folgendes zuzuschreiben:

daß sie als Erste Geist und Methode abendländischer Forschung entwickelt und geübt haben. Ihnen verdanken wir so wichtige Einzelresultate wie die genaue Messung der Erdkugel, und, daraus, resultierend, Karten mit nach Länge und Breite fixierten Objekten. In der Astronomie sind Sternenkataloge, geo- und heliozentrisches Weltbild etc. auch griechische Erfindungen; biologische Systeme rühren von ihnen her;: könnten Sie diophantische Gleichungen lösen?

Vergleichen Sie die griechischen Kunstleistungen, Statuen, Tempel, Epen, Dramen usw. selbst mit allen vorhergehenden und gleichzeitigen Leistungen: größere Männer als wir Beide haben davon geschwärmt!

Philosophie – – nun, so weit sind Sie da drüben noch nicht. – Wir sind und bleiben der Meinung, daß, dem Stewarttest

zum Trotz, unsere gesamte geistige Existenz, wie sie als Ergebnis aus den zwei letzten Kulturwellen, der Renaissance und der Klassik-Romantik, hervorgegangen ist, wie diese selbst auf dem Griechentum beruht. Sie stellen fest, daß es niemals einen »fall of civilization« gegeben habe, und nach Ihrer Definition will ich Ihnen beistimmen:
aber Sie hatten als Ihr Thema »Man« angegeben, Herr! »Man«, nicht Ihre komische Civilization! Die Gleichung zwischen diesen beiden ist allerdings originell und Ihr geistiges Eigentum; aber ich bezweifle, daß Sie deshalb viele Neider finden werden. Es mag beschämend sein, daß Ihre Nation – Edgar Poe ausgenommen – noch keinen Beitrag zur großen Kultur geliefert hat; aber auch diese Zeit wird kommen! (Allerdings nicht durch Ihr Verdienst!)

Möge Ihre Wasserspülung stets funktionieren;
in aufrichtiger Verachtung:

Falten, kouvertieren; 30 Pfennig laut Tradition drauf geklebt und per Rad zum Briefkasten unten im Dorf geschafft: so ein Salzknabe! (Und noch auf dem Rückweg entrüstete ich mich alle hundert Meter: Die hätten doch weißgott genug mit der Herstellung von Atombomben und Cornedbeef zu tun haben sollen: man kann halt nicht Alles machen!)

Der hagestolze Mond (fast noch voll). Ich hatte mich immer noch nicht beruhigt, und beschloß, rachsüchtig, auch einen test zu machen (felibre läßt das Schreiben nicht) Also: auf gehts:

1.) Kennen und schätzen Sie Meyerns »Dya-Na-Sore«, Moritzens »Anton Reiser«, Schnabels »Insel Felsenburg«?
2.) Sind Sie der Ansicht, daß ein Künstler auf Geschmack und Niveau des Volkes pfeifen sollte?
3.) »Des Menschen Wille ist nicht frei.« – Glauben Sie das?
4.) Ziehen Sie Wielands »Aristipp« oder die »Forsyte Saga« vor?
5.) Haben Sie Ihre Eltern zuweilen verachtet?

6.) Sind Sie abergläubisch?
7.) Haben Sie einen Freund, der Ihnen ernsthaft die Lektüre von Klingers »Raphael de Aquillas« empfahl?
8.) Hassen Sie Alles soldatische und Uniformierte?
9.) Können Sie kurz den Inhalt von Jean Pauls »Campanerthal« angeben?
10.) Halten Sie Nietzsche für einen mediokren Geist (aber großen Redner)?
11.) Sind Ihnen Boxen, Film, Mode, feines Benehmen, sehr lächerlich?

Dann stach mich der Teufel und ich schrieb (ich kann *Alles* schreiben und rufen: ich bin ja allein!!):

12.) Ist Ihnen zu irgend einem Zeitpunkt Ihres Lebens dieses ein Zweifel gewesen: ob irgend ein heiliges Buch, als Klopapier verwendet, Ihnen das Gesäß sengen könnte? –

Setzen Sie für Ja + 1; für Nein – 1 und addieren Sie:

Sie täten am besten sich zu hängen. (Damit war ich endlich den Komplex los).

Versuch mit einem Foto (bin neugierig, ob die Filme noch gehen; und entwickelt hab ich auch noch nie; abers macht Emotionen und vertreibt die Zeit). So fing ich denn an zu knipsen: Sonnenflecke; eine stübchengroße Lichtung; verrosteten Stacheldraht (am Bahnhof, wo das Alteisen lag); larvenzerfressene Pilzruinen; ein Ast im Wald, oh ewig flüchtende Gestalt; einmal mitten ins deutsche Gewölk durch ein spreiziges Tännchen. Natürlich auch mich (mit Selbstauslöser): auf den Stufen des Hauses, sinnschwer in einen Folianten vertieft (aber ich zog – wie immer – ein so blödes Gesicht, daß mir schon das Negativ entgegenwiderte).

Heinrich Heine: Sehr nett zu lesen (sehr nett zu vergessen). Hätte er nur einen Band – nach Maßgabe meiner vierbändigen Ausgabe – geschrieben, wäre er ein großer Mann gewesen: aber das erlaubte die finanzielle Misere keinem Schriftsteller: jeder mußte aus Not zum Zuhälter der Muse werden, zum Louis (d.h. auf Deutsch: neckische Zeitungsgeschichten brauen; einiges für Rias arrangieren; fleißig Ausländer übersetzen usw. – bloß gut, daß auch der Zauber auf ewig vorbei war!)

Schönwetterperiode, und viel an der großen Karte 1:10000 ergänzt. (Hatte als Ausgangsbasis eine Linie vom schon erwähnten Hochstand bis zum ehemaligen Flakturm, gegenüber Bauer Lüdecke gewählt, und ausreichend Punkte eingemessen; für die kleinen Flächen dazwischen genügten Kompaß, Winkelspiegel und Distanzen abschreiten). Ich will mein Gebiet immer unter Kontrolle halten. –

Im Verpflegungslager Düshorn für alle Fälle eine Notwohnung angelegt: bloß ganz roh: den Raum zurechtgemacht, Decken hingelegt, etwas Kleidung und Gerät; man weiß nie.

24. 6.: mit irren Händen im Gebüsch blättern (und der Kessel dampft und kocht bald; kann nur in den Pausen berichten).

Ich ging am Waldrand so für mich hin, buchstäblich: ganz ohne Vorsatz. Wie Robinson mit 2 Flinten, und, der Mittagssonne wegen, unter der weißen Schirmkappe (also das soll mir die Lehre sein: nie mehr mit so ner Schießscheibe auf dem Kopf rumzulaufen!). Ich sah es drüben in den Gebüschen funkeln, und legte das Doppelglas auf einem dürren Ast fest an, um noch behäbiger einstellen zu können: daß ich dabei hinter die Fichte kam, hat wahrscheinlich mein Leben gerettet; denn schon flog mir Borke um die Nase, und der Querschläger verhummelte hinten im Unterholz. Ich fiel sofort geistesgegenwärtig in den Graben (und erdolchte mich halb von hinten an dem plumpen Kammerstengel meiner Knarre).

Gedanken sammeln: also das war neu! (Ruhig werden; ganz kalt: ich kannte das Gelände, der da drüben nicht!) So hob ich erst einmal vorsichtig das Reservegewehr und knallte flach in die allgemeine Richtung: ließ es auf der ebenen Walderde vor der Rinne liegen und schob die Kappe über die runde Steinknolle daneben: dann kroch ich ganz vorsichtig 10 Meter nach rechts (also aufs Haus zu). Gab noch 20 Meter zu, bis der Graben fast zu flach wurde.

Visier 500 (Zielfernrohr war für 300 und 500 Meter adjustiert): da blitzte es drüben schon wieder, und der Dreck flog meiner Tarnkappe so um die hypothetischen Ohren, daß sie einen Zoll tiefer rutschte: superb! Da versucht ers bestimmt nochmal. – Nach kurzem Nachdenken ringelte ich mich noch 30 Meter weiter durch Nadelstreu und Bodenwust. Stieg im Kieferdickicht auf, und rannte in zwei Wacholder am Waldrand: –

Jetzt sah ich den Buben ganz deutlich im Doppelglas: hinter einem Steinhaufen lag er, und versuchte unruhig, die Wirkung seiner Schüsse zu kontrollieren; aber er mißtraute doch der eisernen Ruhe des Strohmannes und legte den (scheinbar bemützten) Kopf wieder tiefer zwischen die Klamotten.

Hinterm Bahndamm, keuchend: ich war blitzschnell, am Haus vorbei, über die Schienen, auf der rechten Seite geduckt entlang, gerannt, und lag nun auf gleicher Höhe mit ihm – ungefähr –, doch: da war er noch! Gerade zog der Unersättliche wieder den Kolben in die Schulter (sprang ich auch schon hoch, da ich ihn so beschäftigt wußte, und schnürte im Waldsaum dahin: Pautz!!; jawoll, mein Sohn! Immer lenk Dich tüchtig ab!)

Aber jetzt wurde es schwierig: ich stand 20 Meter hinter ihm und überlegte –

Eine Möglichkeit: ihn wegzuputzen, eh er noch Jack Robinson sagen könnte. (Da lehnte auch sein Damenrad an einer krummen Föhre. Mit geraden Unterrohren: hatte die Minderzahl der deutschen Marken gehabt; rotbraun und hellgelb abgesetzt; dreckig; Pappkarton aufm Gepäckträger. Ein schlapper Rucksack im Grase: Feldflaschengebaumel, Kochgeschirr, Kartentasche). (Vielleicht hatte er vorhin auch gedacht – als ich hinter den Baum trat, und das Fernrohr spitzte – ich legte schon auf ihn an, und er müsse mir nur noch rasch zuvorkommen? –)

Gefangennehmen und ›unschädlich‹ machen: am liebsten hätte ich mich am Kopf gekratzt: was heißt hier unschädlich?!

Wenn der Bocher mir dann nach zwei Tagen mein Häusel anzündet, oder mich im Schlaf schächtet?! – Er juckte sich klauig den Oberschenkel und strampelte so wütend, daß ich grinsen mußte, wurde aber sofort wieder ernst: der konnte womöglich gleich aufstehen und rüber wollen!

Noch 8 Meter (graue Haare schon, was?!). Ich atmete noch einmal tief und unglücklich, dann gab ich mir den Ruck, sprang zu, und schlug – na: erstmal leicht – mit dem Kolben drauf!

In Overall und Mütze: so lag sie da!! Mit weißen zerschlissenen Händen.

Maßlose Blicke: Hände, Schultern, ein Gesicht. Hände schultern ein Gesicht. Augen lippen einen Mund: Du! – Keuchend stand ich auf und schoß ihre Pistolen in die Erde leer; ihrem Gewehr riß ich bewußtlos das Schloß heraus.

Die kleinen sehr weichen Brüste: die kleine sehr feste Hand.

Mit torkelnden Fingern ersuchte ich an meiner Hüfte die Rumflasche, und hielt sie angstvoll an den schlaffen gebogenen Bleichmund (da: unterm kurzen Grauhaar fühlte man jetzt die dicke Beule: oh, ich Idiot! Aber rasiert war ich gottlob).

Schlucken: endlich! Ich mach eine Hymne drauf! Schlucken. – Da legte ich ihren Kopf auf die gefaltete Decke zurück, und meine Hände als Spangen über die dünnen Schultern.

Graue Augen (noch unbewußt; grau und reifig: schön!)

Wie eine Gerte (und mit erstaunlicher Kraft): so schlug der Körper! Aber ich hielt fester: »Ruhig liegen!« sagte ich ganz still: »Und die Beule sind Sie in 8 Tagen wieder los.« Lächelte. Und sie atmete; ungleichmäßig und unsicher. Pause. Ich nahm probeweise die Hände fort und hockte mich dicht an ihre rechte Flanke (sah sie aber immerfort an). »Wie heißen Sie?« fiel mir ein. »Lisa« (und ich merkte wohl, wie es sie amüsierte, daß die beiden letzten Menschen ›Sie‹ zu einander sagten; aber trotzdem) dann erzählte ich; langsam.

Sie staunte müde: »Und Sie haben mich nicht vergewaltigt.« Ich legte ihr die Hand an die Schläfe, mitleidig; einmal schüttelte ich den Kopf: »Armes Ding; mit was für Männern müssen Sie zu tun gehabt haben!« (Als ich meine Hand wieder fortzog, glitten die Fingerspitzen lange wangenentlang.) Über dem staubgrauen Weg brannte blau die Himmelseinsamkeit; ich wandte langsam das lügenlose Gesicht hinein und gestand: »– daran denken müssen habe ich allerdings auch. Einen Augenblick –«. Jetzt lachte der erschöpfte kranke Mund ein wenig, weise, spöttisch, auch gütig: »Das Geständnis ist Ihr Glück!« Listig: »Denn s wär ja auch anders ne Schande für mich gewesen.« Noch ein bißchen ausruhen? (Drüben bei mir hats Aspirin, ja).

Die Wildkatze: ich war kaum aufgestanden und wollte ihr Zeug zusammenraffen, da stand sie schon vor mir: in jeder Hand die Mauser, den Mund zürnend halb offen, die Augen kalt und ruchlos: la donna e mobile (Oder la belle Dame sans merci, das wirds sein!)

»So, mein Junge« sagte sie steinern und halblaut: »jetzt heb erst mal die Hände hoch!« (Na, warum nicht?: so kann ich sie leichter auf Dich runterfallenlassen!) Ich tat es gutmütig; aber als ich merkte, daß sie zu meinem Gewehr gehen wollte, lief ich ihr doch in den Weg: da fühlte ich beide Läufe tief zwischen den Rippen. Wir standen Brust an Brust und sahen uns in die Gesichter.

Sie schätzte mich ab: Größe, Schultern. – Ich schlug vor (warum soll ich sie beschämen und umsonst knipsen lassen? So hat sie später immer das Gefühl der Gleichwertigkeit, Freiwilligkeit); ich schlug vor: »Lassen Sie uns Waffenstillstand schließen. – Erst mal bis morgen Mittag. –« Dann überwand ich mich und sagte noch: »Bitte.« Sie runzelte die Stirn und horchte dem Widerstreit ihrer Motive. Endlich hob ich (ganz langsam) die rechte Hand und legte sie um ihre Linke; ließ sie eine Minute in irdischer Lust darum liegen, und zog dann sanft die Waffe zur Seite (wobei wir uns so ernst in die Augen sahen wie zwei Käuzchen). Die Rechte nahm sie resolut alleine fort; mit gespielter Kälte entschied sie: »Also gut!: Bis morgen Mittag!« – Ich belud das Rad, und wir gingen, gelöst und im kleinen Schlenderschritt, zu mir hinüber. (Jetzt muß sie sich waschen; das Wasser kocht). Und ich schleppte die Eimer und füllte in der Waschküche die große Wanne, während sie drinnen ein bißchen aß, Biskuits und Leberkäse, und süßen Tee trank (mit dem seltenen Rohrzucker; der ist schon was anderes als unser Rübenzeug!); dann mußte sie sich auf die Couch legen.

Ganz leise daneben kauern (lange).

»Lisa –« (mit der Stimme berühren; ganz leicht; antupfen). Jetzt erkannte ich aber sofort, daß sie gar nicht geschlafen, sondern es sich bei der Anbetung hatte wohl sein lassen, so lausbübisch und entzückend schimmerten Iris und Zähne.: »Das Wasser wär' so weit« meldete ich da gekränkt, und sah doch schon wieder in das dämmernde Gesicht.

Hände im Holz (des Türrahmens: mein Gott, ich habe 8 Jahre lang keine Frau mehr gesehen! Und da drüben planscht es und pfeift dazu wilde Potpourris, Marion Kerby konnte es nicht besser. Zehn Mal war ich drauf und dran: ›Komm in meine Liebeslaube‹: nu Dich soll doch der Deuwel holen!)

›*Lisa‹:* ich kostete ›Lisa‹; sprach ins Flüstergras ›Lisa‹; atmete nasenbreit (Alles hinten am Bach), und war nennbar selig: Lisa!

Kartoffeln: sie war heilig glücklich und schälte sie ganz dünn (auf meiner Treppe sitzend, zwischen zwei blanken Wännchen), und ich nickte tief befriedigt: good for squaw to do that. (Dazu sah sie so scheinbar gutmütig zu ihren Augen heraus, ihr Blick rann über mich, daß ich fast drauf reingefallen wäre: hätte sie nicht einmal amüsiert den Mund spitzen müssen: weil ich versunken dakäferte, wie vor einem Bild in der Galerie).

Mit Zucker aß sie die Kartoffelpuffer: war also östlich der Elbe zu Hause (Ja: zur Sache erst mal!)

Und sie berichtete, tief im Sessel, ganz still, ohne Augenglichter und Handgaukelei (nur einmal hatte ich aufgeschrieen: Lisa wollte Wasser an den Rum tun!)

Von Osten war sie gekommen (da ergänzten wir uns aufs Sachlichste; ich hatte West und Südwest durchstreifen müssen): aus der Ukraine, wohin sie verschleppt worden war; dnjestraufwärts, Lemberg, Krakau, Warschau (dort zweimal überwintert). Posen, Stettin (hatte versuchen wollen, auf dem Wasserwege weiter zu kommen, konnte aber kein Segelboot regieren: auf Usedom war sie bei konträrem und schwerem Wind beinahe bei dem Versuch verhungert). Berlin (wieder überwintert; genau wie ich während meines Wanderlebens: in eine Wohnung eingenistet; Möbel zerhackt und verheizt; Läden geplündert – und ich nickte schwer: who should know but I!), dann nach Dresden, Prag: aber von da nach Süden war sie an eine der Strahlungszonen gekommen, wo noch jetzt, Hunderte von Kilometern weit, keine Pflanze wuchs, kein Vogel flog: da war sie wieder nach Norden gebogen, über Karlsbad nach Leipzig. Hatte es aber – aus irgend einem Grunde – noch letzten November verlassen, und war, quer durch den Harz, bis Quedlinburg gekommen, wo sie der frühe und kalte Winter überrascht hatte; mühselig hatte sie sich noch mit Vorräten eindecken können. Im Mai war sie dann gestartet: Braunschweig, Hannover, Celle; 10 Tage hatte sie schon in Fallingbostel mit einem scheußlichen Schnupfen gelegen, bis Vorvorgestern. Dann Walsrode (übernachten); gleich nach dem Morgenstart hatte sie in Borg eine Radpanne gehabt, und den ganzen Tag daran geflickt. In einem Bauernhof schnell geschlafen; dann war sie versehentlich auf die Chaussee nach Ahrsen geraten, hatte fluchend ihre kleine Karte zu Rate gezogen, und wollte eben, ›quer durch die Eifel‹, zur Hauptstraße nach Westen stoßen, als sie ›einen Kerl‹ am Waldrand sah, der sofort auf sie anlegte: hab ich also doch recht geraten! (Und stets vermied sie den Konjunktiv, wahrscheinlich aus Furcht, ihn abzunützen). Aber müde war sie noch nicht, und, obwohl der Wind tobte, gespannt, meinen Trick zu lernen; so gingen wir die 400 Meter im letzten Abendlicht.

Der Wind blies in die Segel ihrer Locken, weiße Schultern schlenderten voran unterm Kleid; ihre Augen erschienen zur Rechten, zur Linken, bald dicht und spottvoll, bald geweitet und horizonten, und dazu pfiff meine Jägerin, that it would have done your heart good to behold.

Sie war fertig (und ich dito: selbst von 20 Metern Entfernung sah es noch frappierend aus!) »Da hört doch Alles auf« sagte sie wütend, und wies hin, mit beiden an ihr befindlichen Händen: optischste Täuschung: Tja. War ein splendidum mendacium gewesen (obwohl das eigentlich was anderes ›bedeutet‹; weiß schon). – Aber jetzt brachte sie herausfordernd die Kappe an: »Nun, würdiger Knäs?!«: wurde mir doch etwas unheimlich, als ich die beiden Löcher überm Schirm sah: und sie verschwand triumphierend im Windniagara, maid of the mist. (Das ist doch allerhand: auf mindestens 400 Meter, und ohne Zieloptik! Allerdings Weiß auf Schwarz sieht man brilliant. Aber Trotzdem! – So was!)

Ihr dünnes seladonenes Gesicht schwebte dreieckig im Stachelduster vorbei; der biegsame Körperstiel richtete es unbarmherzig hin und her; langsame finstere Göttin mit eisernen Waffen.

Wieder in Sesseln: die Petroleumlampe schimmert friedlich. (Und uns Beiden war wohl wie im Traum – ein Satz, in dem ›wohl‹ beide Bedeutungen hat). Aber noch blieb die wichtigste Frage:

»Haben Sie in all den Jahren – auf allen Wanderungen – keine Menschen gefunden?« – Sie wollte zuerst nicht heran; dann sah sie doch die Wichtigkeit, unsere Erfahrungen zu kombinieren, und begann:

»Doch – zweimal.« – »Einmal, noch in Rußland, vier Frauen: drei Junge, eine Alte. Dabei ein Mann.« – »Die Alte hat erst die Jungen vergiftet. Dann hab ich sie vorsichtshalber übern Haufen geschossen.« – Ich würgte heraus: »Und der – Mann?!« Sie schüttelte verneinend den Kopf: »Blutvergiftung. 6 Wochen später.« Stille. Ich stand planlos auf und

geriet zum Bücherregal; dann wandte ich mich, und lehnte Schultern, Haare, Kniekehlen, flache Hände daran, Alles; ich fragte mit heiserer Munterkeit: »Und? Affaire Nummer Zwei?« – Sie knüllte das gelblichbeleuchtete Gesicht: »Lag im Sterben: eine 80jährige Polin.« Stieß Luft durch die krause Nase: »War nicht schön!« Nochmals Kopfschütteln; sah verlegen lächelnd herüber: »Und Sie? Wen haben Sie getroffen?« Ich schob die Unterlippe vor, nachdenklich, aus dem eben Gehörten das allgemeine Bild komplettierend: »Niemanden.« konnte ich Auskunft sagen. – »Also südlich von Prag ist eine der Atomwüsten.«. »Wahrscheinlich ist das der Korridor« fiel sie eifrig ein, »von Danzig bis Triest, durch den sie am Anfang des Krieges Ost und West trennen wollten – und ich habe bei Lemberg nur zufällig einen Durchgang gefunden – ?« »Höchstwahrscheinlich«, gab ich zu, und holte eine Karte von Europa: »die zweite Separationslinie, Genua-Antwerpen, habe ich gesehen. – Über die Schweiz passiert« erläuterte ich den fragenden Blick.

Resümieren: »Wir wissen also durch Autopsie, daß ganz Mitteleuropa menschenleer ist –« Sie nickte. »Auch in den angrenzenden Gebieten können keine nennenswerten Gruppen mehr sitzen, sonst wären sie in den verflossenen Jahren ja längst wieder eingesickert.« Auch das schien logisch. »Haben Sie in der Zeit jemals ein Flugzeug gesehen?« Personne. »Rußland und die USA haben sich gegenseitig vollständig fertig gemacht: also wird auch da nicht mehr viel los sein.« (Jetzt schlugen wir schon die Weltkarte im Andree auf).

»*Was bleibt eigentlich*« sagte sie tiefsinnig, und ich nickte anerkennend: genau zur Sache! »Meiner Ansicht nach«, erklärte ich kalt, »wird die Lage folgende sein: Asien, Europa (Asiopa besser) –; ebenso Nordamerika –« ich wischte mit der Hand über die blaue und gelbe Nordhalbkugel, und sie kniff zustimmend die Lippen ein. »Südafrika hats auch erwischt; ebenso die Industriezentren Australiens und Südamerikas.«. »Meine Theorie ist: daß, getrennt durch sehr große Räume, hier und da noch ein paar Einzelindividuen nomadisieren. – Vielleicht sind auf den Südzipfeln der Kontinente –« (ich verfiel unwillkürlich in oft gedachtes Formelhaftes) – »noch kleine Gemeinden übrig. – Die Einzelnen werden, des rauhen Lebens und der Wildkrankheiten ungewohnt, wahrscheinlich rasch aussterben.« Sie atmete schwermütig und behaglich: bei Lampenlicht klangs wie ein Buch. »Von den erwähnten Kleinstgruppen aus kann sich ja eventuell eine Wiederbevölkerung der Erde anbahnen; aber das dauert – na – hoffentlich tausend Jahre.« »Und es ist gut so!« schloß ich herausfordernd.

Begründung?: »Lisa!!«: »Rufen Sie sich doch das Bild der Menschheit zurück! Kultur!?: ein Kulturträger war jeder Tausendste; ein Kulturerzeuger jeder Hunderttausendste!: Moralität?: Hahaha!: Sehe jeder in sein Gewissen und sage er sei nicht längst hängensreif!« Sie nickte, sofort überzeugt. »Boxen, Fußball, Toto: da rannten die Beine! – In Waffen ganz groß!« – »Was waren die Ideale eines Jungen: Rennfahrer, General, Sprinterweltmeister. Eines Mädchens: Filmstar, Mode›schöpferin‹. Der Männer: Haremsbesitzer und Direktor. Der Frau: Auto, Elektroküche, der Titel ›gnädige Frau‹. Der Greise: Staatsmann –« Die Luft ging mir aus.

»Setzen wir den Fall« hob ich wieder die Rede des alten Kalenders an, »es gäbe – in welchem Planeten Sie wollen – eine Art von Geschöpfen, die mit einer so schlechten Anlage in die Welt kämen, daß unter Tausenden kaum Eines, und auch dies nicht anders als durch die sorgfältigste und mühsamste Kultur, unter einem Zusammenstoß der günstigsten Umstände, wovon auch nicht einer fehlen dürfte, zu einem bemerkenswerten Grade von Wert zu bringen wäre: was würden wir von der ganzen Art halten?!!«

»Die menschliche Gattung ist von der Natur mit Allem versehen, was zum Wahrnehmen, Beobachten, Vergleichen und Unterscheiden der Dinge nötig ist. Sie hat zu diesen Verrichtungen nicht nur das Gegenwärtige unmittelbar vor sich

liegen und kann, um weise zu werden, nicht nur ihre eigenen Erfahrungen nützen: auch die Erfahrungen aller vorhergehenden Zeiten und die Bemerkungen einer Anzahl von scharfsinnigen Menschen, die, wenigstens sehr oft, richtig gesehen haben, liegen zu ihrem Gebrauch offen. Durch diese Erfahrungen und Bemerkungen ist schon längst ausgemacht, nach welchen Naturgesetzen der Mensch – in welcher Art von Gesellschaft und Verfassung er sich befinde – leben und handeln muß, um in seiner Art glücklich zu sein. Durch sie ist Alles, was für die ganze Gattung zu allen Zeiten und unter allen Umständen nützlich oder schädlich ist, unwidersprechlich dargetan; die Regeln, deren Anwendung uns vor Irrtümern und Trugschlüssen sicher stellen können, sind gefunden; wir können mit befriedigender Gewißheit wissen, was schön und häßlich, recht oder unrecht, gut oder böse ist, warum es so ist, und inwieweit es so ist; es ist keine Art von Torheit, Laster und Bosheit zu erdenken, deren Ungereimtheit oder Schädlichkeit nicht schon längst so scharf als irgend ein Lehrsatz im Euklides bewiesen wäre: Und dennoch! Dessen Allen unerachtet, drehen sich die Menschen seit etlichen tausend Jahren immer in dem nämlichen Zirkel von Torheiten, Irrtümern und Mißbräuchen herum, werden weder durch fremde noch eigene Erfahrung klüger, kurz, werden, wenns hoch in einem Individuum kommt, witziger, scharfsinniger, gelehrter, aber nie weiser.«

»*Die Menschen nämlich* raisonieren gewöhnlich nicht nach den Gesetzen der Vernunft. Im Gegenteil: ihre angeborene und allgemeine Art zu vernünfteln ist diese: von einzelnen Fällen aufs Allgemeine zu schließen, aus flüchtig oder nur von einer Seite wahrgenommenen Begebenheiten irrige Folgerungen herzuleiten, und alle Augenblicke Worte mit Begriffen und Begriffe mit Sachen zu verwechseln. Die Allermeisten – das ist nach dem billigsten Überschlag 999 unter 1000 – urteilen in den meisten und wichtigsten Vorfallenheiten ihres Lebens nach den ersten sinnlichen Eindrücken,

Vorurteilen, Leidenschaften, Grillen, Phantasien, Launen, zufälliger Verknüpfung der Worte und Vorstellungen in ihrem Gehirne, anscheinenden Ähnlichkeiten und geheimen Eingebungen der Parteilichkeit für sich selbst, um deretwillen sie alle Augenblicke ihren eigenen Esel für ein Pferd, und eines anderen Mannes Pferd für einen Esel ansehen. Unter den besagten 999 sind wenigstens 900, die zu all diesem nicht einmal ihre eigenen Organe brauchen, sondern aus unbegreiflicher Trägheit lieber durch fremde Augen falsch sehen, mit fremden Ohren übel hören, durch fremden Unverstand sich zu Narren machen lassen, als dies wenigstens lieber auf eigene Faust tun wollen. Gar nicht von einem beträchtlichen Teil dieser 900 zu reden, die sich angewöhnt haben, von tausend wichtigen Dingen in einem wichtigen Tone zu sprechen, ohne überhaupt zu wissen, was sie sagen, und ohne sich einen Augenblick zu bekümmern, ob sie Sinn oder Unsinn sagen.«

»*Eine Maschine,* ein bloßes Werkzeug, das sich von fremden Händen brauchen und mißbrauchen lassen muß; ein Bund Stroh, das alle Augenblicke durch einen einzigen Funken in Flammen geraten kann; eine Flaumfeder, die sich von jedem Lüftchen nach einer anderen Richtung treiben läßt – sind wohl, seit die Welt steht, nie für Bilder, wodurch sich die Tätigkeit eines vernünftigen Wesens bezeichnen ließe, angesehen worden: wohl aber hat man sich ihrer von jeher bedient, um die Art und Weise auszudrücken, wie die Menschen, besonders wenn sie in große Massen zusammengedrängt sind, sich zu bewegen und zu handeln pflegen. Nicht nur sind gewöhnlicher Weise Begier und Abscheu, Furcht und Hoffnung – von Sinnlichkeit und Einbildung in Bewegung gesetzt – die Triebräder aller der täglichen Handlungen, die nicht das Werk einer bloß instinktmäßigen Gewohnheit sind: sondern in den meisten und angelegensten Fällen – gerade da, wo es um Glück oder Unglück des ganzen Lebens, Wohlstand oder Elend ganzer Völker: und am allermeisten, wo es um das Beste des ganzen menschlichen Geschlechtes zu tun ist – sind es fremde Leidenschaften oder Vorurteile, ist es der Druck oder Stoß weniger einzelner Hände, die geläufige Zunge eines einzigen Schwätzers, das wilde Feuer eines einzigen Schwärmers, der geheuchelte Eifer eines einzigen falschen Propheten, der Zuruf eines einzigen Verwegenen, der sich an die Spitze stellt – was Tausende und Hunderttausende in Bewegung setzt, wovon sie weder die Richtigkeit noch die Folgen sehen: mit welchem Rechte kann eine so unvernünftige Gattung von Geschöpfen ..« (erst mal Luft holen).

Also: »Die Grimassenmacher, Quacksalber, Gaukler, Taschenspieler, Kuppler, Beutelschneider und Klopffechter teilten sich in die Welt; – die Schöpse reckten ihre dummen Köpfe hin und ließen sich scheren; – die Narren schnitten Kapriolen und Burzelbäume dazu. Und die Klugen, wenn sie konnten, gingen hin und wurden Einsiedler: die Weltgeschichte in nuce, in usum Delphini.«

»Schuld daran?« – »Ist freilich der Primo Motore des Ganzen, der Schöpfer, den ich den Leviathan genannt, und langweilig bewiesen habe.« Sie hatte während meiner schönen Rede – wahrscheinlich in einem Übermaß von Konzentration – die Augen geschlossen, und öffnete sie erst jetzt wieder, als das Mühlrad zu poltern aufhörte. »Na ja«, sagte sie langsam: »Und Zahnschmerzen hab ich auch etwas.« »Da müssen Sie sofort die heilige Apollonia anrufen«, wußte ich Rat, bekam aber nur einen bösen Blick: »Ihrem Kolbenschlag zu verdanken!« murmelte sie (mit vornehm elliptischer Wendung).

Betten machen: Sie schlief auf der Riesencouch (Einsdreißig breit!), und: »Ich leg mich in die Küche«, stellte ich beklommen fest. »Hm-M.« machte sie, nicht ohne Wohlwollen: das versprach ein Roman zu werden, mit allem avec. »Gute Nacht« sagte sie lieblich und zuvorkommend (und nestelte versonnen am Ausschnitt); – »Gute Nacht. – – Lisa!« setzte ich blitzschnell hinzu, hörte noch ihr anerkennendes

Schnurren und den Riegelklapp, und lauschte abwesend den leisen unbekümmerten Geräuschen im Nebenan: Zauberei! Heute früh –: ach was!: noch heute Nachmittag – ! Plötzlich kam die große Welle Zärtlichkeit und Glück: ich hob den Kopf und lachte hell in die umsauste Kammer; ich sprang zur Tür, stemmte die Handflächen dagegen, und rief – ach, irgend etwas Sinnloses: »Tuts noch weh?!«. »Nein: gar nicht mehr!« kam es so rasch und strahlend, und ein prächtiges kleines Lachen folgte, daß Alles gut war. – »Gute Nacht: Lisa!« »Gú-té-Nácht.« sang es fröhlich und müde vom Bett her, die Federung klang fein und äolsharfig, zauberflötig, paganinisch, music at night, bis ich endlich die Hände abnahm und zärtlich das Holz betrachtete.

Nochmals draußen (nach dem Kessel sehen; ob die Glut nicht etwa noch Schaden macht).

Dann am Fensterladen (mit der freien Rechten den Wind abwehren: daß er einen Augenblick ruhig ist –): Atmet drinnen, und regelmäßig.

Achtzehn Grad schon! (Und erst 5 Uhr 30!). Draußen war das bunte Seidentuch hochstraff über die Kiefernwipfel gespannt, blau und hellgelb und rosa. Im Kessel war das Wasser noch ein bißchen lau von gestern; ich rasierte mich à la maître, und legte zum braunen nackten Oberkörper nur die langen grauen Verführerhosen an, 30 cm Schlag, und den breiten schwarzen Gürtel mit der piratengroßen Messingschnalle (darunter ein Paar seegrüne Turnhöschen: denn heute würdes ja heiß werden).

Mit kleinen Fäusten hämmerte es an die Türfüllung:
»Kann ich mich waschen?
Wie spät ist es?
Sind Sie schon lange wach?«
Ich gab gewissenhaft jede gewünschte Auskunft, stellte auch das gefüllte Aluminiumwännchen auf den Hocker in der Küche, und floh dann ein bißchen den Weg auf und ab: cibiat ischtinem: es waren doch keine größeren Flächen zu

waschen (aber kompliziertere fiel mir ein, fiel mir ein; und am besten: Tee, Biskuits mit Marmelade, und Erdnußbutter: wir werden sie orientalisch verweichlichen, entnerven!)

Rauhfelliger Wind schrotete hinten im Gebüsch, während hier das grüne Moos durch ihre hellgelben Zehen und Finger quoll, die schwebten darin und biegsamten.

»*Das brauchen wir ja jetzt Alles doppelt*«, sagte ich strahlend, und rieb die Wannenhöhlung trocken, hingekniet vor ihr, im Arm das schimmernde Rund, wie den Schild des Hephaistos. »Wieso –« fragte sie eisig: »Woher wissen Sie denn, daß ich bleibe?!« Und mein Herz gerann, daß die Finger am Blechrand erstarrten; ich senkte den großen Kopf und atmete still: richtig!: Wer sagte mir, daß Diana blieb. (Eins Null für Lisa).

»*Was essen wir heute?*« Sie streckte träumerisch ein Bein in die frische blaue Luft; schnippte mit den Zehen (sic!); versunken: »Ja, wenn ich wünschen könnte – –«. Seufzende Stille, mädchenträumerische: »Makkaroni« murmelte die liebenswürdige Schwärmerin: »– Makkaroni mit Käse; dazu grüne Erbsen. Einen Mordsbraten; Tomatenmarksoße. – Und zwei Spiegeleier drauf!« schloß sie wild erwachend, und ihr Blick umfaßte mich weit und voll transzendenter Bitterkeit: »NU«, sagte ich munter: »Makkaroni, Käse, .. mm, ... m: also außer den Eiern wär Alles da: kommen Sie nur.« »Iss wahr?« fragte sie mißtrauisch, schon im Schwung des Aufstehens (und ich mußte gleich Feuer machen, und als Belegstücke die betreffenden Büchsen öffnen).

12 Uhr! Da standen wir mit den dampfenden Schüsseln in der Hand, und sie zischte wie eine Natter: »Der Waffenstillstand läuft ab! Mein Gewehr! – Und Munition!« Ich setzte das leckere Rund hastig auf den Tisch, lief und gabs ihr: »Wo ist das Schloß?!« hetzte sie giftig. »Ja – ischa Waffenstillstand«, sagte ich patzig: »Das hab ich noch von gestern!« Sie atmete unruhig: der Bratenduft! »Verlängern wir ihn!« schlug ich vor; trat vor sie hin, ganz dicht: so viel Männlichkeit und

Bratenduft! Ich wurde ernst; ich sagte: »Lisa –« (heiser): »für hundert Jahre, ja?« Sie nickte mit dem Kopf nach der Seite: »Gut –« hauchte sie mit seltsamem Lächeln: »also zunächst für hundert Jahre.« Und dann zogen wir im Triumph mit dem Tablett hinaus, hockten im Rasen und hantierten mit spitzen und runden Instrumenten, erfunden von den Verschollenen. (Anschließend wollte sie sich noch ein bißchen hinlegen: »Eine Stunde noch«, bat sie beschwichtigend und legte mir die Hand über die Schulter. »Schön« sagte ich bockig: »ich werde bis 3600 zählen« und die Hand blieb zur Belohnung noch drei Sekunden länger, und Fingerspitzen prüften meine Haut. Du).

Das Gewitter stand über Stellichte mit schweren geschmiedeten Wolken (Luft wie heißes graues Glas). Alle Vögel versteckt; nur drüben kreischte maschinen das Häherpaar.

Sie kam aus dem Haus, nur in briefs und schmalstem Büstenband und kauerte sich stumm auf die graue Decke, dicht am Rand, zum Nadelboden; den mageren Rücken zu mir, Knie am Kinn, riemenschmale Arme um die Schienbeine gewunden. Hinter dem grünen Geschnitz der Kiefernborten rumpelte landsknechtisch die eiserne Trommel; Staubwind atmete zitternd auf; dann sank wieder die schwarze Hitze, daß unsere Häute schauderten und schrumpften. Zuerst glühte es noch grün seitlich im Wald, und das verworrene Feld vor uns war staubig und giftgelb; dann schloß sich die ganze Kuppel, und der ungeschickte Janitschar wirbelte polternd näher. Meine weiße Wilde; der Wind fuhr ihr ins Haar und ich murmelte eifersüchtig: er soll das lassen! Der rosagestreifte Ball antwortete nicht; nur die Rippenspangen bogen sich deutlicher, als sie einmal tief durchatmete.

(Tiefste Dämmer): der blasse dünntrainierte Leib erwürgte mich fast. Regen zog heulend hoch und vorbei. Hände kannten keine Pause; Glieder winkelten puppig in der verwachsenen Nacht; manchmal sah ich teilnahmslos in geschäftiges Reisegewölk, reisewinde, reisewild:

Station Grauhelle: Wir halfen uns zum offenen Haus, trugen uns in hölzernen Händen übern Gang. Wir. Uns. Gang.

Immer noch Nacht: »Geh in Deinen Mantel!« befahl ich unerbittlich; ihr umgehängter Mantel lehnte seltsam schräg und kaffeebraun um sie in der Luft. »Ich bin Dir zwar herzlich gut ...« sagte sie noch kunstvoll drohend (war aber doch tief gerührt ob der Fürsorge); ihr Gesicht ging stürmisch unter dem meinigen auf; wir küßten uns Feuer aus den Gliedern; sie nahm mein Ohr in den Mund und flüsterte Gesetzloses, bis wir es taten. Dann in die wärmliche Nacht; aber:

»*Hörmal: Dein Kopftuch!*« sagte ich energisch: »das grenzt ja an Piraterie –« (und sie kicherte wohlig) – »fehlt bloß noch n Brotmesser zwischen n Zähnen« (wohlgefällig mißbilligend), »ne Rumflasche in der Hand, und nackter Oberkörper.« Sie nickte nachdrücklich und völlig überzeugt: »Das könnte Dir so passen«, murmelte sie hinter spitzen doppelten Zähnen: »na, mal sehn: nachher vielleicht –« (Und schlenderte in meinen linken Arm). »Ich bin ne richtige Zigeunersche.« und ich nickte besorgt, kummervoll: truetrue.

So I'm for drinking honestly and dying in my boots. Like an old bold mate of Lisa Weber. Also: Bibe Gallas! (›Bibe Piccolomini‹ entgegnete sie unerschütterlich; gelernt ist gelernt).

»*Ein Oetker-Kochbuch will ich haben*« (Varium et mutabile semper femina) »Was meinst Du, was ich uns da kochen kann!«. »Na dann« zustimmte ich resigniert und schwerfällig, und sie lachte auf und kam sofort nahe: »Wir müssen ja schließlich auch mal essen«, sagte sie behaglich, und: »heute brauchst Du endlich nicht mehr in der Küche zu schlafen – gestern war ich so kaputt –« vertraute sie mir noch reuig an. (Georginen: die sind adrett und ohne Falsch; auch Logarithmen. Da werd ich sie also in den nächsten Tagen in Alles einweihen).

»*Ob es den Leuten nicht unheimlich dabei war? ...*« (im Gewölbe der spreizenden Kiefer gelagert) erzählte sie nach-

denklich: »– wenn sie so diese Zukunftsromane erfanden?«
(Sie las eins aus ihrem Rucksack: Jens, Angeklagte; die Tagesarbeit war getan: wieder zwei Fuhren Verpflegung geholt; ich hatte noch methodisch eine Stunde gesägt und gehackt: der Winter bleibt uns nicht erspart). »Nicht etwa wegen der Majestät ihrer Gedankengänge« kam sie meinen präzisierenden Fragen zuvor, »sondern so: wenn Einer Ende Juni 2070 meinetwegen n schönen Abend sein läßt …« und sie schüttelte tiefsinnig verstummend den Kopf. »Nu« sagte ich behutsam: »feststehen tuts wohl heute schon, was dann für Wetter ist …« aber sie tat schon, hermelinen und geschmeidig, Lisa aus dem Busch, ihre zwei Sätze, und kniete über meiner Brust: »Was willst Du damit sagen. Du Philister?!« (So schnell zog sie also, wie instinktiv, sämtliche Folgerungen; auch hinsichtlich ihres Verehrers). Sie hatte eine Hand an meiner Kehle, während die andere suchte: »Das nimmst Du zurück. Solchen Unsinn!« zürnte sie, freiheitlich entrüstet, aber ich stellte die Brauen schräg und schüttelte bedauernd den Kopf.

Sie stieß mir die breite grüne Grasklinge dramatisch in die Brust, und das kam so ausladend und natürlich, daß ich tief innen nachdenklich wurde, ob sich gleich die Oberflächen vor Gelächter krausten: die alte Wildkatze! Und ich fuhr der kunstvoll Fauchenden in den grauen Pelz, daß sich ihr Genick durchbog und der Mund spaltete.

In leichten hölzernen Sesseln auf dem Rasen. Die Flaschen standen zwischen uns und funkelten anmutig in den letzten rotgoldenen Lichtern. Sie rauchte, die Füße auf einem schicklichen Schemelchen, langsam vom Camel-Päckchen (mußte aber sämtliche Stummel religiös in eine Konservenbüchse legen – nicht werfen!)

»Ja: das ist ein Mann.« seufzte sie bedeutsam und faul. Stille und Kühle. Der frische blaue Abend, gelb abgesetzt, würde noch lange dauern. Ich wandte ihr mein Gesicht zu: »Laß Deine Priameln« sagte ich streng, »und komm gleich zum

Apropos: wer ist nun wieder besonders viril?« Und fügte, um sie zu rascherer Rede zu reizen, noch ›He?‹ hinzu. Sie winkte mit den plakatischen Umschlägen, und ich erkannte das gröbere Bild: »Ach so,« sagte ich schwach, und kam zum halben Bewußtsein meiner Aufgabe ›Hemingway, sowohl Fiesta als auch Haben und Nichthaben.‹ »Nee,« lehnte ich ab, »ich bin mehr für die Spitzen der US-Entwicklung, so Poe und Cooper: was soll ich da mit dem missing link – ?«. »Und Wolfe und Faulkner?«. »Und Wolfe und Faulkner.« Sie maulte ein paar Sekunden und strich über den Umschlag: »Da ist noch Vitalität und volles Leben« meinte sie pikiert. »Wird diesmal noch mehr geschossen?« fragte ich neugierig: »Oder geboxt: Jubeltrubelheiterkeit? Die Welt besteht doch nur aus Barmixern, Menschenschmugglern, Veterans; kein Mädchen ohne Nymphomanie; Autofuhren: Gott, muß Amerika schön sein!« Aber sie fuchtelte schon drohend mit den Beinen in der Luft: Denken greift an, und man braucht Ruhe dazu. Seufzen. Dann warf sie ihren größten Tannenzapfen nach mir; sagte schwach: »Gib mir ihn aber wieder; ich will ihn zum Spielen –« und vertiefte sich abermals in Reizungen der neuen Welt. (›Was der für Stärke haben muß‹; genau wie Frau Salabanda in den Abderiten!)

Vorschlag: »Lisa: wollen wir in Hamburg ein Segelboot nehmen? Ausrüsten und in der Welt herumfahren?« (Denn sie war gewißlich der Zigeunertyp). Aber wohl war mir nicht dabei, wenn ich mich umsah (außerdem kannte ich das Meer von 3 Jahren an der Norwegenküste her, und traute den verfaulten Kuttern nicht mehr viel: aber ich hätt's noch gemacht). Sie schüttelte nüchtern den Kopf (scharfsinnig: kennt mich). Ein dreieckiges hellgelbes Segel tauchte am Horizont auf, lateinisches Segel über unsichtbarem Boot; und auch sie sah hinterhältig dem treibenden zu, gekonnt sehnsüchtig: ist denn der Stellichter Forst nicht übrig? Haselbüsche: sind sie nicht mehr gefüllt mit kleinen Schatten? (Die Camel: schmeckt sie nicht? und hinten reimte es sich auf begatten). Der himmlische Pilot landete weit an Dämmerbänken; mein unruhiger Passagier hatte die Hände am Hinterkopf und flötete fein und abendlich unregelmäßig »Ich küsse Ihre Hand, Madam –« (wie 1930: wo sind die Jahre hin?!!). »Und träum, es sei Ihr Mund«: na, das kannste haben. Und ich erhob mich schwerfällig. (Kalte Nacht dann; anschließend Regenperiode).

Lisa hatte heut ihren würdigen Tag: schon beim Frühstück rückte sie fatidik an zwei Tassen und wollte einen Tisch dekken, matronengütig, als könne sie jeden Augenblick nach Stricknadeln fragen. Ich soff Tee in düsterem Schweigen, und als sie einen Stuhl verkehrt auf meinen Schreibtisch schob, erkannte ich das Kismet: Saubermachen! Fenster auf, Fegen, Staubwischen, Wasserholen, Fußboden schrubben, Wasserholen, von Liebe war überhaupt keine Rede, aber schüttel mal das Tuch aus, und ich sah nur im Vorbeigehen seufzend nach der Couch: da schlug sie heuchlerisch vor, auch die zu klopfen: »Hab ichs erraten, Liebster?«. Also prügelten wir das arme Möbel kunstvoll ab, zum Dank für frohe Stunden, per ben fare. (Es möllerte aber wirklich unheimlich, und da müssen wir uns heute Abend wenigstens baden, werte Diktatrix!)

»Seif mir mal den Rücken ab –« murmelte sie badschlaff; und ich ließ die Hände sorgsam über die gebogene schaumige Fläche reisen, fühlte die Schulterblätter, die dünnen Rippen, noch mehr. – – »Mmm« machte sie faul und genießerisch: also noch einmal, da capo al fine; – »aber vorn bin ich schon –« erklärte der Teufel langsam (und auch erst, nachdem es ein paarmal zu spät war).

Beim Pilze sauber machen: »Morgen hab ich Geburtstag« bekannte sie nervös (d.h. am 22.8.; nach dem Jahrgang fragte ich edelmännisch nicht, denn 50 klingt zu gußeisern, also würde sie 35 eingestehen); »ich erst nächstes Jahr, am 18.1.« erwiderte ich das Vertrauen: »Du: da machen wir morgen große Orgie.« Die Messer schnirpten flink, dann hob sie die breite Stirn: »Ich wünsch mir auch was ...« bemerkte sie gleichmütig lauernd; »Nu: Lisa« entgegnete ich gutmütig und fürstlich: »Was ich dazu tun kann: wünsche nur –: – ?«. »Ehrenwort?!« fragte sie mißtrauisch, und ich runzelte betroffen die Mundwinkel: was mochte sie nur wieder wollen?? »So was Dummes! –« meinte ich unwirsch: »Sag was Du willst, und ich tus: Na?!«

Sie zog einem Waldchampignon das Präputium zurück, beschnitt den Rand und schob den verstümmelten Pflanzenleib mir zu (»Diese Hüpferlinge!« knurrte sie ärgerlich und blies durch die Lamellen des nächsten): »Du sollst mir von Deiner Kindheit erzählen: wo und wie Du aufgewachsen bist – Eltern Undsoweiter.« und sah kalt herüber: das hatte ich wieder nicht erwartet! Ich war völlig perplex; ich kratzte mir den Kopf; ich bat: »Lisa! – Liebste Lisa: kann ich nicht dafür n Sonettenkranz auf Dich machen: denk ma: 14 Stück, und das 15., das Meistersonett, ganz aus den Zeilen der übrigen? Stell Dir das mal vor!!« Jetzt war es an ihr, sich mit Zweifeln zu füllen: »Einen Sonettenkranz?« fragte sie interessiert, und gestand im gleichen Atem: »Das hat noch Niemand auf mich gemacht. – Hm. –« Und das Schwanken war groß und eitel. »Verflucht!« sie rückte gequält hin und her und warf mir einen bitterbösen Blick zu.

20 Minuten später erhob sie sich resolut, holte die zwei Würfel (dies Auskunftsmittel hatte ich sie gelehrt, wenn die Gründe 50:50 stehen), und erhielt für den Sonettenkranz 8, o weh; dann für die Jugenderinnerungen 11 (obwohl es ›brannte‹; denn der eine lag ausgesprochen auf einem Stück Schale!). Also: –

22. 8.: tarattattaaaaaaa!!! – Ich trat auf die dezent Geschmückte zu, hielt eine kleine oratio, und führte sie zu den Geschenken: ein echter Feuerbach war dabei ›Die Lautenschlägerin‹ (noch von Hamburg her); ein neues Doppelglas 12 mal 60 Leitz (denn ihres war nur ein ganz gewöhnliches 6 mal 40 gewesen); ein großer Colt (man muß auch einen der verläßlichen Trommelrevolver haben; die Pistolen sind zu kompliziert); ein paar Bücher: 2 Cooper (in Deutsch allerdings), Victoria Regina (sowas interessiert Frauen immer), und Wieland »Don Sylvio von Rosalva«. Sie bedankte sich gerührt und erfreut (ließ mich allerdings bei dem offiziellen Kuß raffiniert ihre Zunge fühlen, quite unladylike) und wies mit dem dünnen nackten Finger auf die 10 beschriebenen Blätter: »Sind das die Memoiren?« bemerkte auch auf mein stummes Nicken hoheitsvoll: »Verdammt wenig, mein Lieber.« Dann schufen wir das Symposion: Zwanzig bliesen zugleich der Blasebälg in die Öfen / allerlei Hauch aussendend des glutanfachenden Windes (und ihr gefiel das donnernde Maß ungemein: Jene stellt auf die Glut unbändiges Fett in den Tiegeln; wohlgefällig nickte sie: kai tote de chrüseia pater etitaine talanta: denn sie wog just Mehl und funkelndes Mus in zween Schalen).

Golden und hitzig strömte der Nachmittag: »Nächste Woche machen wir Kartoffeln raus« mahnte ich nörgelig; aber sie rümpfte indigniert die Geburtstagsnase und hielt lässig die Hände vors Tympanum. Ein wenig Wind (und winzige weiße Schafflocken am Fuß der Ahrsener Gehölze: nur zu sehen im neuen großen Leitz 12 mal 60: das Instrument gefiel ihr!)

Lampiges Fenster weht auf: ich stöhnte noch ein bißchen, händigte ihr aber dann doch die Blätter anstandslos aus, ein Mann ein Wort, und sie las (bequem im Sessel, völlig zerküßt, unter der Stehlampe: meine Erinnerungen. Ich durfte stumm zusehen).

... die gute Stube war nicht verschlossen; denn man konnte, obwohl es selten genug geschah, durch sie hindurchgehen, in der derben Dämmerung der häßlichen fleischfarbenen Vorhänge, auf den harten körnigen Balkon, der wie eine kahle Steinkiste aus dem zweiten Stock des Mietshauses ragte. So schwer und trübe war er mit seinen über handbreiten undurchbrochenen Seitenwänden, daß man ihn nur auf den Ze-

henspitzen betreten mochte, und stets noch das schnell zweifelnde Herz bekämpfen mußte, das zagend den freiwilligen Sprung in die felsige Gassenschlucht vorschlug, um nicht zwischen den rauhen klobigen Lasten hinabzupoltern. Zwar der lange grüne Blumenkasten vorn war anziehend genug; doch er stand am Rande; mit der dürftigen Wildnis seiner winzigen Unkräuter, welche die sinnlosen Erwachsenen sorgfältig ausrissen, mit tauben Händen und ungestraft; fäustiges Volk.

So wurde der ›Balkon‹ zum Anfang seltsamer Flugträume, in denen man die gedämpft schreienden und scheltenden Eltern hinter sich ließ, und mit wehenden Armen weit um die Häuserecken dicht über den menschenarmen nachtgrauen Straßen schräg nach unten glitt – nicht allzuweit; meist faßte man Fuß zwischen dem Kentzlers- und Louisenweg – und schritt dann schwebend unter den graulockigen Wipfelballen der vormorgendlichen Allee dahin (Richtung Schule Hammerweg) ...

... *so hell und leer* war die Welt mit großen Räumen und reinem kaltem Farbenspiel. Von breiten hölzernen Brücken sah man hinab auf die Bahngeleise, die in erregender Unerbittlichkeit schnurgerade auf den erbleichenden Himmel zu liefen; schollige Felder gingen ins fernste Blau; Mehlbeeren hingen wie traubiges Feuer in drahtstarren Dornenbüschen; vereinzelte Garben wie aus nickendem Golddraht gebündelt auf den Feldern; fliegend überall zauberfarbenes Laub und tönender Wind zwischen roten Zweigen. Weiße ruhige Villen lagen hinter abwehrend umgitterten Gärten, an den kahlen Vorstadtstraßen; raschelnd wandelte man im kühlen Abendgold. Und wenn man eins der großen gelben Blätter am weichen kalten Stiele aufnahm, lag eine rote funkelnde Kastanie darunten: der schlanke Geist im roten Seidenmantel hatte ein edles Haus. Dann kam ein kurzer kalter Windstoß, der die schleifenden Blätter drehte, und man wußte, daß er ein Wesen für sich war, deren viele diesen großen rauschenden Vor-

ort bewohnen mußten. In langen Reihen zogen die Kinder, meist von den größeren Mädchen geordnet, auf den stillen blanken Straßen, vor dem grün und gelben Himmel entlang, mit den bunten Kugeln ihrer gerippten Papierlaternen, in denen kleine Wachshäufchen glimmten.
Einmal wurde der Abend fremd und eisscharf und so hoch, daß der Himmel, die schützende schöne Wölbung verschwand. Teilnahmsloser als Steine waren die unzählbaren glitzernden Sterne, die miteinander flinke spöttische Strahlnadeln tauschten: warum wechselten sie zierliche und eiserne Blicke, wenn man mit gefrorenen Händchen am Laternenpfahl stand? Alles verfremdete sich.
Oben war die Küche warm und hellgelb und es gab heißen Tee, den der Junge am flachen eisernen Ofen trank, während bei den anderen – den Erwachsenen – ruhiges Gespräch und matter Scherz wechselten. Es blieb immer seltsam genug, wie sie darüber hinwegsahen – mit basaltenen Seelen und warmen Händen – daß sie sich, um das Leben zu ertragen, von der Welt kleine Stücke – Stuben – abtrennten. Was war es, das ihnen diese entsetzliche Sicherheit, dies gespenstische Vergessen gab, daß sie nicht hörten, wie es im Ofen heilig und singend rief (unbekannte hohe und tiefe Stimmen, die sich gelassen und schwermütig aus den Tiefen der Nacht unverständliche Zeichen gaben; höfliche und undeutbare Rufe, ablehnende); wie draußen die edlen Bäume sich im fahrenden Eiswind kummervoll und sehnig nach rückwärts warfen; wie metallene Sternpfeile in herrlichem und tödlichem Bogen abschossen aus Nichts in Nichts, from the Alone to the Alone? Sie hatten Grenzen in sich und um sich gezogen; sie maßen und wogen: Aber das Maßlose? das nicht zu Wiegende?
(Da er keine Grenzen in sich fand, haßte er alles, was Grenze und Grenzpfahl war, und wer sie errichtet hatte).
... *Nachdem er* sorgfältig den dünnen Tee, der beim letzten Schluck einen winzigen spitzen Zuckergeschmack gab, aus-

getrunken hatte, stellte er die Tasse auf den Kindertisch und sah in das spärliche Feuer, in dem sich ein länglicher Brikett aus einem stumpfschwarzen bedruckten Ziegel still in ein Anderes verwandelte. Feine rote Risse drangen von allen Seiten in ihn hinein, und darüber am Außenrand lag schon eine blättrige weiße Aschenschicht, aus der sich zuweilen noch lautlos winzige bläuliche Flämmchen mit hellgelber Spitze blähten, wenn aus dem dunklen unbekannten Berginnern die Gasströme stürzten. Für einen Augenblick konnte man am Fuße der felshohen Wand stehen, und tief in die wilden stumm glühenden Klüfte schauen; auch in roten felsigen Hochländern und funkelnden Sandwüsten wandern; oder behutsam Papierschiffchen auf ein noch schwarzes Stück Kohle setzen und mit vergehendem Herzen warten, bis das rote Meer lautlos an die verkohlenden Planken schlug, wehe der Zaubermannschaft.

Der graubraune Sofaüberzug, und er blickte an der altmodisch hohen Rückenlehne hinauf und hinunter: bei Gaslicht, wenn die kurzhaarige, an vielen Stellen abgeschabte Plüschwand mit wilden Schatten dastand, nahm er manchmal zwei drei Stecknadeln und ein fingerlanges Endchen Zwirn, und begann unten, wo Sitz und Lehne zusammenstießen, anfangend, die Nadeln emporwandern zu lassen: bald war man mitten in der unsäglichen Bergwelt allein, im donnernden Geröll, unter überhängenden Wänden, an denen klatschend das schwere Seil schwankte.

... die große Sonne war rein gelb und rot aufgegangen und schien durch die gefrorenen Scheiben, auf denen sich, da die Küche noch nicht recht durchheizt war, das Schauspiel entfaltete.

Einmal wandte er den Kopf und rief seine Mutter, die eifrig kochte und gelben süßen Teig in einer Schüssel drehte: »Du!«; dann wies er auf das Fenster, an dem die Eiskräuter schlank und gebogen in den silbernen Schatten standen. Sie kam hastig herbei – bis an den Grenzpfahl – sah einen Augenblick in das kleine helle Gesicht, sagte schnell: »Hm – Eisblumen.« und blickte dann wieder gespannt, einen Finger am Gashahn, in das wallende Wasser. Der Kleine sah es auch, wie es mit feinen heißen Blasen aus der unergründlichen verschleierten Tiefe des großen Topfes emporstieg, mit schraubigen Wellen an den Rändern nach der Mitte zu strömte und leise brausend wieder versank.

Dann ging er wieder in den bereiften Garten, unter den wie dünne Reifen gebogenen und mächtig gefiederten Blattwedeln entlang, einen engen weißen Pfad, der – man sah es ganz deutlich – bis ans flache Ufer eines weiten gefrorenen Sees führte, auf dessen Rand die rosige Sonne rollte.

Er hätte gern gewußt, wie die stolzen fremden Pflanzen hießen – nicht, wie sie genannt wurden – das war etwas ganz verschiedenes; denn er hatte wohl gemerkt, daß man manche Dinge richtig und manche falsch rief. »Eisblumen« war falsch; sicher hatte auch jede davon ihren eigenen Namen: aber recht wohl war ihm bei dieser Vermutung nicht; denn er erinnerte sich mit Schrecken daran, daß ja auch die Blumen, Gräser, selbst die hohen Bäume des Sommers, angeblich keine eigenen Namen hatten. Oft begegnete ihm im Treppenhaus ein großer leicht warziger Mann, mit einem lauten, roten Gesicht, der Pfeiffer hieß: warum hieß er Herr Pfeiffer, und warum hatten die sechs schlanken geliebten Pappeln am Bauerberg mit ihren munteren Blättern und den langen schönen Zweigen keine Namen? Er wollte ihnen keine ›geben‹; er wollte nur ihre richtigen hören!

Er sah wieder auf das Fenster und bemerkte mit Erstaunen, daß er nicht mehr in dem Garten herumlief, sondern wieder auf seinem Doppelstuhle saß; steif und mattsilbern stand in der Ferne der Zauberpark und wartete …

Die Tasse erschien in der Luft (ich hattes zuerst gar nicht gesehen) und man bewegte sie ungeduldig hin und her, ohne vom Papier aufzublicken: das hieß also ›einschenken‹, na schön; ich arretierte die Wackelnde mitsamt den hellen Fingern und füllte nach. »Pre ...« fing ich an; aber da hielt sie sie schon wieder gerade, und ich flüsterte nur der Vollständigkeit halber noch »... caución«. (Gut schaute sie aus mit der eckigen Lesebrille und dem langen schlanken Kleid; aber man hätte nach 8 Jahren wohl Helena in jedem Weibe gesehen, mahnte der Kritikus). Wahrscheinlich sollte ihr Interesse ein Kompliment für mich sein.

Sie nickte langsam und griff, ohne mich anzusehen, zum nächsten Blatt:

(Interessiert ja doch Niemanden).

Mitternacht längst vorüber: sie faltete die Blätter sorgfältig zusammen und nahm sie fest in die Hand. Ich stand am Fenster und sah den Viertelmond (crescit: er lügt) langsam und gebückt über die Wiesen schleichen; Wiesenmond durch Herbststille; alle Uhren gehen aus; ein Geist müßte man sein: schwebend über Herbstwiesen, so sähe mein tauiges Paradies aus. Sie stand hinter mir im Vorhang; sie legte die Hand an meinen Ärmel: »Ist es Dir sehr schwer gefallen?« fragte sie abwesend-reuig; ich antwortete natürlich nicht, und wir hörten es ums Haus kiefern und hauchen.

Auf dem Wege auf und ab gehen: »Immer kann ich nicht bleiben« sagte sie vor sich hin: »ich muß noch mehr Menschen finden.« Nachtkälte. Ich sagte lange: »Wenn Du aber Niemanden sonst antriffst?« (Wendung auf den Schienen; stehen; der Mond sank langsam ein in Nadelgezweig und Dunstband: rötlich war das silberne Wesen geworden, die untere Spitze schon weg, unten). »Dann komm ich wieder« flüsterte sie tröstlich, atmete hoch und tief. Traurig und schön. –

Stiller Nebelgrund im Ostermoor: lautlos Kartoffeln rausmachen. Die Erde glühte schwarz und rot; wir wühlten langsam in den kalten Schollen, mit fleckigen weinroten Händen; es drückte unter den schwarzgeränderten Nägeln. Das Wolkenfeuer veraschte bald; kalt und dämmergrün blieb der Weidengrund unten, während ich am beuligen Sack knotete.

Schärfe entstand in der Luft, und die Büsche wirbelten ein wenig mit dem schwarzen Laub. Die Stille lag herbstheil über dem ›ganzen‹ Land.

Sie fragte: »Warum schreibst Du eigentlich noch? – Warum hast Du überhaupt Bücher geschrieben?« (Antwort: Geld verdienen. Worte meine einzigen Kenntnisse. »Das ist nicht wahr!« sagte sie empört. Habs anders versucht. Auch: es macht mir Vergnügen, Naturbilder, Situationen, in Worten zu fixieren, und kurze Geschichten so durchzukneten).

Sie pfiff den Marsch der finnländischen Reiterei: püpüpi: püpüpi: püpüpüperüpüpü (og frihet gar ut fra den ljugande pol); sie sagte gerunzelt: »Also niemals für Leser, wie? Nie irgendeine propagandistische oder ›sittliche‹ Aufgabe gefühlt?«

»Für Leser?« fragte ich zutiefst erstaunt; auch die ›sittliche Aufgabe‹ war mir neu. »Ich meinte ja auch bloß –« besänftigte sie, bohrte aber sanft weiter: »aber sag mal: – ?«. »Ich hab immer begeistert Wieland gelesen: Poe, Hoffmann, Cervantes, Lessing, Tieck, Cooper, Jean Paul – das hab ich mir manchmal vorgestellt: ob die mit meinen Sachen zufrieden wären, oder Alfred Döblin und Johannes Schmidt. Aber allgemein ›Leser‹?? – Nee!! (Sowas kenn ich nicht).

»Heldenverehrung?« ich schnob verächtlich: »Mädchen!« Wer so lange mit mir gelebt hat wie ich, der glaubt an keine heroes mehr (vielleicht einige, aber die sind sicher schon lange tot). Trotzdem bat ich: »Lisa: bleib!« aber sie war schon zu weit weg, mindestens 10 Furchen, und füllte den Drahtkorb wieder mit den sanften steinhellen Knollen.

Frost at midnight: die hölzerne Stube war weiß und schwarz vor Mondgeflunker; im Ofen schlief ein dicker roter Punkt. Wir erwachten fröstelnd, und sie bohrte die geliebten Schultern scharf in mich. Ich streichelte einmal mit den Händen über Alles, sagte: »ich mach noch mal Feuer,« küßte in schläfriges Haar, und holperte, nächtlich bekleidet: gestreift wie im bagno, zum herrlichen Ofen. Jetzt segnete ich unser

Gesäge, und all die Spändel-Nachmittage; ich griff in schattige Hölzer und baute schnell ein kunstvolles Gitter um den roten Punkt, blies delphinenmäulig schlaftrunken, und sogleich wucherte die Flamme im eisernen Gewölbe, dehnte sich begehrlich und dünn durch die Züge, der Kopf torkelte mir auf die kalte Brust, und ich stolperte wieder zur Lisa.

Nach 15 Minuten floß die warme Welle über uns. Sie stöhnte befriedigt, pflanzenhaft willenarm (und ich huschte noch einmal davon und schob Buchenkloben nach). Wir umschoben uns mit Händen und flochten die Beine umeinander, ruhig und sicher. Als es richtig warm war, sagte sie lüstrig:

»Komm: laß uns wacholdern!« Ich erhob mich, einverstanden ohne Widerspruch, denn der Mond hatte auch mich toll gemacht; wir verkleideten uns, stirnziehend und flink, und gingen hintereinander durch die Bretterwände.

Wacholdermond: er funkelte und weißblaute genug. Die Pflanzen standen seydenschwartz mit wunderlichen Gebärden (das ›i‹ muß um des Satzrhythmus willen ausfallen). Noch einmal: glitt Lisa ins Haus nach den Flaschen. – Wir tranken in festes Nadelparkett gehockt, still und beherrscht.

Sie reckte den Hals, ihre Stimme sagte: »Ich fahr ab.« Ich sah die Wacholder um mich huschen, sitzen; ich faßte meinen Nebenast: »Wieso?« fragte ich trocken und un. Drüben blinkte das grüne Flaschenglas im Hochlicht: »Mir gehts zu gut bei Dir« atmete es über drei Moosfleckchen. Ich war mit einem Donnersprunge neben der Weißen und faßte in ihr Fleisch: »Lisa!!«

Ich sagte: »Lisa!: – «

»Meine Haut zittert, wenn ich ein Kleidungsstück von Dir sehe. Und mein Herz ist wie ein Fundevogel, denke ich nur Deinen Namen: wollen wir nicht wie die Prinzen leben. Meine Champignonne?«

Sie antwortete gellend: »Ich hab keine Schuhe an.« (Richtig: ihre Füße waren nackt!) Ich riß mir die Jacke auf und stemmte ihre Sohlen an die Brust, ihre Knie lagen in meinen

Händen. Der Mondwirt goß es weiß über uns; rechts von ihr lag eine gelbe Hand, links von ihr lag eine gestreifte Hand: und sie kamen auf meinen Körper zu. Ich rieb ihre Knie und drang näher auf sie ein; aber sie straffte die Beine und trieb mich zurück.

»Morgen fahre ich ab: es ist gerade noch Zeit, ehe ich ganz behäbig werde. Du bist mir zu stark.« Sie schob sich hoch; sie sagte ruhig: »Du kannst mir gleich dabei helfen: sieh das Rad durch und den Anhänger; ich zieh mich an.«

Rad aufgepumpt; der Anhänger dran. Ich ging ins Haus; sie stand in der Küche und packte, mit Büchsen und Flaschen einen Rucksack. Ich rief: »Bleib!« (Glas und Blech erscholl nicht gedämpfter).

»Lisa!« aber eine Leine machte Knoten und raschelte. Da ging ich hinaus und gaffte, wie sich der Reif auf dem Land bildete.

In Overall und Mütze: so griff sie nach der Lenkstange. Noch einmal trank sie süchtig; hielt mir das gläserne Behältnis hin, und ich küßte den kalten feuchten Flaschenmund, den kalten schnapsfeuchten Frauenmund, bebend vor Kälte und Elend.

»Ich muß!« erklärte sie entschlossen, »ich werde bei Dir – ich weiß nicht – dicker und klassischer. – Sicher ists nur mein Zigeunergeist und in 8 Tagen bereu ichs schon. – Du bleibst ja hier, und ich weiß immer, wo meine letzte Zuflucht sein kann: – ?!« Sie hielt mir die Hand über den Rahmen hin, und ich griff ihr Halsfleisch und küßte was ich fand, daß wir fast umfielen.

»Ich bin verrückt!« stellte sie stöhnend fest: »Aber kein Mensch kann für seine Natur. Entwurzelt durch 3 Kriege, ach –« Sie brach ab und befahl: »Tritt zurück. In den Buschkreis.« Ich tats. Sie saß ruhig auf und sah sich noch einmal um:

Die Wiesen glänzten still und luftig im sottschwarzen Kiefernrahmen. Der Mond als Schlußstein des schief zugespitzten Himmelsgewölbes. Ich sagte sinnlos: »Hast Du auch Streichhölzer – Du?«. Sie erwachte und erwiderte interessiert: »Nein! – Hol mir welche: ja?!«

Im Haus: wo sind die denn?! Ich zerriß Schübe und Packpapier: wo denn!!–

Fort: Sie war fort! Natürlich! Und ich stand mit geducktem Kopf wie in einem blauen Stein. Blödes Gesicht. Inmitten Pflanzen. In der Rechten ein Paket Streichhölzer.

Gegen Morgen kam Gewölk auf (und Regenschauer). Frischer gelber Rauch wehte mich an: mein Ofen! So verließ ich den Wald und schob mich ans Haus: der letzte Mensch.

Noch einmal den Kopf hoch: da stand er grün in hellroten Morgenwolken. Reif in Wiesenstücken. Auch Wind kam auf. Wind.

ENTHYMESIS
oder
W.I.E.H.

3. Tag
Wir haben heut alle mehr Schritte gebraucht; der Wind kam zu heftig und kalt. Außerdem wurde gegen Mittag der Sand tiefer, und ich ließ deshalb ein paarmal von Mabsut das Stadion vor uns auslegen (so brauchten wir keine schädliche Unterbrechung vorzunehmen): natürlich hat sich der Schritt noch mehr verkürzt; ich verglich vorhin mit Aemilianus, auch er hat nach allen Reduktionen weniger als sonst. Deinokrates erhielt beim Abschluß fast dieselbe Zahl wie ich, das sind 196,34 Stadien, wir einigten uns alle 3 nach der Geländediskussion auf 195,82 ± 0,41. Im Ganzen haben wir also jetzt 623,13 ± 1,04. – Wenn ich mir überlege, wieviel Fehlerquellen in unserem Verfahren verborgen liegen – ach, ihr Götter! Halten wir auch genau die Nord-Süd-Richtung ein? Schätzen wir bei welligem Gelände den Abzug für die Luftlinie richtig? Und unsere Schrittlänge? Verzählen wir uns auch nicht? Wind? Sand? Und schon am zweiten Tag mußten wir einen Umweg von nahezu einer halben Stunde machen, weil eine lange Felsrippe, zu steil zu überklimmen, unseren Pfad kreuzte (Pfad – dabei gehen wir wie Wolken im Blau: vor uns kein Weg; hinten verwischt ein Windstoß die Spur. – Ich hätte besser »Richtung« sagen sollen; man ist immer noch zu faul, korrekt zu denken. »Man« und »immer noch« d. h. »ich« und »schon«) –

Spät abends. Kalt. Große blakende Sterne (Listig wie Augen; gähnen, blinzeln. Die ganze Nacht). Mabsut kam um das stoßweise qualmende Feuer und massierte mir selbst die Beine. Ich bin der Einzige, der sich mit ihm unterhalten kann, und so erscheint er manchmal, tut flüsternd, soweit es seine Würde als Karawanenführer zuläßt, einen oder auch zwei Aussprüche, und sinkt dann, langsam die weiten Gewänder raffend, wieder zurück. Heute schwieg er. Gut.

4. Tag

24.998 – 24.999 – 25 000! – Man ist jedesmal froh, wenn es wieder soweit ist. (Nebenbei Ergebnis: 827,14 ± 1,85.)
Heute früh haben wir die letzte Wolke gesehen; in den Falten eines hellbraunen nahen Bergknäuls zur Rechten stieg eine schlanke lockige Nebelsäule auf, dehnte morgenselig in den kühlen Schatten silberbreite Riesenschultern, reckte sich über den harten Gipfel mit goldenem Wildlingshaupt – ach, und frischer blauer Frühwind zog an uns, die Kleider bogen sich in raschen kurzen Schwüngen um alle. Und der Hund Aemilianus stand wie aus Marmor kalt und sicher und wartete höflich und verächtlich, bis ich begann, schweigend nach Süden zu schreiten. – Ich zweifle keinen Augenblick daran, daß der Alte ihn mir mit vollster Absicht zuteilte; er hätte auch bestimmt viel lieber ihn zum Führer gemacht, aber das wagte er doch nicht, weil es einen Skandal in der ganzen Schule gegeben hätte. Ich habe ihm zu oft vor allen bewiesen, was für ein – ja, flacher Kopf er ist (ein Wundergedächtnis und größte Systematisierungsfähigkeit machen noch nicht den vollkommenen Genius!); und es ist interessant, wie selbst er, der geistige Tyrann in Alexandrien, sich doch nicht traute, mich als einfachen Bematisten hinauszuschicken. Aber los sein mußte er mich, weil er meine öffentliche Kritik nicht länger ertrug, und da er mich für einen »bei allem Scharfsinn zu phantastischen Kopf« hält (das hat er wörtlich zu Philippos von Syrakus gesagt!), war ja noch die Wüste da und der Sirius als ehrenvoller Auftrag. (Wie hat er beim Abschied gehöhnt: endlich werden wir einmal gesicherte Maaße für den Erd-»Ball« erfahren – obwohl er weiß, daß ich die Ge als Scheibe ansehe –) Nun, schon zu viel davon. – Und dann dem »warmen Kopf« rasch noch den Aemilianus beigegeben – oh, Eratosthenes ist klug! Und Philopator bezahlt alles!
Ich ging in den bunten Kreis der Nasamoner am zweiten Feuer, wo der kleine runzlige Tarfan in seinem rauhen Dialekt wieder ein Märchen erzählte; er wiegte sich, und sprang auf,

und hob keuchend die Last unsichtbarer Goldgefäße, aus deren schimmerndem Flaschenmund klappernde Edelsteine stürzten; er strählte mit den mageren Krallen risch den Bart, und blähte sich giftig, daß der Kreis erregt raunte – schade, ich hörte nur das Ende noch; man warf neues Gestrüpp in die breite wogende Flamme, und ich konnte mit Mabsut wieder den Weg besprechen: in 1 oder 2 Tagen werden auch die letzten Büsche verschwinden.

5. Tag
Als ich ein Kind war, erschienen mir alle Erwachsenen verehrungswürdig, Eltern und Lehrer preislich wie Götter. Wenn ich nunmehr zurückdenke, sehe ich nur den Kleinen ernsthaft am Feuer sitzen und mit einem Holzschiffchen spielen. – Deinokrates erzählte in seiner hübschen lustigen Weise von Jugenderinnerungen (er ist ja noch so jung, kaum 17); sein Vater ist Standortältester in Kelainai, und die glatte unendliche Königsstraße hat sich wundersam in alle Träume und Spiele des Knaben geschlungen; fast schwarz im Mondschein, wenn die unermüdlichen Boten des Angareion darüberflogen. Viele Erinnerungen noch an die Großkönige; Inschriften, Denkmäler, Hallen. (Aemilianus machte sich manche Notizen und fragte nach der Befestigung der Stadt, der Stärke der Garnison usw. – Was das für ein kaltes Reptil ist! Dabei ausdauernd und muskulös; er ist ebenso groß wie ich, aber sein Schritt ist bedeutend kürzer, eben ein rechter, dem uniformierten Gleichmaß angepaßter, Soldatenschritt). –
Mond floß mir durchs nickende Gegitter des duftenden Salbeibusches ins Schlafgesicht: stürzte ich nicht in gebauschten Seidengewändern durch wimmelndes Traumvolk? – Einmal stand ich vorm Haus meiner Kindheit in Pantikapaeon; auf die roten Ziegel am gewölbten Eingang waren Worte gekritzelt, eins davon »Psillos«. So hieß ein Halbbarbar, mit dem ich einmal ein paar Tage am Istros auf Posten stand: was wollte sein Name an dem alten Haus? – Die Philosophen begehen zwei Kardinalirr-

tümer; sie fassen das Wesen der Zeit und des Ichs viel zu einfach (Ausnahme: Dacqué?). Die Zeit ist zumindest eine Fläche, keine Linie; am Tage ist der Geist wie ein Schiffer auf einem Fluß, und der Nachen treibt; im Traum, zur Nacht, kann er aussteigen und über die Fläche des Zeitenstromes dahinschweifen – das Bild ist nicht schlecht (Zukunftsschau; freier Wille usw.); nun – noch viel zu forschen.

6. Tag
(1206,18 ± 2,75) Nur gut, daß wir uns an Datteln und Wasser und das dürre Brot schon vorher monatelang haben gewöhnen müssen; und in sich ständig steigernden Märschen an den Wüstenboden. – Wir erzielten heut weniger Weges; denn wir mußten rechtwinklig (nach links) zum Brunnen abbiegen. Ich habe für morgen und übermorgen Rast angeordnet; wir haben alle Schläuche zu füllen; die Kamele müssen sich sattessen und ausruhen. (Das Wasser ist süß, aber es macht die Zähne stumpf, finde ich.) Um den Brunnen wohnen nur 2 Familien Nasamoner (obwohl ihre Mundart schon erheblich abweicht; z.B. Mabsut sagt »Ogron« für Sonne; die hier »Ugrnja«). Schmutziges und schweigsames Volk; sie verkauften uns für hellrotes Tuch ein paar Säcke mit Datteln. Die Kleinen spielten mit Eidechsen oder quälten große tastende Käfer.
Kinder sehen noch schlank und am menschlichsten aus. Aber wenn sie erst einmal über 14–15 sind, dann fangen in ihren Leibern die entsetzlichen Drüsen an zu arbeiten; sie behaaren und bebarten sich, ihr Äußeres wird tierischer, und der Rest ihres Daseins bis ins hohe Alter ist nur noch ein unaufhörliches zähnefletschendes Brunstrasen. –
Ich muß auch noch einen anderen Zählapparat ersinnen; Deinokrates nimmt jeden Morgen gottergeben seine Kette und läßt den ganzen Tag die verschieden geformten Perlen durch die Finger laufen. Aemilianus macht täglich 2500 Punkte (bei jedem zehnten Doppelschritt einen) auf seine Wachstafel. Ich habe bisher mein Zahnradsystem mit dem Daumen betrieben,

und ich glaube, es ist immer noch das Beste von den dreien; aber es müßte noch einfacher gehen, wenn man z. B. die ja bei jedem Schritt zwangsweise erfolgende Beugung des Knies verwerten könnte! Nur wie diese auf ein automatisches Zählwerk übertragen?! –
Der Abend verglomm schön und grün. Friedlich. Die frühen Feuer. Einer der Bewohner erzählte, daß von den kupfernen Berghauben im Westen eine hohl sei, ein scharfgeränderter Abgrund mit hohen alten Bäumen darin. Eine Wegstunde von hier. Werde morgen mittag hingehen und ihn als Führer mitnehmen; außerdem einen von unseren Leuten (Tarfan, der Hakawati, will auch noch mit; meinetwegen!). – Das ganze Land hier unten im Süden ist ja noch so gut wie unbekannt; außer ein paar gelegentlichen Vorstößen in die Wüste, von denen aber kaum Berichte vorliegen, weiß man nichts davon (»... denn da kommen als Scheidewand hohe Berge, auf denen sollen Leute mit Ziegenfüßen wohnen, und über denen welche, die schliefen 6 Monde lang, und kein Mensch weiß, wie es dort aussieht ...« Wie habe ich als Knabe mit bebendem Herzen solche Stellen im Herodot gelesen; und vom Sataspes).

7. Tag

Am Kraterrand (glühender Mittag): ich sitze schon seit einer Stunde hier oben.
Wir brachen früh auf und gingen etwa 35,7 Stadien weit (ich kann das verfluchte Zählen kaum noch lassen!); dann befanden wir uns schon mitten in der ödesten Bergwildnis. Der Führer deutete auf eine etwa 1 Stadion hohe rötliche Steilwand und wisperte schüchtern: »Da soll es sein ...« (Er selbst war also noch nicht darin gewesen.) Da sich die Stelle als unersteiglich erwies, umkletterten wir spähend fast zwei Stunden lang den ganzen tief gespaltenen Mantel des Bergstumpfes, aber überall schrofften die Wände unzugänglich, zuweilen gar überhängend, bis wir endlich wieder an der Ausgangsstelle angelangt waren (das Ganze ist von einem Gewirr größerer und kleinerer

Hügel und rötlicher Felsen umgeben, die sich nach Westen und Süden manche Wegstunde weit hinstrecken mögen). Tarfan und ich begannen dann in einer mannstiefen schmalen Rinne den Anstieg und brauchten nahezu eine Stunde für die kurze Strecke; wir schritten über einen 2 oder 3 Stadien breiten unebenen rissigen Steinring und blickten dann völlig unerwartet tief tief hinab in ein fast kreisrundes weites Tal. Mächtige allgrüne Baumwipfel standen unbeweglich in der sengenden Mittagshitze unter unseren Füßen, ein glühender Teich blaute weit drüben in den duftenden dünstenden Wiesen; ich zitterte vor Erregung! –
Also (ruhig beschreiben!): Es wird etwa 12–15 Stadien im Durchmesser haben; die Wände senken sich sehr steil nach innen, und die eigentliche Talsohle mag in der gleichen Ebene (vielleicht etwas tiefer?) wie draußen die Wüste liegen. Wir sind ein Stück auf dem alten Kraterrand (denn es ist ja bestimmt ein Vulkan gewesen; die Innenwände sind zum Teil noch mit glasigen Lavastreifen bezogen!) entlang geklettert, um Nadelgefels und Blockwerk herum, und ich habe im Großen alles überblicken können. Eine ganze Familie glatter Teiche, durch schimmernde gewundene Kanäle verbunden, liegt drüben in der südlichen Hälfte. Myrrhenbüsche stehen im stillwuchernden heißen Wiesenmeer; nie sah ich solch mächtige uralte Bäume. Ich muß leise ein Stück hinunter. (Oh, ich weiß: es ist windgeschützt, und das Regenwasser kann durch die Lava nicht absickern; die Pflanzensamen wurden wahrscheinlich durch Vogelkot eingetragen – man kann ja alles erklären! – Aber – ach, kein »aber«; wer Narr sein *will*, versteht mich doch nicht!) Tarfan sitzt reglos an einem Felsblock und ist irgendwohin in sich versunken. – Hinab! –
Ganz weich ist der Boden; nur ich bin zu schwer; die Luft ist wie Glas. Zu starker Kräuterduft; er füllt mir den Flüstermund wie unsichtbares Getränke. Lautlos brennt im Moos die grüne Feder Farn. Und ich will mich den Teichen nahen, unter dem runden Himmel. Kein Fisch schnalzt mich an; keine Blume

bläht die grelle Farbenschale. Nur tiefes und helles Grün, und nahe und ferne rötliche Felsenmauern, gluthoch und wildverzahnt. Ich bin auf ganzen Sohlen zurückgetappt: es ist so heiß und starr und wuchert in schlafhafter Grüne. Manche Schlankbäume haben ein enganliegendes Schuppenkleid, rhombisch und sandelbraun; ich gleite lautlos und langsam durch ihre Fiederschatten. –

Oben
Tarfan, als ich ihn aufrütteln wollte, hob zerstreut abwehrend den Arm und wies murmelnd nach einer der goldenen Lichtungen: da sah auch ich es ganz deutlich: es bewegte sich. Ich kauerte mich zu ihm nieder, ich fragte: »Was ist das?« Er antwortete mittagsleise: »Aegipane –«

1 Stunde später
So schrill und rauh pfiff es unten, daß wir nach den Seiten fuhren; die Blattkuppel der Baumsäule unter uns öffnete sich sparsam und ein blätterschuppiges Maskengesicht tauchte aus der Pflanzentiefe, grasfeines Grünhaar als Wallemähne; halboffen schmal ein Starrmund – es riß mich an den Rand des Felsens, ich wollte mehr wissen: da plappert es erschreckt und hölzern, zu raschelt das Laubfenster. Tarfan zeigt wie abwesend in die fernen Wiesen; da springt und federt es noch immer, Gestalten wie aus Goldluft und Smaragd gemischt. –

Im Lager, Abend
Geschwiegen über die Ae.; nur Belangloses von dem Bergland erzählt. (Aemilianus hatte schon wieder die Schreibtafel bereit.) Um die beiden abzulenken, habe ich ihnen folgendes zu überdenken gegeben: Eratosthenes sagt, die Erde sei eine in 24 Stunden einmal rotierende Kugel von beiläufig 70 000 Stadien Durchmesser; mit welch phantastischer Geschwindigkeit bewegen wir uns dann hier in jedem Nu? Müßte nicht diese Riesengeschwindigkeit eine so große Fliehkraft entwickeln,

daß die Erde im Äquator zwangsläufig gedehnt würde? Sie könnte also keine Kugel mehr sein. Außerdem ist geometrisch die Kugelform nur ein äußerst seltener Grenzfall unter den unzählig vielen Rotationsellipsoiden, so daß (wenn schon die Erde eine in sich zurückgekrümmte Fläche sein sollte, – was ich bestreite!) nur ein solches in Frage kommt. – Deinokrates war gespannt und interessiert wie ein junger Jagdhund; Aemilianus stand kühl an eine Dattelpalme gelehnt (notiert zwar hatte er alles!) und fragte: »Und was Praktisches folgt daraus?« (Wenn ich Eratosthenes wäre, oder wenn Eratosthenes ein bedeutender Mann wäre – Haha: *ist* das nicht eine prächtige Formulierung!! – würde ich einen Menschen, der so fragen kann, nie als Schüler annehmen! Praktisch! Der Bube! Nun, ich will ihn bedienen!) – Ich sagte leicht höhnisch (er sollte es merken, und nahm es auch kalt zur Kenntnis): »Hat man das in Rom noch nicht entwickelt? – Du erinnerst Dich wohl, wie ich mit Eratosthenes sprach, daß, wenn die Erde ein Ball sei, wir z. B. mit der Formel H = a · tg alpha die Höhe eines Berges stets zu klein messen würden, weil ja sein Fuß immer tiefer steht als wir selbst.« Er nickte mit hochgezogenen Augenbrauen (vermutlich dachte er auch daran, wie E. damals völlig verdutzt geschwiegen hatte – der große E.!). Wenn nun aber die Erdoberfläche keine gleichmäßige Krümmung hat, d. h. wenn die Größe dieses »Tieferstehens« sich, wenn auch mathematisch durchaus erfaßbar, änderte, je nach dem Ort, wo ich mich befinde, ja, auch dann noch mit der Richtung wechselnd, in die ich schaue, und der Entfernung des beobachteten Punktes – Deinokrates legte verwirrt eine Hand an die Stirn – ich zeichnete ihnen eine Ellipse in den Sand, und machte ihnen das Problem klar. Nun sitzen sie mit gepreßten Lippen und grübeln. (Auch der praktische Emil – ich verwette meinen Kopf, daß Rom ihn als Spion zu uns geschickt hat; zum »Nutzen des Staates« viel »praktische« Kenntnisse zu sammeln; für Vermessungszwecke, damit man möglichst rasch Marschstraßen absticken und militärische Karten zeichnen lernt. Selbst sind sie zu beschränkt – eben »national« – mich packt der Ekel; ausrotten müßte man diese kalten Machtschufte. Pfui.)

8. Tag
(bevor die Sonne aufsteht) Ich habe mir im Schutz der Decken das Säckchen mit meinen Privatsachen herangezogen, und von dem glashellen scharfen Branntwein geschluckt. Schön, so am Morgen zu trinken; es wirkt fast unmittelbar, gleich nach 2, 3 Minuten; und man braucht ganz wenig. Und ist eine Stunde lang wach wie ein Gott! – Da: schon kommt's! Nun sehe ich jedem Menschen nur ins platte Gesicht, und errate sogleich: Du bist ein Schuft! Und Du ein Schwein! Und Du ein Narr! Aemilianus ist dies alles: Deino wird es. Nur Tarfan, der Bunte, ist anders; aber er ist nicht scharfsinnig genug – doch schon zu viel von ihnen, ich will die Stunde nicht vergeuden.
Die zehnstellige streicheln; ich liebe sie wie die Einsamkeit; und warum? Pah – herhören (Wer soll herhören – Was?!): mit 6 beginnen unendlich viele Zahlen, mit 62 schon weniger, mit 62 457 nur noch einige, mit 6 245 763 016 keine mehr, die ihr Pöbel kennt; und dahinter tauchen aus unendlichen Zahlentiefen mehr auf, mehr auf, mehr, kommt – ach Ihr! Und deswegen die Hand hoch zu alpha Lyrae – hoho, wer errät's? –
Ich habe früher einmal zu Eratosthenes geäußert: Das Kennzeichen des Geistes ist, daß er die Unendlichkeit will; nun sei die Scheibe unendlicher als die Kugel, also müsse die Erde eine Scheibe sein. Und fügte ungeduldig hinzu, ob er nicht mitfühle, wie fürchterlich es wäre, wenn man eine Kugeloberfläche einmal fertig entdeckt hätte? Er nickte gleichmütig und erwiderte lächelnd: »Damit hat's noch gute Weile.« Na schön. Dann wünsche ich gute Weile. (Natürlich kann einer weder ein guter Staatsbürger noch auch persönlich glücklich werden, der sich Gedanken über das Treiben der Menschen – und Lebewesen – vor und nach tausend Jahren macht. Oder über die Psyche und Mneme der Pflanzen.) Dies Wichtigste aber verschwieg ich: wo soll man denn hinfliehen, wenn die Erde eine

Kugel ist? Daß man endlich einmal in kein Menschengesicht mehr entsetzt starren muß (und wirf auch jeden Spiegel weg, und schließe beim Trinken die Augen!). Könnten sich dann nicht von allen runden Seiten die geschäftigen Haufen händereibend näher drängen; und flüchtete man bis zum Pol, sie würden auch diese letzte Wölbung erwimmeln mit ihren zischenden geilen Gesichtsscheiben und mit metallschmutzigen Höhnefingern auf den Einzelnen weisen, der angewiderten Mundes die Gewänder um sich rafft! – Nein, nein, ich will, daß sie eine Scheibe und so unendlich sei: nun folgt doch, ihr gaffendes Pack, wenn ihr könnt! Überwindet ihr auch noch den ersten gehügelten Forst und das erste Meer, so zaudert ihr schon beim zweiten und dritten – aber das zehnte?! – Aber das hundertste?!! – Und ich klimme lachend im ödesten Gestein und durchziehe unermüdet die Wüste (und möge Wind hinter mir sein, der alle Spuren verweht; und einen falben Mantel will ich tragen, daß mich niemand im Sandmeer erspähe) – nur Helios über mir im sprühgoldnen Schiff; und zuweilen mögen Dämonen kommen. Schon winkt ein neues silberschäumiges Meer, Inseln am Horizont. – Blutbruder Gras, ich liebe Dich / Dein Wasserglanz stürzt über mich / wie eine Schale Tau. / Ich hebe meine Hände her / und streichle Dich so süß und schwer / und mehr und immer, immer mehr / wie die geliebte Frau. / Die Himmelsschale blau / vergießt ihr schmetternd goldnes Licht / über mein sinkendes Gesicht; / ich wehre nicht und streite nicht / der Wind, der weiße Wolken flicht, / kommt herrisch und geht lau. / Die Wolke steht und sieht mich an; / der Bach läuft blau und blank heran / auf seinen Silberfüßen, / der Mittag geht, die Dämmrung geht, / der Abend voller Feuer steht / und weiße Sterne sprießen. / Ich singe unbestürzt und laut / an Wasser, das aus Teichen blaut / Windsbraut ist meine wilde Braut: / Einst hatt' ich eine andre. – / Die schwatzt und lacht nicht halb so schön, / wie Räder, die in Bächen gehn, / in weißen, weißen Wässern gehn, / indes ich rufend wandre. / – Weh mir! Das Schwein Aemilianus kriecht aus den Decken! –

9. Tag

(1407,34 ± 3,18, d.h. über 200 Stadien; nun, wir waren ausgeruht, obwohl's am Ende nur noch Sand und Fels war.)
Abends viele Worte gemacht gegen die Darstellung des unbekleideten Körpers in der Kunst. Es ist ja geradezu wie ein Fluch, daß unsere Bildhauer und Maler (in wohlberechnender Spekulation auf die Lüsternheit des Publikums) nur noch nackte Weiber zurechtschmieren und -hacken. Und ihren Produkten dann Namen geben wie »Mittag« (wenn sie besonders fett und schläfrig geraten ist), oder »Schwermut«, oder sie machen eine »Kniende« und »Sinnende«, gerade als wenn man diese Tätigkeiten nur noch im unbekleideten Zustande auszuüben vermöchte. Emil hob kühl verwundert die Augenbrauen und meinte abweisend, aber es sei doch durchaus ›natürlich‹ (*Das* ist ein Hohlkopf! – Ich sprach auch nur noch zu dem leicht erröteten Deino); vor 120 Jahren malte F. seine ›junge Frau in der Morgensonne‹ (wir haben es oft genug in der Galerie in Alexandrien gesehen; und sie wendet dem Beschauer den Rücken und trägt ein langes hochgeschlossenes Kleid und sie breitet ganz leicht die schmalen Hände aus den breiten Ärmeln); also *das* Thema einem Modernen gegeben! Und »Natürlich« – unter dieser Schutzmarke werden seit Menschengedenken die tollsten Unflätigkeiten begangen; sie zerren grinsend das Quermaul breit: »ist doch alles menschlich!–« Und stoßen sich wiehernd mit den Ellenbogen an! – Die Natur zeigt uns nicht vollkommen Schönes noch Weises noch Gutes; aber der Geist – um das Gespräch abzubrechen, fragte ich scherzend Mabsut, der sich eben am Feuer zu schaffen machte, nach seiner Meinung; als er verstanden hatte, spreizte er nur ausdrucksvoll abwehrende Hände und schritt rückwärts in die Nacht. Das ist noch unverdorbenes Empfinden. – Es bleibt immer interessant genug, wie sich da im wilden Westen, in Rom wieder einmal so ein Wolfsstaat (wie damals Sparta) brutal groß frißt. Platon, der kalte Narr, müßte seine helle Freude daran haben (was an Platon groß sein soll, habe ich nie verste-

hen können; gewiß, er schreibt manchmal elegant, aber seine Bücher sind auch oft voll seitenlanger stilistischer und philosophischer Plattheiten, wie man sie kaum einem Schulbuben verzeihen würde. Und dann als Krone diese wahnwitzige Utopie; mit ihrer Weiber- und Kindergemeinschaft und der nackten Staatsvergötzung: »während eines Krieges wird es niemandem erlaubt sein, sich den Küssen eines ausgezeichnet Braven zu entziehen« und noch hundert dergleichen empörende Abgeschmacktheiten. Es ist das Brevier für einen fanatischen unsterblichkeitssüchtigen Eunuchen, der eiskalt amüsiert über Millionen in geistigen Schlaf versenkter Heloten hingrinst). Aber, wie gesagt: Rom! – Allem geht der Staat vor; möglichst viel Kinder ›zeugen‹ (ein edel Wort, wie?); ja doch, Moloch braucht viel (und gegen den wird sittlich entrüstet Krieg geführt; außerdem gehört ja Sizilien strategisch dazu – »kein freier Staat könnte es länger dulden, daß ein asiatisches Fremdvolk in seinen natürlichen Lebensraum einbrach ...« Und in Sagunt findet man gar Silber!). Deswegen vom 5.–70. Jahr nur Männerbünde; hart müssen sie werden; auch die »Jungfrauen« werden in heiligen Gestüten zusammengefaßt. Kunst und Wissenschaft erreichen natürlich sofort nie gekannte Hochblüten (denn außerhalb der Landesgrenzen leben ja nur Krämer und Lemuren, höchstens als Haustiere zu dulden), »... denn heute gehört uns Roma, und morgen die ganze Welt ...«, so singen ja die Zehnjährigen bei ihren Marschübungen. Während jedes Quartalskrieges müssen dann auch die 100-jährigen Pfeilspitzen schmieden; und die Heldenmütter jauchzen, wenn sie die Nachricht erhalten, daß wieder einmal ein Sohn gefallen ist. (Tatsache: das hat mir Ae. selbst stolz erzählt! Es ist niemandem erlaubt, – ganz wörtlich wie Platon! – zu weinen oder kummervoll dreinzuschauen. Sie müssen sich sogar bekränzen, und fröhliche kriegerische Lieder erschallen lassen.) Und dann treten jeden Tag eigens ausgebildete ›Staatsredner‹ vor die Leute hin und reden sie als ›freiestes Volk‹ an; aufreizend rote Tücher bauschen sich, geschulte Chöre jubeln Heilrufe dazu –

man befahl uns aufzulodern in männlichem Zorn – Und das Tollste ist: 90 von 100 Römern sind fest überzeugt, daß es nichts Besseres und Menschenwürdigeres und Freieres und – ach was ihr wollt gebe, als Rom!! – Widerlich, widerlich! – 2 Kamele sind krank; Verdauungsschwierigkeiten. –

10. Tag
(1590,55 ± 4,06; es kann ja nicht stimmen; der Fehler muß schon viel größer sein! Ich hab' keine Lust mehr! –) Am Nachmittag zeigte Mabsut mir die letzte ihm bekannte Wegemarke; eine kleine Steinplatte auf einem flachen Felsenrücken zur Rechten. Ich fragte ihn nach dem Namen (um doch etwas zu sagen); und er murmelte ein paar seiner barbarischen Rauhlaute, drehte gleichmütig den Kopf.

11. Tag
(1786,86 ± 5,18) Grauenhaft einförmig und ermüdend; wir mußten fast dreizehn Stunden gehen, um die 50000 Schritte vollzumachen. Wir waren am Ende alle hundemüde; und ich setzte deswegen bei der kurzen Fehlerbesprechung durch, daß wir 1,12 Stadien als Schwankung in die Endzahl aufnahmen. Deino hatte leichtes Fieber und war deshalb ganz wach und gesprächig – ich mußte ihm vom Nordrande des Pontos' erzählen und wurde selbst wieder erregt und klirrend dabei, wenn ich der ewigen Skythenkriege gedachte und der zerstörten Städte. Ihm ist diese Welt noch fest und zuverlässig; Besitz gut und unvergänglich; Kelainai seine Zuflucht. Ich dachte daran, wie ich, 2 Säckchen auf der Schulter, aus dem brennenden Tor der Heimatstadt geschritten war. (Futter in dem einen, alpha Lyrae in dem andren). – Das werde ich nie vergessen, wie ich zum letzten Male vor meinen Büchern stand und mich abwesend in den Räumen umsah; glücklicherweise war noch etwas Schnaps im Spind gewesen, und der Körper quälte mich nicht, ich fühlte ihn nicht, die leichte Last nicht, und auch der inferiore Teil des Geistes, der diesen schäbig umgehängten

Leib beordert, war von mir getrennt. So konnte ich breitbeinig dastehen, die Hände in den grünen Manteltaschen (denn es war schwarz-weißer Winter draußen, und Naßluft schüttelte kurzstößig). Der Kopf schwebte im Raum. In dem es ganz still war. – Was will zischelndes Sandrascheln und der Mondtrümmer im Sterngesplitter? Schritte flüchten nach überall.

12. Tag
Nordwind mit Sandgewölk (klingt wie ein Menü); in den Schwaden huschen Schatten. – Ich habe fast 4 Stadien Fehler befohlen, weil ich während des größten Tagesteiles die Sonne nicht sah, und so die Südrichtung nur erahnte. Na; wir latschen halt drauflos; in Eratosthenes Namen. –
Wenn es der Menschheit nur bald gelänge, sich zu vernichten; ich fürchte zwar: es wird noch lange dauern, aber sie schaffen es bestimmt. Fliegen müßten sie auch können, damit man leichter Feuerbrände in die Städte werfen kann (ein schönes Bild: vielleicht ein bauchiger erzener Nachen, aus dem ein paar Gepanzerte höhnisch brennende Scheite schleudern, während man von unten mit heulenden Pfeilen nach den schuppigen Unholden zielt. Auch flammendes Öl könnte man gut aus stählernen Kannen gießen. Auch Gift. In Brunnen. Zur Nacht). Nun, sie werden's schon schaffen (wenn *mir* schon so viel einfällt!). Denn alles verkehrt sich ihnen ins Böse. Die Schrift: sie ist bestimmt, ewige Dichtungen oder Weisheit oder Erinnerungen aufzuzeichnen – sie aber schmieren Myriaden von Schundromanen und Hetzschriften. Was gerät ihnen flink aus Metallen? Schwerter und Pfeilspitzen. – Das Feuer? Schon qualmen Städte. Und auf der Agora drängen sich die Taschenspieler und Klopffechter, die Beutelschneider, Kuppler, Quacksalber und Huren. Und bestenfalls sind's noch Schwachköpfe, Gecken und hirnlose Brüller. Und jeder von all diesen ist selbstzufrieden, tut würdig, neigt sich höflich, bläht plump die Backen, schwingt die Hände, glotzt, schnattert, kräht. (Sie haben viele Worte: Lebenserfahren: ist einer, der genug kleine Schurke-

reien kennt. – Abgeschlossener Charakter: hat endlich alle Ideale verlernt. – Gewandtes Auftreten: frech und längst schon hängensreif.) Das sind die Kleinen; und die ›Großen‹: jeden Staatsmann, Politiker, Redner; Fürsten, Feldherrn, Offizier erwürgt auf der Stelle, ehe er Zeit und Gelegenheit findet, auf Unkosten der Menschheit den Namen des ›Großen‹ zu erwerben. – Wer nur kann groß sein? Künstler und Wissenschaftler! Und sonst niemand! Und von ihnen ist der kleinste Ehrliche tausendmal größer als der große Xerxes. – Hätte ich von den Göttern 3 Wünsche frei, so wäre einer davon, sofort die Erde von der Menschheit zu befreien. Auch von den Tieren (sind auch schon zu böse). Die Pflanzen noch besser (außer den Insektenfressern) – Der Wind wird stärker.

13. Tag

(2152,04 ± 11,12) Die geringste Leistung heut; 160 Stadien. Die Böen drehten sich aus allen Richtungen, und es war ein höllisches Torkeln. Außerdem wird der Sand immer feiner und ist ziemlich tief; da wird man schnell müde. Gegen Mittag ein paar haushohe rote Felsklötze.

Als wir am Abend (zum erstenmal ohne Feuer; das Holz wird knapp) träge an Ballen gelehnt saßen, kam Mabsut in unseren Kreis und wies mit vorsichtigen Worten darauf hin, daß wir zwar noch für 8 Tage Wasser hätten, aber – Pause. Dann begann er betont, daß man also ohne Gefahr höchstens noch 1 bis 2 Tage weiter nach Süden könne (höflich fügte er hinzu: wenn wir natürlich noch Wasser fänden ...). Ich übersetzte und schickte ihn weg; für Aemilianus schien die Umkehr eine Selbstverständlichkeit; und er schlug vor, sogleich mit den langwierigen Endbeobachtungen zu beginnen; wir müßten immerhin – 2000 Stadien – wenn man die früheren Messungen zugrundelege – etwa 4 Grad Breitenunterschied – ? Ich erwiderte kalt: »Wir gehen weiter.« Er schien es gar nicht anders erwartet zu haben (kennt er mich so gut?), runzelte nur leicht die (weiße!) Stirn, und begann von neuem (mit Nachsicht; wie man zu einem begabten, eigensinnigen Kinde spricht) die Umstände darzulegen. Stille. Wind strich rauschend über den kalten Abendsand. Ich versprach dem Wind: »Wir gehen weiter.« Im Nordosten wölbte sich, drängte sich neblig, wuchs hüglig, ein Lichtdunst über den klaren Horizont; bald würde der Mond aufgehen. Nach einer Weile erwiderte Aemilianus kalt: »Nun, du mußt ja schließlich vor Eratosthenes das Ergebnis verantworten.« – Er sah auf seine beherrschten Finger und fuhr ruhig fort: »ich jedenfalls werde nach diesen, von dem Nasamoner erwähnten 2 Tagen umkehren. Wahrscheinlich wohl mit den anderen, wie?«

Nachts
Ich habe mich nun entschlossen; mein Gepäck ist bereit. Die Bücher, ein Messer, ein Stück Brot (und eine Handvoll Süßdatteln) und den Schnapskrug (voll!) am Strick um die Schulter gehängt. Bogen und 3 Pfeile.

14. Tag
(Noch an derselben Stelle!) Gerade als wir aufbrechen wollten, staubte es leicht und goldig im Westen; schnell waren ihre Reitkamele! Es sind nur 4 Männer (und 2 davon alt), so hatte niemand Befürchtungen, aber 10 Kamele (6 für Proviant und Gerät, die Mabsut gleich nickend und neidisch musterte). Sie stiegen unverzüglich ab und schritten schön und würdevoll in unseren Halbkreis, blitzende Augen in den tiefbraun gefurchten Gesichtern; goldrote und schwarze Gewänder. Ich klatschte sogleich entzückt in die befehlenden Hände, und rief Mabsut zu, wieder abzuladen, was er, zuerst mürrisch, dann pfiffig lächelnd, mit dem anderen Schwarm vollzog. – Wir sitzen im Kreise.

Mittags
So. Hastig etwas gegessen. – Der eine, Alte, hat den Beinamen ›Beschar‹ d. h. ›Der Reisende‹, und er weiß viel von der Wüste (als ich den hohlen Berg andeutend erwähnte, warf er scharf den Kopf nach mir herum. Schon verschweigen wir also ein Gemeinsames. Sehr gut). Sie kommen weit aus dem Westen, seit 9 Tagen unterwegs, und wollen nach dem Ammonium, aber zuerst über einen anderen Platz, den er Dscha-lu oder ähnlich nannte. In unserer Richtung weiß er nur noch, daß nach etwa 2 Tagereisen eine öde Bergwildnis beginnen mag, mit heißem düsteren Gestein, und dann? er zuckte die Achseln; die Wüste geht weit in die Unendlichkeit (ah, wie ich die Fäuste krampfe vor Eifer: unendlich! Und nur immer wieder das Sandmeer und schwarzes Geklipp, wie Treppen der Hölle; unendlich und Einsamkeit – ich hieb die Faust in den Sand; ich versprach der Unendlichkeit: »Ich gehe weiter!«) –

Nachmittag
Wir haben ein lustiges Bogenschießen abgehalten. – Halt: erst etwas anderes! Ich fragte Beschar immer weiter, und er sagte, einmal, vor vielen Monden, sei er selbst bis in die ersten Ausläufer jenes Berglandes verschlagen worden, und es wohnten ›Dschinnen‹ dort. Wenige. Dschinnen. – Er (auch sein Begleiter) haben Spuren gesehen; den linken Fuß eines Mannes und daneben den Abdruck einer riesigen Vogelkralle. Er lächelte erhaben und listig und sah mich an. Der Silberbart ruhte auf seiner breiten Brust und spann sich über den schimmernden Gürtel; weit floß das Gewand in feuerfarbenen Falten, unter deren goldumranktem Saum ein durchbrochener gebogener Spitzschuh hervorsah. – (Er verwandte kein Auge von mir; mag wohl mein Gesicht unverhohlen gewesen sein. Ich neigte mich oft, und er winkte lächelnd und langsam mit der reichberingten Hand. – Schmuck ist doch wohl schön.) – Bogenschießen: Mabsut trieb einen Pfahl in den Sand (er hielt natürlich nicht; so baute er Steintrümmer herum), stellte einen dunklen

hölzernen Becher darauf, huschte weg. Selbst auf 60 Schritte trafen ihn nur 4 : 2 der Fremdlinge (Beschar und einer der anderen mit kohlschwarzem keilförmigem Bart und glühenden Augen), Deino (aber wohl aus Versehen) und ich. (Mein alter Bogen war geschmeidig und im besten Zustand und meine Hand sicher – ah!) Auf 100 Schritt schoß ich ihn mit dem ersten Pfeil, der zweite saß einen Fingerbreit tiefer im Pfahl (das Holz splitterte von der Wucht nach oben auseinander und hob den Becher schräg an), der dritte durchschlug den gewölbten Rand des Gefäßes und flog pfeifend weiter. – 150 Schritte: es war zu weit. (Bei Windstille wäre vielleicht noch eine Möglichkeit gewesen.) Die ersten beiden gingen vorbei, der dritte stieß den Becher so, daß er herabfiel. Beschar aber hob die Hand in den Wind, dann legte er einen dunklen Pfeil mit schlanker silberner Spitze auf, zog an und schoß, daß das edle Metall die rissige Höhlung wie ein Blitz spaltete. Dann ergriff er meine Hand und sprach gütige Worte; wie er sich freue, daß so seltene Schützen ins Sandmeer zögen (einen seiner Pfeile hat er mir geschenkt). Seine Gefährten hatten lautlos ein schwarzes Zelt entfaltet; drinnen fragte er mich, was wir hier täten; lächelte und runzelte die Stirn. Ich verschwieg ihm wenig. Am Abend bin ich ins Zelt geladen.

Kurz zuvor
Ich hatte mich in dem klaren und windigen Nachmittagsgold eine Stunde in den Schatten des Zeltes gelegt und war sogleich eingeschlafen. Ich schlug die Traumaugen auf und befand mich an Bord eines Schiffes; als ich über die metallene Reling sah, deckte ein schwerer Nebel das nächtige Wasser, so daß nur dicht an der Schiffswand die kleinen kalten Wellen sichtbar dahinstrichen. Ich stolperte im leichten Wiegen des Decks durch das Gewirr von Taurollen und eisernen Winden auf die Kajüte zu und sah durchs Fenster hinein, wo auf dem Tisch eine alte Karte lag; der Kapitän lehnte darüber und maß mit gezähnten messingnen Scheiben und Dreiecken, daß ich kein Auge von

ihm wendete. Eine klare traurige Stimme begann neben mir zu murmeln, schwand, sprach, schwieg; ich merkte mir nur den Namen des Schiffes ›Uatzinta‹ und wandte mich wieder zur See. Der Nebel hatte sich etwas gehoben, und ich sah, daß wir durch enge Kanäle flossen, weit mochte sich umher ein flaches trübes Sumpfdelta hinziehen (nur einmal glitt rasch ein Streifchen reinlichen Kieselufers vorbei). Ab und zu kamen schon halbverfallene Hütten; schwere Steinränder, aber grün schlüpfrig und naß, begannen die schlaff gluckenden tiefen Wasseradern zu säumen; vereinsamte Häuser erschienen, düster und feucht gefleckt; Aschtonnen, Abfallhalden und öde Baugruben der rußigen Vorstädte, eine häßliche gerade Brücke hallte hastig und tonlos dicht oben und war ein trübes rattiges Tor. Bei Speichern und feuchten Kohlenlagern stierten Mietskasernen aus schwarzen Fenstern, Kinder spielten langsam im Müll der Höfe, Weiber keiften. Wir standen mürrisch unruhig an Deck und wurden unaufhaltsam vorbei geführt; höher wurden die Häuserblocks, Kähne schlappten am algigen Bollwerk; dann glitten wir in ein mäßiges Becken, und das Schiff legte sich selbst längsseits der niedrigen Mauer an dem weiten Platz; ein einzelner Beamter warf uns mit fiebrig zuckenden Händen ein rotes Tau zu, schlang es um die platten Pollerköpfe; zickzackte fort, geduckt; nichts weiter. Wir waren nun alle an Deck und sahen verstört das Treiben der Riesenstadt. An dem kahlen Platz uns gegenüber ragte ein gigantisches Bauwerk; über die ganze Front wallte leicht schwebend ein Vorhang aus feuerfarbener Seide, die mit mannshohen rostbraunen Blockbuchstaben bedruckt war und grelle Vergnügungen pries. Volk strömte geschäftig, grau näßte die Regenluft; manchmal sah einer flüchtig zu uns herüber. Mädchen mit Schultertüchern riefen uns locker an (gelbe Ratten fuhren da durchs Wasser mit glasigen Schwimmhäuten), auch Gegenstände warf man herüber, Döschen mit Nichtigkeiten, Zettel, ein dickes blutrot gebundenes Buch (das ich an mich nahm! Ein Buch!). Es polterte in der Kajüte, der Kapitän sprang die wenigen Stufen herauf, legte die

Hand vor die Brust und rief halblaut: »Wehe uns! Wir sind verloren; denn dies ist Weilaghiri, die Höllenstadt! Keiner verlasse das Schiff, denn am Land seid ihr in entsetzlicher Gefahr; werft auch alle diese Geschenke fort.« (Und fortan sollten stets zwei Mann, einer am Bug, der andre am Heck, wachen und rufen: »Gedenket der Götter! Haltet böse Gedanken fern!«) Und während er wieder hinab eilte, weiter in den alten Büchern Bericht und Rat für ein Entkommen zu finden, sahen wir mit dumpfem Wundern, wie – es mochte wohl Mittag sein – auf der höchsten Spitze eines fernen Turmhauses ein wüster Riese erschien, in rotem Gewand, kupferne Hämmer in den Fäusten, die er an eine dröhnende Scheibe hieb. Da hielten alle wirbelnden Bürger still, sahen aufmerksam hinauf und brachen dann in ein schmerzliches und grelles Wildlachen aus, daß wir schauernd die Brauen und Schultern zogen. War das ihr Gottesdienst? – So lagen wir tagelang und warteten und sahen das Treiben, da ging unser Trinkwasser aus. Und nun *mußte* einer hinein in die Stadt, ich meldete mich. Der Kapitän zog mich in sein Zimmer und gab mir einen weiten Umhang, rot von außen, rauchblau die Innenseite. Wenn ich ihn rot trug, glich ich einem Bewohner der schlimmen Orte; gewendet machte er den Träger unsichtbar, nicht ungehört. Ich bereitete zwei schlanke Amphoren, mir an Stricken um die Schultern zu hängen, und in der nächsten Nacht, als der Mond grünlich in einen bleichen Nebel stierte, sprang ich hinüber. Und ging nun jeden Abend durch die Straßen und Gassen; sah die grellen Lichter der Schaufenster und die lärmenden Spelunken, sah Verbrechen und Laster, tausend Gesichter, zehntausend Gesichter, hunderttausend. Hier war immer Herbst. Öde die Vorstädte; schiefe Zäune faulten um graue Felder. Ich schlürfte in die Torwege und plauderte schlaff mit bummelnden Burschen und mageren Frauen mit schäbigen Einkaufstaschen. Vor einer Kneipe hockte eine billige Statue: der Fiebergott, mit dem Fuchsgesicht, dem Bündel roter Pfeile vor der Brust. Höker gafften fett aus schmierigen Regalen; Feuer kam, Krankheit und Krieg, oh Weilaghiri. – Ich erwachte, versank wieder halb und erfuhr noch dämmernd, daß sich einer der Mannschaft opfern müsse; vor dem Rathause der Stadt stünden erzene Bilder von Raubtieren, im Rachen des einen läge ein Pergament, das uns den Rückweg angäbe. Aber der metallene Schlund zerknirsche dem Mutigen die Hand, und während das Schiff ablege und vorm Winde davon triebe, würde jener in höhnendem Zuge zurückgeführt und unter scheußlichen Qualen hingeschlachtet. Bereue er da seine Opfertat, so werde auch das Schiff noch von herabstürzendem Feuer verzehrt. Ein junger Matrose fand sich; wir fuhren hastig zurück; einmal fiel fern Geflamme herab: aber wir waren wohl schon zu weit – siehe, da stand die Wüstensonne fern vor mir Aufspringendem, schon dicht über dem Horizont. Ich traf Beschar und erzählte ihm. Er hörte zu. Aemilianus kam heran und fragte: »Soll ich die Endbeobachtungen machen? Es wird wohl Zeit –« Ich rief hastig über die Schulter: »Wir gehen weiter.« – Nun richte ich mich für den Abend her (›schön‹ machen).

Jetzt
Lockige Feuer in der klaren Nacht; die Flammen sprudeln still. Und emsig wirbelt mein Herz; was wird mir noch begegnen? (Ich habe einen winzigen Schluck getrunken und in die Sterne gesehen, Kopf im Nacken, oh – als ich jung war: In weißer Nacht schwimmen Wolken am Himmel, »Heil Luna« rufen lustige Zecher. Die dunklen Gassen, sie schwanken vor ihnen, zu Schlangenwegen gemacht vom Becher. In träumenden Gärten quillt kühler Flieder, sie streicheln die Bärte, sie schmunzeln und irren. Aus Ebenholzwolken mit silbernen Rändern sehen sie lautlos Sternschnuppen schwirren. – Selige Silberbläue, ewig bin ich dein!) Stirnrunzeln. Wegschütteln, sie warten sicher schon im Zelt.

Zelt
(Innen ist es ganz hellrot gefüttert, mit reichen goldenen Ranken drauf. Die schöne Luft; man taucht lächelnd in die goldige Überhelle.) Verneigungen, ein heißes Getränk in biegsamem Silberbecher. Wir ruhen auf runden Polstern. Beschar scheint gesprächig, denn er bildet gar viel einleitende Worte. Pause. – Er beginnt; endlich, langsam (es ist ja auch lange her? – oh: 100 Jahre!): Ein Prinz (gut; da ist man schön und biegsam jung und märchenschlank); und ein mißtrauisch harter Vater, der einen (natürlich ungerechten!) Krieg verliert. Da bricht der Feind ins Land, zehntausend bärtige Reiter sprengen im Mäntelgeflatter heran; böse Augen drohen in alle Zimmer. Stolpernde Kinder ducken sich schreiend ins Faltengebläh der Portieren. Und Flammengerten schlagen das zerknallende Wandgetäfel (ich schlucke Bitterkeit: brannten da nicht auch Bücher? Und er nickt unerbittlich: auch Bücher!!). In den vertrockneten Brunnenschalen schwebt Qualm, Glutflächen glotzen aus jedem Raum, rotkörniger Nebel schleicht ein – all dies war weit von hier im Westen. (*Und* im Osten, *und* im Norden, *und* im Süden – oh, ich weiß, ich weiß!) Von einem Hügel sieht der Prinz die flache flaumige Rauchblase über der Stadt, federgrau mit roten und schwarzen Adern. Auch sein Pferd blutet am Hals; da füllt er noch einmal verstörten Mundes den Wasserschlauch in der Felsenkluft, schnallt ihn hinter den Sattel und reitet im Schritt in die Nacht. Nach Südosten (nickt Beschar mir zu und reicht mir den Silberbecher: klar und feurig rollt das Getränk in mich). – Da war nichts als Sand und Geröll; glasige Goldhitze sank aus dem Sonnenloch, feuerflockige Luft keuchte am dörrenden Mundsaum. Am zweiten Tage trieb er den Rappen zurück, warf sich den schon halb eingefallenen Schlauch über die Schulter und schlürfte weiter in den grün verdämmernden Abend. Mond flog auf, die schmale Silberschwalbe, in den Samt der Nacht; schweigend tanzten die strengen Sterngeister um den Fröstelnden. Da das Wasser an einem Vormittag ausging, sah er dicht vor sich die rötlich und

dunkle Steilkante eines Hochlandes. Als er durch Felsengewirr sich bis an ihren Fuß gearbeitet hatte, sah er bestürzt die wilden Mauern unabsehbar nach beiden Seiten laufen; Geröllhalden körnten blockig vor; lange Schatten hingen verrenkt im schweigenden Geklüft; himmelhoch neigte sich die Wand über den Zurücktaumelnden. Als er nach Stunden ihren Anblick ertrug, begann er den Anstieg; in Spalten, ohne Schuhe, daß sein Fuß Steine umklammere. Zerbrachen die Nägel; die Haut der Hände zerriß; nach Stunden hing er noch in der Mitte der Wand. Die feuchte Stirn sank ihm ans Gestein. Sein Herz glockte hohl und lose unter ihm; dann stieß er den Dolch in den nächsten Felsenriß, der fein wie ein Frauenhaar über ihm lief, und zog sich weiter. Gegen Abend verfärbte sich das Schattenvolk und dehnte kaltblaue Gleiteglieder; die Wand errötete in grauser Zärtlichkeit; Kälte hauchte seufzend und fremd aus der unnahbaren Höhe. Als die Dunkelheit sank, zerrte er sich über den Rand und blieb auf Händen und Knien liegen. Eisblauer Nachttau deckte kristallmaskig sein Gesicht; stundenlang. Als er wieder den Kopf hob, sah er im Lichte des wachsenden Mondes, der seinen Schatten winzig vor ihn warf, ein weites schier ebenes leeres Hochland. Nur fern, ihm gegenüber, schien ein schimmernder Streif den Horizont zu begrenzen. Erfrischt von Kälte und Feuchte erhob er sich und schritt dem Scheine zu. Gegen Mitternacht war er schon nahe der Stadt, die hell und leer vor ihm lag. Offen das Silbergitter des Tores, er ging wie auf Fußspitzen in den breiten schönen Straßen. Stille wehte aus den hufeisenbogigen Pforten schimmernder Paläste; in leeren Höfen, windigen Höfen, fiel flatterndes Wasser klatschend in Brunnenschalen; über die Plätze rief einförmig der Wind in der Mondstarre. – Ich sprang auf; ich fragte heiser und beherrscht: »Er war immer nach Südosten gegangen?« Beschar hob verwundert aber verstehend die Brauen und strich langsam sein Kleid – »nach Südosten –« sprach er langsam und zerstreut »– ja –« und lächelte spöttisch und abwesend; da neigte ich mich rasch, für einen Augenblick Zeit erbittend, und sprang hinaus.

Draußen glänzte alles, selbst ein Stück Mensch, ich stand wie in einem blauen Stein: so fremd war die Nacht. Ich lief leichtfüßig zu meinem Bündel, zog die Amphora heraus und hob sie mit beiden Händen in die Sternensaat; dunkel und klangvoll schnalzte der Gaukeltrank, wogte mir kalt in den Mund, silberschwarz und glatt im Mondlicht. Ich wollte zu lächeln anheben, grundlos und weise – da sprach es unweit, und mein Gesicht erstarrte vor Ekel ob der Stimme. Aber als ich grollend hinübersah, siegte gar der Zorn; denn – richtig: Aemilianus hatte die Dreifüße und Röhren aufgebaut, machte die Endbeobachtungen, und Deinokrates half ihm dabei. Oh, ihr Hunde! Sie sahen mich und zauderten kaum merklich; dann sprach der (auf dem Rücken liegende) lateinische Patriot affektiert kalt weiter: »4 Grad, 2 Minuten –« – da war ich mit ein paar Sätzen bei ihnen. Ich trat dem Reptil die Röhre ins Gesicht, daß sie sich bog, und zerbrach das schwere Gerüst mit einem Armschlage. Er rollte sich zurück und sprang auf mit weißem Gesicht, zur Maske gebogen vor Wut. Hätte er mich doch angesprungen; er hätte keine Minute überlebt, obwohl der Stilus in seiner Faust lag, aber Deinokrates hing ihm schon an Arm und Nacken und rief auf ihn ein. Er wurde auch sofort wieder ruhig, barg die Wachstafel im Busen; und sagte eisig zu D.: »– natürlich hast Du recht!« und wandte sich zu Mabsut und den anderen, die durch den Lärm erwacht, herbeigekommen waren. »Garan ateidji sumruk – wir wollen uns fertig machen –« siehe da! Auch nasamonisch spricht der Bube!

3 Stunden später (Allein)
Nur ganz kurz: ich strich mir die Stirn und wollte zurück (ins Zelt), da sah ich, daß einige der ›Unsrigen‹ sich an Beschars Eigentum vergreifen wollten und schon an den Packsätteln tasteten. (Es waren ja nur 4 Mann, nicht wahr?!) Ich rief die Fremden heraus, schlug Mabsut, dem Schamlosen, die Faust in die Fratze, daß die dürre Katze torkelte, und half ihnen beim Beladen. Doch ließen wir die Bogen nicht aus der Hand; und das

half. Kurz bevor die Sonne aufging, sprangen sie auf die schlanken Reittiere; weit begann Beschars Mantel zu rauschen wie dunkle Fittiche, die Augen glühten mich an. Dann warf er den Arm in die Luft, stieß einen tiefen hallenden Schrei aus und sprang an die Spitze der Davonstiebenden. – Noch sah ich ihre Gewänder morgenrotgesäumt, da saßen auch drüben die im Sattel. Im Viertelkreis um mich her. 30 Schritte Abstand. In ihrer Mitte hielt Aemilianus, der neue Herr, mit Lump Mabsut und dem Kind Deino halb hinter sich (symbolisch!). Er führte ein leeres Kamel am Halfter und sprach mich an (geschäftsmäßig, ruhig): »Wir kehren zurück; die Gründe weißt Du. Da Du nicht mehr fähig bist, den Meßtrupp zu führen, habe ich nunmehr die Leitung verantwortlich übernommen. Ich ordne deshalb an, daß Du dieses Kamel besteigest und mir (›MIR!!‹ nicht etwa ›uns!‹) folgst.« Also sprach Aemilianus. 30 Schritte. Da schob ich den Bogen zwischen die Schenkel, krümmte ihn langsam, hängte die Sehne ein und prüfte sie mit dem Finger: das klang wie helles Vogelzwitschern. Und als ich den Kopf hob, siehe: da waren es 50 Schritte geworden. Und ich sog die Brust voll Luft und befahl: »Absteigen! Wir gehen weiter nach Süden!« – Da zuckte Aemilianus lachend den Kopf über die Schulter zurück nach Mabsut, und auch jener grinste amüsiert. Der neue Leiter warf verächtlich die markige Römerhand in die Luft und rief, indem er den Kopf seines Tieres nach Norden drückte: »Krepier, versoffnes Griechenschwein!« Langsam schritt die Karawane davon. Ich wählte Beschars Pfeil; da verstummte der Wind. Noch einmal hielten die Brüderlichen, genießerisch lässig gelehnt; und es waren nun 150 Schritt. Da zog ich die Sehne an, an, durch, bis zur Brust, an – und ließ los! Er wandte just wieder das Haupt, gewiß formte sein Mund einen neuen gelungeneren Satz, lächelte er nicht höhnisch? – Da fuhr seine Hand zur Gurgel; er taumelte, wankte im Sattel und ich sah, wie aus dem Genick blinkend die Silberspitze hervordrang. – Mabsut fing ihn im Niedergleiten, drosch mit der freien Hand auf die Tiere; sie verschwanden im Sandmeer. –

Allein (und Vormittag, ach!)
Allein! Allein!! – Ich möchte eine Hymne singen. Ich bin so glücklich. (Auch Helios ist allein, oben im Seidenblau. Wie wird er lachend am gebogenen Bugschnabel seines Nachens stehen, übermütig; und selig langsam dahingewiegt. Und hinter ihm, auf den ebenen Goldplanken, werden auch Schriftrollen liegen, denn es gibt keine Seligkeit ohne Bücher!) Und da sind sie alle 5 in ihren wasserdichten Überzügen: Die Zahlentafel, die unterirdische Reise, der traurige Ritter, die Felseninsel, und der Auswahlband mit dem Wassergeist, der Vogelscheuche, der goldenen Amphora, dem Agathodämon und der 4-fachen Mandragora. Brot; Datteln; das macht alles ein leichtes Säckchen. Der Krug am Strick; ah, er flutet noch fast voll. Der Dolch kommt in den Gürtel. –

1 Stunde später
Als ich aufbrechen wollte, blieb nur der Bogen. Ich hatte noch einen letzten Pfeil; über den sprach ich einen Fluch und sandte den Pfeifenden nordwärts, den Hunden nach. Den Bogen zerbrach ich, die Stücke stieß ich in den Boden. Dann ging ich eilig eine Stunde südwärts, daß mich niemand mehr fände; und schon nach 100 Schritten begann sich der Sand vor mir leicht zu kräuseln, Wirbel stiegen lockig auf, Schleier wallten mattgelb und staubstumpf. Ich hob den Mantelzipfel vor den Mund, und entschwand den Menschen. Nun liege ich an einem Felsblock; immer dichter mischen sich Luft und Sand: – ein tiefer Schlaf –

Abend
Ich schlug die schöne schwere Sanddecke zur Seite und sprang in die seidengelbe Abendklarheit. Kühler Wind ging nah vorbei wie ein schlanker Knabe mit Sternen in den Händen; muß nicht auch bald der Mond voll sein? Nun, es ist Zeit zu wandern. Nach Süden.

Morgen
Ich lief die ganze Nacht, und muß eine gute Strecke zurückgelegt haben. Heller Mondschein. Zuweilen fiel ein Sternfunken; bläulich flimmerten sie alle. – Ich fühle zum erstenmal Durst (ist aber noch erträglich, dadurch daß ich nachts gehe, komme ich noch ein Stück weiter). – Es ist sehr schwer zu schätzen, wie weit das Hochland noch weg ist. Beschar sagte nur, der Prinz kam von »weit aus dem Westen« und ging nach »Südosten«. Demnach muß ich die Felswand erreichen, wenn ich nach Süden vorstoße. Ganz klar. – Aber wann. Und an welcher Stelle? – Schlafen. – Gegen Mittag erwachte ich; vor Durst. (Ich hatte sogar schon geträumt, daß ich vergeblich versuchte, aus einem Aquaedukt zu trinken –) ich runzelte die Stirn und schlief wieder ein.

Abend
Kalt; ich habe einen Schluck getrunken. Schön. – Läuft sich gut in der Kälte. Lange hinter Mitternacht wurde der Boden härter; Fels. Hallschritt. Hochmond. Schlangenwege zwischen einzelnen Blöcken.

Sonnenaufgang
Ich sehe es! Ich sehe es! – Etwa 40 Stadien von mir beginnt ein Gewirr von dunklen Hügeln, Riffe und Steinkämme, Kuppen, lange Rücken. Das muß das Vorland sein (vielleicht sollte ich doch mehr nach Südwesten halten?). – Ich wollte eigentlich erst bis in diese nächsten Ausläufer hin, aber mich überkam plötzlich eine tiefe rote Schwäche. Und mein Felssitz wogte mich weit und langsam wie eine Schaukel. Mir ist auch wohl heiß und töricht; verdammt. – Muß erst schlafen.

Mittag
Das hat keinen Sinn; ich will mir nichts vormachen: ich habe Fieber! Wie das ungelegen kommt! Ich bin andauernd wach geworden; heiß und eiskalt, immer abwechselnd. Und der ver-

fluchte Durst. Ich werde mich in der nächsten Fieberpause anständig vollaufen lassen, und das Quantum wird hoffentlich die paar Stadien bis hin vorhalten. – Erst noch ein bißchen schaukeln. – so – verdammt! Jetzt ist's genug! Auf geht's! (Zur Silberstadt. Wo die kalten Brunnen rauschen – ach.)

Die Dunkelheit kommt
Der Weg war doch wohl länger, als ich geschätzt hatte (oder war ich schon so hin?). – Jedenfalls bin ich fast 6 Stunden mühselig gegangen. Allerdings schon ein Stück in das wilde Geklipp eingedrungen. Seltsames Land; fast senkrecht heben sich die schwarzen Wände (aber nicht sehr hoch; 3 bis 4 Mannslängen meist); bilden tiefe Pässe und Gänge, manchmal schier runde Plätze, und überall ist hellster Sand eingeweht. – Es scheint heute zur Nacht nicht kühler zu werden; die Luft ist heiß und klar wie zuvor. Will warten, bis der Mond kommt.

Mondzeit
Ganz bräunlich und golden ist alles. Und die schwarzen Zaubergassen. – Wenn ich nur gesund wäre (das heißt, ich bin ganz klar, nur der Kopf ist wie isoliert vom Körper. Er gehorcht kaum. Schmerzen gar keine). Jedenfalls muß ich weiter. – Ich habe noch ein wenig ins schöne hitzig schwelende Licht gesehen, und drei tiefe Züge getan. Ach war das kalt und heiß zugleich (es ist auch nicht mehr allzuviel drin; die Silberstadt möchte bald kommen). –

Im Sand
Plötzlich wurde das Licht noch heller und schöner, und das Blut klingelte heiter durch alle Adern. Ich sprang leicht auf und ging eilig tief in die wunderlich verworrenen Gänge hinein. – Natürlich immer nach Süden, mit einer kleinen Schwenkung schon nach Westen. Es war fast taghell, nur daß man sicher nicht so weit schauen konnte; und der Sand knisterte in der warmen Nacht. Ich hätte es beinahe nicht gesehen, aber die

Schattenspur lief ganz gerade quer über den hellen leeren Platz. Mein Herz schlug hart und dann nicht mehr; ich lief schnell hin: da war es der Fuß eines Mannes, deutlich erkennbar, in einem schmalen Schuh mit schönschuppiger Sohle; aber der nächste Abdruck (und ich atmete tief und tiefer) war der einer mächtigen starkzehigen Vogelkralle, und so lief die Spur hin: Fuß – Kralle, Fuß – Kralle. 10 Schritte vor der Felswand verschwand die Spur ebenso unvermittelt, wie sie angefangen hatte. Ich ging an ihr ein paarmal auf und ab. – Wenn der Dämon nur bald käme; noch bin ich scharfsinnig und voll Feuer; ich breitete die Arme, ich rief: »Ho!«. Ich wartete; ich hätte tanzen mögen im Goldlicht: »Ho!« – (Ich habe mich an die Felswand gesetzt; noch trage ich den Kopf im Nacken) – »Ho!« –

Gegen Morgen
Da vergingen mir die Sinne. Mir ist nicht gut. Und der Mond steht wie eine Kupferlampe hinter mir auf den Felsen. Jetzt ist's kalt. Kalt. –

Da!!
Da ist er an der Felskante! Ein blasses starres Gesicht! – Die Amphora her! –

Er ist fort
Will. schnell. schreiben. Die Schnabelnase blieb stumm; ich grüßte ihn mit Haupt und Hand (konnt nimmer aufstehn) und rief: »Wie weit noch zur Silberstadt?« Er gluckte kurz und musterte mich kalt. »Und weiter dann«, sprach ich mühselig, »zu den Welträndern ins Menschenlose?!« Und das Fieber schlug mich hin und her. Er lachte gurrend und interessiert und schob sich höher über die Schwarzbrüstung; da trug er ein glutbraunes Kleid, ein rauschender Flügel schlug hoch und klemmte sich fest über den Stein. »Woher?« schnarrte er rabig, und mir fiel es ein: »Weilaghiri!«; er nickte überlegen, und ließ die euli-

gen Augen wachsam schnell durch den Sternenkreis fahren. Knackte Nüsse. (Schnell. Mein Kopf sank schon einmal. Hoch damit!) Er sah die Bücher; kam fittigbrausend herab. Er trägt einen gebogenen durchbrochenen Silberschuh, den sah ich schon einmal. Er fragte: »Wo ist mein Pfeil?« Ich lachte böse und lautlos (meine Hände lagen im Sand, gingen mich nichts mehr an). »Aemilianus?« fragte er beunruhigt, und nickte dann zufrieden. Er hob lauernd den Kopf: »Du hassest die Römer?« Ich blähte den Mund, ich schrie wisprig: »Ich fluche allem Gemensch!« Da lachte er kekkernd und tanzend, schlug brausend in die Flügel. Ein Sandturm stieg auf; er verschwand im Sandturm. –

Muß wohl Mittag sein
Ein goldener Bohrer fährt aus der Sonne. Kreisig und leer. Alles rundum; leer. Es sind auch gar keine Spuren im Höllensand. Ich schwinde.
Der Mittag geht. –
Die Dämmrung geht.
Der Abend. Voller Feuer –

Es rauschte über mir
Er fragte eilig: »Du lebst doch noch?!« Ich sah ihn an, fest, müde. »Fliegen«, wollte ich. Er winkte feierlich im Silberbart, er beugte sich zu mir: »Du mußt aber selbst kommen – !« meinte er mitleidig und zögernd; schritt über den Platz, blieb an der Felsecke stehen und wartete. Undurchdringlich. –
Ich wollte die Finger heben; sie waren reglos. Die Füße: fühlte ich nicht. Ich sammelte keuchend allen Willen; Sterne hoben sich, silberne Schwimmer im Abendmeer, tauchten, wogten, selig. Und kühl. Ich riß die Rechte vor die röchelnde Brust; die Linke schlug wie ein hohler Stein meinen Schoß. Zum Krug: der murmelnde Urnenmund neigte sich über mich, und ich trank. Trank. (Menschen aus Dreck und Lehm; zu mir mischten sich Eis und Feuer) – Er winkte huldvoll und ruckend. Und ich steige leicht *empor* ...

Dies schreibt Eratosthenes von Kyrene:
Mabsut führte die Karawane zurück. Aemilianus starb am nächsten Tage (im Interesse der allgemeingriechischen Sache wohl nicht ganz unerwünscht). – Wie recht ich mit meiner Beurteilung des Philostratos hatte, zeigt zur Genüge dies sein Tagebuch, das ich einen Monat später anläßlich meiner erneuten großen Gradmessung in jenem Hügelgewirr fand. – Er war ein langer kräftiger Mann von mittlerem Alter, mit blauen Augen und welligem blondem Haar. Bezeichnend für seine ganze Art war, daß er bei unleugbar großem Scharfsinn und sehr vielseitiger Begabung, dennoch phantastisch und schwärmerisch blieb, wie man es zuweilen bei seltenen Jünglingen findet. Den besten Beweis hierfür gibt die Aufzählung seiner Lieblingsbücher. Sein Urteil über mich ist unerheblich; die Nachwelt mag entscheiden. – Die letzten Fieberträume des Sterbenden scheinen einer realen Unterlage nicht völlig zu entbehren; als wir die Scherben der Amphora untersuchten – von ihm selbst und seinen Büchern fehlte seltsamerweise jede Spur – flogen in großer Höhe zwei riesige Vögel über uns hinweg.

DIE ABENTEUER DER SYLVESTERNACHT

I

(Zettelschneiden=zettelschneiden=zettelschneiden: wenn mir *das* Einer am Wäschekorb gesungen hätte, daß ich im 50. Lebensjahre mal bei Anlegung der Register zu einem zwölfbändigen Heiligenlexikon helfen würde ...! Und wieder einmal mehr aus dem freien Augeneckchen die Dinger betrachten: etwas das keinen Bauch hatte, sondern nur einen Rücken; (und auch den manchmal nicht: ein Buch, ein krankes Buch, ein schwerkrankes Buch); er mießfiel mir mehr & mehr dieser ALBAN BUTLER!). –

: »Ich würde GOtt prinzipiell mit ›Sie‹ anreden; ich duz' mich nich mit Jedem.« »HaßDu Dein'n Vater nie ›Du‹ genannt?«, tadelte er würdig; und schnitt, (zeigte aber auch schon die Zähne, während er das Metallschablonchen richtete – DIN A 8; 74,33 mal 52,56 – und scheerenschnäbelte mit Macht; allerdings nicht der des Starken, man bloß des Nerwösn).: »Ganz ungern, Du! Das hat mir in den alten Büchern immer gut gefallen, wie da die Kinder ihre Eltern so mit ›Sie‹ oder ›Ihr‹ abfertigen: Distanzdistanz. Sage mir, wo Du hingehst; und ich geh sofort entgegengesetzt!«. Er schnitt. Murrte überdrüssig ein »Heiliger Bembo –«.: »Sehr richtig, Jule: vom italienischen ›Bambino‹ gleich Jesuskindlein. Du bist doch immer stilvoll.« (Schtiel=foll). –

: »Sind's *noch* nich genuck?!«. – Ich musterte erst das bescheidene Häufchen; dann, etwas länger, ihn; (und nochmal kurz das Häufchen: der Blick schien mir gelungen zu sein; er senkte sogar den Kopf. Und schnitt. Beschwörend): »Laß Dir bloß *so* ein'n Auftrag nich wieder andrehn, Jule: bis 5. Januar abzuliefern! Und sogar noch ein ›gedrängtes Register‹; das heißt eins, bei dem De *denkn* mußt: wo gibznn so was: für 400 Mark durch Zwei ooch noch ›denken‹? Das soll doch gefälligst Derjenige machen, der den Käse übersetzt hat!«. (Gewiß, die Bemerkung war nicht neu; ich hatte sie im Lauf dieser letzten Nächte bereits mehrfach vorgetragen. Und wußte auch seine, wahrlich nicht un=stichhaltige Entgegnung: wie da sein Verleger den nächsten Übersetzungsauftrag diskret damit ge-koppelt hatte, aut BUTLER aut nihil; und ihm dann ›die Wahl‹ gelassen, tz. Wenn man wenigstens noch Zeit gehabt hätte: so in leeren Stunden, wenn man vorher ehrlich gearbeitet hat, lassen sich Acta Sanctorum, unvernagelt betrachtet, ja durch-aus kulturhistorisch lesen – aber so, wo wir bis morgen Früh fertig zu sein hatten!): »Gib acht: beim nächsten Auftrag stellt er die Bedingung, daß De vorher katholisch wirst.«: »Mensch, mal'n Deuwl nich an de Wand!«, sagte er erschrocken. –

– –: !. / – –: !. / – –: !. / – –:

»Wolltn wir nich ne Stunde Pause einlegen?«, äußerte er schnei-dend (nämlich mit der Scheere): »stell doch ma's Radio an, daß wir die Zeit nich verpassen; ganz genau geht meine Uhr nie.« (Tja; das hatten wir uns zum Jahreswechsel als Belohnung ver-sprochen. Und anschließend halt weiter machen. Morgen Früh mußte er, die große Zettelkartei unterm Arm, den Re=Bus nach Hannover erwischen: 3 Tage durfte er für die Reinschrift ansetz-zen, und jeden à 24 Stunden, pff. / –. –: »Na kommschonn-komm! –«, ich, zur zitronen glühenden Scala gewandt; (würden wieder baß blödeln im Abend=Land, the only nut=house run by its inmates; bei uns ist kein Amt so klein, daß es nicht den Galgen verdiente: dschunkelte es nicht schon leis' über die Sieben Berge her, von den Sieben Zwergen her, kilohertzlich & ganz Watt ihr Volt – ?). – Lieber noch'n Spürchen leiser stellen –, –: so.).

»Und Du hast unterdessen, unaufhörlich=schnittlernd, die Wonnen der Repetition empfunden, gelt?«: »Die fleg'ich bei was Gans=Anderm zu empfindn«, versetzte er unwirsch; und richtete dann das große Ohr begierig hin zur Regierungsma-schine. / Dort erscholl, unschwer vorauszusagen, das beliebte Gemisch aus Kuhreigen & Betrachtungen Führender Politiker, (die Alle ›für den Frieden kämpfen‹ wollten: daß man immer diese demobilisierten Kriegsausdrücke verwenden muß! Die rüstig schleichende Rüstungsverlotterung der Finanzen blieb, um die festliche Nacht nicht unnütz zu trüben, ebenso unerwähnt, wie die vor der Tür stehende Portoerhöhung). Und mehr ›Rheinländer‹ in den besten Jahren. Bischofsworte deuteten an, daß ein gutes Schaf bekanntlich sein Leben für den Hirten ließe. (Und wir, am BUTLER mitarbeitend, durften noch gar nich mal anheben, illegal dreinzuschauen): »Also Jule: das nächste Mal«: ›*DITT=DITT=DITT!*‹ –

: »Drei'nzwanzichuhrDreißich: auf, Jule! Ich kann das nich mehr mit=anhören –«; er erhob sich bereits, mehr als gehorsam. (Und ich sah doch wieder interessiert seinem Futteral für *zwei* Brillen zu: wie praktisch! So eins *mußte* er mir das nächste Mal mitbringen.) / Nochmal nach'm Ofen kuckn – das Türlein ging von selber auf, als ich, 1 Meter entfernt, auf das ›entsprechende‹ Dielenbrett trat: 500 Mal am Tage ungefähr; *das* kann Ein'n vielleicht verrückt machen! (Abweisend: »Ich sprech' mit dem Ofm –«.) / Er besah mich teilnahmsvoll, wie ich meine gefütterten hohen Stiefel vorm Anziehen erst so hoch=herumschwenkte, daß die Mündung nach unten zeigte. –: »Fetischistische Ceremonie?«: »Nee. Ob Wäscheklammern drin sind.« Auch, da seine Miene sich noch mehr verunruhigen wollte, (es iss ebm weder Fantasie noch Logik mehr bei den Menschen): »Achwas ›fixe Idee‹! Du hast'och selber heut Abend zugekuckt, wie die Katzen im Korridor spieltn: da waren schon öfter Wäscheklammern in meinen umgeranntn Schuhen. Oder Tischtennisbälle; und ich bin nich der Mann, dessen Metatarsus dergleichen zweimal zustößt.« Er rückte befriedigt die Am=Mors=Hülle auf morbleu, (Draperien für die Schießscharte); nestlte rheumalind am Lammfellkoller,: »Wenn bei mir der Hals warm iss, bin ich am ganzn Körper warm.« Und oben drauf den flachnschwarznrundn Zaubererhut.

: »Taschenlampe? – Überflüssig: Oliver is in town. – Aber *eins* könntn wir noch machn –«; (er, Dekan aller Müßiggänger, stand schon, entschlossen zur Pause, vor'm Häuschen; genau am Rande der scheckijn Nacht) –: »achtma auf'n Schornstein!«. (Und flink rein & raus). / –: ? –: !: !!: »Gelt!?«. Denn eine treffliche Rauch=Feder, lang & weißlockicht, entstand dem Haus am düsteren Giebelhut; (und die Dämmermaske des Mondes sah uns interessiert zu. – Erklären: wie ich den neulich=gefundenen kaputtn Gummiball schnell auf die Glut geworfen hätte; und wir nunmehr nach Herzenslust den Rauch bewundern könntn: »CLAUDIUS, ›Neue Erfindung‹; ›Nachträge & Ergänzungn‹.«).

–: »HasDu die Flasche auch mit?« –: »MeinsDu: jetz *gleich* noch Ein'n?«, erkundigte ich mich zögernd. Aber er, trotzig, »Ja wohl! –«; dann, niedergeschlagener: »Ich muß die Stundn nützn, wo SIE mich nich – –«. (Der Satz blieb hintn offm stehn; ›Der Werwolf eines Nachts entwich vor Weib & Kind‹; bitte; aber): »Nich so viel, Jule. Wir müssen dann noch.«: »Och; die Nachtluft hält Ein'n frisch,« behauptete er. Ich öffnete & schloß indessen das Tor Bab el Mandeb. Und wir schlugen den Fußpfad ein. Der Höhe 72 Komma 8 entgegen. –

2

Baumbarer Acker, zählbare Sterne, (schiffbar, mannbar, bargeldlos). Denn der fahle Mond (auf schtruppijer Filzunterlage) beherrschte nachgerade das Große Ganze. Ansonsten nur 1 Hand voll Schterne. Und 2 stattliche Luftschlösser, Wolkenburgen=Silberbolgen: eine im Norden; auf die andere, in Osten, schritten wir, döusbattierend, zu. Er schwenkte sein infernalisch Schienbein, und zeigte damit: ?. (Der Apfelsinenstern, genau überm Weg?): »Der Kriegsgott Marsch selbstredend. Ausnahmsweise ›in Opposition‹.«

Einen Hammerwurf weit bewahrte er naseweise Stille. Behauptete dann, ich ›trübe ihm durch Vorangehen den Weg‹; spielte den Ungehalteneren; und heischte »Noch ein'n!«.: »SchixDu Dich an, ßaiko zu werden?«. Aber er ergriff die Flasche untadelig. Schlug sich vor seinen bretternen Busen während er trank; und verschlukkte sich nicht; (Manche könn'n das: beim Milli Teer hab'ich ma Ein'n gesehen, der die Kasernentreppe hinauf stob, und währenddessen 1 Flasche Bier einschlürfte; in Sprottau. Iss aber wohl Sache der Gnade.: Daß Ei'm ständig diese ultramontanen Wendungen einfielen?! Achso; der BUTLER natürlich.) / Er fixierte mich –:

: »Was *hat* man *All*es ge*tan* –« sprach (nein ›skandierte‹) er. Erläuterte, daß er ›Seine Frigide‹ meine; und bezeichnete sich anschließend als einen Fall von besonderer Hoffnungslosigkeit.: »Schreib's mit ›Ph‹, Jule. – Daß Du Dich immer noch nich an das Ax=johm gewöhnt hast: ›Frauen sind so wenig erkenntnissüchtig!‹. Und da kannsDe sofortz Große Bundessiegel dran befestigen lassen.« (Da ich mich jedoch, obschon hinter nach Kräften gesenkten Lidern, des bekanntn vergnügtn Hagestolzenlächelns nicht zu erwehren vermochte, beseitigte er meinen Einwand mit einem englischen Ausdruck, den selbst= ich noch nicht vernommen hatte; (naja, er hatte eben nich umsonst im letzten Jahr 2 Ganovenromane übersetzt, nischt wie Katzenhäuser & Heroinkeller, und war dadurch, Potz Romany & Shelta, etwas vor gekommen); abgesehen davon, daß er, im Gegensatz zu mir, die vielsprachige Literatur ausgesprochen liebte, so man um Rollfilme antrifft; oder auf Kohlepapierkartons.) Er sprach während unseres plumpen Hügelan diu klage weiter; ›Männuß krypt, Faunt in ä Buddl‹:

: »Zeitlebens war ich Manns genug, daß die Frau nicht bei fremden Leuten zu arbeiten brauchte: ich kickte die Kumuli, die um sie aufzukommen sich unterfingen, und schirmte den weichgekochten Busen vor Sturmtiefs – sie loopte sorglos GOtt den HErrn, meine beyashmakte Immernüchterne, ob sie gut schlief oder Geistererscheinungen hatte« – (und da öffnete ich doch lauschender die Augen: ich kannte Frau Gertrude; falsche Perlen um den Hals & 'n echtn Deuwel im Slip; sie war durchaus, was Mann erträumte: aber, wehe, was=Alles *zusätzlich* noch!). »Was ist der Körper?, wenn nicht ein Pferd, das im Finstern den trunkenen Reiter durch den Wald der Welt befördert; eine Vorrichtung für den denkenden Kopf, die den Abstand zum Erdboden hält? – Sollte ich mich irren, so irre ich mich ja wohl in bester Gesellschaft!«. Da er mich herausfordernd maß, gab ich ihm, würdig & wortkarg, Recht: »Sprich weiter, Jule; Du sprichst gut heut.«

: »Ich erniedrigte mich früh um Ihretwillen. Sagte zu gleich=dienstaltrigen Ärschen ›Ho; Kammrad!‹, und flüsterte hinter Vorgesetzten ›Du Flaume! –‹. Schwalbige Worte ließ ich wechseln mit Donnergerülps; und kein Mülleimerodem entkam mir, den ich Ihr zu Gefallen nicht gewürzt hätte mit OLD CHANCERY oder Käsebernstein vom Harz, mit senfkörnigen Dillen & Thymianklößchen oder Schalotten aus Arnhejm. Ich bestank Ihre Kammern aufs Furioseste; und bestritt lebenslänglich die Fütterungskosten: ich belud Ihr Peritoneum mit gesüßten Bataten, und plumpte Ihr Mil(ch)reis ins Duo-Dehnum. Ihrer untersetzten Schönheit spann ich Nachtgewänder aus meinen Hauchen, von HIDDENSÖE bis MONA, tuberosig & zeydenschwartz; auch infallible Periodenröckchen, nicht fransenfrei; samt Leistenkrabla, und Talcum mit Bärlapp für Ihre feuchteren Winkel.« (›Alle Winkel sind gleich‹: die Behauptung mag einen Mathe=Professor zum Rasen bringen, einem armen Mauerblümchen=Mensch wird nichts einleuchtender scheinen. Während er, HESEKIEL 16,7–14, fürder schnapsodierte):

: »Ihre Zimmer versah ich mit rot=tönernden Kreisgärten und Zwischen=Kabeln aus Gutta=Pertscha; überall erstrahlten wattigste Empire, und Fontänen brüsselten aus Albrechts=Quellen. Ich wies Ihr die totalen Mondfinsternisse zur rechten Zeit, und sprach Ihr von STRABON's Chlamysgestalt; ich erklärte Ihr die Seirim, und CHWOLSON's nikkende Terafim wurden Ihr nicht=fremd.« (Und seine Stimme lauter als nötich): »Mit Raritäten reist'ich dann, und skaldete selber genug. Ich kautschte Ihre Rundungen; überzog mich mit Gummi zwex Beywohnung; und setzte den Öl=Hut auf Südwest, bis ich untn aussah wie LETTOW=VORBECK: Wer erquickte mich Eiermüden, entcaloriert vom Feuerböten!?« (›Wer rettete vom Tode mich Vonsklawerei?‹; aber er scholl & boll so hitzig über Pari, daß ich ihm gleich noch einmal den gläsernen Hohlziegel reichte: ! Er, besänftigter): »Du, unbeschnittenen Auges, erblicktest Vieles noch nicht.«

All dies in einer so öden Gegend gesprochen, in blattloser Zeit. Schon gingen wir neben reifröckigen Jungfichten dahin, (Alle zwischen 12 & 15, wo die Biester kokett werden!); auch dünngepuderte Birkenbüsche (zu ›mehr‹ hatte's Geld nich gelangt); und spitzige Sterne strichen selbst durch die dünnstn Zweiglein nebenher. / –: ein sehr fernes=feines ›Bau!: Bau!‹?: »Sagn wir: ein ›Fasanen=Beller‹. Sogar ›Fasanen=Rauch‹ gab es einst, laut ADELUNG.«; (Unterschrift ›Herr de la Lande‹. Sein dazugehöriges Licht sah man noch nicht; das heißt, *ich* wußte wohl, wo er wohnte.) / Und stehen bleiben. (›Ohne Zeichen eines Lebens‹. Abgesehen von den hellbraunen Eichenblättern, unverkennbar aus teurem Packpapier geschnitten, die an ihren klauen=artigen Ästchen noch zappelten.) Trotz der winterlichen Reduktion enorm viel Einzelheiten: man sieht in jedem Falle mehr, als man widergeben kann. –

Und eisgekühlte Luft trinkn; im Rükkn immerschattendes Nadelholz. / : »Wo sind Wir?!«; Jule. Und ich, den rechten Fuß dick=tatorisch feierlich auf dem TP: »10 Grat; 21 Minutn; 37 Komma einszwosexzwo (1262) Seckundn östlich von Grienitsch.: 52 Grat, 42 Minutn; 25 Komma Nullneunneunacht (25,0998) nördlicher Breite.« Pause. »In 72 Komma 78 Metern Höhe über dem Meeresspiegel: ›Vivat Jhone Neper of Merchistoun‹!«. »Ä=er lebe,« sagte er hastig. Und sann. Auffahrend: »KönntesDu nich auch noch den Zeit=Punkt etwas un=volkstümlich ausdrücken? – Ich weiß nich: je älter ich werde, desto mehr bin ich gegen's Volkstümliche; komisch.« (Bitte; ich hatte mich vorbereitet): »2 Milljonen 438 Tausend 030, Komma nusagnwa 99: ›Julianische Nächte kannsDu niemals vergessen!‹«. »Demnach gleich Null 31,« stellte er, erstaunlich einsichtig, fest. Ergriffener: »Du das'ss aber 'ne herrliche Aus=Sicht! –«

Oh ja, verschneite Wiesenweiten, fein schraffiert mit Vorjahrsgräsern: »Das ›Lokkere Moor‹.« 1, 2 rüstige Birken darin, (die eine leider mißbräuchlich als Jagdsitz hergerichtet); die schönste Erlengruppe der ganzen Gemeinde, mit denen man reden konnte, wie mit Bäumen von Alter & Erfahrung. (›Ein Baum, der habituell gegrüßt wird‹: das müßte man den Herren Landwirtn wieder suggerieren können; wie zu Hermann's Zeitn; (obwohl ich gar so entsetzliche Stücke auf ihn, Hermann, nicht halte). Am ehesten noch durch drohende Weisgetüme: ›So lange stehet der Mathbergwald: so lange Hillfeld zusammenhalt'!‹, (›Wenn Sylvester es schneit, ist Neujahr nicht weit‹.).) / »Oh ja: selbs'der Schuppm wirkt doll.« Während wir, auf Hermelinteppich, bis an den Rand der Sandgrube vorschritten, wo Einem nun endgiltig aëronautisch im Gemüt wurde; (und die Luft=Mienen noch enthusiastischer). / Schon zog ich meinen Koste=Löffel, ›meß mer'n Tee‹, den ich winters grundsätzlich bei mir führe; (kräftiges Aluminium; ohne Beschriftung wäre er unschätzbar – aber in unserer Welt gibt es nichts Unbeschriftetes mehr); schöpfte vom nächsten Baumstummf. Und schmeckte. – (So kennerlich, so sachlich, daß Jule sofort erst neugierig, dann neidisch wurde. Und ihn ebenfalls verlangte. (Sehr wohlschmekkend, nebenbei bemerkt: das sind auch so alte Columellen, die uns weitgehend abhanden – richtiger ab=munden, ab=zungen – gekommen sind, die Geschmäcker von Regen & Schnee festzustellen; und dann daraus zu schließen, was zu schließen ist. Da gibt es Rübenartigen; solchen, der wie Hunde riecht; manchmal nach laschem rohem Fleisch; heute schien er neu=tral. Bzw. das Züngleın an der Waage, durch den zuvor genossenen Bergtau träger gemacht, gab nicht den genügenden Ausschlag; das findet man aber bei jedem Instrument mal.) Und Jule schaufelte, ›im Busen fühl ich den Weh=Suuf‹.): »Nun folgere aber auch einiges! – Was iss= iss für Schnee?: stammt er aus tiefer Luft, vom Dümmer her? Kommt er vom Harz, wo das Gespenst brockt, nehst & silberschlackt? ErschmexDu die ›sogenannte DDR‹? Oder tippsDe auf Richtung Äidtkuhnen, wenn nicht gar Alma Ata?: sag doch was!«; (und schaufelte zwischendurch zwischenein, daß selbst der Griff mit Gefrorenem belegt war). – »Ich möchte meinen: es ist jener Schnee, der immer von vorn kommt.« Und frostig schweigen (ich); und betroffen sinnen (er). / (Ganzfern, SSO, ein Automotor. Vielleicht ein Tierarzt, der einem armen Schwein half. Jule vernahm es nicht; er hörte schon ein bißchen .....):

: ›Kss. – Kn=Knpp! – Knn.‹ –

: ??; Jules Blaßgesicht; (ich verriegelte gleich, beispielhaft, den Mund mit dem Finger: !). ›Sie sind diebisch, und scheuen nicht den Mond‹; und zeigen: etwas rechts von der widerlichen Jagd=Kabine ...: ? ...: !!. (Ein Marder nämlich.) Der schlanke Horizontal=Kerl; mit dem weißen Winkel als Pullover=Ausschnitt: »Daran erkennsDu ihn.« (Irgend ein Halb=Meyer schien neuen Müll angefahren zu haben; vom ausrangierten blauen Kachelöfchen an, Kinderwagen & Stuhltrümmer, bis zu abgenuddltn Konservenbüchsen, und aussortiertn Kartoffln.) Ein Mal warf er 1 Blick zu uns hoch, ganz ›Falkenauge‹; grüßte aber mit nichten, sondern botanisierte einfach weiter, geruhsamst über gefrorene Sandscheibchen dahin. – Wir entfernten uns dann auch bald; ehrerbietig, auf Zehenspitzen, schräg durch den schütteren Wald.

Frappiert stehen bleiben? Gewiß: grashalmmäßig hochgetriebene Föhren; dahinter der fahle Mondhimmel, und – achso! – keck 10 Meter hoch hineingeschleudert in all die ›Rasenstück‹=Grafik ein halbes Dutzend Fahrrad=Reifen: Bäume mit Ohrringen halt; darob war der Ignorant so=platt?: »'ne ganz normale Belustijunk der Bauern=Jungen doch. Was dengsDe, was Die sich so langweiln?: ich hab ma geschlagene Fünfminutn lang zugekuckt, wie sich Zweie, beim Mistbreiten, den Dreck immer nach hintn, über die Köpfe weg, warfen. Aus reiner Verzweiflung; bloß damitz ma was andres war. Uff'm Lande wirsDe so. – Nenn's ›Sürrealismus‹, und komm drunter weck.« / Oder: »Nee=Jule: ›Tannzapfm=Sammln‹ kommt in der Bundesrepublik nich infrage; ›man ist etwas faul im Staat'er

D=Mark‹. – Es soll da so'n Gesetz in der Weltgeschichte gebm, wonach vor dem Untergang grundsätzlich der Verfall kommt,« schloß ich gleichgültig. (Blieb dann doch stehen; und gedachte der Silberhochzeit meiner Schwester=neulich, drüben in der DDR: die hatte auf mich, in so mancher Hinsicht, vertraut & ›normaler‹ gewirkt, mit ihrem Lebens=Standard etwa der Zwanzijer=dreißijer Jahre. Weit weniger Autos, (sehr wohlthuend!). Viel billigere Mieten. Die RECLAM=Nummer wie in alter Zeit; und das neue Conversations=Lexicon hatte schon 8 Bände! Trotz gegenteiliger Nach=Richter hatte der Goldregen geblüht; und weder im Kinder=Garten noch im Spielzeugladen hatte ich auch nur 1 Panthser erblickt: *das* hatte mir gleich gefallen!). »NaDú. Drübm=Sein möcht' ich ooch nich,« sagte er nervös: »Gibt's wieder was zu sehen?« (Da ich bei der ersten großen Birke stehen geblieben war.: Versteht sich; wo gäbe es wohl nichts zu sehen? Hier sogar Dreierlei):

1.) Ein ›natürlicher‹ Eissteg über den schmalen Graben; und das hübsche Muster von Hasen=Pötchen drauf. (Und weiter, quer=feldein. Aber er lächelte mir zu sinnig, wie ein Schnurkeramiker. Worauf ich mich moralisch genötigt dünkte, ihm nun doch auch die weniger ornamentale Nummer

2.) zu zeigen): im Ackerschnee gegenüber ein, erst angeschossenes dann verfiebert=verhungertes Kleinstkaninchen. »Beachte die Augen: von Krähen bereits lecker=bissig ausgehackt.« –: »Das iss GOttessache; nich die meine«, versuchte er sich raus zu reden. Dann, doch schaudernder: »Du bist aber ein schrecklich aufrechter Karackter!«. (Das war zwar eine Unterstellung – ich bin schließlich auch bloß 1 armes Luder made in Germany – aber selbst=mich überkam unabweislich das Gefühl des Nocheinenbrauchenkönnens.) – Also geleitete ich ihn

3.) wieder zu derselben Birke zurück; und machte ihn am Stamm vorbei visieren –: ? –: »Nein. Rechts davon.« – Bis er endlich das 1 trübe Leuchtpünktchen ausgemacht hatte: »Die einzige Stelle in all der Gegend, wo Du etwas wie ›das

nächste Dorf‹ erblicken kannst.« – (Da er enttäuscht schien): »Du mußt Dir natürlich was dabei denkn!: ›Nicht lange währte es, da gelangten sie in eynsamere Thäler. Nur selten ließ sich eine Hütte sehen, mit dunkelbrennender Lampe hinter den Scheiben, oder mit einem verglimmenden Heerdesfeuer aus der halboffenen Thür hervor, wo man noch auf den Hausherrn, der als Säufer vielleicht über ferne Hügel hinschweifen mochte, zu warten schien.‹« (Und bot sie ihm bereits dar –: –)
Und rang sie ihm doch wieder aus der verblüfftn Greifhand.: »HörsDu?! –« –

: ›Pumm!‹ –: ›Pummpumm=Pumm!‹. (Lauter kleine Pumme am Horizont: so pocht das Neu=Jahr an die Forte!). – / : »Jule? – !«: »Gehr'd!«. – / Und *mehr* Akusmata: da geriet der Horizont=untn in anmutig fahle, auch grünliche, Zuckungen. Und neuerliches Geböller: prommt färbten sich die Westseiten unserer Antlitze pechnelkig: »Jule – ?«. Und er, würdig, wie sich's bei Lebenswenden ziemt: »Gehr'd.«

–: ›Pschschsch – –: Pfff!!‹: *DER* war *ganz* nahe! – Richtich: keine 850 Meter von uns, begannen aus dem Papageienhaus die allerzierlichsten Goldsprudel zu parabeln, die man wohl auf einem großen Theil des bewohnten Erdbodens antreffen mag: rosenroth & gelblichgrau; und mattmeergrün & zimmetbraun; (das vorhin schon vernommene Hündlein begleitete jeglichen Kernschuß mit begeistertem Upload.) Während die Weiler glühwurmten. Der Berg des Neuen Jahres, ›Munsdeludo‹, vor uns aufzuragen anhob. Und wir, verantwortungsbewußt, dorfzu schritten, (wo bereits die Canzonen der Canaille vernehmbar wurden), durch kniehohe Wälle, vom Schneeflug geschaffen.: ›7 sind's übrijens.« (Die Birken. Und er gleich, verständig nikknd: »Daher ergo die Redensart ›nicht aus den 7 Birken findn könn'n‹«.). –

(Aber ganz vorsichtig jetzt.): »Wir bleibm am besten unsichtbar.« (Nebenher der Mond; sittsam aber odalistig blaß.)

3

Dicht am Aurodrom der Bauernmusik – es klang wie eine Übung der Himmlischen Miliz! / Um die Ecke lugen: lustig wehte, 100 Fuß entfernt, das blaue Eis=Fähnchen über der aufgeplatzten Schenkentür; in ihr der Wirt, rüstig rasselnd mit Schlagbaum=Schlüsseln, König im Kornhaus, Bauern im Bierhimmel; Hopfnungsvolle und Malzcontente. –: »Corambé! Genau wie jüngst bei der Flegel=Henke.«

Lodenhosige Volontaire, die triddelfitzten um self=made=Witwen in netten Halbstiefelchen, die ihre prallen Waden noch schaubarer machten; siebierten & ruminierten. Tauglich gemusterte Knechte, alle den Gonorrhal=Stab in der Marstalls=Hose, und rauhknieige Putzfrauen, erhitzt vom hot, glowing with bjuty and cruelty: er Homo Arraktus, sie Chant=drehte. Kotzütische Greise, einmedallich=lebensgroß, mit venerablen Schnurrhaaren, und zweischläfrige Großmägde, feurige Ringe um die Münder und Buttermilch in den Haaren; der Schnee kirrschte unter ihren Futen, sie bleck= und weiteten. Gewiß, auch stätischere Teilnehmer: er Tarzan von Schneiders Gnaden, sie Gans Miß Celle, und Beide Subscribenten bei Bertelsmann. Unverantwortlich leichtgekleidete Handlungsgehülfinnen, mit schicken Shakehändchen, sie zeigtn nach Kräften, was sie nicht hatten; und ambiwitzige Kaffeereisende, ungedolldich auf Globeletten, (man konnte sie für Hochschullehrer halten, hätten ihre Gesichter nicht so intelligente Ausdrücke gehabt). Das Wirtshaus ›Zum Raben & Zuckerhut‹. / : »Komm mit zurück, Jule. In den Schatten dieser Scheune.«; (ehe er noch Stellung nehmen konnte, ging's schon los –) –:

: kauerte hin; hob dü Jardine; und – das ging so schnell, wie beim Dechanten von Badajoz – ›whis!‹ – (»kyk, wie das As bacht!«, Jule, ergriffen. So schlamm wie sie nur cunt. Sah natürlich nicht übel aus in ihren Invisibles; unhörbar umklippert von Strumpfhalterschnällchen. Aber: »Engagier' Dich nich unnötich, Du: Ländliche Schönheitn leiden meist an den gruslichstn ›Flüssen‹. Weil sie im Winter, ohne Gnade unbarmherzich, auf die eiskalten Außen=Klos müssen: da laß den Finger von.«). / Dennoch erschienen, trotz der grimmijen Kälte, schier ohne Pause die Pärchen: Jünglinge, pollen=foll, und wonnefeuchte Mägdlein bibbernd auf Perlon=Röhren; sie sein Erdgeschoß, er ihr Firstphal; enero S=Cape: »Waginula blandula; ›über das Kuß= & Kratzrecht im ehemaligen Wendland‹«. (Und von drinnen schlug die Pauke, burenkrieg'risch, den Takt dazu; und der Brummbaß furzte bei jedem drittn Po=Stüber.) / Natürlich zerrissen auch ältere Aboriginale die Stille; Solche, die lediglich abschlagen wollten, oder sich die Beine vertretn.: »Noch'n beetn speeln,« teilten sie sich gegenseitich mit, (meinten ›An=Apparaten=drehen‹).: »Unn morgn wedder in'n Mudd=Gräbm.«. Der bleierne Rauch ihrer Stumpen behellichte uns wie kurzfristige Nasenringe; (›Strafe der Schnüffler‹). / Aber nun erschien's: die berufenste Athanasierin von Hillfeld=Süd, mit dem renommiertesten Bartspalter der nördlichen Dorfhälfte – (»Nun, Herr Dreibein?«; denn Jule beugte sich vor, wie wenn er dieses Kind wohl auch mal mit dem Bade hätte ausschütten mögen. Beziehungsweise ›sich mit ihr in den Haaren haben‹. – Aber, traun, dort ging es hoch her): er sturmtroppte die barärschige Berserkerin, die Fratzen kußmetisch verschränkt, (und die Doppeldeckerminuten von Selbst=Lauten); breit bleckten ihre Oberbeine; er schoß sie behänd zwischen Wind & Wasser – und versuchte sich leistenwelk=niederlendisch zu erheben, während das unbehoste Mensch nur ein 12=pfündisch Gelöchter ließ. (Es leilachte in den Wölkchen; und der Mond wartete diskret in seinem eigenen Marble Arch, entrance to Hide Park. Worte für ihre Gefühle hatten sie nicht, und brauchten auch keine; kehrten vielmehr unverzüglich zurück zu Lo= & Pokal, Lo= & Pokuß.) / : »Nein!: *Du* nicht mehr, Jule!«. – / Ein Untererbeamtentyp, der natürlich mit der Taschenlampe fummeln mußte, auch uns anleuchten, folglich mich erkannte, folglich grüßen mußte – obwohl er, es war ihm sichtlich peinlich, den Phall=Staff bereits in der Faust hielt – er entledigte sich schüchtern nur 1 Bruchteils des von ihm hier Beabsichtigten. Grüßte nochmals, zitternd vor Wut; und entfernte sich.: »Bekehrter Filantrof; hat noch nie das Meer gesehen. Er ist bei der Eisenbahn; sie kann kein'n Zug vertragn.« / Ein total ausgemärgeltes Pärchen, (›Er hatte schon den Gift dreymahl nach ihr geprützet‹); aber sie beschwatzte ihn doch wieder, große Augen am Nasenbug, darunter alle möglichen Lippen: cachez ce sein! Aber, LES FILLES SONT LIBRES; er wankte lädirt im Jungfraujoch; (und Jule, mitleidig: »Chee=the mort's bite!«. Da mir die basseuse seines mauvais goût nur allzubekannt war, nahm ich von vornherein nicht an, daß er den ›Biß des Todes‹ spüre und darob den ›Mittler‹ anriefe. Sah vielmehr, nachdenklich nickschüttelnd, der taubstummen Begegenseitigung weiter zu.) Bis es Jenem endlich gelang, ihr das letzte Pröbchen vom Innern eines Bullen zu geben. (›Nun wird er sich an Gloms & an Pomocheln laben, CANITZ‹.) / »Genugnun der Fortunatus=Studien; und des Nimmergrüns unsrer Gefühle?«; (und trostpreisig zu lächeln suchen: ?. Er willichte ein; mit 1 finsteren Nikk aus der Zeit, da die Herren noch Punzenzins erhielten, wenn sie darauf verzichteten, eine Braut im Geburtstagsanzug zu besichtigen. – Also blitzflink auf Weg=Mitte. Dann, würdig schlendernd, vorbei an dem regierenden Bierokraten; der unserer – vom Standpunkt der Übervorteilbarkeit mit Recht (: aber was ist das schon für einer!) – nicht sonderlich achtete: »Neues Ja, Herr Crusius!«.)

Und gelassen nach rechts davonschreiten. Während es hinter uns wumperte; leiser pumperte; und, verhallend, urjahnte:

: ›Ja dashá / ben dieMãd / chen sogérr=ne.

Die imSchtũ / pchen & Die / imSa=lóng …‹

4

Da die teertonne Nacht gedämpfter hinter uns her rollte; und die Versimpelung ihren bleyernen Szepter gähnender über die EWG rekkte, (oh, wie mich snäkkt, wie mich snäkkt!); während uns links, da wo es nicht bauernhauste, eine 40%ige Mond=Aine immer wieder den Kupferzwickel wies, und der widerlich hohe ›Galgen‹, (angeblich nur zum Trocknen der Feuerwehrschläuche bestimmt), uns das erste aufrichtige ›MORITURI‹ dieses Jahres semaforte, Gratis & Lange – ausgerechnet da mußte der Kerl, mittn unterm Rundumhut, stehen bleiben. Er dachte so angestrengt nach, daß es ihm die Augen verdrehte; cuj'nierte noch einen Moment mit Lippen & Zähnen; und begann dann zu grollen:
: »›It little profits, that an idle king, / by this still hearth, among these barren crags, / match'd with an aged wife, I mete and dole / unequal laws unto a savage race, / that hoard and sleep and feed and know not me!‹. – Übersetz mich, Du! Und zwar ebenso unverzüglich wie meisterlich; oder ...!«. (Und hinter ihm das griechische ›P‹. – Da zog ich doch vor, den Versuch zu unternehmen; und sei's nur zur Übung: laßt Ein'n wieder mal in Gefangenschaft oder sonst'm KZ sein; und'n größnwahnsinnijer Lagerführer hat Appetit uff'n Hofnarren. Also stirnrunzelnd; & solök stokkend) –:
: »›Nur wenig frommt's –‹« – (hier nikkte er schon wohlgefällig; ein edel Wort, gelt?) – »›daß ich, ein müß'ger Fürst‹« (geschmeidich verneigen: während er sich erfolglos bemühte, ein Lächeln des Größenwahns zu unterdrücken, gewann ich Zeit) – »›am stillen Heerd hier, an dem kargen Strand, / bejahrtem Weib gesellt –‹« (vorsichtich zu ihm auf=schielen: ? vorn an seinem Haupt kämpfte Unmut ob der genommenen Freiheit, mit dem Ergetzen des kundigen Übersetzers. Das Letztere siegte rasch; zum Zeichen, daß ihn die Mem=Sahib ernstlich geärgert haben mußte. Er bestätigte knapp, obschon etwas drohend. Ich küßte ihm gleich, mentaliter, den Rockschoß, (weil er

mich immer noch nicht hatte umbringen lassen); und continuierte in unterwürfijer ekler Begeisterung): – »›dem rohen Pack / ein viel zu gutes Recht mit Würde sprech': / : Das scharrt & schläft & frißt – und kennt mich nicht!‹«. (Voll erhabener Verachtung; so daß King Yule das betreffende Gefühl nur mit einem gnädigen Nikken noch zu unterfertigen brauchte: ›Gegeben auf unserem Lusthause zu Nowosibirsk‹! Er war so voll von sich, daß er ganz leer war.)

: »Sieh ma an –.«, (im inspiriert Weiterwandeln; unsichtbar beschleunigt von pflichtgefühltester Langeweile) – »das wa gar:nich: dumm.«; (und nie sah ein Buchstabenputzer einen Schreibmaschinenöler herablassender an). »Du, jetz' iss's gut, Jule! Vergiß nicht, daß es gleich in meiner Hand liegt, Dir den Kaffee Royal beliebig zu schwächen.« »Ja sicher, 'ntschuldije,« sagte er reuig; »ich meinte auch nur, daß Du Dein'n Nam'm doch tatsächlich ma vor 'ne Übertragung setzen lassen könntest: willsDu denn gänzlich ungedruckt aus der Welt gehen?«. (Wenn möglich, ja. Während ich uns Eintritt schaffte; und wir dann über Schnee mit Asche dahinmahlten, oh Zimt oh Zukker.)

: »KlopfsDu immer mit den Füßen an?«; ich, spitz & kalt, (da er sich vermittelst Anschlagen der Schuhkanten an meine Haustür die Sohlen zu reinigen gedachte; er entschuldigte sich nochmals). »Neinein Jule; bleib Du noch'n Augenblick hier. Ich seh bloß ma rasch nach'm Feuer. Bin sofort wieder da.« (»Woß so'ch?«, hörte ich ihn plump & mufficht hinter mir drein hadern. / Und zögerte doch wieder vorm Ofen, ehe ich nach dem dicken Eichenkloben griff: mir tut's immer leid um Holz. Wenn ich mir das winterliche Birkenmorden der Bauern so vorstellte; allein letzten Monat wieder; da müßt's Gesetze dagegen geben. – Aber um im Schuppen nach Briketts rumzugratschen, war's viel zu finster.) –

: »Woll'n wir doch auch was für's Neue Jahr tun, ja?!«; ich, mit Strenge; wieder vorm Haus. »Gern=gern,« erwiderte er hoffnungsvoll. Und schaute mich dann in mächtiger Enttäuschung an, als ich nur die Streichholzschachtel aus der Manteltasche zog; (ich hatte vor ein paar Tagen in einer Schublade noch 1 altes Bengalisches Hölzchen gefunden, und war doch neugierig). Wir begaben uns damit in Prozession in den ›Tannenwinkel‹; und ich nötigte den Ungehaltenen, im Verein mit mir zuvor einige sinnreiche Vermutungen über die zu erwartende Flammenfarbe anzustellen. Wandte mich noch feierlich, unter leichten verbindlichen Verneigungen, nach den Vierwinden – »Captatio benevolentiae, Gedankenloser: damit se's nich aus pusten!« – und strich dann damit über die Reibfläche –; – ! – ? (nichts; verdammt). »Gib *mir* ma her –«, Jule, dessen Interesse sich doch auch zu regen begunnte –; – ! –: !!!: nichts. – Bis er auf den Gedanken verfiel, es mit einem normalen Zündholz ›vorzuwärmen‹ –, –: ! »Ahhh!«, des funkelnd=ausgefransten, pechgrünzischenden Loches in der Nacht! –

: »VerzeihsDu, HErr, das Flammengaukelspiel?«. Er leckte sich zwar noch einmal=ubw die Lippen; schüttelte dann aber, heftig bestätigend, den Kopf: »Scharmant gemacht! – Mir iss dabei eingefallen: äh=hasDu schon mal darauf geachtet, daß, wenn Du vom Wekkergewekkt wirst, – meist steh' ich ja von alleine, und weit früher auf – der, und sei es noch so sanfte, Trillerklang das jeweilige Traumkontinuum nicht nur akustisch unterbricht – ›Kuns=schtück‹ wirsDe murmeln – sondern es auch optisch abreißt? Ich hab' das jetz schon bald 'n Dutzend Mal beobachtet. Das Prinzip dabei scheint zu sein, daß, ebenso prompt wie anschein'nd zusamm'hanglos, ganz plötzlich schönfarbige & reichgegliederte Gebilde für kurze Zeit auftreten. Dann geschieht das ›Erwachen‹; und das Betreffende ist bereits verschwunden, während das Wekkerklirren noch anhält.« –: »Gib am besten ma'n Beispiel, Jule.«

: »In einen ganz schwarzen Raum senkt sich, von oben her, eine große Tüte. Spitze oben, Öffnung unten – Höhe circa 1 60« kam er meiner Frage zuvor; dann: »Der Kegel war außen aus einem schönen kräftigen Lila; und von durchbrochener Arbeit, wie wenn sehr zahlreiche Ornamente sauber eingeschnitten wären – Vergleich ein überdimensionaler Federball«, sagte er ungeduldig, (da sich in meinem zier= & ausbündigen Gesicht anscheinend ein Frage=Löchelchen aufgetan hatte; ich hatt's gar nich gemerkt): »obwohl weit reicher=feiner= geschmackvoller. Innen die Farbe hell, auf Weiß zu; obschon auch hier ein schwacher Lila=Schimmer unverkennbar; wirkte wie angeleuchtet, aber die Lichtquelle=selbst war nicht zu erblicken. Dies Gebilde also senkt sich rasch von oben her in den – ebenfalls frisch entstandenen; vorher war ich ein Bahnhof gewesen – schwarzen Raum herein; und bleibt wie auf einem unsichtbaren ›Fußboden‹ stehen. Ich betrachte es erfreut –: und weg.« (Hm; erst ma weiter.)

: »Oder: in einem Traum mit der vorherrschenden Farbe *GRAU* – war es irgendeine Betongroßstadt? – entstand es plötzlich wie eine, ziemlich nahe von schräg=oben, wie von einem Stehenden gesehene, elliptisch=kleine Grasfläche. Das, wie gesagt bis dahin dominierende Grau wich sofort an die Ränder des Gesichtsfeldes und wurde dort belanglos. Das Gras von sehr reicher tiefgrüner Färbung – viel ›saftiger, organischer‹ als die Flamme eben; obgleich ich durch sie daran erinnert wurde – seine schönen wuschelköpfigen Halme ›lagen‹ leicht=weich: mir fiel ein, daß es sich ›schwer mähen‹ lassen werde!« (Da er freiwillig über sich den Kopf schüttelte, konnte ich die Bewegung einsparen. Er fuhr fort, und zeigte, was er meinte, mit den Händen): »Und in der Mitte befand sich eine volle kleine Insel aus hochgelben Blumen, ›Butterblumen‹; aber die Köpfe so groß wie beim Löwenzahn. Ihre Anzahl dürfte etwa 20 bis 30 betragen haben. – Auch die Lebensdauer dieses Fänomens sehr kurz.« / – / : »Als eine erste Theorie böte sich mir dar, Jule –« (und verantwortungsbewußt zögern; war ja ganz int'ressant) – »m=daßdas, ja ebenfalls ›reich gegliederte‹ Pizzicato des Weckerschnirrens, im Optischen eine parallele, radio=larische Struktur anregen könnte: ›Nerventriller‹ in beiden Bereichen, eh?«. (Obwohl er diesen, wahrlich nicht fernliegenden Einfall, sicher schon selbst gehabt haben würde.

Er winkte auch ab. Und gab, sichtlich ›ernüchtert‹, nur noch Stichworte)

: »Einmal eine Lattenkiste, 60 mal 40 ungefähr; die sich, währendes Klingelns, mit braunen Brennholzscheiten füllt – ich hab absichtlich genau gemustert; und entsinne mich noch, daß das eine 1 schwarzbraunen Ast=Fleck hatte. / Oder: über naher Schneefläche eine ferne, dunkelgraue Waldborte. Da klingeltz: und schon schiebt sich, von links nach rechts übrigens, ein hellgrauer mannshoher Lattenzaun davor: eine vielgegliederte Sprossenwand also. –:?« »IMAGO=reif, Jule,« lobte ich; (unangemessen kurz, ich weiß; er hatte mehr verdient. Aber ich war jetzt, nachts um halber Zwei, (und 6 Stunden Register=Ansagen in Aussicht!), zu wenig mehr fähig, es seien denn all=lallische Proteste der Creatur: gegen Creation & Creator): »Komm, pascholl, Jule. Was essn. – Und anschließnd wieder druff=uffde Galeere.«

5

und ein Eierbecher mit einer runzlichten Pellkartoffel darin, eine bleierne Buddel, ein großes ringförmiges Brot, (ich, als Wirt, schnitt höflich vor. Und Stehen & Essen.)

: »Gib ma die Schüssel mit Wieheißtesgleich –«. Nu, ich gab sie ihm; (aber es waren Steinpilzkonserven, gekocht in Essig & Öl, mit Muskatnuß, Kanehl & Nägelein, ein Meisterstück meiner Raumpflegerin!). Er mampfte langsam & traurig, und ließ dabei den Blick mißmutig hin und wider wandern; von der Eßecke zum langen Arbeitstisch, hie Schnittenbrettchen aus Limba, dort vergoldete Libraritäten; (ich hätte meinen Kopf mit den verschrumpften Augen wohl auch am liebsten in eine Aktentasche gesteckt, und dort der Ruhe gepflogen). / Ihm beim Hin= & Her=Gaffen helfen: hie ein Tütchen Rosinen, (»Nicht für Dich, Jule: für Amseln & Fasan'n.«), dort das weiße Nicht unbeschriebener Zettel, jaja. Hie ›THUNFISCH

IN ASPIK‹, (»Mach die Büxe ma von untn auf –: ?: !«; denn es war selbstredend wieder das in den kapitalistischen Ländern übliche: obmdruff 2 Prachtscheibm; untn nischt wie Fussln!), dort das zackichte Lineal, neben meinem Denkring (aus 3 ineinandergefügten Ringen bestehend; wovon man 1 fallen & dran runterhängen läßt, wenn man sich einer Sache erinnern will: beträchtlich besser, auch ›gepflegter‹, als der schlecht= moderne ›Knoten im Taschentuch‹): »Nein! Ich verkauf'ihn Dir *nicht,* Jule. Reg Du doch die Forzheimer an: laß Dir's vorher patentieren; verdiensDe 'n Heidengeld damit. Wenn De dann später in der Kwien Merry vorbeibraust, kannsDe mir'n falschn Fuffzjer zuwerfn. – Überdem iss's'n altes Familienerbstück.« schloß ich; (innerlich errötend, denn die Situation lag ähnlich wie bei MARKTWAIN's. Jule zeigte auch nur den Hohnzahn.) / Die Weinflasche? Dahier; (und den Korken gleich durchs Stanniol gezogen: für's lange Dranrumpolken werden 5 Karteizettel fertig!). Die Sauciere krachte, das Kass'rölchen erklirrte unter seiner Hand, (und der Poltron schob's auf die Beleuchtung: »Deine Lampe brennet trübe; tue Öl darein«, bat er unsicher. Ich trug sowieso die rote Robe des Zorns (eine Art Strick=Camisol; der abgerahmte Mensch dagegen ein' Kittel wie'n Kirchenstuhl): »Bei gut 100 Watt, Du?! MöchtesD wohl beim Schein von JUPITER=Lampen eine JUNO genehmigen, heh? – Was horchsDu?«. Jule pustete erst in die Mündung der Bierflasche, ehe er daraus trank; erläuterte, daß ihn der kleine röhrenförmige Nebel oben drauf störe: er sei kein Nebl=Trinker; schob sie dann in den Mund, und zeigte damit: –. Dumpf & Lange; (murmelte der Kessel ob der Kochplatte): »Wat sechcht häi?«: »Daß man die Menschen wegspritzen sollte: die Männer mit 45; die Frauen darfsDu ent=scheiden.« / 1 Rädchen Wurst übrig lassen?!: »Das fürcht'sich ja, Jule. – Ich tu währenddessen das Brot als solches ins Schapp«; (und grienend damit zur Seite; denn es handelte sich um die Wurstsorte, die er nicht mochte). Er trampelnd Bier nachtrinkend; während ich Rum mit Milch nippte; boshaft das Knakken unserer Knie in den morschen Hosen belauschte, (und der Rülps nach halbverdautem Nachmittagskaffee schmeckte äußerst unangenehm – vielleicht die Strafe für meine Unfairness. »Mann, was'n Krokodilsköder!«, echste er immer noch. Und wir tranken Bier nach: magisches Auge & Sittigzunge; oben LEITZ=Wetzlar unten Hasen=Fuß, in dicken Strümpfen, schamzerpört, die dünnen Waden; Potz Fährde=Schwanz & Rinnt=Bocks: links 3 Komma 3 Quadratmeter Schreibtischplatte, von denen ich Besuchern zu versichern pflegte, daß sie einst dem Fürsten Metternich gedient hätten; rechts ein eingetopfter Baum der Erkenntnis, darauf eine vierjährige Wallnuß, die noch nie ein Mensch aufgekriegt hatte, und weitere nichtversicherte Gerätschaften: ja jetz ne ›Generals=Wache‹! (wie Wir=Gemeinen im II. nicht=letzten, Weltkrieg für einen guten=festen Schlaf zu sagen uns unterfangen hatten; wenn man nich so Romantiker wär' hätt'man ja längst schwarzmarkabelste Einfälle gehabt!). / Die liebe Neugier hatte sich unterdes ein paar Fingerspitzen verbrüht, und saugte nun röhrend daran: »Schmier Dich ein, Jule, schmier Dich ein.« Da er flinklippig mit der Zungenspitze dran=rum tipfte –: »Miff waff?!« –: »Mann nehme 1 Tropfen Schweiß von der linken Brustspitze einer Konditorsgattin. Rühre denselben an mit dem Staub vom Schnitt eines, seit 99 Erbpachtjahren unbenützten, THESAURUS LOGARITHMORUM …«. An dieser Stelle verfiel er endlich auf NIVEA: ?: »Im Bad; wie sich's gehört.« Neikte sein Süffelantlitz zur Erde; und schnob, da er cloverz tappte, winterwindig; (vielleicht unter dem Pseudonym ›PONTUS EUXINUS‹: falls man doch ma was schriebe?) Der rote rauhe Rasenfleck des kleineren Vorlegers.

Und allein im Spukenden Tintenfaß; (während Jener, geil wie ein Galle, die Apparaturen drinnen ununterbrochen mißbrauchte). / CATS: ›GEDACHTEN OP SLAPLOSE NACHTEN‹: neulich der ›Tunesische Kamelsattel‹ in Hannover, (›garantiert 200.000 Meilen in der Sahara zurückgelegt!‹), schonrecht=schonrecht: wenn nur, morgens=links, der Mittelfinger samt den umliegenden nicht schon so korkig=steif gewesen wäre, (die Rechte fing erst ganz leicht an, die Schwurhand; ich hatte wahrscheinlich zuviel damit schwören müssen in meinem Leben, und wer weiß, was den Bonnern in dieser Beziehung noch einfiel. Gleich zum Fenster raus spucken: wie sich der silbrije Dreck da so anderthalb Meter aus Einem entfernte!). – Dem Geräusch nach pißte der Mehralsunbeschnittene bereits das Klo=Becken sauber. (Was das ›Andere Geschlecht‹, die Bidet=Reiterinnen, wohl doch nur mit Mühe vermögen. Dies war mein Locus classicus, wenn Eener mit ›COOPER keusch!‹ ankam; da machte ich mir immer den Spaaß, und las ihm die Stelle mit dem eingelegten Merkzeichen vor: ›Bälle und Gesellschaften sind fürder nicht mehr der Glanzpunkt meines Lebens; es beschränkt sich vielmehr ausschließlich auf die verschwiegenen Räume des Closets, wo die Liebenden die köstlichen Augenblicke zärtlicher Vertraulichkeit genießen‹: Überschrift ›GESTÄNDNISSE EINES SPITZENTASCHENTUCHS‹. Ein Moderner, der vorwärts kommen will, denn wir leben in einem hochkultivierten Rechtsstaat, müßte hier diverse Worte weg=icksen (›egg=wixn‹): ach, des GÖttlichn Rechts zu schikanieren! (›Tyrannen haben Recht, so oft sie sich erhenken‹, HAGEDORN.) Und Der rieb sich höchstwahrscheinlich meine NIVEA um den Eichelrand: ›daß es Dir wohl gedeihe!‹. –)

: »Na, Jule? – Sind wa soweit?«. / Er rühmte erst noch die ›herrliche Brille‹: dies Sperrholz würde tatsächlich federleicht & immer=dünner! Ich konterte mit dem Klo=Papier der DDR, das ich neulich=drübm, anläßlich der Silberhochzeit meiner – »Dat wäit wie nu!« schnarchte er überdrüssig: »Die hatten dekoriert, Mensch; weiter nischt.«: »Oh nein, Jule; sowas hasDe noch nich in der Kimme verspürt, Du! man hätte gleich da sitzn bleibm mögn: süchtich hätt' Eens werdn könn'!«

: »Und jetz hapere nich länger: komm!« –

Er schnitt. (Seine Taschenuhr auf dem Tisch war auch eingeschlafen.) Während ich, protestantenden Mundes, darin blätterte ...; ... –: »Du, hör ma: ›They, in their turn‹ mit ›Sie, der Reihe nach‹ wiederzugeben! Der Kerl, der Übersetzer, verdiente ja, von der Hand eines Quintaners mit einem veralteten WEBSTER totgeschlagen zu werden!«; (er hörte es nicht gern; aber es war so). Und mehr Poly=Glossen, die leeren Räume in unseren Trägheiten zu überbrücken. (Ich griff wieder nach dem Unikum der Farbband=Dose, in der ich, rein zufällig, Mottenkugeln aufbewahrt hatte: flaumweich war der moderne Preßstoff davon geworden!: daßdas Kunst=Stoffe derart angreift.)

: ? – (Das nächtliche Surren der Leitungsdrähte nämlich): »Hab'ich diesen strengen Winter schon mehrfach registriert: Verkürzung der Drähte bei Temperaturen um 20 Grad=Minus. Neulich hab'ich 'ne ganze Nacht nich schlafn könn'n; weil ich dachte, beim Nachbar hielte'n stehendes Auto, und Der ließ'n Motor laufen: so laut brabbelte das. – Heut Mittag kam übrigens die Meldung, daß im Niemandsland zur DDR hin darob so manche Mine platze: ›Die Nacht wird kalt, sagte der alte Rudolph!‹« –

: ?. –: !. –

: »DIONYSIUS AREOPAGITA, Bischof von Athen; Zehn=59 –« (und mit der Bleistiftspitze die restliche Seite runter, die Ganglien in Schnellbahnen verwandelt ...... / Umblättern: .....): »Jule, laß das bitte!«; (wenn sich eine Briefklammer derart sperrt, das soll man achten).

(Oder ›ehren‹? Nee; ehren nich. Aber achtn.)

HUNDSTAGSSPAZIERGANG:

1) Auf Kankerstelzen aus Licht
der kleingeschnürte Sonnenleib
über der Landschaft: »Du mußt nicht jedes Arschloch
grüßen, Liebste.« (Zur weiteren Begründung:
»Über dem schleimigreglosen Mund
hätte er auch besser n Zwickel getragen:
warum wird sowas nich von staatswegen verordnet?:
›Daß ab 60 Jeder
ne Maske zu tragen hat‹? Würde doch ganze Industriezweige
neu schaffen!« / Bei Gelegenheit mal weiter ausbauen).

2) Zu einer Schnecke ohne Haus: »Na Schneck?!«;
zu einer Schnecke mit Haus: »Nun, Herr Schneck?«
(Das Wurmpaar ihrer Lippen, fuchsrot, krümmte
sich mehrmals über seinen weißen Platz).

3) Im Fenster am Weg:
a) 1 hakiges Gesicht; raucht
ein' Zigarrenpflock in der Pfeife.
b) Ostzonensender: zarte Kinderstimmen
singen: ›Den Hetzern die Faust ins Gesicht‹.
c) Unsere ersten Wehrgesetze beschlossen:
»'t will make a holiday in hell!«.

4) Säbelbüschel über den Wirrköpfen: noch
harrten die Weiden des Startblitz'
(Christen beten bei Gewitter zum Großen Kapitain).
(Wenn Pflanzen schreien könnten,
wär' alles voller Geheul: also hat Gott
auch das wieder weise eingerichtet: was'n großer Mann!!)

5) Gigerl, junge; Geckinnen; Stücke von Traktorenreifen
    unter den Sohlen;
   an jedem Gesicht
   nur der Latz des Halses. (Sonst der Körper
   ganz in Pflanzenfarben und =formen verkleidet,
   Korbblütler und feiste Stämme; die Fransen der Hände;
    zu weit weg:
   Kästchen der Füße=Schuhe. –: »Warstú
   früher im Wandervogel?«: »Pas si bête.«)

6) Erstarren. Ein Rotausgespanntes.
   Am Baum. »Eichhorn« –: Rascheldarin.

7) Sie eilte gekonnt voraus, und ließ
   einen Fortz von widerwärtigem Klang; (dennoch klebte
   auf dem Seifenstück heute früh
   ein langes Haar ihre Hexenschlinge.
   Sie spülte
   meinen Schweiß von den Läppchen ihrer Brust). Jetzt
   war der Himmel schon ganz schwarz.

8) (Als Gedicht geschrieben – obwohl
   es nur ordentliche Prosa ist –:
   weil es dann mehr einbringt! Schmidt.)

ANHANG

NACHWORT

Arno Schmidt wird am 18.1.1914 in Hamburg geboren als zweites Kind des Polizeioberwachtmeisters Otto Schmidt und seiner Frau Clara. Zusammen mit seiner drei Jahre älteren Schwester Lucie wächst er in einer 2-Zimmer-Wohnung im Arbeiter-Vorort Hamm auf. Er ist ein extrem kurzsichtiges, kontaktscheues, aber phantasiebegabtes Kind, das sich früh in die Bücherwelten von Jules Verne und Karl May flüchtet.

1928 stirbt der Vater, und der Rest der Familie zieht zur Großmutter mütterlicherseits in die niederschlesische Kreisstadt Lauban. Im 20 km westlich gelegenen Görlitz besucht Schmidt die Oberrealschule, wo er im Frühjahr 1933 sein Abitur macht. Trotz guter Noten ist wohl aus finanziellen Gründen an ein Studium nicht zu denken, und Arbeit ist auf dem Höhepunkt der Arbeitslosigkeit zunächst nicht zu finden; erst ein Jahr später wird er im benachbarten Greiffenberg kaufmännischer Lehrling (danach Lagerbuchhalter) in einer Textilfabrik. Dort lernt er die 1916 geborene Sekretärin Alice Murawski kennen; sie heiraten 1937 und ziehen 1938 in eine kleine Werkswohnung. Die wenigen erhaltenen Fotos dieser Wohnung zeigen vornehmlich gefüllte Bücherregale.

Nachdem er bereits als Oberschüler Gedichte geschrieben hat, beginnt Schmidt, für seine Frau Elementargeistererzählungen im Ton der von ihm verehrten Romantiker Tieck, Hoffmann und Fouqué zu schreiben, literarisch wertlose, historisierende Fingerübungen, die die Realität des nationalsozialistischen Deutschland ausklammern. 1940 wird Schmidt zur Artillerie eingezogen; seiner Kurzsichtigkeit wegen kommt er mit Schreibstubendienst im Elsaß und in Norwegen davon. Die letzten Kriegswochen erst ist Schmidt bei der kämpfenden Truppe an der Westfront, wo er in englische Kriegsgefangenschaft gerät. Schon im Dezember 1945 wird er wieder entlassen, denn die Engländer haben eine Aufgabe für ihn: Er wird Dolmetscher in ihrer Hilfspolizeischule in der Lüneburger Heide.

In Cordingen (bei Walsrode) bewohnen Schmidt und seine Frau, die nur mit einem Rucksack voller Bücher aus Schlesien flüchten konnte, ein enges Zimmer im Mühlenhof; als die Polizeischule nach einem Jahr schließt, wird Schmidt »freier Schriftsteller« – ein Entschluß, der zunächst Hunger und Entbehrung bringt, erscheint doch sein erstes Buch erst im Herbst 1949: *Leviathan* versammelt drei Erzählungen (*Enthymesis, Leviathan* und *Gadir*), die nun nichts mehr mit der süßlichen, zu Schmidts Lebzeiten unveröffentlichten Vorkriegsproduktion zu tun haben, sondern *aus der rabiaten Kiste* stammen, wie Schmidt sagt. Die Titelgeschichte gibt die letzten Tagebuchaufzeichnungen eines deutschen Soldaten wieder, dessen Flucht vor der Roten Armee auf einem zerschossenen Viadukt in einem Eisenbahnzug endet, hoch über der Neiße bei Görlitz, wo es kein Vor und Zurück mehr gibt, nur den Sprung in den Tod. In dieser Situation entwirft Schmidt sein von Schopenhauer und der Gnosis beeinflußtes Bild einer von einem bösartigen Dämon geschaffenen und regierten bösartigen Welt, aus der sich der Mensch allenfalls retten kann durch Auflehnung gegen ihren Schöpfer und dessen *Weltmechanismen: Fressen und Geilheit. Wuchern und Ersticken.* – Die Literaturkritik nimmt dieses Debüt meist wohlwollend, sogar mit Begeisterung auf; Hermann Hesse nennt Schmidt einen »wirklichen Dichter«, Alfred Andersch »ein Genie!«, und die Mainzer Akademie verleiht ihm ihren Literaturpreis. Doch der Verkauf des bei Rowohlt erschienenen Buches ist gering, zu düster sind Schmidts Geschichten, zu ungewohnt ist seine Sprache, die in ihrem Assoziations- und Bilderreichtum, ihrer Sprunghaftigkeit und ihrer Intensität anknüpft an den vom Nationalsozialismus verfemten Expressionismus.

Diese Diskrepanz zwischen wirtschaftlichem Mißerfolg und

Anerkennung bei Kritik und Kollegen (die natürlich nie uneingeschränkt ist: seine Bücher provozieren immer wieder auch die wütendsten Verrisse) wird noch bis weit in die sechziger Jahre anhalten, so daß Arno Schmidt *Brotarbeiten* für Radio und Zeitungen schreiben und Romane aus dem Englischen übersetzen muß.

Ende 1950 lassen sich Schmidts als Flüchtlinge umsiedeln; der neue Wohnort Gau-Bickelheim südlich von Mainz bringt jedoch nicht die erhoffte Besserung der Wohnsituation, und so ziehen sie 1951 in das Dorf Kastel hoch über der Saar. – Noch in Norddeutschland spielt Schmidts 1951 erscheinender Kurzroman *Brand's Haide,* in dem der ärmliche Versuch eines eben aus der Kriegsgefangenschaft entlassenen deutschen Soldaten geschildert wird, sich in der Nachkriegsprovinz einzurichten. Schmidt läßt von Anfang an keinen Zweifel, daß sein Ich-Erzähler in der sich eben bildenden, gar nicht so neuen Gesellschaft aus Altnazis, Neureichen und an Kultur desinteressierten Spießern nie heimisch werden wird. Und spätestens mit diesem Buch ist auch klar, daß sein Autor in der deutschen Literatur ein Außenseiter ist und bleiben wird. Zwar will auch Schmidt (wie etwa Böll oder Koeppen) ein möglichst realistisches und schonungsloses Bild seiner Zeit geben, doch bezieht er dabei Bewußtseinsvorgänge, Erkenntnisprozesse, Erinnerungen, Träume und Gedankenspiele seiner Figuren mit ein und stellt so einer äußeren, objektiven Realität eine innere, subjektive an die Seite. Durch zahlreiche Zitate und Anspielungen verankert er außerdem seine Texte in dem weiten Kosmos der von ihm geschätzten Literatur, der von Homer und Aristophanes über Wolfram von Eschenbach, Wieland, Tieck, Scott und Poe bis zu Stramm, Döblin und Joyce reicht. Seine hochartifizielle Sprache bricht er immer wieder durch den Einsatz von umgangssprachlichen Duden-Widrigkeiten, und mit exzessiver Zeichensetzung erobert er seiner Prosa die eigentlich schriftfremden Bereiche von Mimik, Tempo, Rhythmus und Tonhöhe.

Der so entstehende schmidtsche Stil ist ebenso leicht zu erkennen wie schwer nachzuahmen – genauer gesagt: nachgeahmt wirkt er sofort peinlich und falsch, und so hat Schmidt auch nie eine Schule begründet und zumindest keine offen erkennbaren Nachfolger gefunden. Von Schriftstellergruppierungen hält er sich fern, Einladungen der »Gruppe 47« und des PEN lehnt er mehrfach ab.

1955 erscheint Schmidts Erzählung *Seelandschaft mit Pocahontas*: ein Kurzurlaub am oldenburgischen Dümmer, zwei Paare, die sich rasch finden, Paddelboote, Sonnenbrand und Sex – doch unter der heiteren Oberfläche einer der schönsten Liebesgeschichten der deutschen Literatur brodelt die Erinnerung an den jüngsten Krieg: Der ganze Text ist dicht durchzogen von einer Todes- und Gewaltmetaphorik, die selbst aufmerksamen Lesern lange entgeht. Was allerdings ganz offenliegt – Schmidts Haß aufs Militär, seine Ablehnung der Adenauer-Restauration, sein atheistischer Furor und seine Kühnheit im Sexuellen –, bringt ihm eine Anzeige wegen Verbreitung von Pornographie und Gotteslästerung ein. Schmidts sind ob der drohenden hohen Geldstrafe sehr beunruhigt und ziehen aus dem konservativen Gerichtsbezirk Trier in das liberalere Darmstadt, wo denn auch nach einem positiven Gutachten der Akademie das Verfahren eingestellt wird.

1956 erscheint *Das steinerne Herz*, Schmidts sprachlich und inhaltlich bislang radikalstes Buch. Es thematisiert nicht nur als erster deutscher Roman die deutsche Teilung, sondern wägt sogar die Systeme von BRD und DDR vergleichend gegeneinander ab – ein Skandal in einer Zeit, wo selbst SPD-Wähler die DDR nur ›Zone‹ nennen. Hinzu kommt eine völlig ungewohnte, weitgehend phonetische Schreibung der Roman-Dialoge; Sätze wie *Pumpsu woh ma den Ssementtroch voll, Wallda?* lassen konservative Rezensenten zum Schutz der deutschen Literatur Gott anflehen oder verleiten sie zu Fragen wie »Dichtung oder hormonales Irresein?«, während Peter Rühmkorf zum *Steinernen Herz* dekretiert: »Hier hat ein Ereignis stattgefunden, das neue Maße herausfordert, hier ist das erste Buch, das die Generation rechtfertigt, der Schmidt angehört.«

Das unruhige Großstadtleben in Darmstadt macht Schmidt zunehmend zu schaffen, auch gesundheitlich. Sein hohes Arbeitspensum, geleistet mit großer Konzentration und unter Einsatz von Kaffee, Alkohol und Schlaftabletten, verlangt nach dörflicher Ruhe, zumal Schmidt längst die norddeutsche Heide als die *ihm gemäße Landschaft* erkannt hat. Doch erst Ende 1958 findet er ein passendes, vor allem bezahlbares Häuschen in Bargfeld, am Südrand der Südheide, deren Landschaft ein zentraler Bestandteil seiner Bücher wird. So auch im 1960 erscheinenden Roman *Kaff auch Mare Crisium,* der allerdings außer der Heide in einem utopischen Gedankenspiel des Protagonisten auch den Mond zum Schauplatz hat, wo nach einem die Erde zerstörenden Atomkrieg ein kleiner Rest Menschheit überlebt. Die phonetische Schreibweise treibt Schmidt in diesem Buch weiter als je zuvor.

1964 zeichnet ihn der Berliner Senat mit dem Fontane-Preis aus; die Laudatio hält Günter Grass. Als Alice Schmidt sich nach der Feier bei Grass bedanken will, winkt dieser bescheiden ab: »Wir haben doch alle bei Ihrem Mann gelernt.«

Arno Schmidt, der schon immer ungern gereist ist, verläßt Bargfeld in den 60er Jahren kaum noch und empfängt nur wenige Besucher. Neben der Übersetzung von Werken Edgar Allan Poes arbeitet er an seinem opus maximum *Zettel's Traum,* einem gigantischen Roman-Essay über Poe, in dem Schmidt versucht, seine seit mehreren Jahren intensiv betriebene Freud-Lektüre fruchtbar zu machen: Aus der »Traumdeutung« und der »Psychopathologie des Alltagslebens« entlehnte Analysemethoden wendet Schmidt auf Poes Wortschatz an, indem er aus phonetisch naheliegenden, meist sexuell unterfütterten Doppeldeutigkeiten auf Person und Charakter Poes schließt. – Das Erscheinen des Buches löst 1970 ein ungeheures Medien-Echo aus, das Schmidts Namen und den bis heute ebenso gern zitierten wie verballhornten Titel des Riesenbuchs schlagartig über den Kreis seiner bislang etwa vier- bis fünftausend festen Leser bekannt macht, was nicht ganz unproblematisch ist: Denn wer – neugierig geworden und ohne etwas von Schmidt zu kennen – *Zettel's Traum* aufschlägt und den dreispaltigen Seitenaufbau sieht, der wird in der Regel den Folianten ratlos zuschlagen und nicht ahnen, daß *Zettel's Traum* ein Sonderfall im Werk Schmidts ist und die Werke davor und danach anders, leichter und vergnüglicher zu lesen sind.

1972 erleidet Schmidt einen Herzinfarkt, der ihn zwar daran hindert, den ihm von der Stadt Frankfurt am Main verliehenen Goethe-Preis 1973 persönlich entgegenzunehmen, der aber keine Herabsetzung des Arbeitspensums bewirkt. – 1977 veröffentlicht er seinen letzten Roman *Abend mit Goldrand,* in dem eine Hippie-Kommune, deren Anführer über magische Kräfte gebieten, in die scheinbare Dorfidylle dreier alter Männer bricht. Schmidt gelingt hier etwas, das nicht nur in der deutschen Literatur einmalig sein dürfte: die Verbindung eines *pornographischen Lachkabinetts* von rüder, oftmals abstoßender Derbheit mit der denkbar zartesten, delikatesten Liebesbeziehung zwischen einem Greis und einer jungen Frau. Ein in jeder Beziehung reiches, bis heute nicht ausgelotetes Buch, das viele seiner Leser für das eigentliche Hauptwerk Schmidts halten.

Als Arno Schmidt am 3. Juni 1979 an den Folgen eines Gehirnschlags stirbt, steckt in seiner Schreibmaschine die Seite 100 des Fragment gebliebenen Romans *Julia, oder die Gemälde.* Der letzte Satz, den er getippt hat, lautet: *Ist Fleiß für Menschen & Tiere eine einfache (Lebens)Notwendigkeit?*

1981 gründeten Alice Schmidt und der Germanist Jan Philipp Reemtsma, der Schmidt seit 1977 finanziell unterstützt hatte, die Arno Schmidt Stiftung, die seit dem Tod der Witwe 1983 als Alleinerbin Schmidts Werk betreut. – Zählt man die Auflagen aller Einzelbände, Taschenbücher und Werkausgaben zusammen, so ist dieses Werk in weit über einer Million Büchern verbreitet, die zahlreichen Übersetzungen in fremde Sprachen nicht mitgerechnet. Es kann also keine Rede mehr sein von einem ›Geheimtip‹ oder einem Autor für eine kleine Fangemeinde – Arno Schmidt ist ein anerkannter Klassiker der Moderne geworden.

Natürlich haben Schmidts sexuelle Freizügigkeiten in unserer pornographisierten Gesellschaft ihre Provokation verloren, und die deutsche Wiedervereinigung hat viele (nicht alle) seiner politischen Kommentare obsolet gemacht. Doch wer über die Anfänge unserer Republik unterrichtet sein, wer Befindlichkeiten, Denk- und Verhaltensweisen ihrer Einwohner beobachten will, der kann aus Schmidts Büchern viele Details erfahren, die er bei Historikern nicht finden wird.

Inhalt und Handlung standen für Schmidt aber nie im Vordergrund seiner Prosa, sein Hauptinteresse galt stets Form und Sprache. Und so lernt denn der Leser, wenn er zu Büchern Arno Schmidts greift, heute vor allem Sprachkunstwerke hohen Ranges kennen: präzise Konstruktionen des Erzählgerüsts und sorgfältigster Feinbau, eine Wortwahl nach Vokalharmonien und *Konsonantennarreteien*, ebenso überraschende wie treffende Bilder und Metaphern, souveränes Mischen alter und neuer, hoher und niederer Sprachformen, konzentrierteste Dichte, Unterhaltung und Belehrung, derbe Kalauer und Naturlyrik und ein immer wieder Staunen machender unvertraut vertrauter Umgang mit Wörtern: *Vielleicht bin ich von Mutter Natur ausdrücklich als 1 Gefäß für Worte angelegt, in dem es schtändich probiert & rührt & komm=biniert?*

Bernd Rauschenbach

ZU DEN TEXTEN

Ich habe mich dem Leben nie entzogen
Entstanden im September 1952. – Schmidt begann, wie viele Autoren, als Jugendlicher mit dem Schreiben von Gedichten, hat später aber als professioneller Schriftsteller der Prosa den Vorzug gegeben und nur noch eine Handvoll Gedichte geschrieben, die er als Widmungen seinen ersten Veröffentlichungen voranstellte. *Ich habe mich dem Leben nie entzogen* war als Widmungsgedicht für die Erzählung *Alexander oder was ist Wahrheit* vorgesehen, entfiel jedoch bei der Publikation.

Verschobene Kontinente
Entstanden im Februar 1956. – Zwischen 1955 und 1959 schrieb Schmidt 38 Kurzgeschichten für Zeitungsfeuilletons, zu denen folgende Texte in der vorliegenden Auswahl gehören: *Verschobene Kontinente / Kleiner Krieg / Seltsame Tage / Nachbarin, Tod und Solidus / Schulausflug / Trommler beim Zaren / Die Wasserlilie / Was soll ich tun.*

Kleiner Krieg
Entstanden im Mai 1955. – *Kleiner Krieg* und *Die Wasserlilie* gehören zu den acht Kurzgeschichten um den Vermessungsrat a. D. Stürenburg, der in seinem Ruhesitz am oldenburgischen Dümmer die stets gleiche Zuhörerschar versammelt, um Begebenheiten aus seinem Leben zu erzählen – Begebenheiten freilich, die Schmidt aus den Werken vergessener Autoren vergangener Jahrhunderte »entlehnt« hat.

Seltsame Tage
Entstanden im August 1956.

Pharos
Entstanden vermutlich um 1944. – Schmidt hat diese von ihm unter seine »Juvenilia« gerechnete Erzählung erst sehr spät veröffentlicht: Im letzten Roman *Abend mit Goldrand* stellt er eine leicht überarbei-

tete Fassung von *Pharos* als Anfängerarbeit eines Jungautors vor. Statt mit dem Ruf »lebt doch! Lebt – doch – –« endet die Erzählung dort mit »lest doch! Lest doch ...«

Tina oder über die Unsterblichkeit
Entstanden im November 1955.

Nachbarin, Tod und Solidus
Entstanden im Januar 1956.

Schulausflug
Entstanden im Mai 1957.

Das Gesetz der Tristaniten
Entstanden im Juli 1956. – Zwischen 1951 und 1971 schrieb Schmidt ca. 140 Aufsätze und Essays für Zeitungsfeuilletons und Rundfunkredaktionen. Schmidt tat sie meist herablassend als bloße »Brotarbeiten« ab, doch finden sich unter ihnen auch gewichtigere Texte, zu denen dieser und die folgenden drei gehören.

Der Platz, an dem ich schreibe
Entstanden im Oktober 1960.

Die Geschichte vom Riesen Jermak
Entstanden im August 1961; der Brief von »Moni Raditsch« (ein Anagramm für »Arno Schmidt«) und die »Nachschrift« im Juni 1966.

›*Sind wir noch ein Volk der Dichter & Denker?*‹
Entstanden im August 1963.

Dankadresse zum Goethepreis 1973
Entstanden im August 1973. – Am 28. August 1973 wurde Arno Schmidt in der Paulskirche der Goethepreis der Stadt Frankfurt am Main verliehen. Aus gesundheitlichen Gründen konnte Schmidt nicht nach Frankfurt reisen; seine Frau Alice verlas die Rede und nahm für ihn den Preis in Höhe von 50 000 DM entgegen.

Goethe und Einer seiner Bewunderer
Entstanden Mai 1956 bis Januar 1957.

Trommler beim Zaren
Entstanden im August 1959.

Windmühlen
Entstanden im August 1960. – *Windmühlen, Kühe in Halbtrauer* und *Die Abenteuer der Sylvesternacht* gehören zu den zehn zwischen 1960 und 1963 entstandenen »Ländlichen Geschichten«, in denen Schmidt Personenkonstellationen, Themen und Schreibstrategien ausprobiert, die er danach in *Zettel's Traum* weiterentwickelt.

Die Wasserlilie
Entstanden im Mai 1955, von Schmidt überarbeitet im Juni 1962.

Was soll ich tun
Entstanden im März 1956.

Seelandschaft mit Pocahontas
Entstanden Juli bis Oktober 1953. – Mit der von ihm entwickelten Prosaform »Fotoalbum« wollte Schmidt den Vorgang des Sich-Erinnerns abbilden, bei dem sich seiner Beobachtung nach zunächst isolierte, sehr helle und scharfe Bilder einstellen, zu denen sich dann ausführlichere Ergänzungen gesellen.

Kühe in Halbtrauer
Entstanden im Juli 1961.

Schwarze Spiegel
Entstanden im Mai 1951.

Enthymesis oder W.I.E.H.
Entstanden im Februar 1956.

Die Abenteuer der Sylvesternacht
Entstanden im März 1963.

Hundstagsspaziergang
Entstanden 1955 oder 1956. – Als Widmungsgedicht für »Das steinerne Herz« von Schmidt in Erwägung gezogen, dann aber durch ein anderes ersetzt.